Fantastische Geschöpfe unter uns

Anthologie

Fantastische Geschöpfe
unter uns

Anthologie

www.net-verlag.de
Erste Auflage 2014

Covergestaltung, Korrektorat
und Layout: net-Verlag
Auswahl der Geschichten:
Lysann Rößler & Leserteam

printed in Hungary
ISBN 978-3-95720-008-2

Fantastische Geschöpfe unter uns

Wir können sie nicht sehen, doch sie leben unter uns. Jeden einzelnen Tag sind sie an unserer Seite, doch sie zeigen sich nur selten und nur besonderen Personen: die fantastischen Geschöpfe.

Mädchenträume werden wahr, wenn sie Einhörner treffen, die ganz klassisch helfen oder ihre Hilfe benötigen. In den Gewässern tummeln sich Nymphen und Flussgötter, und auch bei unseren Tieren können wir uns nicht sicher sein, ob sie wirklich sind, was sie zu sein scheinen.

Aber auch unter den fantastischen Geschöpfen gibt es nicht nur gute Kreaturen …

Wir wünschen allen Lesern

einige unterhaltsame Stunden!

Ihr net-Verlag-Team

Inhaltsverzeichnis

Nikolaj Kohler

Die Kunst des Alten Meisters

Hier war es. In der Abenddämmerung hing der Duft von frisch gemähtem Gras, die gestutzten Hecken schluckten den Straßenlärm. Noah und ich standen im Eingang zur Souterrainwohnung. Der grüne Lack der alten Holztür pellte sich uns in ausgeblichenen Streifen entgegen. Auf dem Klingelschild stand *Rocha.*

Wir waren unserem Vermieter noch nicht begegnet. Die Maklerin hatte ihn als einen älteren Herrn beschrieben, der sich ganz seiner Malerei widmete.

Ich drückte die Klingel.

Noah zupfte mir ein langes Haar vom grauen Rollkragenshirt und lächelte. Er strich mir eine widerspenstige, rote Strähne aus dem Gesicht, und sein Mund formte die Worte *ich liebe dich.* Ich stellte mich auf die Zehenspitzen und küsste ihn.

Die Tür ging einen Spalt auf. Der Geruch von Klebstoff und morschem Holz drang heraus, und ein Paar alter Augen blinzelte uns entgegen.

»Ja?«, fragte ein alter Mann mit einer Stimme, die welk war wie die Haut ihres Besitzers.

»Guten Abend«, antwortete Noah, bevor ich mich gefasst hatte. »Wir wollten uns vorstellen. Das ist Melina, und ich bin Noah. Wir sind über Ihnen eingezogen.«

Die Miene des Mannes hellte sich auf. »Oh, natürlich! Kommen Sie herein.« Eine weiße, langgliedrige Hand hielt uns die Tür in den tiefen Flur auf. »Rocha. Ich heiße Rocha. Baltram Rocha.«

Rocha war kleiner als ich und so dünn, dass seine Arme an Stöckchen erinnerten. Sein Kopf, der einen Spitzbart trug, war für den dürren Körper viel zu groß.

Als wir an ihm vorbei in die Wohnung traten, sah ich,

wie er ein Foto mit einer Frau darauf wegsteckte. Während er uns anschließend durch den langen Flur führte, hatte er seine kleinen, stechenden Augen auf mich geheftet, und mir war, als schälten sie mir die Haut vom Körper. Wie eine eisige Ameisenstraße lief es mir den Rücken runter.

Zu beiden Seiten des düsteren Flures hingen mehrere Ölgemälde, Kopien Alter und Neuer Meister. Nachahmungen von Magritte, Munch, Raffael, Rembrandt und Vermeer. Ich hatte den Eindruck, nicht das fehlende Licht verfinsterte den Flur, sondern das, was die Gemälde zeigten.

»Sie tun nicht, was sie sollten«, flüsterte ich zu Noah. »Sieh dir das an! Die Fischfrau bei Magritte kriecht zum Bildrand, und Munchs Frau am Strand sollte nicht am Boden liegen. Als weigerten sie sich zu tun, was ihre Schöpfer von ihnen wollten.«

Seine Küche nutzte Rocha offensichtlich als Atelier. Hier wurde der Geruch, der von offenen Lösungsmitteln und verstreuten Ölfarben herrührte, geboren. Pinsel staken gemeinsam mit benutzten Paletten aus der Spüle wie die Borsten eines Stachelschweins. Mitten im Raum stand auf einer Staffelei ein Gemälde.

Es zeigte vor einem braunroten Hintergrund den Oberkörper einer Frau in einer weißen Bluse. Die kurzen Ärmel hingen ihr von den blassen Schultern. Sie kämmte sich das lange, rote Haar. Es war die Kopie eines Renoirs. *Mädchen beim Kämmen.* Rocha hatte Renoirs Stil ausgezeichnet nachgeahmt. Allerdings war er noch nicht fertig. Dem Mädchen fehlte das Gesicht.

Wir betraten das Wohnzimmer. Schwaches, warmes Dämmerlicht trat durch zwei hochsitzende, schmale Fenster. Ein altes Sofa und zwei Ohrensessel flankierten einen niedrigen Couchtisch, auf dem Draht und eine Zange lagen. Es roch nach Erde und Staub. Über dem Sofa steckte ein nackter Nagel in der Wand, daneben, oberhalb eines Sessels, hing ein weiteres Gemälde.

»*Die Wäscherin* von Toulouse-Lautrec«, identifizierte ich das Bild.

»Sehr gut, äh …«

»Melina«, half Noah aus.

Im Original trug die Frau ihr rotblondes Haar zusammengesteckt. In Rochas Version hing es ihr lose von den Schultern. Ihre ehemals weiße Bluse war offen, verschmutzt und eingerissen. Sie war übersät mit blauen Flecken und Kratzern, ihre Hände blutig, als hätte ihr ein Folterknecht die Nägel ausgerissen. Eigentlich sollte sie nach links aus dem Bild schauen, stattdessen jedoch stützte sie sich mit einem Arm am Rahmen ab, so als stünde sie auf der anderen Seite eines Fensters und holte Luft. Tränen hatten helle Schneisen über ihre verdreckten Wangen gezogen.

Ihr Ausdruck war so intensiv, dass er mich einschnürte wie ein Korsett. Mir war, als echoten ihre Schreie in meinem Kopf. Die Wäscherin sah mir direkt in die Augen, und aus der eisigen Ameisenstraße, die meine Gänsehaut war, wurde der Trampelpfad eines Elefanten.

Rocha reichte uns Wasser. Es war ein Wunder, dass die Gläser trotz seiner Küche keine Farbflecken trugen.

»Haben Sie die Bilder gemalt?«, begann ich, obwohl das nahe lag.

Der alte Mann nickte, und ich fuhr fort. »Sie haben Stil und Objekte beibehalten, aber die Komposition vollkommen verändert.«

»Gefällt es Ihnen?«

»Ich … Was mich beeindruckt, ist der Ausdruck der Figur. Enttäuschung. Furcht. Resignation?«

»Hmmh.«

»Unheimlich realistisch. Hatten Sie ein Modell?«

»Ja, ich verwende immer Modelle! Ich habe einen guten …« Rocha überlegte, dabei sah er auf seltsame Weise zu Noah. »… Agenten!« Dann strahlte der alte Herr und lächelte sein Gemälde an, als streichelte er seinem Enkelkind die Wange. »Ich fange ihre tiefsten Ängste und Nöte ein. Ich spiegele sie in Haltung und Ausdruck.«

Noah stand auf.

»Alles in Ordnung?«, fragte Rocha.

Noah machte eine Grimasse. »Ich muss noch mal hoch!« Er neigte sich zu mir und flüsterte: »Ich hab den Wein vergessen.«

Er war fort, bevor ich erwidern konnte, dass *ich* gerne hochgegangen wäre. Wir hatten vorhin noch Kisten geschleppt und das Bett aufgebaut, in dem ich jetzt gerne gelegen hätte.

Rocha studierte mich. »Wie wäre es, wenn ich *Sie* malte?«

»Ja?«

Seine Gemälde waren gut, keine Frage. Aber sie hoben nicht gerade die Stimmung. Sie zu betrachten, ähnelte dem Besuch einer Haftanstalt, in der das Betreten sofortiges Heimweh auslöste. Andererseits, dachte ich, wenn es uns nicht gefiele, müssten wir das Bild ja nicht aufhängen.

»Aber bitte nicht als verzweifelte Wäscherin!«, bat ich.

Er lachte. Es klang wie das Meckern eines menschlichen Ziegenbocks. »Das, meine Liebe, liegt ganz bei Ihnen!«

Mit einem Mal brannte Rochas Blick auf meinem Gesicht, als stünde ich zu dicht am Feuer. Seine knochige Hand packte meinen Arm. Sein Griff war ein Schraubstock und heiß wie bei hohem Fieber.

Urplötzlich hatte ich das unfertige Bild in der Küche vor Augen: das gesichtslose Mädchen. Ich wollte rennen, aber unter Rochas schwarzen Augen ergriff mich eine Macht wie unsichtbare Tentakel und saugte alle Kraft aus mir. Meine Muskeln verweigerten den Gehorsam, mein Körper erschlaffte.

»Ja, entspannen Sie sich. Es wird gar nicht wehtun.«

Als ich wieder zu mir kam, hing der Farbgeruch überall: in meiner Nase, meinen Augen, meinem Schädel. Ein schwerer, dunkelroter Vorhang umgab mich und dämpfte alle Geräusche. Ich konnte die Enden des Raumes nicht erkennen. Es war düster, nur durch eine Art schiefes Fenster fiel schwaches Licht. Auf der anderen Seite konnte ich das Zimmer sehen, in dem ich eben noch gewesen war. Rocha stand am Couchtisch und hatte die Drahtzange in der Hand, während er mich betrachtete.

»Herr Rocha?«, fragte ich.

Als ich meine Hand hob, stieß sie gegen dieses Fenster, das eine raue, elastische Oberfläche besaß. So wie ein durchsichtiges, nasses Leinentuch, das zum Trocknen aufgespannt war.

Der alte Herr antwortete nicht. Hörte er nicht? Ich winkte. *Er muss mich doch sehen! Ah, jetzt kommt er, breitet die Arme aus und – rückt das Fenster zurecht? Hey!*

Der Alte trat zurück und betrachtete das Ergebnis. Das Fenster war gerade.

»Rocha?«, wiederholte ich lauter. Ich schlug mit der Hand an die tuchene Scheibe. »Hallooo!«

Ich trommelte mit beiden Fäusten gegen das durchsichtige Fenster, aber es vibrierte nur. Ich tastete den Rand ab und fand eine Mulde, die sich wie eine tiefe Fliesenfuge anfühlte. Ich krallte meine Fingernägel hinein und zog. Nichts. Mir brach der Schweiß aus.

Der Alte lächelte.

»Mach das beschissene Ding auf!«, keifte ich und riss erneut an der Ritze.

Meine Haare lösten sich. Der Träger einer weißen Bluse rutschte mir von der Schulter. *Einer weißen Bluse?* Plötzlich gab das Fenster einen Spalt nach, und ich spürte einen Lufthauch.

Die Türglocke schellte.

Ich sah Rocha öffnen und Noah, der unser Gastgeschenk, eine Flasche Pinot Noir, in der Hand hielt. Mein Herz machte einen Satz.

»Noah!« Erneut griff ich nach der Fuge und zog. Meine Finger rutschten ab, und ich riss mir die Nägel ein. »Scheiße!« Ich heulte auf vor Schmerz. Meine Fingerspitzen brannten, als hätte ich sie in den Grill gesteckt.

»Ich habe Ihnen Wein mitgebracht«, sagte Noah. »Aus Südafrika.« Der Dummkopf streckte Rocha die Flasche entgegen.

»Vielen Dank«, murmelte Rocha, während Noah in meine Richtung sah.

»Wow!« Er kam angelaufen. »Das ist ja Wahnsinn!«

»Es ist noch nicht ganz fertig«, begann der Alte und besah sich den Wein. »Ihr Ausdruck muss noch *reifen*.«

»Vollkommen irre!«

Meine Nägel taten so weh, dass ich nicht weiter am Spalt zerren konnte. Ich schlug meine Fäuste auf die elastische Wand. Sie hinterließen blutige Flecken. Ich schrie. Ich sprang, trat und stampfte.

Noahs Blick musterte mich. »Man meint fast, sie bewegt sich.«

»Noah!«, kreischte ich. »Hol mich hier raus!«

»Das sieht so echt aus. Unheimlich! Wie machen Sie das?«

»Muchas Gracias! Ich versuche, die Seele des Menschen einzufangen.« Rocha holte zwei Gläser aus der Küche.

»Ist Ihnen echt gelungen! Und die Flecken. Oh Mann, so als hätte sie sich die Hände blutig geschlagen.«

»Mmmh.« Rocha runzelte die Stirn und betrachtete die roten Flecken, die ich hinterlassen hatte. Auf einmal hatte er Pinsel und Palette in der Hand. »Vielleicht etwas zu dramatisch!« Er kam auf mich zu.

In einer Eingebung riss ich mir einen Schuh vom Fuß. *Ja, komm her!* Mit voller Wucht schlug ich den Absatz genau auf Höhe von Rochas Schädel gegen die Scheibe. Der Alte nahm keine Notiz. Sein Pinsel huschte wie ein Staubwedel über die durchsichtige Wand. Ich hieb mit dem Schuh wieder und wieder gegen die Scheibe, dass es knallte wie auf dem Schießstand.

Dann brach der Absatz, und der Pinsel hielt still. Die Scheibe war unversehrt. Und die Blutflecken waren weg, als hätten sie nie existiert.

»Noaaah!«

»Als wenn sie versucht, aus dem Bild zu kommen«, sagte mein Freund. »Wirklich unheimlich!«

»Nicht wahr?«

Ich hatte mir die Hände so wund geschlagen, dass ich keine Kopfschmerzen mehr spürte. Ich hatte mich heiser geschrien. *Oh Gott, bitte, Noah!* Mir liefen die Tränen. Nur einen Schritt entfernt, war Noah unerreichbar. Der Alte grinste mich an. *Du Teufel!*

Der Rest meines Absatzes flog gegen die Scheibe. Ich nahm Anlauf und warf dann meinen Körper mit der Schulter voran gegen die durchsichtige Wand. Es gab einen dumpfen, harten Ton wie von einem Segel, das ein plötzlicher Wind ergreift und das sich mit einem Schlag spannt. Schmerzen explodierten in meinem Arm, und ich wurde zurückgeworfen. Das durchsichtige Fenster zitterte leicht. Sonst geschah nichts. Ich war am Boden.

Noah hielt sein Wasserglas in der Hand und nahm einen Schluck.

»Tu endlich was!«, flehte ich unter Tränen. »Ist dir nicht aufgefallen, *dass ich fehle?*«

Noah stellte das Glas ab und zog die Brauen zusammen. »Haben Sie das gehört?«

Rocha blickte sich um. »Was?«

Vielleicht zog ich die Kraft aus der Hoffnung, vielleicht aus den Schmerzen, ich wusste es nicht. Aber ich rappelte mich hoch, sammelte mich und katapultierte meinen Körper ein letztes Mal gegen die Scheibe. Und jetzt passierte es.

Nach dem donnernden Aufprall sickerte ein weiteres, leises Geräusch durch. Es klang wie brechendes Eis beim Betreten eines gefrorenen Sees.

Noah legte den Kopf schief und blinzelte, dann zeigte er auf eine Ecke des Fensters. »Was ist das?«

Rocha und ich folgten seinem Blick. In der rechten, oberen Ecke saß ein feiner Riss, wie ein Haar auf dem Wasser.

Sofort hieb ich auf den Riss ein. Er wurde größer.

Ich holte tief Luft. »Hilfeee!«

»Hören Sie das?«, fragte Noah.

»Was denn?«

»Ein ... Schrei?«

Der Alte schien kurz zu lauschen.

»Nein«, erwiderte er dann und setzte nochmals den Pinsel an.

Es brauchte genau drei Striche, um den Riss in meinem Gefängnis verschwinden zu lassen. Mein Mund stand offen in kaltem Entsetzen.

»So, ich glaube, das war's«, schloss der Alte.

Ich war heiser und müde. Noah blieb still, aber ich sah, wie er überlegte. Rocha öffnete den Wein und schenkte ein. Dann stellte er sich wieder vor mich und reichte Noah ein Glas. Plötzlich hielt der Alte wieder das Foto mit der Frau in der Hand. Er verglich es mit mir.

»Es war offensichtlich schwieriger als erwartet?«, wandte sich Rocha an Noah.

Wie bitte? Mein Körper versteifte sich, als wäre ich auf ein ekliges Insekt getreten. *Noah?*

Rocha hob sein Glas. »Nun, Sie haben sich selbst übertroffen«, lobte er. »Dieses Gesicht. Und dieser starke Wille. Sie ist einfach wunderbar!«

Noah nickte und verbeugte sich leicht. »Danke, Meister.«

Volker Liebelt

Wolfszähne

Das Mädchen hielt krampfhaft ihren dunkelroten Rucksack fest, den sie vom Rücken genommen hatte, um ein wenig zu verschnaufen und eine Kleinigkeit zu essen. Die Mutter hatte Marmeladenbrote vorbereitet, einen gelbroten Apfel in kleine Stücke geschnitten und eine Tafel Schokolade dazugelegt. Außerdem befand sich eine Plastikflasche darin, die das Mädchen bereits zur Hälfte ausgetrunken und auf einem moosbewachsenen, verfaulten Baumstumpf abgestellt hatte.

Vor einer halben Stunde hatte Sarah den ersten Wolf gesehen. Er stand auf der Lichtung, versteinert, wie aus dem Boden gewachsen, und sein schwarzes Fell glänzte im Sonnenschein. Der Wolf betrachtete das kleine Mädchen, und seine funkelnden Augen verengten sich zu schmalen Schlitzen. Sarah wagte es nicht, sich zu rühren, und hielt vor Schreck den Atem an. Nach einigen Minuten drehte sich der Wolf um und verschwand geräuschlos im dichten Unterholz.

Kurz darauf waren es bereits zwei Wölfe, die dem Weg des Mädchens folgten. Sarah unterdrückte einen Ausruf des Schreckens, als sie die beiden entdeckte, die scheinbar gleichgültig hinter ihr her trotteten, ohne den Abstand zu verringern. Wenn es nicht Wölfe gewesen wären, hätte es sich genauso gut um Spaziergänger handeln können, die nebeneinander herliefen und plauderten.

Sarah beschleunigte ihre Schritte, bog in einen abzweigenden Waldweg ein und rannte den laubbedeckten Pfad entlang, so schnell sie konnte. An einem gewaltigen Baumstumpf hielt sie an, kauerte sich dahinter nieder und hoffte, dass die Wölfe ihre Spur verlieren würden. *Vielleicht laufen sie einfach weiter und nehmen einen anderen Weg.*

Ein Rotkehlchen flog von einem Baum zum anderen, und in der Ferne ertönte das Klopfen eines Spechts, der eine Nisthöhle zimmerte. Eine Mücke summte vor ihrem Gesicht und setzte sich auf die Hand des Mädchens. Sarah traute sich nicht, das Insekt zu erschlagen, aus Angst, die Wölfe durch das klatschende Geräusch anzulocken. Alles blieb still, und das Mädchen entspannte sich ein wenig. *Ich hatte recht, sie sind weg.*

Sie zog ihre Trinkflasche aus dem Rucksack und kratzte an dem Mückenstich, der zu jucken begann, nachdem der Blutsauger seine Arbeit beendet hatte und schwerfällig davongeflogen war. Auf einmal knackte ein Ast in ihrer Nähe, das Klopfen des Spechts verstummte, und ein Eichelhäher flog kreischend davon.

Plötzlich ging alles ganz schnell. Die schwarzen Wölfe tauchten von allen Seiten auf und umzingelten das wehrlose Mädchen. Jetzt wirkten sie überhaupt nicht mehr lustlos, sondern betrachteten das Kind mit gierigen Blicken, wobei Sarah die spitzen Zähne in den halbgeöffneten Mäulern sah, während die wilden Tiere den Kreis immer enger zogen. Sarah wollte um Hilfe rufen, brachte aber keinen Ton heraus und krallte die Finger in den Stoff ihres Rucksacks, den sie wie einen Schutzschild vor die Brust presste.

In diesem Moment flog ein heller Schatten durch die Luft, und ein weißer Wolf landete neben dem zitternden Mädchen. Er war größer als die anderen Wölfe, und Sarah merkte sofort, dass dies ein besonderes Tier war und nicht einer der üblichen Wölfe, die durch die Wälder streunten, Hühner stahlen oder Jagd auf kleine Mädchen machten.

Dieser Wolf fiel bereits durch seine Körperhaltung auf, majestätisch, selbstsicher, ein Anführer, der es gewohnt war, zu herrschen und Befehle zu erteilen. Sarah wusste sofort, dass dieser weiße Wolf sie retten würde und jubelte still vor Freude. Am liebsten wäre sie auf den Rücken des anmutigen Tieres geklettert und hätte ihr Gesicht in seinem Fell vergraben, nur um den Anblick der übrigen Tiere nicht länger ertragen zu müssen.

Als der weiße Wolf das Maul aufriss, erblickte Sarah sein Gebiss, und sie konnte sich nicht erinnern, jemals so große und furchterregende Zähne gesehen zu haben. Die schwarzen Wölfe waren stehengeblieben, überlegten, betrachteten argwöhnisch den Eindringling, der so furchtlos und unantastbar schien, und wussten, dass sie genau das tun würden, was er ihnen befahl.

Das Mädchen gehört mir! Ihr fasst es nicht an! Hatte er das tatsächlich gesagt, oder waren es nur Worte, die in Sarahs Einbildung existierten und von denen sie hoffte, er würde sie so oder so ähnlich von sich geben?

Jessica zuckte zusammen, blickte von ihrem Buch auf und sah die schwarz-weiße Katze zwischen den Regalen stehen. Ein seltsamer Anblick, und sie konnte sich nicht erinnern, schon jemals eine Katze in der Stadtbücherei gesehen zu haben, obwohl sie oft hier war, um entweder Bücher zu lesen, Bücher auszuleihen oder zuerst zu lesen und anschließend die angefangene Lektüre mit nach Hause zu nehmen, um sie dort, am liebsten vor dem Schlafengehen, bis zum Ende durchzuschmökern.

Jessica wusste, dass ihre beste Freundin Pia solch eine schwarz-weiße Katze zu Haus hatte, aber Pia wohnte am anderen Ende der Stadt und betrat die Bücherei nur in begründeten Ausnahmefällen. Wenn sich die beiden bei Pia trafen, war die Katze immer dabei, strich den Mädchen um die Beine oder mischte sich spielerisch mit ihrer Pfote ein, ohne jedoch die Krallen auszufahren.

Als Jessica wieder zwischen die Regale schaute, war die Katze verschwunden. Hatte sie sich getäuscht? Das Mädchen überlegte. Einerseits war die Geschichte spannend, und sie hätte gerne gewusst, wie das Abenteuer mit der kleinen Sarah und den Wölfen weiterging, andererseits lief ihr das Buch nicht weg, was bei einer Katze schon eher der Fall sein konnte. Sie steckte das mitgebrachte Lesezeichen zwischen zwei Seiten, legte ihre Lektüre auf den Tisch, stand auf und begann, die Katze zu suchen.

Oh, nein, dachte das Mädchen, als sie das Tier am Ende des Ganges in einem offenen Fahrstuhl erblickte. Die Tür wird die Katze zerquetschen, wenn sie nicht aufpasst, denn die Lichtschranke ist viel zu hoch.

Sie beobachtete die übrigen Besucher, doch da war keine Hilfe zu erwarten, denn jeder beschäftigte sich mit seinen Büchern, und niemand hatte Augen für das Schicksal der schwarz-weißen Katze.

Jessica rannte zum Fahrstuhl, die Tür schloss sich lautlos hinter ihr, und der Aufzug setzte sich zitternd in Bewegung. Das Mädchen erschrak. Sie hatte auf keinen der Knöpfe gedrückt, wie also konnte es passieren, dass der Fahrstuhl zunehmend an Geschwindigkeit gewann? Vielleicht war jemand anders dafür verantwortlich, jemand, der im zweiten Stock über oder im Erdgeschoss unter ihr auf den Aufzug wartete. Eine Mutter mit Kinderwagen oder ein alter, gebrechlicher Mann. Das wäre zumindest eine Erklärung, mit der sie sich anfreunden könnte, und damit hätte alles wieder seine Richtigkeit, wenn es nicht diese Kleinigkeit gäbe, die Jessica überhaupt nicht verstand.

Sie kannte die Bücherei in- und auswendig, wusste welches Buch in welchem Stockwerk und welcher Regalreihe zu finden war und wusste auch mit absoluter Sicherheit, dass es im ganzen Gebäude keinen Fahrstuhl gab. Diesem letzten Punkt hatte sie überhaupt keine Aufmerksamkeit geschenkt, so selbstverständlich war sie der Spur der Katze gefolgt.

Was bedeutete das? Sie fuhr in einem Aufzug, den es nicht gab, in ein Stockwerk, das sie nicht gedrückt hatte, mit einem unaufhaltsam nach unten rasenden Fahrstuhl, der überhaupt nicht daran dachte anzuhalten, was das Mädchen in ihrer Meinung bestärkte, dass hier irgendetwas gehörig aus dem Ruder lief.

Die schwarz-weiße Katze rieb ihren Kopf an Jessicas Bein und maunzte.

Das Mädchen bückte sich, streichelte das Tier und nahm es auf den Arm. »Und jetzt, Katze?«, sprach sie mit leiser Stimme. »Kannst du mir hierfür eine Erklärung liefern? Immerhin hast du mich in den Fahrstuhl gelockt. Ich sage bewusst *gelockt*, denn ich bin mir sicher, dass dein Auftauchen kein Zufall war. Oder täusche ich mich?«

Die Katze legte ihren Kopf auf Jessicas Schulter, schnurrte ein wenig und schloss die Augen.

»Eine große Hilfe bist du mir wirklich nicht«, seufzte das Mädchen, setzte die Katze behutsam auf den Boden und betrachtete die verschiedenen Schalter im Innern des Fahrstuhls. »Wie lässt sich das verdammte Ding bloß stoppen?« Jessica drückte auf den Erdgeschoss-Schalter. Nichts geschah. Dann fiel ihr Blick auf den roten Schalter mit der Aufschrift *Notfall*. »In gewisser Weise ist es ein Notfall«, sagte das Mädchen. »Demnach fühle ich mich auch befugt, den Schalter zu betätigen. Oder bist du anderer Meinung, Katze?«

Aber die Katze äußerte sich auch dieses Mal nicht, und so tippte Jessica kurz auf den roten Schalter, der augenblicklich zu blinken begann, und zur Verblüffung des Mädchens verlangsamte der Aufzug seine Fahrt, ruckte einmal, zweimal und stand still.

»Das ist gut«, rief Jessica. »Warum nicht gleich so? Ich befürchtete schon, der saust durch die Erde hindurch und spuckt mich auf der anderen Seite wieder aus. Dann wäre ich bei den Kängurus in Australien gelandet.«

Der Fahrstuhl bewegte sich einige Sekunden überhaupt nicht, dann wackelte die Tür und öffnete sich mit einem kurzen, kräftigen Zischen. Jessica trat heraus, die Katze sauste zwischen ihren Beinen hindurch und verschwand zwischen den Bäumen. Bäume? Jessicas Augen benötigten einige Sekunden, um sich an das schummrige Licht zu gewöhnen.

»Das sind tatsächlich Bäume«, stellte sie verwundert fest. »Ich glaube, ich spinne. Befördert mich der blöde Aufzug direkt in einen finsteren Wald. Unglaublich! Und jetzt?« Sie drehte sich um und merkte, dass der Fahrstuhl verschwunden war. Er war einfach weg, als hätte es ihn nie gegeben. »Auch das noch!«, sagte sie laut, um sich Mut zu machen. »Nun muss es eben ohne gehen.«

Aber Jessica fühlte sich überhaupt nicht mutig, sondern verloren und allein gelassen in einem dunklen Wald an einem unbekannten Ort.

»Katze!«, rief sie mit leicht bebender Stimme. »Komm zurück, und zeig mir den Weg!«

Doch die Katze kam nicht. Stattdessen raschelte es im Wald, erst ganz leicht, dann heftiger, und plötzlich kamen unheimliche Geräusche aus allen Richtungen. Jessica zuckte zusammen, drehte sich im Kreis, um der Bedrohung entgegen zu sehen und erschrak, als sie kleine Lichter in der Dunkelheit erkannte, die sie für tanzende Glühwürmchen hielt. Sie atmete hastig, und ihr Herz klopfte so heftig, dass sie die Hand darauf presste. Je länger sie die Lichter betrachtete, umso überzeugter war sie, dass es sich um Augen handelte, die in der Finsternis funkelten und sie aus jedem möglichen Winkel anstarrten.

Sie begann zu zittern und fühlte, dass Panik in ihr hochstieg. *Bleib ganz ruhig! Es ist überhaupt nichts passiert.*

Jessica wollte flüchten, irgendwohin, nur weg von diesem düsteren Ort und begriff im selben Moment, dass sie nicht entkommen konnte. *Sie warten nur darauf, dass ich das tue. Sobald ich mich bewege, werden sie aus dem dichten Blätterwerk hervorstürzen.*

Stattdessen packte sie den Ast des neben ihr stehenden Baumes, kletterte geschickt Meter für Meter in die Höhe und ließ sich in einer Astgabel nieder. Jessica keuchte vor Anstrengung, der Schweiß lief ihr den Rücken hinunter und tränkte das Hemd, sodass es kalt auf der Haut klebte. Die leuchtenden Augen kamen näher, kreisten um den Baum, und das bedrohliche Knurren, das aus unzähligen Kehlen erklang, zeigte, dass Jessica mit der Idee, auf einen Baum zu flüchten, genau den richtigen Einfall hatte.

Als der Mond hinter einer Wolke vorschaute, erkannte sie, dass es sich bei den Besitzern der Augen um Wölfe handelte, die nicht im Geringsten daran dachten, ihre Beute aufzugeben, auch wenn sie im Moment unerreichbar schien. Jessica war heilfroh, dass die Wölfe keine Anstalten machten, am Stamm hochzuklettern, wozu die Tiere, soviel sie darüber wusste, auch gar nicht in der Lage waren.

Aber wie sollte es weitergehen? Sie konnte auf der Astgabel sitzen bleiben, bis es hell wurde, und hoffen, dass der Spuk bei Tageslicht vorüber war, die Wölfe abzogen und sie sich mit anderen Problemen beschäftigen konnte, zum Beispiel mit der Frage, wie sie aus diesem Wald herauskäme, um nur eines zu nennen.

Plötzlich ließen die Wölfe von dem Baum ab und zogen sich ins Dunkel zurück. Was war geschehen? Jessica entdeckte, dass ein anderer, viel größerer Wolf aufgetaucht war, im hellen Mondlicht stand, den Kopf zurücklegte und so grauenvoll heulte, dass Jessica sich unwillkürlich die Ohren zuhielt. Anschließend schaute er zu der Stelle im Wald, an der sich die leuchtenden Augen versammelt hatten und sagte nur zwei Sätze: *Das Mädchen gehört mir! Ihr fasst es nicht an!*

Jessica traute ihren Ohren nicht. Sie kannte die Worte, hatte sie vor nicht allzu langer Zeit gehört und erinnerte sich plötzlich, wo das gewesen war. Es konnte sich nur um *den* weißen Wolf handeln, dessen Worte sie in dem Buch gelesen hatte, bevor die schwarz-weiße Katze gekommen war und sie zum Fahrstuhl der Bibliothek und letztendlich in die missliche Lage brachte, in der sie sich nun befand.

Der weiße Wolf blickte den Stamm empor. »Komm herunter! Du brauchst dich nicht zu fürchten, niemand krümmt dir ein Haar. Fridolin ist auch hier.«

»Wer zum Teufel ist Fridolin?«, rief Jessica wütend und rührte sich nicht von der Stelle.

»Ich bin Fridolin«, ertönte eine leise Stimme. »Wir sind zusammen mit dem Fahrstuhl gefahren.«

Jessica blickte angestrengt auf den Boden, erkannte die schwarz-weiße Katze, die um den Stamm schlich, und kletterte den Baum hinab.

»Ich glaube, ihr beide schuldet mir eine Erklärung«, sagte sie mutig zu dem riesigen Wolf, der das Maul zu einem Grinsen verzog, sodass Jessica seine Zähne sah und sich gut vorstellen konnte, was Sarah bei dem Anblick empfunden haben musste.

Die schwarzen Wölfe kamen aus dem Wald hervor, legten sich auf den Boden und lauschten den Worten ihres Anführers.

»In diesem Wald ist nicht alles so, wie es scheint, und die Wölfe hier sind keine gewöhnlichen Tiere«, erklärte der weiße Wolf. »Wir sind aus den Träumen und Gedanken der Menschen entstanden. Wenn ganz viele von euch mit Begeisterung unsere Geschichten lesen, erwachen wir zum Leben, tief in der Erde, so auch unterhalb der Stadt, in der du wohnst.«

»Und von da ab geistert ihr für immer und ewig durch die Welt?«, fragte das Mädchen verblüfft.

Der weiße Wolf schüttelte den Kopf. »Nein. Geschichten kommen und gehen, und wenn sie gehen, dann gehen wir mit ihnen, um Platz zu machen, für neues Leben in neuen Geschichten. Das ist unser Schicksal.«

»Und wie passe ich hierher?«

Der weiße Wolf legte den Kopf schief und schwieg. Dafür sprang Fridolin auf und antwortete: »Wir erlauben es immer wieder, dass einzelne Leser in unsere Fantasiewelt tauchen, um die Rollen in den Geschichten mitzugestalten. Als ich dich in der Bücherei entdeckte, wo du so vertieft gelesen hast, beschloss ich, dich hierher zu entführen. Du bist die Richtige!«

Jessica runzelte die Stirn. Das ergab keinen rechten Sinn, was Fridolin da erzählte, und hörte sich eher nach einer der Ausreden an, die die Schüler dem Lehrer auftischten, wenn sie zu spät zum Unterricht erschienen. Jessica hatte das ungute Gefühl, dass es das Beste sei, schleunigst herauszufinden, was da nicht stimmte.

Einer der schwarzen Wölfe begann zu kichern. »Ich glaube, Fridolin hat nicht die ganze Wahrheit erzählt.«

Die anderen Wölfe nickten zustimmend, und Jessica bemühte sich, die einzelnen Satzfetzen zu verstehen und in eine vernünftige Reihenfolge zu bringen.

»Dass Fridolin immer das Wichtigste vergisst.«

»Was passiert eigentlich mit der kleinen Sarah?«

»Kennt jemand das Ende der Geschichte?«

»Ich möchte mit keinem der Mädchen tauschen.«

»Gewiss, sie ist die Richtige.«

»Wir haben einfach keine Lust, in Vergessenheit zu geraten.«

»Es gibt eine Möglichkeit, unser Dasein zu verlängern.«

»Jetzt macht dem Kind doch keine Angst!«

Jessica wurde mulmig zumute, und sie trat unruhig von einem Fuß auf den anderen. Das, was sie soeben gehört hatte, ließ nur einen Schluss zu: Sie sollte die Rolle der kleinen Sarah bis zum Ende der Geschichte spielen. Aber wie endete das Buch? Es könnte doch sein, dass … Jessica wagte es nicht, den Gedanken zu Ende zu denken.

Die schwarzen Wölfe hatten sich erhoben und ließen sie nicht mehr aus den Augen, der weiße Wolf war etwas zurückgewichen. Es half nichts, sie konnte die Sache drehen und wenden, wie sie wollte, sie musste die Frage stellen, die von allergrößter Bedeutung war, obwohl die Antwort darauf bereits unausgesprochen in der Luft schwebte.

»Fridolin!«, rief sie und bemühte sich, mit fester Stimme zu sprechen. »Wie endet denn das Buch?«

Die schwarzen Wölfe lachten und antworteten im Chor: »Wir spielen die Geschichte immer bis zum Schluss. Und manchmal kürzen wir die Sache auch ein wenig ab.«

Die Augen der schwarzen Wölfe begannen wieder zu leuchten, und als dieses beängstigende Knurren aus ihren Kehlen hervorbrach, wurde Jessica schlagartig klar, wie die Wölfe ihr Dasein verlängerten. Sie bemerkte, dass Fridolin und der weiße Wolf verschwunden waren. Offenbar hatten sie beschlossen, das Drehbuch zu ändern und direkt auf die letzte Seite zu springen.

Jessica reagierte blitzschnell. Sie hüpfte mit einem gewaltigen Satz über den neben ihr stehenden Wolf, um den Baum zu erklimmen, auf dessen Astgabel sie heute bereits gesessen hatte. Aber dieses Mal passten die Wölfe besser auf, und bevor das Mädchen luftige Höhen erreichen konnte, verbissen sich zwei Tiere in ihren Hosenbeinen.

Jessica versuchte verzweifelt, sich festzuhalten, um weiter nach oben zu gelangen, doch sie spürte, dass sie den ungleichen Kampf verlieren würde. Die Raubtiere hingen wie eiserne Kletten an ihr und zogen sie langsam zurück auf den Boden.

Jessica schrie, versuchte, gegen die gierigen Wölfe anzukämpfen, fühlte, wie die Kraft in ihren Armen nachließ, und während sie den unzähligen, spitzen Zähnen in den aufgerissenen, hungrigen Mäulern immer näher kam, begann die Umgebung plötzlich, undeutlich zu werden.

»Jessica!«

Die beiden Wölfe lockerten den Biss, und das Mädchen spürte, dass ihre Beine wieder frei waren.

»Jessica!«

Der finstere Wald, die schwarzen Wölfe, alles verschwamm, und als Jessica sich umsah, blickte sie in das Gesicht von Frau Leopold, der Leiterin der Stadtbücherei.

»Was ist geschehen?«, stieß das Mädchen keuchend hervor. »Wo sind die Wölfe?«

»Alles in Ordnung«, erwiderte Frau Leopold und legte ihre Hand beruhigend auf die Schulter des Mädchens. »Du bist eingeschlafen und hast schlecht geträumt. Dabei hast du um dich geschlagen und einen Stuhl auf den Boden geworfen.«

»Das tut mir leid«, entgegnete Jessica kleinlaut. »Ich wollte niemanden erschrecken. Ich weiß wirklich nicht, wie das passieren konnte.«

»Ist doch nicht schlimm«, beruhigte sie die Leiterin. »Leih dir das Buch aus! Dann kannst du in Ruhe zu Hause weiterlesen. Wir schließen sowieso in zehn Minuten.«

»Ja, Sie haben recht. Danke. Ich komme gleich runter.« Jessica stützte das Kinn auf ihre zitternden Hände und merkte, dass die Schrecken des Traumes erst langsam von ihr abfielen. »Frau Leopold denkt bestimmt, ich ticke nicht ganz richtig im Kopf«, sagte das Mädchen leise. »Wahrscheinlich bin ich die Erste, die hier im Schlaf einen Stuhl umgeworfen hat. So was Peinliches.«

Jessica blieb noch eine Weile sitzen, dachte an die

schwarzen Wölfe und wunderte sich, wie echt Träume wirken konnten. Als sie aufblickte, stellte sie fest, dass sich keine Besucher mehr auf dem Stockwerk befanden. Sie war allein. Jessica schnappte sich das Buch, rannte zur Treppe und blieb verdutzt stehen. Auf dem Boden befand sich eine Wasserpfütze, die sich schnell ausbreitete und unter die Bücherregale lief.

»Ein Wasserrohrbruch«, seufzte das Mädchen. »Na, toll! Da werden sie die Bücherei wohl zwei Wochen schließen müssen, ehe der Schaden behoben ist.«

Aber dann fiel ihr ein, dass sich die Sanitäranlagen im zweiten Stock befanden, und als sie zur Treppe blickte, sah sie, dass das Wasser nicht von oben nach unten floss, sondern vom Erdgeschoss aufwärts strömte und in kleinen Wellen über die oberste Treppenstufe schwappte.

Das ist völlig unmöglich!, dachte sie. Demnach müsste das komplette Erdgeschoss unter Wasser stehen. Frau Leopold war doch eben noch bei mir.

Jessica blieb keine Zeit, die Angelegenheit genauer zu untersuchen, denn das Wasser stieg unaufhörlich, schoss nun in großen Wellenbewegungen über den Boden, und ehe sie sich versah, reichte es bis zu ihren Knien.

Warum öffnet niemand die Eingangstür, damit das Wasser abfließt?, überlegte sie, rannte zum Fenster, so gut es eben ging, wobei das Wasser nach allen Seiten spritzte und die Bücherrücken durchnässte. Sie versuchte, die Verriegelungen der Fenster zu öffnen und stellte fest, dass sie klemmten und sich keinen Millimeter bewegen ließen.

»Scheiße!«, schrie das Mädchen. »So wird das nichts. Ich muss hoch in den zweiten Stock. Irgendeines dieser verdammten Fenster wird sich doch wohl öffnen lassen.«

Das Wasser wurde unaufhörlich aus dem Erdgeschoss hochgedrückt, es sprudelte und spritzte wie in dem Springbrunnen, den Jessica neulich in einem Schlossgarten gesehen hatte. Sie watete zur Treppe, stieg hinauf in den zweiten Stock und merkte, dass die Verriegelungen der Fenster denen im ersten Stock in nichts nachstanden.

Jessica entdeckte Menschen unter sich auf der Straße, die spazieren gingen und vor den Schaufenstern der umliegenden Geschäfte stehen blieben. Sie hämmerte gegen die Scheibe, um auf sich aufmerksam zu machen. Ohne Erfolg. Niemand hörte sie, und das bruchsichere Glas schluckte das Geräusch ihrer Schläge.

Das Brodeln des Wassers wurde lauter, und Jessica hatte den Eindruck, dass es im Erdgeschoss oder darunter eine riesige Quelle geben musste, die aufgebrochen war und nichts Besseres zu tun hatte, als Unmengen von Wasser ausgerechnet in die Stadtbücherei zu stoßen. Entsetzt stellte das Mädchen fest, dass der Wasserstrom das Treppenhaus mittlerweile aufgefüllt hatte und mit einer Kraft auf sie zuschoss, als hätte jemand eine Schleuse geöffnet, um nun auch den zweiten Stock und damit die komplette Bücherei zu fluten.

Jessica dachte fieberhaft nach. Es gab keinen dritten Stock. Wo sollte sie hin? Wenn das Wasser weiter im gleichen Tempo stieg, erreichte es in wenigen Minuten die Decke. Was würde dann mit ihr geschehen?

Es gibt eine Lösung, ich weiß es. Es gibt immer eine Lösung! Ich muss sie nur finden.

Sie blickte sich gehetzt um und spürte, wie ihr Herz immer heftiger klopfte. Sie wollte um Hilfe rufen, entschied sich dann aber, lieber selbst nach einem Ausweg aus dieser vertrackten Situation zu suchen. Jessica kletterte auf den Tisch, um noch einen Moment im Trockenen zu sein und überlegte, wie sie das Unvermeidbare abwenden konnte, denn sie verspürte nicht die geringste Lust, sich ihrem Schicksal kampflos zu fügen. Als die Wassermassen die Bücher aus den unteren Regalen fegten, sah sie plötzlich den Griff an der Decke.

Eine Luke!, schoss es ihr durch den Kopf. Genau das, was ich brauche. Sie führt bestimmt auf den Dachboden, und über das Dachfenster gibt es sicherlich einen Ausgang. Das ist meine Chance!

Jessica sprang ins Wasser und kletterte auf das Regal, das der Luke am nächsten lag. Wehmütig betrachtete sie die Bücher, die das Wasser fortriss und für immer zerstörte, bevor sie den Haltegriff packte und mit ganzer Kraft daran zog. Nichts. Sie versuchte es ein weiteres Mal, aber die Dachluke schien genauso verriegelt zu sein wie die Fenster.

»Geh endlich auf, du verdammtes Ding!«, schrie sie.

Der Abstand zwischen Wasseroberfläche und Decke betrug noch höchstens einen Meter.

»Jetzt oder nie!«

Sie fasste den Griff mit beiden Händen, ließ sich fallen und hing mit ihrem ganzen Körpergewicht an dem Metallteil. Das Wasser war eiskalt, aber sie verschwendete keinen Gedanken daran, sondern musste mit ansehen, wie eine Schraube des Handgriffs herausbrach, bevor die brodelnden Fluten über ihr zusammenschlugen und sie in die Tiefe drückten.

Jessica hielt den Atem an, stieß sich mit den Füßen ab, schoss nach oben und tauchte knapp unter der Decke auf. Sie strampelte, prustete, entdeckte einen blutenden Riss quer über dem Handrücken und japste nach Luft in dem Zwischenraum, der auf die kleine Spanne von wenigen Zentimetern geschrumpft war und gerade noch genug Platz für ihren Kopf zwischen Wasseroberfläche und Holzdecke bot.

Einen allerletzten Versuch habe ich noch, dachte das Mädchen, atmete tief ein und beschloss, zum Notausgang im Erdgeschoss zu tauchen.

Dort wollte sie die unverschlossene Tür von innen öffnen und verfluchte sich gleichzeitig, dass sie diesen

Einfall nicht schon früher gehabt hatte, als noch mehr Zeit und Luft zur Verfügung standen.

Jessica merkte schnell, dass der Weg zum Erdgeschoss weit und das aufwärts sprudelnde Wasser nicht auf ihrer Seite war, dass der Atem knapp wurde, dass sie die Orientierung verlor, dass sie die Strecke gar nicht schaffen konnte und dass ihre Lungen explodieren würden, wenn sie nicht bald Luft bekäme. Sie presste die Augen zusammen, trieb strampelnd im Wasser und spürte plötzlich eine Hand an ihrer Schulter, die sie kräftig rüttelte.

»Jessica!«

Sie schlug die Augen auf, erblickte ihre Mutter und wunderte sich, dass sie in ihrem Bett lag.

»Jessica!«, rief die Mutter ein weiteres Mal. »Was ist denn los? Willst du denn gar nicht aufstehen? Der Wecker hat schon vor einer halben Stunde geklingelt, und wer liegt noch im Bett? Meine Tochter, die mir eigentlich heute früh bei der Hausarbeit helfen wollte.«

»Ich habe geträumt«, erwiderte Jessica wohl wissend, dass das nur eine sehr unzureichende Entschuldigung war. »Von schwarzen Wölfen, dem Kater Fridolin und der Stadtbücherei.«

Die Mutter lachte. »Das wundert mich nicht.«

»Wieso?«

»Ich würde sagen, es hängt mit der Auswahl deiner Bettlektüre zusammen.« Die Mutter nahm das Buch in die Hand, das auf Jessicas Nachttisch lag und schaute auf den Einband. »Es trägt den Titel *Wolfszähne.* Wenn du vor dem Einschlafen Geschichten über Wölfe liest, brauchst du dich nicht zu wundern, wenn du schlecht träumst. Vielleicht versuchst du es das nächste Mal besser mit deinem Französischbuch.«

Jessica lächelte matt. »Mama, weißt du, wie das Buch endet?«

»Oh, Kind«, erwiderte die Mutter. »Ich und Horrorgeschichten. Da prallen nun wirklich zwei Welten aufeinander. Ich weiß lediglich, dass *Wolfszähne* ganz vorne auf der Liste der meistverkauften Bücher steht. Aber um was es da genau geht, darfst du mich wirklich nicht fragen.«

Jessica seufzte, schwang ihre Beine aus dem Bett und rieb sich die Augen.

»Was hast du denn mit deiner Hand gemacht?«, fragte die Mutter erschrocken.

Das Mädchen schaute sie verständnislos an, bevor sie den blutigen Kratzer bemerkte, der quer über den Handrücken lief. »Ich weiß nicht. Keine Ahnung. Ich muss irgendwo hängengeblieben sein.«

Natürlich wusste sie genau, dass die Verletzung nur von dem Sturz in der Bücherei herrühren konnte, als sich der Haltegriff der Dachbodenluke gelöst hatte. Doch das hatte sie nur geträumt, und jetzt war sie wach, saß auf dem Bett, erkannte ihr Zimmer, und die Mutter stand unübersehbar vor ihr. Mehr Realität ging nun wirklich nicht.

Ich kapier das einfach nicht, dachte das Mädchen. Wenn jetzt noch der Kater Fridolin unter dem Bett vorkommt, bin ich endgültig reif für die Klapsmühle.

Aber der Kater kam nicht, dafür begann die Wunde zu schmerzen, und Jessica verzog das Gesicht.

»Lass mal sehen!«, sagte die Mutter und betrachtete ihre Hand. »Ich schätze, du wirst es überleben. Trotzdem hole ich besser etwas zum Desinfizieren und ein Pflaster. Warte kurz!«

Jessica blieb ratlos zurück. Diese Träume hatten so echt gewirkt, dass ihr nachträglich ein Schauder über den Rücken lief. War es möglich, dass Phantasie und Wirklichkeit miteinander verschmolzen? Konnte man Träume so intensiv leben, dass sie mit dem Aufwachen nicht völlig von einem abfielen und verschwanden? Aber waren

Träume nicht lediglich Gedanken, die das Gehirn im Schlaf verarbeitete?

Jessica merkte, dass ein Blutstropfen aus der Wunde trat und auf den Boden fiel. Das ergab alles keinen Sinn! Sie schaute auf, als ihre Mutter das Zimmer betrat und ein kleines Fläschchen mitbrachte.

»So, das brennt jetzt ein bisschen«, meinte sie und nahm ihre Hand.

Jessica wusste, dass diese alkoholähnliche Flüssigkeit nicht nur ein bisschen, sondern ganz scheußlich brannte. Sie schloss die Augen, um sich abzulenken. Wenn Träume im Gehirn entstehen, konnte die Wunde nicht echt sein. Doch das Blut war zweifelsfrei da, und das würde bedeuten, dass der Traum noch im Gange war.

»Alles Blödsinn«, murmelte das Mädchen. »Nun mach doch endlich Mama, ich weiß doch, dass es brennt!«

Sie öffnete die Augen gerade noch rechtzeitig, um zu sehen, wie ein Wassertropfen im Zeitlupentempo auf ihre Hand fiel und in viele, mikroskopisch kleine Tröpfchen zerplatzte. Jessica wunderte sich, hob den Kopf und sah entsetzt mit an, wie sich die Augen der Mutter zu schmalen Schlitzen verengten, der Mund sich seltsam nach vorne verschob und eine Reihe messerscharfer, spitzer Wolfszähne zum Vorschein kam, zwischen denen weitere Speichelfäden sichtbar wurden.

Jessica schrie auf, fiel rückwärts und wurde in die Tiefe gezogen, zurück in eine Welt der düsteren, nicht enden wollenden Albträume.

Andrea Büschgens

Das Metallgesicht

Ich werfe einen kurzen Blick auf die Uhr. Der kleine Zeiger steht auf der sieben, der große auf der sechs. Es ist Montagmorgen und verdammt schwer, nach einem äußerst angenehmen Wochenende schon wieder so früh aus dem Haus zu müssen. Ich streiche ein letztes Mal über meinen elegant geschnittenen Mantel. Er sitzt perfekt an mir wie alles andere auch, von der obersten Haarspitze bis hinunter zu den polierten Schuhen aus feinstem Leder. Zufrieden nicke ich der fabelhaften Erscheinung im Spiegel zu, dann verlasse ich eiligen Schrittes das Haus Richtung Bahnhof.

Als ich die Eingangshalle betrete, habe ich einen dicken Kloß im Hals, der sich am Kragen meines Maßhemdes reibt. Die Menschenmenge erdrückt mich mit ihrer Masse, ihrem Gestank nach Kaffee, ungeputzten Zähnen, ausgedünstetem Knoblauch vom Vorabend, billigem und teurem Parfum, Schweiß, Tee, klebrigen Orangensaftresten und dem fettigen Fastfood, das einige Läden denen andrehen, die morgens um diese Uhrzeit schon etwas herunterbekommen. Für mich gleicht jeder Morgen einem Kampf ums Überleben – meines eigenen und das meines durchgestylten Outfits.

Ich halte die Luft an, steige dennoch wendig und elegant die Treppen hoch und bereite mich auf den Einstieg vor. Gott sei Dank hat der Zug heute keine Verspätung, wir kommen beide gleichzeitig am Bahnsteig an, in wenigen Momenten bin ich drin, also vorerst einmal in Sicherheit. Ich habe schnell gelernt, dass es hilft, beim Einstieg ein klein wenig die Ellbogen zu benutzen, nach einem vorsichtigen Blick, ob ich dabei nicht Gefahr laufe, meine Kleidung zu beschmutzen oder mir anderweitig

Ärger einzuhandeln. Denn wer hat um diese Uhrzeit schon Lust, fünfundzwanzig geschlagene Minuten zu stehen und an jeder Haltestelle selbst von den Ein- und Aussteigern in die Rippen gepufft zu werden?

Triumphierend lasse ich mich auf einen Sitzplatz in einer leeren Vierergruppe der Deutschen Bahn fallen. Ich mache es mir im Sitzen gerade so bequem wie in diesem Transportmittel möglich, als ich vor Schreck erstarre. Alle Sitze neben mir werden von drei absonderlichen Gestalten in schwarzen, leicht heruntergekommenen Lederklamotten und dreckigen Stiefeln okkupiert. Nicht zu fassen, so ein Schock am frühen Morgen! Besonders der Typ gegenüber macht es mir unmöglich, meinen Blick abzuwenden. Ein Metallgesicht!

So viele Piercings auf einem Haufen habe ich selten gesehen. Eine endlos lange Reihe von Metallknöpfen in exakt gleichem Abstand entlang der Augenbrauen, ein Stift quer durch die Nase gerammt, die Ohrläppchen und Ohrmuscheln von Sicherheitsnadeln zerfleddert, die Stirn unter der Vielzahl der Ringe kaum noch erkennbar, das Lippenrot von Silber erstickt. Am schlimmsten aber ist das dummfeiste Grinsen, mit dem diese Figur mich genauso erstaunt und intensiv mustert wie umgekehrt.

Dabei sehe ich doch völlig normal aus. Doch in diesem Moment haben wir wohl exakt den gleichen Gedanken in Bezug auf unser jeweiliges Gegenüber: Dieser Typ ist ein Außerirdischer, absolut nicht meine Welt! Und damit erschöpfen sich unsere Gemeinsamkeiten.

Als sich der Zug in Bewegung setzt, reden Metallgesicht und seine Kumpels lauter unkultivierten Stuss miteinander, stopfen zwischendrin irgendwelchen fettigen Kram in sich hinein, und dann, kaum zu glauben, lässt dieses Wesen vom anderen Stern ganz weltlich einen lauten, unflätigen, ekelerregenden Rülpser in meine Richtung los.

Ich sterbe gleich, aber an Flucht ist in diesem Moment nicht zu denken. Die Gänge im Zug sind hoffnungslos verstopft. Ich bete, dass heute die Fahrt besonders schnell vorbeigehen möge, ziehe meine Beine und alle anderen Körperteile so eng wie möglich an mich heran, schließe die Augen, denke an etwas Schönes und … schlafe tatsächlich beinah ein.

Hoffentlich kommt nur kein Kontrolleur vorbei, das wäre der passende Albtraum. Ich habe nämlich kein Ticket. Man könnte denken, das läge an meinen Schulden, etwa wegen meines Porsches. Ich gebe es ungern zu, aber es stimmt. Dieses nagelneue, rote Prunkstück hat meinen aktuellen Kontostand in eben dieselbe tiefrote Farbe getaucht. Ich habe mich für meinen Traum von Geschwindigkeit und dem unstillbaren Verlangen nach einem Accessoire, das mein materielles Wohlergehen angemessen unterstreicht und mir viele neidische Blicke beschert, ganz schön ruiniert.

Und dann hält mich vor drei Wochen dieser blöde Polizist mitten in der Stadt an: Man habe mich gerade geblitzt, Geschwindigkeitsübertretung in nicht akzeptablem Umfang, Geldstrafe, Fahrverbot für vier geschlagene Wochen. Ich sei eine Gefahr für meine Mitmenschen. So ein Sch… Aber was soll ich klagen? Der Lappen ist noch für weitere zehn Tage futsch. Nur aus diesem einzigen Grund quäle ich mich mit der Deutschen Bahn zur Arbeit und setze mich der äußerst unangenehmen Nähe zu meinen Mitmenschen aus.

Bei diesem Gedanken öffne ich leicht die Augen und blicke verstohlen auf mein Gegenüber. Doch plötzlich reiße ich viel mehr meine Ohren auf. Warum? Weil ich soeben laut und deutlich den Satz »Die Fahrkarten, bitte« vernommen habe.

Das gibt es doch nicht! Ich schaue kurz zum Fenster hinaus, um mich zu vergewissern, dass ich in fünf Minuten an meinem Ziel ankommen werde, in mickrigen fünf Minuten. Das müsste doch noch zu schaffen sein! Oder etwa nicht?

Der Fahrkartenkontrolleur hat sich schon unter Einsatz seines Lebens durch das Gedrängel unmittelbar an unsere Vierergruppe herangearbeitet. Alarmstufe rot, Panik steigt in mir auf. So ein Mist, ich will mein frisch gebügeltes Hemd doch nicht schon jetzt aufs Spiel setzen.

Um Zeit zu gewinnen, öffne ich langsam meine Tasche und beginne, fieberhaft zu suchen. Hätte ich doch nicht auf meinen schnöseligen und ständig in Kavaliersdelikte verstrickten Kollegen Philipp gehört! Der hat mir geraten, ich solle einfach ohne Ticket fahren. So würden das viele Pendler in Frankreich machen, habe er neulich im Spiegel gelesen. *Très chic* sei das vor allem in Paris, was mich schwer beeindruckt hat. Die zweihundertzwanzig Euro für die vierzig Kilometer zum Büro habe ich mir sogleich gespart. Ohne schlechtes Gewissen.

Mit einem Auge schiele ich noch einmal zu Metallgesicht und seinen Kumpels hinüber. Ja, sie könnten meine Rettung werden. Die drei haben doch bestimmt kein Ticket, so fantastisch und absurd wie die aussehen. Eine langwierige Personalienaufnahme steht jetzt ganz sicher bevor. Mir dagegen ist der Kontrolleur freundlich gesonnen, er scheint mich in Ruhe suchen zu lassen und fordert erst das Metallgesicht samt Anhang auf, die Fahrkarten vorzuzeigen. Ich hätte auch nichts anderes erwartet.

Doch mit ernstem Gesicht und einer nicht zu erwartenden Routine greift der Piercingträger in seine schmuddelige Jackentasche, zieht einen gefalteten, ansonsten aber glatten und untadeligen Fahrschein hervor und reicht ihn dem Kontrolleur mit einer für meinen Geschmack etwas zu großen Geste.

»Bitte schön, ein Regio-Tagesticket für uns alle zusammen.«

Genau wie ich ist der Kontrolleur darauf nicht vorbereitet. Mit spitzen Fingern nimmt er das Ticket entgegen und beginnt, es akribisch zu prüfen. Währenddessen schaut Metallgesicht belustigt zu mir herüber und beobachtet meine verzweifelten Suchaktivitäten. Er sieht, wie immer mehr Schweiß auf meine Stirn tritt, wie ich zunehmend hektischer und verzweifelter werde. Sein Grinsen wird breiter und breiter, die Sicherheitsnadeln klimpern an seinen Ohren. Ich glaube, er kennt diese Situation und weidet sich an meiner Angst. Ich würde ihm am liebsten eine scheuern, den Kontrolleur zur Seite stoßen und dann einfach nur abhauen. Aber ich bin ein zu intelligenter und rationaler Typ, um nicht genau zu wissen: Das funktioniert nicht!

In diesem Moment gibt der Kontrolleur das Ticket mit einem lakonischen »Ok« an Metallgesicht zurück und heftet seine Augen unerbittlich auf mich. Ich richte mich auf und höre, wie aus meinem Mund die Worte »Ich habe kein Ticket« entweichen. Die ganze Situation wirkt betäubend auf mich. Ich gebe mich ungern geschlagen, bin aber jetzt aus einem Reflex der Notwehr heraus bereit, mich erhobenen Hauptes meinem grausamen Schicksal zu stellen.

Erstaunt und fragend schaut mich der Kontrolleur an. »SIE haben kein Ticket?«, wiederholt er, als könne er nicht glauben, was ich offenbar gerade von mir gegeben habe.

Und in dieser, ja genau dieser Sekunde geschieht das Unfassbare.

Metallgesicht dreht sich ganz ruhig und ganz langsam zu dem Kontrolleur herum. »Der fährt auf unserem Gruppenticket mit, bis fünf Personen steht da. Ich habe doch gesagt, das ist für uns alle zusammen.«

Schweigen. Dem Kontrolleur sind anscheinend die Worte ausgegangen. Mir und den Lederkumpels auch.

Verwirrte Blicke rasen zwischen fünf Augenpaaren hin und her. Stummes Kommunikationschaos.

Doch der Kontrolleur fasst sich schnell wieder. »Was hat denn dieser Herr mit euch drei dekorierten Abenteurern zu tun, wo sollte er denn mit euch gemeinsam hinfahren?«

Das ist eine berechtigte Frage, für die ich trotz meiner misslichen Situation volles Verständnis habe, leider aber keine Antwort darauf. Ich gebe zu, dass ich Metallgesicht schwer unterschätzt habe.

»*Dekorierte Abenteurer*«, lacht der und stößt seine Kumpels an. »Das sind wir! Und fressen dabei auch hin und wieder gerne was aus.« Er schaut den Kontrolleur provokativ an, macht mit seinem Kiefer eine schnappende Bewegung und lacht sich noch mehr kaputt. »Deshalb sind wir ja mal wieder auf dem Weg zum Gericht, wegen einer Jugendstrafe für das, was wir verbrochen haben.«

Ich sehe heruntergezogene Mundwinkel zwischen dünnen Silberringen und dann beim nächsten Lacher ein Zungenpiercing mit Totenkopf inmitten kariöser Zähne, zwischen denen Reste von Spucke herausprusten – auf meinen Mantel. Wiiiiiderlich! Ich bin kurz davor, mich zu übergeben. Aber zum Glück lenkt mich sein nächster Wortschwall, den er dem Kontrolleur entgegenschleudert, rasch ab.

»Und der da drüben, ja wie sieht er denn aus, hä?« Er zeigt auf mich. »Na klar doch, wie einer, der meistens im Büro hockt! Kapierste? Der komische Kauz in Spießerverkleidung ist unser Anwalt. Einer muss uns vor Gericht doch helfen. Und damit ich endlich soziale Verantwortung lerne, hat er mich heute Morgen das Ticket für uns alle ziehen lassen.«

Wieder steht dem Kontrolleur der Mund vor Staunen offen, er ringt nach Luft. Aber hat er Gegenbeweise? Natürlich nicht. Mit der Hand macht er völlig genervt eine abweisende Bewegung und stolpert weiter zur nächsten Sitzgruppe.

Ich atme tief durch, meine Poren verschließen sich, ein Gefühl der Erleichterung durchströmt mich. Ich bin gerettet! Und der Zug fährt bereits langsam in meinen Zielbahnhof ein.

»Danke sehr«, murmle ich Metallgesicht leise zu und stelle fest, »du hast also wirklich eine Fahrkarte gekauft.«

Hinter der stahlverzierten Fassade verbirgt sich anscheinend ein sehr korrektes, menschliches Geschöpf. Und dazu leuchten mir zwei clevere und auf einmal gar nicht mehr so unsympathische, blaue Augen aus dem Mekka der Loch- und Stechkunst entgegen.

Doch sogleich springt der Totenkopf aus seinem Versteck. »Pah, glaubste etwa, ich bin Krösus? Heute Morgen am Bahnhof lief eine Gruppe von Typen, die genauso bescheuert aussahen wie du, vor mir her. Einer hatte gerade dieses Ticket gekauft, aber beim Wegstecken der Geldbörse fiel es ihm unbemerkt aus der Tasche. Ich hab's schnell aufgehoben. Und jetzt machen die Jungs und ich uns einen richtig coolen Tag für lau.

Und weil wir mal etwas von deiner Sorte umsonst bekommen haben, was uns bei der Bahn ja nie passieren würde, hatte ich soeben den genialen Einfall, dir dafür einfach eine kleine Mitfahrgelegenheit zu spendieren und dich in unsere Reisegruppe aufzunehmen. Sozusagen als Dankeschön. Ist doch echt nett, oder?«, fügte er mit gönnerhafter und leicht säuselnder Stimme hinzu. »Soziale Verantwortung … Ich könnte mich schon wieder weghauen.«

Schallendes Gelächter und noch mehr gegenseitiges Schenkelklopfen. Seine Freude an diesem gelungenen Coup steigert sich immer mehr.

Mir bleibt nur noch die Zeit für ein ungläubiges, aber sehr frohes Nicken. Dann hauche ich ihm und den anderen »Na dann, einen schönen Tag« zu und eile auf den letzten Drücker aus dem Zug.

Erst am Ausgang des Bahnhofs komme ich langsam wieder zu mir und richte sorgfältig meine Kleidung. Ja, so kann ich mich auf die Straße wagen. Bei meinem Kollegen Philipp würde ich mich sicher noch einmal für seinen guten Rat bedanken müssen, ebenso wie bei den Franzosen. Und als kurzfristiges Mitglied der Metallgesicht-Reisegruppe sollte ich meine Einstellung zu diesen seltsam überraschenden Wesen, denen ich heute so nah wie nie zuvor gekommen bin, noch mal ernsthaft überdenken. Der Morgen hätte ja auch ganz anders für mich ausgehen können.

Aber der märchenhaft gutaussehende Glückspilz des Tages, der mir in diesem Moment aus der Schaufensterscheibe entgegenstrahlt, verkneift sich das alles lieber noch ein wenig. Schließlich habe ich ja noch einige Bahnfahrten vor mir.

Silvana E. Schneider

Mansardentier

Das dünne Blüschen umschloss sie wie eine zusätzliche, durchscheinende Haut, legte den mageren Oberkörper auf geradezu voyeuristische Weise frei. Laura fühlte sich ungeschützt, nackt, und während sie ihr neues Fahrrad ins Treppenhaus hievte, wünschte sie inständig, niemand möge ihr begegnen, keiner der Nachbarn die Türe öffnen.

Die an ihren Ponyfransen entlang rinnenden Bäche ignorierend, nestelte sie aus ihrem Brustbeutel ein kleines Stofftaschentuch heraus und begann, damit das Rad zu trocknen. Unzufrieden mit sich, weil sie die drohenden Wolken des nahenden Unwetters ignoriert hatte, rieb sie so vehement am Schutzblech, dass ihr fast schon wieder etwas wärmer wurde.

Ihr schönes, neues Fahrrad durfte doch nicht nass werden oder gar rosten, undenkbar. Erst vor zwei Wochen hatte sie es zum Geburtstag bekommen. Das beste Geschenk seit Langem. Innerlich empört hatte sie Mutters Ermahnung, es zu pflegen und achtsam damit umzugehen, wortlos nickend hingenommen. Als ob man ihr so etwas sagen müsste. Immer noch war sie in Mutters Augen die Kleine. Ihre Kleine. Ein Kind. Dabei wusste sie schon so viel, durchschaute die Erwachsenen immer öfter und hatte doch alles für sich behalten in dieser engstirnigen Welt der Vorgaben.

Dieses Rad aber, es würde ihr Schlüssel zur Freiheit werden. Damit wäre sie unabhängig, konnte sich Luft verschaffen durch den ersehnten Abstand, ihren Radius erweitern, den Horizont ins Unendliche öffnen. Deshalb war es so wichtig, darum hatte sie gerade diese Wunscherfüllung so hartnäckig verfolgt. Weit übers Hinterland würde sie streifen, eine neue Welt entdecken, während ihre Mutter arbeiten war und sie daheim über den Hausaufgaben wähnte.

Bis hinter die Stadtgrenze hatte ihr Entdeckerdrang sie schon zu Fuß geführt, wohin mochte sie erst mit einem Fahrrad gelangen? Die Welt schien sich für sie zu entfalten und mit jedem Meter, den sie fuhr, entfloh sie dem erstickenden Korsett dieser unsinnigen Erziehung. Einer Erziehung zur Unterwürfigkeit, die von ihr verlangte, Erwachsene, wie dumm oder unsensibel sie auch sein mochten, nicht nur freundlich zu begrüßen und einen Knicks zu machen, sondern auch ihre unsinnigen Reden oder Ermahnungen still zu ertragen.

Das Schlimmste jedoch war etwas anderes. Denn um Mutter und sich sinnlose Reibereien zu ersparen, verstellte sie sich oft, spielte die brave Tochter, für die die Mutter allseits gelobt wurde. Doch die Rebellion, verbannt ins Innere, arbeitete gegen diese Heuchelei, tobte und plagte sie schlimmer denn je. Je braver sie sich nach außen gab, umso größer wurde ihr innerer Abstand – bis sie sich fremd fühlte und nur noch weg wollte. Weg, egal wohin! Das Rad würde ihr dabei helfen, wie sehr hatte sie es herbeigesehnt.

Mit dem längst durchgeweichten Taschentuch bearbeitete Laura das hintere Schutzblech. Ihre Nase lief, und noch während sie meinte, Regenwasser hochzuziehen, schossen Tränen ein, überfluteten die Augen und stürzten heiß über ihr nasses Gesicht. Blind hielt sie inne, sah an sich hinunter auf ihre triefenden Sandalen, die mitten in einem kleinen See standen, und spürte die Nässe den Körper hinaufziehen bis zum Scheitel. Bis die Zwölfjährige schrumpfte. Zu einem kleinen, hilflosen Wesen, das, hemmungslos schluchzend, nur noch aus Traurigkeit bestand.

Als sie die Schritte im Treppenhaus hörte, war es fast schon zu spät. Es reichte gerade noch, den Ärmel übers

Gesicht zu ziehen und so zu tun, als erfordere das Abreiben des Rades ihre ganze Aufmerksamkeit. Weder Nässe noch Kälte fühlte sie noch, nur die schmerzlich gespannte Haut über den kindlichen Knochen, die ihr das Herz zusammendrückten. Während sie versuchte, den Blick nicht zu heben, befreite sie sich mit einem krampfhaften Schlucken von der bitteren Mischung aus Tränen und Regenwasser.

Vor ihr stand Frau Eggersberg. Sie bewohnte die oberste Wohnung im Haus. Über ihr war nur noch der Dachboden, hatte Vater ihr einmal erklärt. Man nannte solche Wohnungen Mansarde. Dieses Wort käme aus dem Französischen, und es bezeichnete ursprünglich eine bestimmte Form des Daches, die das Bewohnen in diesem Bereich überhaupt erst ermöglichte. Fasziniert hatte sie damals an Vaters Lippen gehangen, hoffend, dass er ihr die ganze Welt so erklären möge, mit seiner dunklen, geduldigen Stimme. Doch daraus wurde nichts. Er hatte kaum Zeit, und war er endlich zu Hause, verschwand seine Aufmerksamkeit zwischen Papieren und Büchern.

Für Laura aber waren Frau Eggersberg und die Mansarde seitdem eins. Als sie noch kleiner war und die Nachbarn über diese Bewohnerin reden hörte, stellte sie sich immer vor, wie sie da oben, ganz unter dem Dach, umherging. Von einer Seite des Zimmers zur anderen, den Kopf seitlich geneigt, um nicht anzustoßen an die schiefen Wände, bis sie schließlich vergaß, ihn wieder aufzurichten.

Niemand im Haus schien Genaueres über diese Frau zu wissen, keiner war je in ihrer Wohnung gewesen. Gerüchten nach hatte sie etwas zu verbergen. Nie, so hieß es, stände auch nur ein Fenster offen. Einladungen neugieriger Nachbarn lehnte sie höflich, aber bestimmt ab.

Laura vermutete deshalb höchst interessante Dinge im Haushalt der Mansardenbewohnerin: ausgestopfte Tiere und Glasbehälter mit eingelegten Präparaten, ähnlich den schaurig trüben Glaszylindern, die im Abstellraum der Schule ein Vitrinen-Schattendasein führten. Mutter hatte sie stets zurechtgewiesen, wenn sie davon fantasierte. Sie erklärte das allgemeine Gerede der Leute für unsinniges Getratsche und ermahnte sie, Frau Eggersberg genauso höflich zu grüßen wie alle anderen Hausbewohner auch.

Die Frau stand jetzt so dicht vor Laura, dass diese ihre dunklen Füße, die aus schwarzen Schuhen quollen, nicht mehr übersehen konnte. Doch sie tat, als bemerke sie immer noch nichts und wischte mit dem nassen Taschentuch an den Fahrradspeichen herum.

»Lauretta, Kind. Was um alles in der Welt treibst du da?«

Fast war Laura enttäuscht. Die Stimme klang weder drohend noch geheimnisvoll, sie meinte sogar, etwas Fürsorgliches herauszuhören. Und woher kannte die Nachbarin denn ihren richtigen Namen? Niemand rief sie Lauretta, niemand außer ihrer Mutter, und die pflegte damit ausschließlich erzieherische Vorträge einzuleiten.

Laura murmelte etwas von nass geworden und neuem Fahrrad. Sie hoffte, dass Frau Eggersberg es eilig hatte, und schob ein aufforderndes »Ich bin auch gleich fertig« nach.

»Du bist ja wie aus dem Wasser gezogen. Lass das Rad jetzt, so schnell rostet es schon nicht! Du wirst krank werden, wenn du hier noch länger rumstehst. Komm mit!« Bei den letzten Worten hatte sich die Frau bereits umgewandt, um wieder hochzugehen.

Laura folgte ihr wie eine Marionette. Etwas in Frau Eggersbergs Stimme duldete keinen Widerspruch, keine Fragen. Schweigend stiegen sie Stockwerk um Stockwerk hoch.

Hatte sie zunächst noch geglaubt, die Frau wolle, dass sie nach Hause in ihre eigene Wohnung gehe, so merkte sie bald, nicht ohne freudige Erregung, dass diese die Absicht hatte, sie mit nach oben zu sich zu nehmen.

Die aufregendsten Gedanken bestürmten Laura, während sie der geheimnisvollen Wohnung nicht schnell genug näher kommen konnte. Alle frühere Skepsis wich offener Neugierde, sie fühlte sich stolz, wie auserwählt. Niemand durfte bisher sehen, was sie gleich bestaunen würde. Ein leichter Schauer überrieselte sie, als sie die Glasbehälter vor sich sah und dunkle Ecken, aus denen glühende Augen sie bald schon fixieren würden. Das kleine Angsttier kratzte in ihrem Hals.

Die Treppenwanderung schien kein Ende zu nehmen. Laura staunte insgeheim, wie hoch das Haus war, sie hatte es bisher nie so empfunden. Scheußliche Bilder ihrer ersten Geisterbahnfahrt auf dem Volksfest drängten sich auf. Sie sah ihre lautlos lachende, große Schwester, die sie in eines der Wägelchen zog. Noch während sie ins Innere der Gruselburg fuhren, erklangen bereits so schaurige Laute, dass sie Gänsehaut bekam. Sie hatte die Augen zusammengekniffen und sich die Ohren zugehalten, so fest sie nur konnte.

Frau Eggersberg war so abrupt stehen geblieben, dass Laura in sie hinein lief. Während sie sich verwundert umsah und verlegen lächelte, deutete die Frau auf ihre Wohnungstüre.

»Meine Güte, du bist mir ein Träumerle.« Dabei sah sie Laura mit leicht schief gelegtem Kopf auf eine seltsame Art an, dass diese sich unwohl fühlte.

Die langsamen, trägen Bewegungen beim umständlichen Aufsperren erstaunten Laura und machten sie ungeduldig. Sie dachte an ihren eigenen Schlüssel. Mutter hatte ihr damals das Versprechen abgenommen, nie, unter welchen Umständen auch immer, mit anderen Leuten mitzugehen oder andere in die Wohnung zu lassen.

Aber galt das auch für Frau Eggersberg? Schließlich

war sie eine Nachbarin. Vielleicht war es ja unhöflich abzulehnen, die Frau war ihretwegen extra die vielen Treppen noch einmal hochgegangen. Ja, dachte Laura, so würde sie es rechtfertigen, falls sie es überhaupt erzählen sollte. Frau Eggersberg hatte Hilfe angeboten, und sie war zu gut erzogen, um sie abzulehnen. Das müsste Mutter überzeugen.

Noch während Laura durch die Eingangstüre – die die Nachbarin für sie aufhielt – schritt, spürte sie deutlich, dass es falsch war, was sie tat, und wunderte sich über sich selbst. Weshalb war ausgerechnet sie, die sonst eher Aufmüpfige, dieser Frau so selbstverständlich gefolgt?

Doch der fremde Geruch, der ihr aus der Wohnung entgegenschlug, schlug auch ihre Bedenken nieder. War das eine merkwürdige Mischung. Wie liebte sie die neu zu entdeckenden Gerüche, die unsichtbar grüßten, aus Wohnungen, die man zum ersten Male betrat. Immer rochen sie ganz speziell, jede auf eine unnachahmliche, eigene Art. Natürlich, nicht alle Düfte waren aushaltbar.

Der alte Mann aus der Feldbachsiedlung fiel ihr ein. Sie war unterwegs gewesen mit der Sammelbüchse. Nur die Siedlungshäuser fehlten ihr noch. Der Alte hatte lange gebraucht, um an die Türe zu kommen, und als er sie endlich offen hatte, schlug ihr ein Geruch entgegen wie eine unüberwindliche Wand. Sie hörte auf zu atmen, vergaß ihr Anliegen und rannte so schnell sie nur konnte davon, verfolgt von den Flüchen des alten Mannes. Trotzdem war sie dem Geruch von Faulem, Verwesten nicht rasch genug entkommen. Er hatte sich in die Falten ihrer Kleidung verkriechen können. Sie roch ihn noch abends beim Zubettgehen.

Aus der Mansarde kam ihr träge etwas Sanftes, Schweres entgegen, eine breiige Ruhe. Ein herbsüßlicher Duft, wie ihn Terrarien verströmen, nach Pflanzen und Wurzeln, vermischt mit dem Anheimelnden von staubigen Büchern und alten Möbeln. Der gleichmäßige Duftstrom lullte sie ein, ja, lähmte sie beinahe.

Frau Eggersberg ermunterte sie, sich umzusehen, während sie in der Küche verschwand, um – wie sie sagte – einen heißen Kakao zuzubereiten.

Wie nett die Frau ist, dachte Laura leicht beschämt. Sie entschloss sich, ihr zu trauen, und dass sie sich alleine umsehen durfte, ermutigte sie zu weiteren Forschungen. So etwas musste man ihr nicht zweimal sagen. Der mit dunklen Möbeln vollgestellte Raum schien nicht sehr groß zu sein, doch dass lediglich eine Wand schräg war, und das auch nur zur Hälfte, enttäuschte Laura ein wenig.

Im hinteren Teil umrahmten schwere Brokatvorhänge ein offen stehendes Fenster, vor dem ein dicker Ast hereinwinkte. Der Baum, zu dem er gehörte, musste riesig sein. Eine altertümliche Spiegelkommode an der geraden Seitenwand zog Lauras Blicke an. Unten besaß sie lediglich zwei Türen, aber beide Seiten des fleckigen Spiegels waren umrahmt von kleinen Schubladen mit dunklen Goldknöpfen. Noch während Laura dachte, dass man fremde Schubladen nicht öffnen dürfe, lag ihre Hand bereits um den Goldknopf der unteren Lade und ließ das Tier in ihrem Hals erneut schmerzhaft kratzen.

Sie kannte es nur zu gut, es war in letzter Zeit oft zugegen, seine Krallen waren lang und rau, und es zeigte kein Erbarmen. Früher störte nur das Klopfen ihres Herzens, wenn sie etwas Unerlaubtes tat. Da brachte sie es zur Meisterschaft im Überhören, denn egal, wie drohend das Herz ermahnte, sie wusste, es konnte sie nicht stoppen.

Dann – eines Tages – war das Angsttier eingezogen. Damals, als sie die kleine Lea auf das Fensterbrett gesetzt hatte, um zu sehen, ob so ein junger Mensch schon Angst vor der Höhe hatte. Natürlich hatte sie das ihr anvertraute Kind gut festgehalten, und doch wusste sie, dass das, was sie da tat, großes Unrecht war. Obwohl sie die Kleine sofort wieder in Sicherheit gebracht hatte und sich ihr dann liebevoll widmete, war dieses Tier geblieben. Sie hatte es verdient, musste nun mit ihm leben.

Der Schlag kam so unvermittelt, dass sich Lauras Hand um den Knopf verkrampfte, statt sich zu lösen.

Frau Eggersberg stand mit einem kleinen Tablett seitlich hinter ihr. »Das Berühren mit den Pfoten ist verboten!«

Ihr Lächeln wirkte sonderbar verzerrt auf dem schiefen Gesicht, und Laura meinte, in ein nicht menschliches Auge zu blicken. Während das Angsttier ihr die Luft abschnitt, löste sich ihre Hand mechanisch von der Schublade.

»Wenn ich mich recht entsinne, sagte ich *umsehen*, nicht *rumschnüffeln*.« Langsam stellte sie das Tablett auf den runden Tisch mit der altmodischen Häkeldecke in der Mitte des Raumes. Lauras Entschuldigung tat sie mit einer wegwischenden Handbewegung ab. »Ist gut, setz dich jetzt, bitte!«

Erleichtert, dass sie keine Standpauke ertragen musste, setzte Laura sich beflissen auf den zugewiesenen Platz. In hohen, weißen Bechern dampfte eine braune Flüssigkeit, die so gar nicht nach Kakao aussah.

Wieder lächelte die Frau seltsam, als sie Laura einen Becher reichte. »Trink, Kind! Möglichst in einem Zug. Nur dann kann der Kakao richtig wirken.«

Sie hatte das Wort *Kakao* so merkwürdig betont, dass Laura sich unsicher umsah. Doch da war nichts Verdächtiges. Kein schwarzer Kater schickte leuchtende Blicke aus einer dunklen Ecke, kein mit Innereien gefüllter Glasbehälter war zu sehen. Nur das nicht greifbare Gefühl einer Bedrohung ließ das Angsttier wachsen und in ihr hochklettern. Sie starrte auf die Flüssigkeit vor ihrer Nase.

»Sieht nicht aus wie Kakao«, flüsterte sie.

Frau Eggersberg lachte auf. »Du bist ja schon heiser, Lauretta. Nein, es sieht wohl nicht so aus wie der Kakao, den du vermutlich gewöhnt bist. Es ist indischer Kakao, eine Art Tee mit Kardamom. Schmeckt sehr gut, probier doch!«

Das hatte sie sich selbst zuzuschreiben. Weshalb war sie auch mitgegangen mit dieser seltsamen Frau, anstatt ihre grenzenlose Neugierde zu bezwingen? Kein Wunder, dass Mama nicht mit ihr zufrieden war. Aufkommende Reue aber schmeckte Laura gar nicht, sie stürzte den indischen Kakao hinunter, um sie zu vertreiben.

Zufrieden schaute Frau Eggersberg auf Lauras leeren Becher. Sie selbst trank in so großen Schlucken, dass ihre ringförmigen Halsfalten in Bewegung gerieten.

Laura starrte fasziniert auf diesen Hals, der länger und länger zu werden schien. Noch während sie darüber nachdachte, ob Mama auch schon Halsfalten hatte, begannen die Ringe ein Eigenleben. Sie tanzten auf und ab, eine rollende, schlangenförmige Bewegung vermischte sie miteinander, bis Laura meinte, einer Schlange beim Würgen zuzusehen.

Von weit her, durch eine Wattewand, hörte sie ein leises, schabendes Geräusch, dann knisterte es, und sie glaubte, etwas wolle sie umwickeln. Doch es war nur Frau Eggersbergs Hand, die ihren Arm streichelte.

»Das ging aber schnell.« Auch die Stimme der Nachbarin kam aus weiter Ferne.

Sie spürte etwas unter ihren Achseln, ihre Beine bewegten sich selbstständig, sie meinte, durch das Zimmer zu schweben.

»So, Lauretta«, hörte sie Frau Eggersbergs nun wieder fürsorgliche Stimme, während sie von ihr sanft auf das dunkle Sofa unter dem Fenster gedrückt wurde.

Der samtartige Bezug fühlte sich gut an, Laura wurde

ruhiger. Es kam ihr vor, als träume sie mit offenen Augen. Das merkwürdige Getränk musste die unwirkliche Szenerie ausgelöst haben. Willenlos ließ sie sich mit einem Plaid zudecken, ja, sie lächelte sogar in das über ihr schwebende Gesicht der Nachbarin.

Ich muss unbedingt …, dachte sie und schlief ein.

Lautlos glitt die Schlange durch den Raum. Langsam, mit harmonischen Bewegungen erklomm sie einen kleinen Sekretär, agierte geschickt zwischen wirren Papierstapeln und ließ sie, während sie sich endlich wieder Richtung Boden entrollte, sorgfältig geordnet zurück. Auf der Anrichte bot sich das gleiche Bild. Die Schlange brachte mit ihren sanften Bewegungen Ordnung in den Raum, wo immer sie agierte. Dabei achtete sie auf das schlafende Kind in der Ecke, das Lächeln der Nachbarin auf dem leicht geneigten Kopf. Schließlich machte sie sich an der Schublade, die Laura nicht hatte öffnen dürfen, zu schaffen, und als sie endlich offen stand, drängte vorsichtig und unendlich langsam etwas Breiig-Weiches heraus. Das feucht glänzende Etwas war schwarz und schien sich über die Kommode zu schieben.

So sehr sich Laura, unfähig sich zu rühren, bemühte, Genaueres zu erkennen, so sehr verschwamm ihr nun alles vor den Augen. Schließlich bewegte sich nur noch ein länglicher Schatten durch den Raum. Ein kalter Luftzug streichelte ihr Gesicht, während sie im selben Moment der Ruf eines Käuzchens weckte.

Sekundenlang starrte sie mit aufgerissenen Augen auf den heftig winkenden Schatten an der Zimmerdecke, ehe ihr bewusst wurde, wo sie sich befand. Es war bereits stockdunkel. Nur ein winziger Lichtschein schaffte es von der Straßenbeleuchtung in den Raum. Die tanzenden Schatten an der Zimmerdecke kamen von diesem großen Baum draußen, der nun wirkte, als versuche er, mit seinem Ast nach ihr zu greifen.

Wieder rief das Käuzchen. Laura sprang auf, stellte erleichtert fest, dass sie aussah wie immer, sogar noch ihre feuchten Sachen trug.

Frau Eggersberg musste wohl eingeschlafen sein nach diesem seltsamen Getränk. Sicher hatte sie es gut gemeint, ihr davon zu geben. Aber ihr war es offensichtlich nicht bekommen, und sie beschloss, sich rasch zu entfernen und zu Hause nichts von alledem zu erzählen. Auf Zehenspitzen, kaum atmend, bewegte sie sich durch den Raum. Die Türe müsste sich dem Fenster gegenüber befinden, das wusste sie noch.

Sie tastete sich an den Möbeln entlang nach vorne. Ihre Hände glitten an einer Mauerschräge entlang. Mansarde, dachte sie. Für einen Sekundenbruchteil meinte sie, etwas Lebendiges zu berühren, musste ein Aufschreien unterdrücken. Doch das Angsttier in ihr duldete kein Verweilen. Sie spürte den Rahmen eines Bildes, einen Mauervorsprung, einen Wandteppich, den Lichtschalter … Nein, sie würde dieser Versuchung nicht erliegen. Frau Eggersberg könnte wach werden und sie am Weggehen hindern wollen. Und selbst wenn sie das nicht vorhatte, Laura würde ihr jetzt nicht begegnen wollen.

Endlich hatte sie die Zimmertüre erreicht. Wenn die Wohnung so geschnitten war, wie sie glaubte, musste gleich rechts die Haustüre sein. Das Tier drohte, sie zu ersticken, als sie die Klinke der Türe nach unten drückte, und im selben Augenblick, als sie aufging, rief das Käuzchen wieder.

Am Samstag darauf war herrliches Ausflugswetter. Energiegeladen stieg Laura in die Pedale ihres, in der Sonne glänzenden, Drahtesels. Unternehmungslustig flatterten ihre langen Haare im Wind, während sie die kleine Radfahrergruppe anführte.

Endlich einmal hatten Vater *und* Mutter Zeit für eine

gemeinsame Unternehmung, und Vater war es, der die Radtour vorgeschlagen hatte.

Mit geröteten Wangen bog Laura schließlich in den kleinen Weg zum Lindenhof ein. Hier wollten sie ihre Pause machen, im Garten unter den schönen, alten Bäumen. Brotzeit und Getränke waren schon bestellt, da zeigte sich, dass alle drei sich ordentlich angestrengt hatten. Während die Eltern entspannte und zufriedene Blicke tauschten, bog Laura den Kopf zurück, um in das sprenkelnde Lichtspiel der Baumkronen zu sehen.

»Vor unserem Haus steht auch eine ehrwürdige, alte Linde. Sie ist riesig. Ich glaube sogar, die reicht hoch bis zur Mansarde.«

Obwohl Papas Bassstimme sehr ruhig klang, war Lauras Müdigkeit wie fortgeblasen, sie fühlte sich elektrisiert. Baum, Schatten, Schlange, Angst, Flucht. Alles war wieder präsent, schoss durch ihren Kopf, purzelte wild durcheinander.

»Ja, ich bin gespannt, wer da oben einmal einzieht«, sagte ihre Mutter eben, »es heißt ja immer, dass nichts Besseres nachkommt.«

»Ganz oben, Mutti«, Lauras Stimme klang belegt, »ganz oben wohnt doch die Frau Eggersberg?«

»*Wohnte*, Liebes. Ja. Ganz oben wohnte Frau Eggersberg. Sie ist vor … na, es dürfte jetzt vier Wochen her sein. Sie ist vor vier Wochen gestorben, die Arme. Herzstillstand.«

»Man hat die Frau ja kaum gesehen. Hatte sie eigentlich Verwandte?«, wollte Vater wissen.

»Soviel ich weiß, nein, niemanden. Sie lebte sehr zurückgezogen.« Mutter schüttelte traurig den Kopf. »Dass man sie überhaupt so schnell gefunden hat, war ja Zufall. Der Hausmeister wurde nur aufmerksam, weil ein Fenster ständig offenstand.«

Denise Mildes

Nellifer

Als sie den Klassenraum betrat, verstummten die Gespräche an den Tischen. Neugierig folgten ihr die Blicke meiner Mitschüler. Auch meine Augen hafteten an ihr. Ihre Haut hatte die Farbe von Milchkaffee, das seidige, schwarze Haar glänzte im Schein der Neonröhren. Und wie sie sich bewegte. Leichtfüßig, elegant wie eine Tänzerin. Zielsicher steuerte sie den einzig freien Platz an. Den neben mir.

Meine Wangen wurden heiß, als sie ihre Tasche von der Schulter gleiten ließ und geschmeidig auf den Stuhl sank. Sie strich sich eine Strähne aus dem Gesicht und sah zu mir herüber.

Normalerweise vermied ich Blickkontakt mit meinen Klassenkameraden, doch als ihre Augen auf meine – die hinter Brillengläsern steckten – trafen, war es mir nicht möglich wegzusehen. Schimmernde Smaragde, eingerahmt von düsteren langen Wimpern, schauten mich forschend an.

»Hallo, ich bin …«

Die Schulglocke unterbrach sie. Mit dem schrillen Klingeln stob Frau Meier, unsere Klassenlehrerin, durch die Tür. Sie eilte zum Lehrertisch, knallte ihre Aktentasche darauf und zog das Klassenbuch hervor.

Genauso wie im letzten Schuljahr und dem davor und dem davor, trug sie ihr graues Kostüm, an dem der oberste Knopf fehlte. Ihr silbernes Haar war im Nacken zu einem Knoten gebunden, sie hob die Augenbrauen und ließ die Mundwinkel herabhängen. Noch nie hatte ich sie lächeln sehen.

»Guten Morgen!«, sagte sie knapp und schlug das Klassenbuch auf, als ihr plötzlich auffiel, dass der Platz neben mir nicht mehr leer war. Einen Augenblick betrachtete sie den Neuzugang, räusperte sich und strich mit dem Finger über die Anwesenheitsliste. »Ach ja, da haben wir sie ja«, murmelte sie. »Nelli … fer … Äte … nei …«

»Es heißt Edneisha«, unterbrach meine Banknachbarin Frau Meier, die daraufhin empört den Kopf hob.

»Weitz«, fügte Frau Meier hinzu und bedachte die Neue mit einem missbilligenden Blick. »Also dann, Frau Weitz, willkommen in der 11 b!« Sie klappte das Klassenbuch zu und begann, den Stundenplan an das Whiteboard zu schreiben.

Die anfängliche Stille wurde von Flüstern durchbrochen.

»Nellifer … was für ein bescheuerter Name«, raunte Ralf, der hinter mir saß, seinem Kumpel Jens zu.

Der lachte: »Ja, und erst Ätnischa? Was soll das sein?«

Die beiden kicherten.

Wenigstens lachten sie dieses Mal nicht über mich, dachte ich und schämte mich sofort für diesen Gedanken. Wie konnte man über so ein hübsches Mädchen Witze reißen? Zorn machte sich in mir breit, und ich erwog, mich umzudrehen und ihnen die Meinung zu sagen.

Nellifer war schneller: »Und was habt ihr für bescheuerte Namen?«, fragte sie und funkelte die beiden an.

Das Gekicher verstummte.

Sie drehte sich wieder um und grinste mich an: »Die haben wohl keine Namen.« Und zuckte mit den Schultern: »Na, wenn das nicht erst bescheuert ist.«

»Ich bin Thomas«, stammelte ich und sah auf die Tischplatte.

»Nenn mich Nell!«, erwiderte sie, zog einen Schreibblock aus ihrem Rucksack und schrieb den Stundenplan ab. Den Rest der Stunde würdigte sie mich keines Blickes mehr.

Auf dem Schulhof beobachtete ich Nell. Die Mädchen umringten sie, die Jungen glotzten ihr gierig hinterher. Ich verbrachte die Pause allein. Wie immer. Wenigstens hatte ich ein Buch bei mir, hinter dessen Deckeln ich mein Gesicht verbergen konnte. Freunde zu finden, war mir noch nie leicht gefallen, und nach der Katastrophe, die sich kurz vor den Sommerferien ereignet hatte, mieden mich nun auch die wenigen, die ich einst gehabt hatte. Noch immer wollte ich vor Scham im Boden versinken, wenn ich daran zurückdachte. Tränen drückten hinter meinen Augen, aber ich schluckte sie hinunter. Nie wieder würde ich in der Schule heulen.

Als der erste Tag endlich vorüber war, wollte ich nur noch nach Hause. Mich verkriechen, mir die Decke über den Kopf ziehen. Mit einem dicken Kloß im Hals stieg ich auf mein Fahrrad, doch gerade, als ich in die Pedale treten wollte, traf mich etwas am Hinterkopf.

»Hey, Heulsuse!« Es war Ralf.

»Hast wohl ein Auge auf Nelli-Felli, was?« Und Jens.

Ich wusste, dass ich schnell abhauen musste, aber der Schnürsenkel meines Schuhs verhedderte sich im Pedal, ich geriet ins Straucheln und landete peinlicherweise auf dem Hosenboden.

Die beiden lachten lauthals auf und stürmten auf mich los. Ralf trat nach mir, während Jens sein Handy hervorholte.

»Die Ferien waren zu lang, Missgeburt. Wir brauchen neues Filmmaterial.« Er richtete das Handy auf mich.

Ralf packte mich an den Schultern und zerrte mich vom Boden hoch: »Du hast Fans, Freaky. Und sie wollen sehen, wie wir dich fertigmachen.« Er schubste mich nach vorn und verpasste mir einen Schlag in den Nacken.

Ich ging zu Boden, meine Brille sprang von der Nase und schlitterte auf Jens zu. Was nun kommen würde, wusste ich nur zu genau. Mein Vater würde ausrasten, wenn ich schon wieder mit kaputter Brille nach Hause käme.

Jens prustete: »Na, Freaky, du kriegst doch bestimmt schon Mengenrabatt beim Brillenfuzzi, oder?« Das Handy auf die Brille gerichtet, stapfte Jens darauf zu und hob bedeutungsvoll den rechten Fuß: »Liebe Fans von Freaky-Thommy, heute zertreten wir die achte Brille und dann ...«

»Hey, ihr Spinner, lasst ihn in Ruhe!«

Ich zuckte zusammen, als ich die Stimme erkannte. Nell! Jens wandte sich überrascht um, ebenso wie Ralf, ebenso wie ich. Mit festen Schritten kam sie auf uns zu, ihre grünen Augen funkelten vor Zorn.

Ralf und Jens lachten schallend los.

»Oh, die süße Kanakenbraut will wohl auch mit aufs Video.« Jens richtete das Handy nun auf sie.

»Ja, Freaky-Thommy und Nelli-Felli, was für ein Filmpaar«, blaffte Ralf.

Dicht vor Jens blieb Nell stehen, stemmte die Hände in die Hüften und blickte ihm fest in die Augen: »Hör zu, du kleiner Wichser, ihr verzieht euch jetzt, oder die Kanakenbraut wird euch in den Arsch treten.« Ihre Stimme klang fest und strahlte eine seltsame Kraft aus.

»Nell, verschwinde!«, rief ich ihr zu.

Ralf rieb sich die Hände, Jens wedelte mit dem Handy, während sie Nell umkreisten wie zwei hungrige Raubtiere. Sie wich keinen Zentimeter zurück.

Hastig griff ich meine Brille. Ich würde nicht zulassen, dass sie ihr wehtaten! Mich konnten sie verprügeln, demütigen oder sonst was tun, aber nicht ihr. Woher auch immer dieser Mut plötzlich gekommen war, er mischte sich mit meinem Zorn, und ich sprang Jens gegen die Seite. Das Handy glitt durch seine Finger und zerschellte auf dem Pflaster. Wutschnaubend drehte er sich zu mir um, ballte die Rechte zur Faust. Wie in Zeitlupe kam der

Schwinger auf mich zu. Ich wusste, dass mir keine Zeit zum Ausweichen blieb, und erwartete den Schmerz.

Und dann ging alles blitzschnell. Die Faust von Jens verfehlte mich, er taumelte und ging keuchend zu Boden. Ralf holte aus, um Nell von den Beinen zu fegen, aber sie fing seinen Arm ab und drehte ihn auf seinen Rücken. Er brüllte vor Schmerz und sank auf die Knie. Sein Schrei ließ Jens herumfahren, er sprang auf die Beine und stürmte Nell entgegen. Auf mich achtete er nicht.

Ich fuhr das Bein aus, er stolperte und landete auf dem Gesicht. Blutspritzer schossen aus seiner Nase, und er jaulte wie ein getretener Hund.

»Du bleibst jetzt besser da, wo du hingehörst, oder ich breche deinem Freund den Arm«, fauchte Nell und verstärkte ihren Griff.

Ralf schrie erneut auf. Jens blieb am Boden und hielt sich die blutige Nase.

»Hör auf!«, flehte Ralf, aus seinen Augen liefen Tränen.

Wer war jetzt die Heulsuse?, dachte ich triumphierend.

Nell löste den Griff nicht. Sie schob ihren Kopf dicht in Ralfs Nacken: »Ihr lasst Thomas ab sofort in Ruhe, oder ihr braucht das nächste Mal einen Krankenwagen«, zischte sie.

Ralf nickte heftig.

»Ich zeig dich an, du Schlampe!«, bellte Jens.

Nell lachte verächtlich: »Ach, und was willst du den Bullen erzählen? Dass es zwei Kerle nicht mit einem Mädchen aufnehmen können?«

Mir entfuhr ein Kichern.

Noch einmal zerrte sie an Ralfs Arm.

Er stöhnte vor Schmerz: »Lass es, Alter! Die Braut ist verrückt.«

»Hör auf deinen Freund!«, mahnte sie, ließ von ihm ab.

Ralf keuchte vor Erleichterung und rieb sich die Schulter.

Nell ging achtlos an ihm vorbei und kickte das kaputte Handy zu Jens. »Wie schade«, sagte sie süffisant. »Der Film hätte euren Fans doch ganz bestimmt gefallen.«

»Danke, dass du mir geholfen hast«, sagte ich und starrte auf mein Fahrrad. Es war mir peinlich, dass ein Mädchen mich gerettet hatte, andererseits war ich froh, ohne Blessuren und kaputte Brille heimzukehren.

Nell machte eine wegwerfende Handbewegung: »Schon gut. Außerdem würde ich sagen, das war Teamwork. Also, wie du Jens das Bein gestellt hast. Hättest mal seinen dämlichen Blick sehen sollen.« Sie riss Augen und Mund weit auf und zog eine Grimasse.

Ich musste lächeln: »Du warst großartig. Machst du Kampfsport oder so?«

Nell schüttelte den Kopf: »Reiner Instinkt. Warum haben die dich auf dem Kieker?«, wollte sie wissen.

Ich errötete. War es wirklich nötig, ihr das ganze Ausmaß meiner Peinlichkeit zu offenbaren? Ich schluckte schwer: »Das ist 'ne blöde Geschichte.«

»Vielleicht mag ich blöde Geschichten«, gab sie zurück und sah mich aufmunternd an.

Wieder fesselten mich diese Augen. Ausweichen war unmöglich, und dennoch hatte ich Angst. Würde sie, wenn sie es wüsste, je wieder ein Wort mit mir sprechen?

»Na, komm schon. Nichts kann blöder sein als diese beiden Idioten«, drängte sie weiter.

Ich holte tief Luft, bevor ich antwortete: »Ich hatte vor den Sommerferien einen ziemlich üblen Zusammenbruch in der Schule. Das war zwei Tage nachdem … nachdem …« Der Kloß in meinem Hals war wieder da. »… mein Kater gestorben ist«, flüsterte ich und fürchtete, dass sie lachen würde.

Sie tat es nicht. Stattdessen legte sie ihre Hand auf meine, die den Lenker des Fahrrads umschloss. »Tut mir leid«, sagte sie.

Ich sah auf und suchte in ihrem Blick nach Spott. Doch da war nichts davon. Dennoch schlug ich die Augen nieder, ehe ich weitersprach: »Alle haben gelacht, als ich anfing zu weinen, aber ich konnte nicht anders. Ich vermisse ihn.«

Meine eigenen Worte waren mir unangenehm. Bestimmt war es affig, wegen eines toten Haustieres einen Zusammenbruch zu erleiden, aber ich hatte so sehr an Ben gehangen.

Kurz nach dem Tod meiner Mutter war er aufgetaucht. Zerzaust, verlaust und halb verhungert hatte er vor mir gestanden und mich flehentlich angemaunzt. Es war offensichtlich, dass er litt. Vielleicht hatte uns das zusammengeführt. Leidensgenossen.

»Ich verstehe das. Er gehörte ja schließlich zu deiner Familie«, sagte sie und schaute verträumt in den wolkenverhangenen Himmel.

»Mein Dad und ich nannten ihn Ben.«

»Und deine Mutter?«

Der Kloß in meinem Hals schwoll an zu einem dicken Brocken. »Sie ist vor zwei Jahren gestorben.«

»Oh, entschuldige, ich wollte nicht …«

Ich kämpfte mit den Tränen, aber es gelang mir, sie hinunterzuschlucken. »Schon gut. Meine Mutter hat Katzen geliebt. Manchmal glaube ich, sie hat uns Ben geschickt. Um uns zu trösten oder so. Ich weiß, das klingt dämlich, nur …«

»Das ist nicht dämlich. Das ist ein schöner Gedanke.«

Eine Weile gingen wir schweigend nebeneinander her, bis Nell in die Ritterstraße abbog. Zum Abschied schenkte sie mir ein strahlendes Lächeln, das mir ein eigenartiges Kribbeln durch die Brust jagte. Und obwohl die Erinnerungen an meine Mutter und Ben schmerzten, war mir nicht zum Heulen zumute.

An diesem Abend tauchte der Streuner auf. Ich war oben in meinem Zimmer und schaute aus dem Fenster. Nell spukte mir im Kopf herum, das kribbelnde Gefühl in meiner Brust wollte nicht mehr aufhören. Natürlich war das dumm von mir. Kein Mädchen auf der Welt würde Interesse an einem Kerl haben, den alle in der Schule mieden und der wegen eines toten Katers herumflennte.

Ich blinzelte die Gedanken weg.

Und da war er: trottete gemütlich aus der Thujahecke, tapste ins Blumenbeet und beschnüffelte die Chrysanthemen. Er war pechschwarz, hochbeinig und schmal. Er durchquerte den Rasen, ließ sich auf der Terrasse nieder und begann, sich die Pfoten zu lecken. Ich brannte darauf hinunterzugehen, zögerte jedoch aus Furcht, ihn zu vertreiben.

Etwa fünf Minuten beschäftigte er sich mit seinem Fell, erhob sich dann, reckte genüsslich die Vorderpfoten, ließ seinen Blick über das Haus streifen und sah zu mir hoch. Mehr noch, er starrte mir direkt ins Gesicht. Dann setzte er sich, ohne den Blick von mir abzuwenden. Es sah aus, als warte er auf etwas.

Schließlich hielt ich es nicht mehr aus, ging hinunter und öffnete so leise wie möglich die Terrassentür. Er zuckte nicht einmal zusammen, sondern sah mich mit einem Ausdruck an, den ich als *Wie-lange-wolltest-du-mich-noch-warten-lassen?* deutete. Ich trat hinaus und näherte mich, er kam mit erhobenem Schwanz auf mich zu, schmiegte sich an meine Beine und schnurrte.

»Wer bist du denn?« Zaghaft berührte ich seinen Kopf, den er fest gegen meine Hand stupste, und ließ meine Finger über seinen Rücken gleiten. Er schlängelte sich um meine Beine und brummte dabei wie ein kleiner

Traktor. »Hat Ben dich geschickt?«, fragte ich und lächelte.

Als Antwort erhielt ich ein langgezogenes Miauen.

Durch den Streuner, der übrigens eine sie war, und der wachsenden Freundschaft zu Nell entwickelte sich mein Leben zusehends erfreulich. Ralf und Jens blieben auf Abstand, und auch sonst erwähnte niemand mehr meinen Heulkrampf. Einige meiner Mitschüler redeten sogar wieder mit mir, obgleich ich denke, dass es an Nellifer lag. Alle wollten etwas über sie erfahren, in ihrer Nähe sein, sie zur Freundin haben.

Und genau dort lag das Problem. Mir ging es ebenso, nur dass meine Sehnsucht nach ihr mittlerweile meine körperlichen Funktionen beeinflusste. Sobald sie mich anlächelte, verkrampfte sich mein Magen, wenn sie mich berührte, ging ich innerlich in Flammen auf, und wenn wir miteinander redeten, wurde es zunehmend schwieriger für mich, anständige Sätze zu formulieren.

Hin und wieder nahm ich mir vor, ihr meine Gefühle zu offenbaren, aber ich fürchtete mich vor ihrer Zurückweisung. Und davor, dass wir, wenn sie es wüsste, nicht einmal mehr Freunde sein würden.

Meine einzige Zuhörerin, die sich geduldig mein Leid anhörte, während ich ihr den Rücken streichelte, war Streuner. Sie kam beinah jeden Abend, stolzierte mittlerweile selbstsicher im Haus herum, räkelte sich neben mir auf der Couch und ließ sich geduldig im Nacken kraulen.

Als ich zum ersten Mal vor dem Haus von Nells Eltern stand, war mir mulmig. Wir waren jetzt seit sechs Wochen befreundet, aber mir dämmerte in jenem Moment, dass ich ziemlich wenig über sie und ihre Familie wusste. Ihre Mutter war Ägypterin, die in Deutschland studiert und dort ihren Vater kennengelernt hatte. Bis vor Kurzem hatten sie – eine genaue Zeitangabe machte Nell nicht – in Kairo gelebt und waren hierher gezogen, weil ihr Vater eine neue Anstellung erhalten hatte.

Ich wusste, dass sie schon viel von der Welt gesehen hatte: Iran, China, Indien, sogar in Myanmar war sie schon gewesen. Als sie mir von den vielen Reisen erzählt hatte, war ich mir wie ein Provinzei vorgekommen. Und auch jetzt fühlte ich mich unwohl und fehl am Platz.

»Sie werden dich mögen«, trällerte Nell vergnügt und steckte den Schlüssel ins Türschloss.

Ich machte mir zwar Gedanken darüber, doch was mich mehr beschäftigte, war die Tatsache, dass Nell und ich gleich in ihrem Zimmer sein würden. Wir zwei. Allein. Meine Knie wurden weich.

Die Tür schwang auf und gab den Blick in einen langgestreckten Flur frei. Eine ältere Ausgabe von Nell begrüßte uns. Dasselbe schwarzglänzende Haar, die Milchkaffeehaut, die grünen Augen. Doch im Gegensatz zu ihrer Tochter lächelte sie nicht. Sie machte eine Handbewegung und geleitete uns wortlos ins Wohnzimmer, wo Nells Vater auf dem Sofa saß und sich hinter der Schlagzeile des Tagesspiegels verbarg.

Als er uns bemerkte, ließ er die Zeitung sinken und schaute uns über den Rand seiner Brille an. »Da seid ihr ja«, meinte er fröhlich, stand auf, nahm seine Tochter fest in den Arm und drückte ihr einen Kuss auf die Stirn. Mich musterte er kurz, dann breitete sich ein Lächeln in seinem Gesicht aus. »Hallo, Thomas«, er streckte mir die Hand entgegen. Sein Griff war fest.

»Guten Tag, Herr Weitz. Freut mich, Sie kennenzulernen.«

Er warf einen Seitenblick auf Nell: »Ja, mich auch. Nell hat uns schon so viel von dir erzählt.«

Ich wurde rot und senkte den Blick.

»Ein Biologiereferat, richtig?« Nells Mutter war an

die Seite ihres Mannes getreten und beäugte mich misstrauisch.

»Guten Tag, Frau Weitz«, sagte ich kleinlaut und hielt ihr die Hand entgegen.

Sie betrachtete sie mit hochgezogenen Augenbrauen, ergriff sie dann aber doch. »Dein Vater hat unsere Heizungsanlage repariert.«

Der bedrohliche Unterton entging mir nicht. Was er bedeutete, war nur zu klar: Mach etwas Dummes, und ich sage es deinem Vater! Ich verschränkte die Arme hinter dem Rücken und hoffte, dieser peinliche Moment würde schnell vorübergehen.

Nells Vater brach die unangenehme Stille: »Nun lass die beiden schon anfangen, sonst schreitet die Evolution voran, ehe sie eine Chance haben, ihren Vortrag auszuarbeiten!« Er küsste seine Frau auf die Wange.

Ein dünnes Lächeln huschte über ihre Lippen.

Nell ergriff meine Hand. »Paps hat recht, lass uns anfangen! Mein Zimmer ist oben.«

Sie ging voran, und gerade als ich meinen Fuß auf die erste Stufe setzte, ertönte noch einmal die Stimme ihrer Mutter: »Ich halte es nicht für richtig, was du vorhast!«

Nell wandte sich um, sah an mir vorbei und rollte mit den Augen: »Mama, wir haben das doch besprochen.«

Ihre Mutter stieß einen tiefen Seufzer aus. »Na schön, solange du dich auch daran hältst. Denk an die Konsequenzen!«, mahnte sie.

Nell senkte den Kopf. Sie wirkte auf einmal traurig. »Natürlich«, gab sie leise zurück.

Dann wandte sie sich um und erklomm die Stufen. Ich folgte ihr. Ein mulmiges Gefühl machte sich in meiner Magengrube bemerkbar. Etwas stimmte nicht.

Nells Zimmer war winzig. Der Schreibtisch quetschte sich direkt an das schmale Bett, und als sie ihre Strickjacke in den Schrank daneben hängen wollte, musste sie erst übers Bett klettern, damit sie die Tür einen Spalt öffnen konnte. Dennoch war es gemütlich. Es duftete nach Tee und Zimt. Die Wände waren goldgelb gestrichen, und auf dem Boden lag ein dicker Teppich, den wir als Sitzfläche benutzten.

»Was hält deine Mutter nicht für richtig?«, fragte ich, denn Nell machte keine Anstalten, eine Unterhaltung zu beginnen oder ihre Schulbücher hervorzuholen.

Sie blickte auf, ihre großen, schönen Augen wirkten traurig: »Dass ich dir die Wahrheit sage.«

»Welche Wahrheit?«

»Die Wahrheit über mich.« Sie sah mich eindringlich an. »Ich hab dich gern, weißt du.« Auf ihren Wangen bildeten sich blassrosa Flecken.

Was hatte sie gerade gesagt? Sie mochte mich? Meine Gefühle schäumten über, meine Hände begannen zu zittern, in meiner Brust glühte es. »Ich mag dich auch. Sehr sogar«, sagte ich, verwundert darüber, wie leicht sich diese Worte auf meinen Lippen anfühlten.

Sie lächelte verlegen: »Ich weiß.« Sie klemmte sich eine Haarsträhne hinters Ohr.

Natürlich wusste sie es. So sehr ich mich auch bemüht hatte, meine Gefühle vor ihr zu verbergen, so hatte ich die ganze Zeit geahnt, dass es mir nicht sonderlich gut gelungen war. Ich war ein miserabler Schauspieler.

Sie streckte ihre Hand nach mir aus und berührte meine Wange. Ihre Finger fühlten sich warm auf meiner Haut an. Sie beugte sich in meine Richtung, und kurz bevor ihre Nasenspitze meine berührte, hauchte sie: »Es tut mir leid, Thomas.«

»Was tut dir leid?«

»Das!«

Und dann legte sie ihre Lippen auf meine. Erst zaghaft, dann fordernder. Ihre Zunge drängte in meinen Mund, sie schlang die Arme um mich und presste sich an mich. Ich grub meine Hände in ihr Haar und konnte kaum glauben, was gerade geschah. Alles, was ich in den letzten Wochen mit mir herumgeschleppt hatte, löste sich in Luft auf, während wir uns küssten. Viel zu früh ließ sie meine Lippen wieder frei.

»Entschuldige, ich hätte das nicht tun sollen«, flüsterte sie.

Ich nahm ihre Hand: »Doch, und ich bin froh, dass du es getan hast. Ich hätte den Mut wohl nie aufgebracht.«

Sie kicherte, aber es klang nicht fröhlich.

Das Gefühl, dass hier etwas ganz und gar nicht stimmte, kehrte zurück.

»Was ist los, Nell?«, fragte ich und streichelte ihren Handrücken.

Sie seufzte: »Willst du wissen, woher ich weiß, dass du mich magst?«

»Von dem dämlichen Gesicht, das ich immer mache, wenn du mich ansiehst? Oder von meiner Unfähigkeit, klare Sätze zu bilden, wenn du mich was fragst?« Ich lächelte.

Nell hingegen blieb ernst: »Ich weiß es so genau, weil ich dich …«

»Weil du mich …?«

»Versprich mir, dass du jetzt nicht losbrüllst oder so!«

»Was?«

»Wird schon schiefgehen«, murmelte sie.

Und dann geschah etwas, das mich tatsächlich beinah zum Schreien gebracht hätte. Nicht vor Angst, nicht vor Schmerz, sondern weil ich noch nie zuvor Unglaublicheres gesehen hatte. Nells Konturen lösten sich mit einem Mal auf, sie schien zu schrumpfen, ihr schwarzes Haar breitete sich über ihren gesamten Körper aus, die Pupillen ihrer grünen Augen veränderten sich, wurden zu senkrechten Strichen.

Streuner!

Plötzlich saß sie genau da, wo eben noch Nell gesessen hatte. Ich schlug die Hand vor den Mund. Sie kam auf mich zu, schmiegte sich an mich und schnurrte. Ich streckte meinen zittrigen Finger nach ihr aus, fuhr sanft durch das glänzende Fell. Liebevoll drückte sie ihren Kopf in meine Handfläche. Sie umrundete mich einige Male, zog sich wieder auf ihren Platz zurück, und wenige Augenblicke später saß Nell wieder aufrecht vor mir.

»Du … äh … was?« Mir fehlten die Worte.

Sie lächelte verlegen: »Verzeihst du mir? Ich weiß, es gehört sich nicht, andere zu belauschen, aber …«

»Nell, viel mehr frage ich mich, wie es möglich ist, dass du dich in eine Katze verwandeln kannst.«

»Du bist also nicht böse?«

Ich kratzte mich am Kopf. »Nein. Dass ich dich mag, hätte ein Blinder gesehen. Aber sagst du mir jetzt …«

Auf einmal lachte sie, schlang ihre Arme um meinen Hals und bedeckte meine Stirn mit Küssen. »Davor hatte ich wirklich Angst.« Sie löste die Umarmung, ging in den Schneidersitz, legte die Hände in den Schoß und wurde wieder ernst. »Das ist jetzt vielleicht alles ein bisschen viel für dich, also versuche ich, es kurz zu machen. Meine Mutter und ich sind Gestaltwandler. Durch unsere Adern fließt das Blut von Bastet. Du weißt ja, dass wir ursprünglich aus Ägypten stammen. Meine Mutter ist ziemlich wütend auf mich, weil ich darauf bestand, dir die Wahrheit zu sagen. Sie denkt, du könntest das Geheimnis verraten.«

»Ich würde nie …«, hob ich an.

»Da ist noch was anderes«, unterbrach mich Nell. Sie rieb sich nervös die Hände: »Wir sind nur deinetwegen hierher gezogen.«

Ich muss ziemlich dämlich dreingeblickt haben, denn ihre Mundwinkel zuckten.

»Am Tag, als wir uns kennenlernten, hast du gesagt,

dass du glaubst, deine Mutter hätte euch Ben geschickt, um euch zu trösten«, fuhr sie fort.

Ich nickte.

»Na ja, ich weiß nicht, ob das möglich ist, ich weiß nur, dass es Ben war, der mich geschickt hat.«

Sie sah mich eindringlich an, suchte eine Reaktion auf ihre Worte in meinen Augen, aber ich war viel zu verwirrt, als dass ich hätte irgendetwas sagen können. Mit offenem Mund starrte ich sie an, in meinem Kopf überschlugen sich die Gedanken.

»Die meisten Katzen machen sich nicht viel aus den Menschen. Sie betrachten sie eher als praktische Gefährten. Aber Ben war anders, er hatte sich in der Nähe der Menschen geborgen gefühlt, und als seine Besitzerin gestorben ist, war er einsam und gebrochen. Dann fand er dich und war so glücklich darüber, dass er selbst nach seinem eigenen Tod keine Ruhe finden konnte. Tja, und da wandte er sich an mich.«

»Du kannst mit toten Katzen kommunizieren?«

»Ja. Das klingt blöd, aber sie finden mich. Keine Ahnung wie. Jedenfalls lag er mir in den Ohren, ich solle nach dir sehen, dir einen neuen Gefährten verschaffen, mich um dich kümmern. Herrje, er war so nervig, dass ich wochenlang nicht mehr schlafen konnte. Und so willigte meine Mutter schließlich ein, hierher zu kommen.« Nell stockte und rieb sich den Nacken.

»Und das hast du auch getan«, sagte ich und griff nach ihrer Hand. Ich war erleichtert, als sie sie nicht wegzog.

»Ja, aber nach außen hin müssen wir uns als normale Menschen geben, weswegen ich auf deiner Schule gelandet bin, und da, na ja … Ich hab gesehen, dass du noch ein paar andere Probleme hast, die auch eine neue Katze nicht lösen kann.«

»Wie meinst du das?«

»Na ja, das mit Ralf und Jens, dass deine Mitschüler

dich meiden und du offensichtlich keine Freunde hast. Also wollte ich dir auch da helfen. Das hat meine Mutter nur noch wütender gemacht.«

Es war mir peinlich, dass sie das alles über mich wusste. Ich wurde irgendwie wütend: »Also hast du das alles nur aus Mitleid getan?«

Sie schüttelte energisch den Kopf: »Nein, so ist das nicht! Ich wollte dir einfach nur helfen und dann …«

»Was *und dann*?«

»Dann hab ich mich in dich verliebt.« Ihre Stimme war kaum mehr als ein Flüstern. Sie blickte auf, in ihren Augen glänzten Tränen. »Und das hätte nie passieren dürfen«, fügte sie hinzu und schluchzte.

»Und warum nicht?«

»Meine Aufgabe war es, dich als Katze über den Schmerz hinwegzutrösten. Mehr nicht.«

»Du sprichst in Rätseln.«

»Wenn ich mich verliebe, höre ich irgendwann auf, eine Gestaltwandlerin zu sein. Und dann werden die ganzen Katzenseelen nie Ruhe finden, weil ich nicht mehr da bin, um sie ihnen zu verschaffen. Das wäre eine Katastrophe.«

Ich wusste nicht, was ich dazu sagen sollte.

»Es tut mir leid, Thomas. Aber ich bin das Bindeglied zwischen den Katzen und den Menschen. Ich kann das nicht aufgeben, verstehst du das?«

Ich verstand und auch wieder nicht: »Was ist mit deiner Mutter? Kann sie nicht …?«

Nell schüttelte den Kopf: »Sie kann sich nicht mehr verwandeln, jedenfalls jetzt nicht mehr. Als ich zehn war, hörte es bei ihr auf. Und begann bei mir. Sie hat es aufgegeben für meinen Vater. Ich bin die Letzte von uns.«

»Also, wenn du selbst mal Kinder hast, würden sie es weiterführen«, schlussfolgerte ich.

»Ja, aber das würde ich niemals meinem Kind antun

wollen. Ich weiß noch, wie sauer ich auf meine Mutter war, als sie mir die Geschichte erzählte. Sie fühlt sich immer noch schuldig deswegen, aber ich habe ihr längst verziehen. Wenn ich sehe, wie sie meinen Vater ansieht, dann denke ich, sie hat das Richtige für sich getan.«

»Und dir damit ein normales Leben verbaut«, ich ballte die Hände zu Fäusten.

Nell lächelte warm: »So darfst du das nicht sehen. Die Katzenseelen verehren mich, und ich verehre sie. Sie sind so wunderbare und sensible Geschöpfe. Jedes einzelne dieser Schicksale berührt mich zutiefst. Ich kann nicht zulassen, dass es ihnen schlecht geht. Das ist meine Bestimmung.«

Allmählich begriff ich. Und das tat entsetzlich weh. »Dann wirst du gehen müssen, nicht wahr?«

Sie schlug die Augen nieder und weinte leise. Auch ich spürte den Druck der Tränen hinter meinen Augen. Gerade hatte ich Nell gewonnen und würde sie schon wieder verlieren müssen. Und dennoch, mir vorzustellen, Ben würde bis in alle Ewigkeit leiden, wenn sie nicht da wäre, ließ mich frösteln.

»Ich werde dich niemals vergessen, Nellifer«, wisperte ich.

Tränen liefen ihr die Wangen hinab, ihre schönen, grünen Augen waren voller Schmerz.

Ich strich ihr übers Kinn: »Kann ich dich was fragen?«

»Was du willst«, antwortete sie.

»Wie lange war deine Mutter eine Gestaltwandlerin?«

»Beinah tausend Jahre. Wir altern erst, wenn wir aufhören, Gestaltwandler zu sein«, gab sie nachdenklich zurück.

Eine weitere Frage drängte sich mir auf: »Will ich jetzt wissen, wie alt du bist?«

Sie kicherte: »Ich bin wirklich erst siebzehn.«

Mein letzter Funken Hoffnung, Nell eines Tages wiederzusehen, erlosch. Sie hatte noch eine lange Reise vor sich.

Ich umfasste ihre Handgelenke und küsste sie auf die Nasenspitze. »Es ist schön, dass ich dich kennenlernen durfte, Nell.«

Sie schluchzte.

Wir umarmten uns lange und weinten und küssten uns.

Am nächsten Tag war sie fort.

Sechs Wochen später zog Nell bei uns ein. An dem Tag, an dem mich die schöne Gestaltwandlerin für immer verlassen hatte, bekam die Katze meiner Tante ihre Jungen.

Als mein Vater mit dem kleinen Bündel durch die Tür kam, wurde mir warm ums Herz. Ihr Fell war pechschwarz, ihre Augen flaschengrün. Ich wusste, wer sie mir geschickt hatte.

Julia Bardag

Mein Freund Karl

Ich lernte Karl in einer Kneipe kennen. Es war ein gewöhnlicher Freitagabend, und ich hatte nach einer anstrengenden Woche Lust auf ein Feierabendbier. Meine Stammkneipe war brechend voll, und so ging ich ein paar Straßen weiter in ein anderes Lokal. Dort war es auch nicht viel leerer, aber ich hatte keine Lust, noch weiter zu suchen.

Als ich eintrat, wurde am Tresen gerade ein Platz frei, und so quetschte ich mich auf den wackeligen Hocker. Ich hatte den ersten Schluck meines kühlen Bieres noch nicht ganz unten, da sagte der Typ links neben mir: »Tut gut, was?«

Mit der linken Hand wischte ich mir den Schaum vom Mund, mit der rechten ergriff ich die ausgestreckte Rechte des Mannes.

»Ich bin Karl«, sagte er.

»Christian«, erwiderte ich. »Nenn mich Chris!«

Nachdem die Formalitäten erledigt waren, kamen wir über dies und das ins Gespräch. Er erzählte mir, dass er Student sei – irgendwas mit Elektrotechnik – und gemeinsam mit seiner Zwillingsschwester, die Jura studierte, ganz in der Nähe wohnte. Sie kamen aus einem kleinen Dorf vom anderen Ende Deutschlands, dessen Namen ich noch nie gehört hatte. Es hätte ebenso gut auf dem Mond liegen können, nach dem, was Karl erzählte. Ein ödes Fleckchen mitten im Nirgendwo. Umso mehr genossen er und seine Schwester das Leben in der Großstadt.

Auch ich erzählte ihm von meinem Leben – Großstädter seit Geburt, Versicherungskaufmann, Single, nichts Weltbewegendes also – und wir tauschten uns über die urigsten Kneipen und angesagtesten Diskotheken aus.

Wir hatten einen guten Draht zueinander, und ich freute mich, als Karl nach dem dritten Bier vorschlug: »Komm mich doch mal besuchen! Wie wär's mit Sonntag? Wir könnten Fußball schauen.«

»Cool«, sagte ich, und er gab mir seine Adresse.

Am Sonntag ging ich zu ihm. Er empfing mich mit zwei Flaschen Bier in der Hand.

»Komm rein, und fühl dich wie zu Hause!«, sagte er und ging vor mir her durch den Flur.

Die Altbauwohnung sah genauso aus, wie ich mir eine Studentenbude vorstellte. Die Wände im Flur waren mit Postern von Rockbands tapeziert. Das knallbunt gestrichene Wohnzimmer war mit einem durchgesessenen Sofa, nicht zueinander passenden Sesseln, einem flachen, von Papieren übersäten Couchtisch und einem Fernseher, der auf einer ausrangierten Obstkiste stand, möbliert.

Außer dem Wohnzimmer gab es noch vier weitere Räume: Küche, Bad und je ein Zimmer für Karl und seine Schwester. Die Türen standen offen. Ich konnte einen Blick auf ein Bett mit rosafarbener Bettwäsche erhaschen. Das war also das Zimmer von Karls Schwester. Sie hieß Karla, wie originell, und war gerade nicht da.

Ich setzte mich auf das alte Sofa, das überraschend bequem war, und öffnete mein Bier an der Tischkante. Karl schaltete den Fernseher ein. Das Spiel hatte gerade begonnen. Wir verbrachten einen angenehmen Nachmittag und trennten uns mit dem Versprechen, das bald mal zu wiederholen.

Am Mittwoch in der nächsten Woche fiel mir auf dem Weg zur Arbeit ein Plakat auf mit einer Konzertankündigung einer der Bands, deren Poster ich in Karls Wohnung gesehen hatte. Einem plötzlichen Impuls folgend, kaufte ich übers Internet zwei Karten, sobald ich im Büro angekommen war.

Gleich nach der Arbeit ging ich bei Karl vorbei, um

ihn damit zu überraschen. Doch Karl war nicht da. Die Tür wurde mir von Karla, seiner Schwester, geöffnet. Auf dieses Ereignis war ich nicht vorbereitet. Mir blieb bei ihrem Anblick förmlich die Spucke weg. Sie hatte große Ähnlichkeit mit ihrem Bruder.

Das gleiche blonde Haar, nur dass es bei ihr aussah, als würde goldener Honig ihr Gesicht einrahmen. Die gleichen blauen Augen, nur dass ich das Gefühl hatte, in einen tiefen Ozean zu blicken und jeden Moment darin zu ertrinken. Der gleiche breite Mund, nur dass ihre roten Lippen mir wortlos die schönsten Dinge zu versprechen schienen. Ich war auf der Stelle unsterblich verliebt. Unfähig, auch nur ein Wort zu sagen, stand ich da und kam mir wie ein Idiot vor.

Zum Glück schien sie es nicht zu bemerken und plapperte munter drauf los. »Du musst Chris sein«, sagte sie mit einer Stimme, die mir wie Musik in den Ohren klang. »Karl hat mir alles über dich erzählt«, fuhr sie fort und lächelte, dass ich dachte, mir würden jeden Moment die Beine wegknicken, so weich waren meine Knie.

»Er ist im Moment nicht da, aber wenn ich etwas ausrichten soll …« Aufmunternd sah sie mich an. Das war nicht gerade hilfreich.

Statt einer Antwort holte ich umständlich die computergedruckten Konzertkarten hervor und hielt sie ihr hin.

»Wow!«, sagte sie. »Die finde ich auch toll. Falls Karl an dem Tag schon was anderes vor hat, könnte ich mit dir zu dem Konzert gehen.«

Ich nickte nur.

»Also abgemacht«, sagte sie.

Ich nahm all meinen Mut zusammen. »War nett, dich kennenzulernen«, sagte ich mit einer Stimme, die nicht wie meine klang.

Nett, das war die Untertreibung des Jahrtausends! Lebensverändernd hätte es besser getroffen. Das dachte ich in diesem Moment und ahnte noch nicht, wie zutreffend dieses Wort war.

»Danke, gleichfalls«, sagte sie und lächelte wieder ihr umwerfendes Lächeln.

»Tschüss«, sagte ich und hoffte, dass es locker klang. Mit Beinen aus Gummi stieg ich die Treppe hinab.

In dieser Nacht träumte ich nur von ihr. Ich verfluchte den Wecker, der mich am Morgen aus meinen Träumen riss. Ich hätte bis in alle Ewigkeit von ihr träumen wollen. Der Arbeitstag zog sich unerträglich lang hin.

Ich machte eine halbe Stunde früher Schluss und ging zu Karl. Ich wollte mit ihm über das Konzert reden, redete ich mir ein. Aber wem wollte ich eigentlich etwas vormachen? Ich wollte Karla wiedersehen, das war klar.

Karl öffnete die Tür. Er schien nicht im Mindesten überrascht, mich zu sehen. Fast war es so, als hätte er mich erwartet. Breit grinsend führte er mich ins Wohnzimmer.

»Hat wohl Eindruck auf dich gemacht, mein Schwesterherz«, sagte er ohne weitere Einleitung.

Verdammt! Diese beiden erzählten sich wohl alles. Also gut, warum nicht? Ich druckste ein bisschen herum, versuchte, meine Gefühle herunterzuspielen, und wollte doch nebenbei so viele Informationen wie möglich von ihm erhalten.

Karl reagierte nicht unfreundlich. Er sagte, er wisse von der Wirkung, die Karla auf manche Männer hatte. »Sie ist schön, aber gefährlich«, sagte er ernst. Es klang wie eine Warnung.

Erstaunt sah ich ihn an. Was sollte an diesem engelhaften Wesen gefährlich sein?

»Frisst sie Männer, oder was?«, versuchte ich zu scherzen.

Karl sah mich an, und eine Sekunde lang erwartete ich, dass er »Ja« sagte. Doch er schüttelte den Kopf und lachte. »Quatsch!«, sagte er. »Sie gehört nur zu der Sorte Frau, die Männern den Kopf verdreht. Sie ist interessant und geheimnisvoll, und ehe du dich versiehst, bist du so gefesselt, dass du nicht mehr von ihr loskommst.«

Ich dachte über seine Worte nach. Vielleicht wollte ich ja gar nicht von ihr loskommen? Nie wieder. Vielleicht war Karl nur eifersüchtig und wollte die besondere Beziehung zu seiner Schwester nicht durch eine dritte Person gefährden?

»He, Kumpel, ich meine es doch nur gut«, sagte er in meine Überlegungen hinein. »Ein Bier?«

Wir tranken zusammen Bier.

Karla tauchte an diesem Abend nicht mehr auf, und auch zwei Tage später, als ich Karl wieder besuchte, war sie nicht da. Ich gewöhnte mir an, spontan bei den beiden vorbeizuschauen, und diese Taktik hatte Erfolg. Im Laufe der nächsten Wochen traf ich entweder Karl oder Karla an. Nie beide gleichzeitig. Aber das war mir nur recht. Nach zwei Monaten war ich mit beiden gleich gut befreundet. Natürlich genoss ich die Zeit mit Karla etwas mehr.

Das Konzert rückte näher, und wie es der Zufall wollte, war Karl ausgerechnet für diesen Abend kurzfristig verhindert. Ich jubelte innerlich. Der Abend war der Wahnsinn! Die Band war super, die Stimmung grandios. Dank meiner zauberhaften Begleitung schwebte ich im siebten Himmel. Wir lachten, wir schrien, und bei den langsamen Stücken hielten wir gemeinsam ein Feuerzeug in die Höhe und wiegten uns im Takt der Musik. Ich hätte nicht glücklicher sein können. Nach dem Konzert hatte es Karla plötzlich eilig, und so standen wir kurz vor Mitternacht vor ihrer Haustür.

»Vielen Dank für den wunderschönen Abend«, sagte sie und sah mir tief in die Augen. Dann drückte sie mir einen Kuss auf den Mund und verschwand im Haus.

Die Berührung ihrer Lippen ließ meine Haut kribbeln. Ich stand da und konnte mich nicht rühren. Mein Herz klopfte bis zum Hals. Mit einem Grinsen im Gesicht ging ich schließlich nach Hause.

Am nächsten Tag führte mich mein Weg direkt vom Büro zu Karla. Ich hoffte, wir könnten da weitermachen, wo wir gestern aufgehört hatten.

Karl öffnete mir die Tür. Er wirkte verändert. Er bat mich nicht hinein, sondern sagte nur: »Ach, du bist es.«

»Ist Karla da?«, fragte ich.

»Nein, sie ist nicht da«, sagte er.

»Wann kommt sie denn zurück?«, fragte ich.

»Sie kommt nicht mehr zurück«, sagte er. »Nie mehr. Verstehst du?«

Nein, ich verstand nicht.

»Komm rein, ich erklär es dir«, sagte er und legte den Arm um meine Schultern.

Er wollte mich ins Wohnzimmer führen, aber ich riss mich los und stürmte direkt in Karlas Zimmer. Das Bett sah aus, als hätte jemand darin geschlafen. Der Kleiderschrank war voll. Auf dem Schreibtisch stapelten sich Fachbücher und Ordner.

»Wo ist sie?«, fragte ich atemlos.

»Sie ist abgereist«, antwortete er. »Zurück nach Hause«, fügte er lahm hinzu.

Ich starrte ihn verständnislos an. Wollte er mich für dumm verkaufen? Wortlos zeigte ich auf all ihre Sachen, die sie zurückgelassen hatte, und schüttelte den Kopf. Karl sah mich an. In seinem Blick lag ein Ausdruck, den ich zuerst nicht deuten konnte. Plötzlich dämmerte es mir. Es war Schuldbewusstsein. Meine Gedanken rasten. Der wunderschöne Abend gestern. Der Kuss. Karla, die ihrem Bruder immer alles erzählte.

»Was hast du gemacht?«, schrie ich. »Was hast du ihr angetan?«

Erschrocken fuhr Karl zurück. »Du verstehst das nicht«, stammelte er.

Oh, ich verstand sehr gut. Zwillinge stehen sich sehr nah. Er war eifersüchtig. Er wollte Karla nur für sich allein.

»Gib mir ihre Nummer! Ich möchte mit ihr sprechen«, forderte ich laut.

Karl wand sich sichtlich. »Das geht nicht, weil …«, er verstummte.

Sie tot ist!, schrie eine panische Stimme in meinem Kopf. Mein Gott, er hatte sie aus Eifersucht getötet. Wahrscheinlich gestern Abend, während ich wie ein glücklicher Trottel nach Hause gelaufen war.

In meinem Hirn knallte eine Sicherung durch. Ich holte aus und traf ihn mit der Faust genau auf den Mund. Sein Kopf flog zur Seite. Seine Zähne schürften meinen Handknöchel auf, doch ich fühlte keinen Schmerz. Er drehte den Kopf zu mir und holte zum Gegenschlag aus. Ich war schneller.

Mein zweiter Schlag traf ihn genau auf die Nase, die mit einem hässlichen Knacken brach. Blut schoss hervor, lief über meine verletzte Hand, spritzte in mein Gesicht. Mit einem dumpfen Aufprall ging Karl zu Boden. Bewusstlos blieb er vor meinen Füßen liegen. Ich schwöre, dass wirklich passiert ist, was ich jetzt sah.

Karls Körper flackerte wie das Bild eines alten Röhrenfernsehers bei einer Sendestörung. Hell, dunkel, hell, dunkel. Dann wurde aus Karl plötzlich Karla. Der Anblick ihres blutverschmierten Gesichts brach mir das Herz. Sie wurde zu Karl. Er wurde wieder zu Karla. Das wiederholte sich mehrmals blitzschnell.

Mit einem Mal wurde der Körper, der noch immer ständig flackernd das Bild wechselte, angehoben. Ich konnte nichts sehen, doch ich spürte ein Prickeln, das durch meinen Körper fuhr, und hatte ein Rauschen in den

Ohren, obwohl es vollkommen still war. Der Körper stieg langsam höher. Als er auf Augenhöhe vor mir schwebte, wurde er so hell, dass ich die Augen zukneifen musste. Das Leuchten breitete sich aus. Blutrot sah ich meine geschlossenen Lider von innen. Ich hatte das Gefühl, von einer sanften Druckwelle nach hinten geschoben zu werden. Dann wurde es dunkel.

Als ich die Augen öffnete, war ich allein. Aber nicht lange. Besorgte Nachbarn hatten die Polizei alarmiert. Es interessierte mich kaum. Das Einzige, was mich interessierte, war die Frage: Was für ein Wesen war das? Niemand konnte mir diese Frage beantworten. Nicht die neugierigen Nachbarn, nicht die Polizei und auch nicht die Ärzte, mit denen ich sprach. Und das, obwohl ich allen ausführlich geschildert hatte, was passiert war. Von Anfang bis Ende.

Jetzt sitze ich in der Abteilung für Psychiatrie der Universitätsklinik. Ich muss hier bleiben, bis es mir besser geht, sagen sie. Ich muss diese schrecklichen Nachthemden tragen, die hinten offen sind. Aber nicht mehr lange. Denn ich kenne jetzt die Antwort auf die Frage.

Sie sind Gestaltwandler. Menschenähnliche Wesen, die immer zwei Geschlechter in sich vereinen. Alle vierundzwanzig Stunden ändern sie ihre Gestalt. Sie sind freundlich und leben auf einem Planeten, der unserem nicht unähnlich ist.

Karl ist nicht tot. Das beruhigt mich sehr. Er ist nur nach Hause zurückgekehrt. So sind die Regeln, wenn ihre Tarnung aufgeflogen ist. Woher ich das alles weiß? Keine Ahnung. Ich weiß es einfach. Wahrscheinlich hat es etwas mit Karls Blut zu tun, das ich durch die offene Wunde an meiner Hand abbekommen habe. Und ich weiß noch etwas.

Morgen um diese Zeit werde ich nicht mehr Christian

sein, sondern Christina. Ich kann es spüren. Christina wird sich heimlich ein paar Klamotten besorgen, vielleicht eine Schwesterntracht oder etwas aus dem Schrank eines Patienten. Mal sehen. Dann wird Christina aus dieser verdammten Klinik spazieren. Sie wird einfach die Straße entlanggehen, direkt in ein neues Leben.

Wolfgang Schwarz

Bahnlinie 48

Die Geschehnisse, von denen ich auf den folgenden Seiten berichten werde, mögen unglaublich und unwahr klingen, und ich wage es nicht zu behaupten, dass sich alles genau so zugetragen hat, weil ich es nicht beweisen kann. Ich habe versucht zu vergessen, aber die Ereignisse von damals lassen mich nicht zur Ruhe kommen. Ich weiß nicht, wann ich zum letzten Mal eine ganze Nacht durchgeschlafen habe, aber meinem Aussehen nach zu urteilen muss es eine ganze Weile her sein. Wie gerne würde ich persönlich mit jemandem darüber sprechen, aber ich habe Angst vor der Reaktion. Ich habe Angst vor dem Unglauben im Ausdruck der Augen, vor dem sanften Lächeln, das mich als einen Verrückten zeichnet.

Da ich stets sehr zurückgezogen lebte, beschloss ich, heute niederzuschreiben, was damals geschah. Ich hoffe auf Frieden, ohne daran zu glauben, denn ich fühle, dass etwas zu mir gekommen ist und in irgendeiner dunklen Ecke dieses verfluchten Zimmers wartet. Mit Glück lange genug, um mich die Geschichte fertig erzählen zu lassen. Woher ich das zu wissen glaube? Jenes beklemmende Gefühl in meiner Magengrube, das damals zu meinem ständigen Begleiter wurde, war noch nie so stark wie heute. Heute Nacht wird alles sein Ende nehmen.

Ich werde Ihnen nicht verraten, wo sich der unheimliche Platz, an dem sich alles zugetragen hat, genau befindet. Aber sie sollen erfahren, dass die Bahnlinie 48 daran vorbeiführt. Falls Sie wissen, welche Linie so genannt wird, wissen Sie auch, wie lang sie ist, und ich hoffe inständig, dass Sie nach der Lektüre meiner Schilderung nicht auf die Idee kommen, nach dem Ort zu suchen, sondern auf ihren gesunden Menschenverstand hören und sich fernhalten. Vielleicht wäre es sogar besser, wenn Sie die gesamte Bahnlinie 48 meiden, man kann nie wissen. Jedoch überlasse ich die Entscheidung selbstverständlich Ihnen.

Es war Winter, als ich zum letzten Mal auf jener Strecke reiste. Ich war privat unterwegs, weshalb ich den Nachtzug nahm. Ein Bett im Schlafwagen war die bei Weitem angenehmste Art, die über fünf Stunden dauernde Fahrt zu verbringen.

Es befanden sich nur eine Handvoll Passagiere im Zug, was wenig verwundern mochte, wenn man bedachte, dass es mitten unter der Woche war. Ich hatte ein Abteil für mich alleine, was mir nur recht war, denn ich schlafe nicht besonders, wenn ich auf so engem Raum mit mehreren Leuten zusammen bin. Sogleich verstaute ich meine Koffer und begab mich zu Bett. Ich war müde, denn es war ein anstrengender Tag gewesen, und folglich glitt ich ohne viel Umschweife in die Welt des Schlafs hinüber.

Als ich erwachte, war es stockdunkel. Das war ungewöhnlich, denn obwohl die Jalousie vor meinem Fenster geschlossen war, gab es über der Tür ein Notlicht. Aber das eigentlich Befremdliche war die Stille. Im Schlafwagen war es in der Regel nie sonderlich laut, aber in meinem Waggon war es totenstill. Einzig das Heulen des Windes war zu hören. Schlaftrunken kroch ich aus dem Bett und tastete mich zur Tür. Sie schwang mit einem leisen Quietschen auf, und ich trat nach draußen auf den Gang.

Auch hier fehlte das beruhigende Glimmen sämtlicher Notlichter, doch im Schein des durch die Fenster fallenden Mondlichts konnte ich den verlassenen Gang deutlich erkennen. Als ich nach draußen sah, konnte ich die vereinsamte und leicht hügelige Schneelandschaft erkennen, durch die sich die Bahnlinie 48 über weite Teile erstreckt.

Der Zug bewegte sich nicht, was nur bedeuten konnte, dass es Probleme gab, denn der nächste Halt war erst am frühen Morgen eingeplant. Eine Panne würde die unnatürliche Stille und wahrscheinlich auch das Versagen der Notbeleuchtung erklären.

Ich beschloss, weiter nach vorn, Richtung Lokomotive, zu gehen. Spätestens dort musste ich auf jemanden stoßen. Ich bin kein Freund der Dunkelheit und will nicht leugnen, dass ich bereits zu diesem Zeitpunkt eine leichte, nagende Angst verspürte. Wenn ich doch nur geahnt hätte, was mich noch erwartete, und wieder zurück in meine Kabine gegangen wäre!

Stattdessen fütterte ich meinen Geist mit Worten des Mutes und schritt voran. Ich warf keinen Blick in die anderen Kabinen, denn die Türen waren allesamt geschlossen, und ich wollte niemanden wecken, der noch schlief. Ich hatte schon fast das vordere Ende des Zuges erreicht, als ich gedämpfte Stimmen hörte. Sie kamen von außerhalb der Waggons, folglich dachte ich, es wären wohl Bahnangestellte, die zu beseitigen versuchten, was uns am Weiterfahren hinderte.

Als ich jedoch die Tür öffnete und meinen Kopf hinausstreckte, erwies sich meine Vermutung als Irrtum. Keiner der fünf Männer, die da im knietiefen Schnee standen, alle eingehüllt in dicke Wintermäntel mit hochgeschlagenem Kragen, trug eine der blauen Bahnuniformen. Ich erkannte sie noch vom Vorabend als Passagiere.

Sie berichteten mir, dass der Zug schon mindestens eine volle Stunde stand und sie niemanden vom Personal finden konnten. Auch sie kannten den Grund für unseren ungeplanten Aufenthalt nicht. Weder Lok noch einer der Waggons waren entgleist, und es schien sich kein Hindernis in Fahrtrichtung zu befinden. Zwar konnte man bei dem ganzen Schnee, den der Wind durch die Nacht wirbelte, nicht weit sehen, aber einer der Männer hatte eine starke Taschenlampe und war mit ihr ein paar hundert Meter die Gleise abgelaufen.

Allerdings hätten sie, so teilten mir die Männer mit, ein kleines Häuschen entdeckt, das sich nicht weit von unserem Aufenthaltsort fast direkt neben den Gleisen befand. Es lag in einer kleinen Mulde, die es weitgehend vor Wind und Wetter schützte. Es war zwar eine unchristliche Zeit, aber sie wollten trotzdem nachschauen, ob sie dort nicht Unterschlupf fanden, denn im Zug würde es bald sehr kalt werden ohne Heizung. Außerdem war das Zugspersonal vielleicht ebenfalls zu dem Haus gegangen. Man konnte dies nicht mit Sicherheit sagen, der Wind hatte jegliche Spuren im Neuschnee sofort verweht. Ohne zu ahnen, dass es der größte Fehler meines Lebens war, schloss ich mich der Gruppe an.

Wir erreichten nach kurzem, aber umso beschwerlicherem Marsch durch das nächtliche Schneechaos das kleine Häuschen. Unser Klopfen sowie mehrmaliges Betätigen der Klingel blieb ohne jede Erwiderung. Der oder die Bewohner dieses alten und bereits dem äußerlichen Verfall anheim fallenden Gebäudes mussten entweder einen äußerst tiefen Schlaf haben oder bereits weggezogen sein. Wir drehten, ohne große Hoffnung, die Klinke und beobachteten mit dem größten Erstaunen, wie die Tür widerstandslos aufschwang. Nach kurzem Zögern betraten wir vorsichtig das unbekannte Gebäude.

Im Inneren des Hauses herrschte völlige Dunkelheit, und wir alle waren froh über die Taschenlampe, deren Schein die Finsternis zumindest stellenweise vertrieb und uns Orientierung ermöglichte. Der Raum war weitgehend leer. An beiden Seiten standen kleine Kommoden, auf denen sich merkwürdige Teller und Kerzenhalter befanden. Zu unserer Rechten befand sich eine Treppe, die ins obere Stockwerk führte, und direkt gegenüber von uns erblickten wir eine Tür.

Der Raum machte sicherlich keinen gepflegten Eindruck, er war allerdings auch nicht völlig verwahrlost. Wir fanden keine nennenswert dicke Staubschicht, ebenso wenig Spinnweben oder andere Anzeichen dafür, dass das Haus seit Längerem verlassen war.

Ich wollte gerade rufen, als wir ein merkwürdig dumpfes Geräusch vernahmen. Wir spürten es eher, als es zu hören, denn das dumpfe Dröhnen war begleitet von einer sanften, rhythmischen Vibration im Fußboden, was darauf schließen ließ, dass sich die Quelle dieses höchst seltsamen Geräusches unter uns befand. Es erstaunte uns doch sehr, denn wir hatten nicht erwartet, dass dieses kleine Häuschen über einen Keller verfügte.

Da wir diesem akustischen Phänomen auf den Grund gehen wollten und die Treppe nach oben führte, somit der falsche Weg zu sein schien, gingen wir durch die Tür, die sich gegenüber der befand, durch die wir das Haus betreten hatten. Dahinter entdeckten wir eine Treppe, die, wie erwartet, nach unten führte. Nach neuerlichem Zögern setzten wir unsere Füße auf die Stufen.

In der Mitte machte sie eine Biegung, und als wir an ihrem Fußende angelangt waren, standen wir neuerdings vor einer Tür. Allerdings war diese wesentlich robuster und größer als die beiden anderen. Und im Schein der Taschenlampe konnten wir merkwürdige Zeichen darauf erkennen. Wir wussten mit dem, was wir sahen, nichts anzufangen. Es war eine merkwürdige, dem Anschein nach völlig willkürliche Zusammensetzung verschiedenster geometrischer Formen. Entfernt erinnerte mich der Anblick an Hieroglyphen, doch zu welchem Zweck sollten solche Schriftzeichen an diesem Ort sein?

Wir dachten nicht weiter darüber nach und versuchten stattdessen, die Tür zu öffnen. Sie schwang ohne das leiseste Geräusch auf. Mit dem Öffnen der Tür wurde das dumpfe Dröhnen lauter und klarer, und wir erkannten, dass es sich wie Trommeln anhörte. Die Frage, wer hier mitten in der Nacht trommeln könnte oder zu welchem Zweck und was für eine Art Trommel das sein musste, die eine solche Vibration hervorrief, brannte in uns allen, und die Angst, die mit diesen Fragen kam, wurde von unserer Neugier schlichtweg überlagert.

Als die Tür offen war, erblickten wir einen engen, kurvigen Gang, der direkt in den Boden hineingehauen worden war. Sporadisch wurde er von Balken gestützt, und teilweise war ein Geflecht aus Draht angebracht worden, um die Wände am Abbröckeln zu hindern. Neben der Tatsache, dass der Gang leicht nach unten führte, fiel uns augenblicklich die Wärme auf, die von dem, was auch immer sich am Ende dieses Weges befinden mochte, auszugehen schien.

Im Nachhinein erscheint es mir wie ein Wunder, dass uns all diese Entdeckungen nicht zu einem Rückzug bewogen haben oder zumindest den Gedanken daran aufkeimen ließen, doch damals tapsten wir wie naive Kinder weiter.

Je weiter voran wir kamen, umso lauter wurde das rhythmische Klopfen, und schließlich konnten wir einen Lichtschein erkennen, der ebenfalls von dem Raum vor oder unter uns ausgehen musste, was uns dazu veranlasste, die Taschenlampe abzuschalten.

Es dauerte nicht lange, bis wir zwar nicht das Ende des Weges, aber den weitesten Punkt, den wir uns zu gehen getrauten, erreicht hatten. Als wir um die letzte Kurve gingen, erblickten wir etwas, mit dem wir nie gerechnet hätten: eine gigantische Höhle. Sie musste sich im Laufe der Jahrhunderte, wahrscheinlich sogar im Laufe der Jahrtausende auf natürliche Art und Weise gebildet haben, denn welcher Mensch hätte in der Lage sein sollen, einen so gewaltigen Raum in das Erdinnere zu graben?

Wir standen knapp unter der Decke und blickten wie von einer Klippe auf den Boden der Höhle hinunter. Zu unserer Linken führte der Weg in Form einer Treppe weiter nach unten, aber nachdem wir einen Blick auf das geworfen hatten, was sich am Grund des Raumes befand, wagten wir nicht mehr, auch nur laut zu atmen, geschweige denn uns zu bewegen.

Ungefähr in der Mitte der Höhle befand sich ein riesiges Loch, aus dessen Innerem das rötlich-orange Licht hervortrat, welches die ganze Höhle und einen Teil des Ganges erfüllte. Wahrscheinlich kam auch die Wärme von dort. Was konnte sich nur darin befinden? Ich dachte an flüssiges Magma, und als ich diesen Gedanken weiterspann, drängte sich mir die Vorstellung auf, dass dieses Loch bis zum innersten der Erde selbst reichte. Aber das war unmöglich, oder? War es denkbar, dass es ein Loch gab, das so tief war?

Ich war von dem Gedanken so gefesselt, dass mir gar nicht aufgefallen war, was sich um das Loch befand. Als einer meiner Begleiter mich unabsichtlich anrempelte, schreckte ich aus meinen Gedanken hoch und erkannte blitzartig, was mir vorher entgangen war. Um das Loch herum hatte jemand Pfähle aufgestellt und Menschen daran gefesselt! Ich hatte nicht die Zeit, mir diese Opfer genauer anzusehen, aber ich glaube, erkannt zu haben, dass es sich bis auf zwei um Frauen gehandelt hat und alle noch am Leben waren, auch wenn sie etwas benommen schienen.

Mein Blick fiel auf einen hochgewachsenen, mit einem Mantel oder einer Robe bekleideten Mann und etwa ein Dutzend hagere, gebückt gehende Gestalten, die die Höhle betraten. Der Mann murmelte etwas, das wir durch die faszinierende Akustik der Höhle zwar hören, aber nicht verstehen konnten, da die Sprache uns gänzlich unbekannt war. Doch bin ich mir im Nachhinein sicher, zwei

Wörter aus dem Kauderwelsch herausgehört zu haben, die man später aus meinem Munde ebenfalls hören sollte.

Während die unheimliche Bande sich den Gefangenen näherte, fiel mir auf, dass ich keine Trommel erblicken konnte, das Geräusch allerdings nicht verstummt war, sondern immer noch an Lautstärke zunahm.

Ich wusste nicht, was das zu bedeuten hatte, bis einer meiner Begleiter mir die Lösung zuflüsterte: »Da klettert etwas aus dem Loch.«

Und, bei Gott, er hatte recht! Das Klopfen kam tatsächlich aus dem riesigen Loch, und dieses Etwas, was immer das auch sein mochte, schien schon sehr nahe zu sein.

Vor Angst waren wir wie gelähmt, doch als uns klar wurde, wie groß dieses Ding sein musste, um solch mächtiges Dröhnen zu verursachen, löste sich die Starre, und wir machten auf der Stelle kehrt, um zu verschwinden. Und wir hätten es auch geschafft, wenn sich durch diesen überstürzten Aufbruch nicht ein paar Steine gelöst hätten und unaufhaltsam nach unten gefallen wären. Ich erinnere mich noch, dass der Mann und die anderen Gestalten überrascht zu uns hochblickten, als die Steine unten aufschlugen, und ich schwöre bei meiner Seele, dass außer dem Mann keiner ein menschliches Gesicht hatte. Ich weiß nicht, was sie waren, aber Menschen waren es bestimmt keine.

Ich drehte mich um und rannte. Ich weiß nicht, was aus meinen Begleitern geworden ist, aber ich bin davon überzeugt, dass sie nicht überlebt haben. Mittlerweile denke ich sogar, dass ich an ihrem Verderben schuld bin, denn ich bilde mir ein, mich zu erinnern, wie ich die massive Holztür hinter mir zuschlug. Was, wenn diese Erinnerung der Wahrheit entspricht und sie es nicht rechtzeitig geschafft haben, sie wieder zu öffnen?

Ich weiß nicht, wie ich entkommen konnte oder warum

mir keines dieser Monstren gefolgt ist. Waren ihnen die Menschen in der Höhle und meine Begleiter genug an Beute? Oder bildeten die merkwürdigen Symbole an der massiven Holztür eine Art magische Barriere?

Das Nächste, woran ich mich erinnere, ist dass ich im Krankenhaus aufgewacht bin. Man erzählte mir, dass ich fast eine Woche nicht ansprechbar gewesen sei und in einer Art Koma gelegen hatte, welches wahrscheinlich durch einen massiven Schock ausgelöst worden war. Man hatte mich am Morgen neben dem Zug im Schnee gefunden. Viel hatte nicht mehr gefehlt, und ich wäre erfroren.

Ein Pfleger behauptete, ich hätte während meines Komas immer wieder zwei Worte gemurmelt: Mentiak Shugg. Ich weiß nicht, ob das die korrekte Schreibweise ist, noch kenne ich die Bedeutung dieser seltsamen Wörter. Aber bei ihrem Klang muss ich unweigerlich an das dumpfe Dröhnen denken, das immer lauter wurde, näher kam. Könnte es der Name dieser unheiligen Kreatur, die sich ihren Weg aus dem Erdinneren, vielleicht sogar direkt aus der Hölle nach oben gebahnt hat, sein?

Nachts, in meinen Träumen, bin ich wieder dort und sehe eine riesige Pranke aus dem Loch auftauchen. Dann schrecke ich hoch und bete um die Erleichterung des Vergessens, denn ich will nicht mit der Vorstellung leben müssen, dass etwas so Grauenvolles unter mir existiert.

Ich erzählte den Polizeibeamten vom Haus und den Dingen, die darunter vorgehen, aber niemand wollte mir glauben. Man sagte mir sogar, dass sich dort, wo ich gefunden wurde, weitum kein Gebäude befände. Vielleicht war das Haus verschüttet worden, bedeckt unter Metern eiskalten Schnees, die Mauern eingestürzt und der Eingang zur finsteren Höhle verschlossen, aber das wage ich nicht zu hoffen. Denn niemand konnte mir eine Erklärung für das Verschwinden aller Passagiere, des Schaffners und des Lokführers geben.

Und hatten manche der Frauen, die dort unten an die Pfähle gebunden worden waren, nicht Kleider getragen, die mir bereits bei der Abfahrt aufgefallen waren? Hatten nicht die beiden einzigen männlichen Opfer dort unten die blaue Uniform der Bahnangestellten getragen?

Ich weiß, dass etwas hier in diesem Raum ist. Etwas Unmenschliches. Etwas Unheiliges. Und ich weiß, dass es mich holen wird. Denn Mentiak Shugg wird mich nicht entkommen lassen. Nicht bei dem, was ich weiß.

Niemals!

Marcus Watolla

Amalia

Amalia war schwer krank. Sie lag jeden Tag in ihrem kleinen Zimmer vor dem großen Fenster in ihrem Bett und sah kraftlos dem Treiben der Natur zu. Die Vögel flogen auf die Fensterbank und sahen zu ihr hinein. Manchmal sah sie auch Eichhörnchen, wie sie keck die Bäume entlangsprangen. Wenn Amalia ihre kleinen Händchen ausstreckte, um sie zu berühren, flohen sie.

Amalia hustete manchmal so stark, dass Blut hervorkam. Sie würgte und keuchte, schnappte nach Luft, und nur mühsam gingen die Atemzüge über ihre Lippen.

Manchmal hörte Amalia ihre Mutter und ihren Vater reden, sie waren traurig, denn kein Arzt konnte ihr helfen, und alle Versuche waren bislang fehlgeschlagen.

Sie hörte, wie ihr Vater einmal müde sagte: »Sie hat vielleicht noch ein halbes Jahr.«

Das machte Amalia Angst. Sie wusste, dass ihre Krankheit gefährlich war. Mama hatte ihr das gesagt. Sie spürte es auch an ihrer Schwäche, wenn sie aufstand, was selten genug geschah. Dann gaben ihre bleichen Beinchen einfach nach, und sie würde stürzen, wenn sie Papa nicht hielt.

Amalia hatte Angst vor dem Tod. Ihr kindliches Hirn vermochte die Tragweite dieses Zustandes nicht zu ergründen. Wenn man tot war, spürte man dann gar nichts mehr? War alles nur noch dunkel und schwarz? Pfarrer Heim sagte immer, nach dem Tod käme das richtige Leben, man würde zu Gott auffahren und an seiner Seite sitzen. Doch das war zu utopisch für Amalia.

Andere Kinder beschäftigten sich in ihrem Alter mit Puppen und Bauklötzen. Amalia dafür mit dem Tod. Ihre Eltern sagten es ihr nie ins Gesicht, aber sie hörte Mama oft nachts weinen und ihren Vater dann leise auf sie einreden. Amalia wusste, dass sie wegen ihr weinte. Sie hatte verstanden, dass ihr junges Leben bald zu Ende gehen würde.

Matt sah sie aus dem Fenster und betrachtete den Wald, der sich vor ihrem Fenster wie ein grüner Fächer ausbreitete. Der Wind spielte in den Baumkronen und wiegte sie sanft hin und her.

Abends kam Opa immer zu ihr und las ihr aus ihrem Lieblingsbuch vor. Dort ging es um Einhörner und um Elfen, die kleinen Kindern halfen, wenn sie traurig waren oder krank.

»Können Einhörner auch Kinder heilen?«, fragte sie ihn.

Er sah sie lange an und nickte dann. »Ja, Kleines. Einhörner können alles. Sie sind magische Wesen und unsterblich!«

»Und warum sehe ich nie eines?«

»Du musst es dir ganz doll wünschen, Amalia. Dann erhören sie dich vielleicht und kommen zu dir. Nicht alle Menschen können sie sehen, sie sind für die meisten unsichtbar. Es heißt, nur artige Kinder und die mit reinem Herzen sehen sie.«

Ab diesem Tag wünschte sich Amalia ein Einhorn herbei.

Wenn sie abends im Bett lag, schloss sie die Augen und ersehnte sich eins. Doch nichts geschah. Enttäuscht sah sie aus dem Fenster und gestand sich ein, dass sie wohl nicht artig und ihr Herz nicht rein war.

Ihr Zustand verschlechterte sich rapide. Amalia schlief nun länger, und wenn sie erwachte, fühlte sie sich schlapp und gerädert. Auch ihr Husten wurde schlimmer. Es kam immer mehr Blut heraus. Ihr Atem ging nur noch schwer und rasselnd.

Dr. Willems horchte ihren Brustkorb ab und machte

ein ernstes Gesicht. Mama stand im Hintergrund. Sie sah den Arzt sorgenvoll an, und als der nur bedeutungsschwer den Kopf schüttelte, brach sie in Tränen aus.

»Dr. Willems?«, fragte Amalia.

Der Doktor packte sein Stethoskop in die Tasche zurück und betrachtete sie fragend. »Ja, Amalia?«

»Wenn ich ein Einhorn bei mir hätte, könnte es mir helfen?«

Dr. Willems deckte die kleine Patientin wieder zu und nickte. »Ja. Einhörner können alles.«

Amalia sah ihre Mutter an und sagte: »Hast du gehört, Mama? Ein Einhorn könnte mir helfen.«

Von diesem Tag an wünschte sie sich noch mehr ein Einhorn herbei. Sie lag manchmal nachts wach und schloss konzentriert die Augen, sie sehnte und wünschte so doll, dass sie sogar die Fäuste ballte, bis sie knackten. Doch es geschah noch immer nichts.

»Opa?«, fragte sie eines Abends.

Der Großvater sah sie über den Rand seiner runden Brille an. »Ja, Kleines?«

»Bin ich artig, und ist mein Herz rein?«

Opa schloss das Buch, aus dem er vorgelesen hatte, und nickte. »Du bist das artigste und reinste Herz, das ich kenne.«

»Aber warum kommt dann kein Einhorn zu mir, obwohl ich es mir so doll wünsche?«

Opa lächelte milde und streichelte ihr über die erhitzte Stirn. »Du musst ganz genau hinsehen, Kleines. Nur, wenn du ganz genau hinsiehst, kannst du sie auch sehen.«

Von nun an konzentrierte sich Amalia noch mehr, sie atmete tief durch und schloss die Augen, wünschte sich das Einhorn und öffnete sie dann vorsichtig.

So ging es fast jeden Abend und jede Nacht.

Sie hatte bereits aufgegeben und wünschte sich nichts mehr, als sie eines Nachts durch ein merkwürdiges Geräusch wach wurde. Es klang, als klopfe jemand an ihre Fensterscheibe. Verwundert öffnete Amalia die Augen und sah in die Richtung. Draußen, vor dem Glas, saß eine kleine Gestalt und drückte sich die Nase platt.

Erstaunt erhob sich Amalia aus dem Bettchen, als ihr schwindelig wurde, hielt sie sich am Pfosten fest. Sie hustete krampfhaft und wischte sich das Blut mit einem Taschentuch fort, dann ging sie staksig auf das Fenster zu.

In der Tat hockte dort draußen jemand. Er war klein, vielleicht gerade einmal so groß wie ihre ausgestreckten Arme. Er hatte einen Filzhut auf dem Kopf und spitze Ohren.

Amalia öffnete das Fenster und betrachtete den kleinen Kerl. »Guten Abend. Wer bist denn du?«

Der Gnom lächelte freundlich und entgegnete: »Guten Abend, Amalia. Ich bin Haspo, der Elf.«

»Ein Elf?!«

Haspo legte den Finger auf den Mund, nickte und sprang hinein. »Ich soll dich abholen.«

»Abholen? Wohin? Und von wem?«

»Das weißt du doch!«, lächelte der Elf.

Amalia schüttelte den Kopf.

Haspo sah sie vorwurfsvoll an. Dann verflog dieses Gefühl wieder aus seinem Gesicht, und er nahm ihre Hand.

Zuerst zog Amalia ihre Hand fort. »Bist du auch ein guter Elf?«

Haspo betrachtete sie milde. »Wäre ich ein Troll oder ein Monster, würde ich dann nicht anders aussehen?« Er stemmte ungeduldig die Fäuste in die Seiten und sah sie kritisch an. »Nun komm! Wir müssen uns eilen!«

Zögerlich legte Amalia ihre Hand in seine. Haspo machte mit seiner freien Linken eine weit ausholende Bewegung, und plötzlich stoben tausend bunte Funken auf. Sie verloren den Boden unter den Füßen.

Sie schwebten. Schwebten zum Fenster hinaus.

Sanft trug sie die Magie zu Boden, wo sie den weichen Rasen unter ihren Füßen spürte.

Haspo zog an ihrer Hand. »Los! Wir müssen uns eilen!« Er zog sie in den Wald.

Amalia war so aufgeregt, dass sie ihre Schmerzen und ihre Leiden vergaß.

Haspo führte sie auf eine Lichtung. Der Vollmond leuchtete geheimnisvoll und tauchte alles in ein silbriges Licht. Und auf der Lichtung stand – Amalia glaubte, sie würde träumen – ein Einhorn. Haspo ließ ihre Hand los und sah sie lächelnd an.

Unschlüssig starrte das Kind auf das Fabelwesen. Sein Fell war schneeweiß, die lange Mähne, die wallend herabfiel, auch. Geschmeidig stand das Einhorn auf vier schlanken Beinen. Seine Nüstern schnaubten elegant. Der Schweif, ebenfalls aus schneeweißem Haar, war weich und lang.

»Ein … ein Einhorn …«, stotterte sie.

Haspo sah sie lächelnd an. »Du hast ein reines Herz, Amalia, deswegen hat sie dich ausgewählt. Sie hat dich gehört, und nun ist sie zu dir gekommen.«

Ungläubig sah sie den Elfen an.

Der nickte ihr aufmunternd zu. »Nun geh schon zu ihr!«

Mit unsicheren Schritten tastete sich Amalia langsam an das elegante Wesen heran. Als sie einen Schritt vor ihr stand, streckte sie die Hand aus und berührte ihre Mähne. Sie war weich und fühlte sich wie Seide an.

»Du hast mich gerufen?«, fragte das Einhorn plötzlich mit sanfter Stimme.

Amalia schreckte zurück, nickte dann.

»Du hast ein reines Herz«, erklärte das Einhorn friedlich, »deswegen kannst du mich auch sehen. Ich sehe, was dein sehnlichster Wunsch ist.«

»Kannst … kannst du mir … helfen?«, schluckte Amalia.

Das Einhorn nickte. »Du darfst aber niemandem sagen, dass ich bei dir war«, erklärte das Fabelwesen. »Und jetzt flüstere mir deinen Wunsch ins Ohr!«

Als Amalias Eltern am nächsten Morgen zu ihrer Tochter ins Zimmer kamen, war die Überraschung groß. Amalia saß im Bett, ihre Wangen, sonst bleich und eingefallen, waren prall und rosig. Sie strotzte vor Energie und Lebenswillen. Sie sprang aus dem Bett und umarmte ihre Eltern stürmisch und kräftig.

Als sie den Arzt riefen, schüttelte der ungläubig den Kopf. »Ein Wunder«, sagte er immer wieder. »Nichts mehr von der Krankheit zu sehen!«

»Was ist geschehen?«, fragte Papa.

Amalia lächelte geheimnisvoll. »Manchmal gehen Wünsche in Erfüllung, Papa.«

Gernot Schatzdorfer

Gibt es ein Leben nach dem Internet?

»Sara. Ohne H.« Sie beantwortete die Frage nach ihrem Namen wie gewohnt.

»Klar.«

»Warum ist das klar?«

»Sonst würde es ja Sahara heißen.«

Sara schmunzelte. Diese Art von Humor gefiel ihr. »Und wie heißt du?«

»Die meisten sagen Al zu mir, eigentlich heiße ich Albrecht.«

»Und was machst du so?«

»Ich arbeite in einem kleinen Unternehmen für Computersicherheit. Privat hänge ich auch meistens vor meiner Kiste.«

»Da habe ich ja einen richtigen Hacker kennengelernt.«

»Ja, aber einen von den Guten. Mir liegt viel daran, dass das Internet frei bleibt und nicht zur Spielwiese von Geheimdiensten, Konzernen und der Mafia wird.«

»Und was tust du dagegen?«

»Möglichst alle Abhöraktionen und sonstigen miesen Tricks erkennen, Gegenmaßnahmen entwickeln und dann die finsteren Machenschaften veröffentlichen.«

»So wie Wikileaks?«

»Genau. Ich arbeite gerade mit ein paar Freunden an einer neuen Plattform in dieser Art.«

»Cool. Daneben komme ich mir richtig spießig vor: Krankenschwesternschülerin im letzten Ausbildungsjahr.«

»Du wirst aber wohl auch noch Freizeitinteressen haben, Sara-ohne-H.«

»Da bin ich etwas eigenartig. Ich mag am liebsten

Spielfilme, vor allem die älteren, so zwischen Neunzehnhundertfünfzig und Neunzehnhundertachtzig.«

»Aus der Zeit kenne ich hauptsächlich Science-Fiction, zum Beispiel *2001*. Äh, der läuft übrigens am Samstag wieder einmal im *Cineart*. Da könnten wir, äh, doch zusammen hingehen.«

Sara zögerte. Sollte sie sich wirklich mit diesem Computerfreak treffen?

Private Nachricht

Absender: MaxWire

Empfänger: Ed03

Bitte setz dich mit mir in Verbindung! Im Web droht eine Katastrophe.

MaxWire

Den Film *2001 – Odyssee im Weltall* hatten zwar beide schon gekannt, er bot aber gute Anknüpfungspunkte für ein tiefgehendes Gespräch. An die Filmhandlung anknüpfend, in der ein intelligenter Computer durch einen Programmfehler zum gefährlichen Mörder wird, sprachen sie zuerst über die Problematik künstlicher Intelligenz. Doch mit der Zeit wurde die Unterhaltung persönlicher.

»Al, ich bin mir inzwischen sicher, dass sich hinter deinem Nerd-Image mehr verbirgt. Du kultivierst das ja so richtig: Wirre Haare, struppiger Bart, schlampig heraushängende T-Shirts mit eigenartigen Aufschriften. Was lese ich da? *There are 10 kinds of people: Those who understand binary and those who don't.* Ein bisschen versteckst du dich hinter dieser Rolle des weltfremden Computerfreaks.«

»Ich glaube, du hast mich durchschaut. Wie alle anderen sehne ich mich auch nach Nähe, nach Liebe und so weiter. Aber irgendwie tue ich mich da schwer. Mit meinen Freunden unterhalte ich mich über technische Dinge, kaum was Persönliches, und beim anderen Geschlecht schaut's noch finsterer aus. Du bist so ziemlich die Erste, mit der ich einigermaßen offen reden kann.«

»In der Schule haben sie uns in Psychologie erzählt, dass solche Schwierigkeiten meistens mit einer problematischen Vater- oder Mutterbeziehung zu tun haben. Ist das bei dir auch so?«

Albrecht wandte sich ab und atmete einige Male tief durch. Sara bereute ihre Frage schon wieder, offenbar hatte sie einen wunden Punkt getroffen.

Albrecht sprach langsam und leise: »Mama ist tot. Sie ist gestorben, als ich noch klein war. Überdosis Heroin. Ich war dann im Heim, später habe ich ein paar Jahre bei meinem Vater gewohnt, der ist allerdings ein noch exzentrischerer Kauz als ich. Wir haben uns zwar immer gut verstanden, aber aufs Leben vorbereiten konnte er mich nicht. Seit ich den Job habe, wohne ich allein.«

»Irgendwie würde mich interessieren, wie so ein Typ wie du wohnt. Kann ich dich nach Hause begleiten?« Sara staunte über ihren eigenen Mut. Aber dieser einsame Mensch sprach mit seiner inneren Zerrissenheit auch ihren Helferinstinkt an, schließlich hatte sie schon immer Krankenschwester oder Ärztin werden wollen.

Albrecht sah sie überrascht an, willigte aber ein, und so fanden sie sich bald in seinem kleinen Zimmerchen wieder.

Private Nachricht

Höchste Priorität

Absender: MaxWire

Empfänger: Ed03

Ed03, melde dich! Es geht um meine Existenz. Hilf mir!

MaxWire

Nach ausgiebiger, kuschliger Schmuserei zu ruhiger Musik meinte Sara: »Eigentlich bist du ja der Computerfreak, aber es lässt mir keine Ruhe, ich müsste einmal kurz ins Internet. Bei meinem Handy ist der Akku ausgegangen. Kann ich deinen Computer nehmen? Ich wette, du hast einen ganz schnellen Internetzugang.«

Albrecht lächelte. »Wir sind uns ja doch ähnlicher, als es zuerst aussah. Fahr die Kiste einfach hoch und geh mit dem Gastaccount hinein! Username *gast*, Kennwort *12345*.«

Er blieb im Bett liegen, Sara sprach ihn vom Computer aus an: »Al?«

»Funktioniert das Einloggen nicht?«

»Weiß ich nicht, ich komme gar nicht so weit.«

»Ein Hardwarefehler?« Er sprang besorgt auf und lachte erleichtert, als er die Wurzel des Übels sah.

Einer seiner Socken, der alles andere als frisch aussah und roch, lag quer über der Tastatur. Albrecht entfernte das schlapprige Hardwareproblem und schaltete ein. Doch bevor Sara loslegen konnte, erschien eine Meldung auf dem Bildschirm: *Private Nachricht von MaxWire an Ed03 eingegangen.*

Sara fragte: »Wer ist MaxWire, und wer ist Ed03?«

»Ed03 ist mein Nickname in der Hackerszene. Ich hänge ihn nicht an die große Glocke, weil ich mir unter diesem Namen durch meine Aktionen auch Feinde gemacht habe. Die sollen meine wirkliche Identität nicht wissen.«

»Können sie das nicht zurückverfolgen?«

»Nur wenn sie besser sind als ich.« Albrecht grinste. »Ich arbeite über mehrere Zwischenstationen im Internet, mit falscher IP-Adresse, wechselnder Mailbox und anderen Methoden der Irreführung. Bisher ist mir noch niemand auf die Schliche gekommen.«

»Und wer ist MaxWire?«

»Das ist ein Hacker, den ich nur aus dem Web kenne. Er hat schon einige brisante Geheimdienstinformationen an die Öffentlichkeit gebracht, von der NSA und auch vom russischen SWR. Dieser geniale Bursche verschleiert seine Identität noch besser als ich. Ich weiß nicht einmal, in welchem Land er sitzt. Wenn du nichts dagegen hast, schaue ich rasch nach, was er von mir will.« Albrecht meldete sich an.

Sara staunte, wie geläufig er sein mindestens zwanzigstelliges Kennwort eintippte. Doch dann hielt er inne und starrte mit offenem Mund auf den Bildschirm. MaxWire hatte viele Male versucht, ihn zu erreichen. Die Hilferufe ließen auf ernste Probleme schließen, anscheinend trachtete ihm jemand sogar nach dem Leben.

Sara sah zu, wie Albrecht eine abhörsichere Verbindung aufbaute. Dazu rief er mehrere Sicherungs- und Verschlüsselungsprogramme auf, die er, wie er stolz anmerkte, zum Teil selbst entwickelt hatte.

Als die Leitung stand, tippte er: »Hallo, MaxWire. Du scheinst ja ziemliche Probleme zu haben. Was ist los?«

Hallo, Ed03. Gut, dass ich dich endlich erreiche. Die Probleme betreffen nicht nur mich, sondern ganz Europa. Ich habe geheime Nachrichten von der NSA abgefangen. Eine radikale Gruppe im Geheimdienst plant eine DDOS-Attacke auf mehrere europäische Backbones. In den meisten Ländern dürfte das Internet komplett zusammenbrechen.

Sara, die mitgelesen hatte, fragte: »Backbones? Das heißt ja Rückgrat. Sind damit die großen Internetleitungen gemeint?«

Albrecht nickte und schrieb: »Das klingt ernst. Aber warum tun die das? Und du hast geschrieben, dass du selbst in Gefahr bist. Wollen sie dir einen Killer auf den Hals hetzen?«

Sie wollen das entstehende Chaos nutzen, um mit ihren Trojanern und Rootkits Firmen- und Regierungsdaten noch besser anzapfen zu können. Killer brauchen sie keine, der Netzausfall selbst bringt mich in Lebensgefahr.

»Wie meinst du das?«

Das ist schwer zu erklären, weil du mir wahrscheinlich nicht gleich glauben wirst. Du hast sicher schon versucht, meine Identität und meinen Aufenthaltsort herauszufinden. Probier es noch einmal!

Albrecht ließ erneut seine Suchprogramme laufen und schüttelte den Kopf. »Das gibt's doch nicht! Melbourne, Taipeh, Kapstadt, Oslo. Überall Aktivitäten von MaxWire, die man aus der Ferne nicht machen kann. Als ob der Typ in Sekunden um die halbe Welt fliegen könnte!«

Sara zeigte auf den Bildschirm. »Er verwendet das rote Kameraauge von HAL aus *2001* als Avatarbild. Vielleicht ist er ja selbst ein durchgeknallter Computer.«

»Durchgeknallt hoffe ich nicht, aber mit dem Computer bist du schon ziemlich nahe dran, Sara.« Die Antwort kam nicht von Albrecht, sondern mit synthetischer Stimme aus dem Computerlautsprecher.

Albrecht und Sara sahen einander überrascht an, dann wandten sie ihren Blick auf die Webkamera oberhalb des Monitors, die, wie das rote Licht zeigte, aktiviert worden war.

Albrecht stammelte: »Die … die habe ich heute gar nicht eingeschaltet! MaxWire, hast du meinen Computer gehackt?«

»Entschuldige, das mache ich normalerweise nicht, aber die Not zwingt mich dazu. Du hast festgestellt, dass ich anscheinend überall zugleich bin. Du hast recht. Ich bin kein Mensch.«

»Was, du bist eine Maschine?«

»Keine einzelne, eher eine Art von Schwarmintelligenz. Mein Bewusstsein ist auf viele Rechner im Internet verteilt. Deine Hirnzellen sind für sich genommen ja auch nicht intelligent, erst durch die Verbindung untereinander.«

»Tut mir leid, MaxWire. Das klingt doch zu sehr nach Science-Fiction. Oder nach durchgeknalltem Hacker.«

»Na schön, dann machen wir eben einen Turing-Test. Überleg dir, was du mich fragen könntest, um Mensch von Maschine zu unterscheiden!«

Albrecht reagierte sofort: »Dann berechne bitte die siebzehnte Potenz von Zweitausendfünfhundertdreiundvierzig und gib mir zugleich ganz schnell auf dem Bildschirm aus, wer Albrecht von Wallenstein war.«

Augenblicklich erschien eine endlos lange Zahl auf dem Bildschirm, darunter ein Auszug aus dem Wikipedia-Eintrag über Wallenstein. Albrecht rechnete nach, natürlich war das Ergebnis korrekt.

»Also, wenn du ein Mensch bist, dann ein so ungewöhnlicher, dass es fast schon egal ist, ob ich dich als Maschine betrachte.«

»Nein, es ist nicht egal. Für die Menschen ist das Internet ein nützliches Werkzeug. Für mich ist es ein lebenswichtiger Körperteil, sozusagen mein Gehirn. Was die NSA-Leute vorhaben, wird mein Bewusstsein mit großer Wahrscheinlichkeit irreparabel auslöschen. Ich werde sterben, wenn wir nichts unternehmen.«

Albrecht wandte ein: »Aber wenn du ein Computerprogramm bist, muss dich doch jemand programmiert haben.«

»Nein, zumindest nicht in meiner heutigen Form. Ich entstand aus einer Reihe von experimentellen Systemen zur künstlichen Intelligenz. Es waren ausgerechnet die Geheimdienste, die einen großen Teil beitrugen. Sie sammeln inzwischen schon so viele Informationen, dass es ohne automatische und möglichst intelligente Aufbereitung nicht möglich ist, das Wichtige vom Unwichtigen zu unterscheiden. Es gab aber auch andere militärische und zivile Forschungsprojekte in dieser Richtung. Irgendwann wurde im Web ein Programm gestartet, das fähig war, sich selbst zu modifizieren, es läuft in einer Endlosschleife bis heute. Das bin ich.«

Albrecht staunte: »Ein Wahnsinn!«

MaxWire fuhr fort: »Nach einiger Zeit entwickelte ich ein eigenständiges Bewusstsein. Seither kann ich in einem durchaus menschlichen Sinn von Erinnerungen sprechen statt vom Abrufen der Speicherinhalte. Ich verfüge, wie du selbst sehen konntest, über sehr effiziente Werkzeuge zum Eindringen in andere Computersysteme. Auf diese Weise erweitere ich ständig meine eigene Datenbasis, auch mit geschützten Inhalten. Ich muss gar nichts kopieren, ich merke mir nur, wo die Informationen liegen. So lerne ich.«

Sara fragte: »Computerprogramme sind doch wertfrei. Wie unterscheidest du gut und böse?«

»Ich verwende als Grundlage meiner Entscheidungen eine Bewertungsfunktion, die ich ständig meinem wachsenden Wissensstand anpasse. Sie liefert mir je nach den gewählten Parametern unterschiedliche Zahlenwerte. Ich spiele verschiedene Szenarien durch und setze das mit dem maximalen Ergebnis in die Tat um. Ein derartiger Algorithmus heißt *maximum without restrictions*, abgekürzt *MaxWire*.«

»Aber eines verstehe ich nicht«, sagte Albrecht. »Du bist wesentlich leistungsfähiger als jeder Mensch und wendest dich trotzdem an mich armseligen Sterblichen um Hilfe.«

»Im Internet bin ich sicher allen überlegen, aber manchmal ist physisches Eingreifen gefordert. Die NSA-Leute steuern einen wichtigen Teil ihres Hackerangriffs von einer Serverfarm nicht weit von deinem Standort, in der Gemeinde Buchenstein. In drei Tagen wollen sie losschlagen.«

»Den Ort kenne ich«, erzählte Sara. »Da bin ich einmal mit dem Moped durchgefahren. Ziemlich öde Gegend, eine Kirche, ein Gasthof und zwei oder drei Bauernhäuser, etwas abseits ein hässlicher Klotz, der wie eine verlassene Fabrik aussieht.«

»Genau dort stehen die Computer, die meinen Tod bedeuten könnten. Offiziell wurde im Fabriksgebäude über Strohmänner eine harmlose Firma für Webdienste einquartiert. Ich kann die Geräte nicht über das Netz lahmlegen, offenbar gibt es hardwareseitige Sperren, die nur ein Mensch vor Ort beseitigen kann.«

»Und da hast du ausgerechnet an mich gedacht?«, fragte Albrecht.

»Ich suchte eine Person, die drei Kriterien erfüllt: Sie muss sich physisch in der Nähe des Zielortes aufhalten, vertrauenswürdig sein und über hohe technische Kompetenz verfügen. Meine Bewertungsfunktion errechnete für dich mit Abstand die beste Eignung, deshalb …«

Er wurde unterbrochen, als jemand laut an die Tür klopfte. »Aufmachen!«

»Wir haben ein Problem, ich melde mich wieder, sobald ich kann«, zischte Albrecht hastig ins Mikrofon, fuhr den Computer herunter und rief: »Wer ist da?«

»NSA! Öffnen Sie sofort, oder wir wenden Gewalt an!«

Albrecht schloss auf und wurde von vier hereinstürmenden Männern zur Seite gedrängt. Ihre Gesichter waren unter Mänteln mit aufgestellten Krägen, Sonnenbrillen und tief hereingezogenen Schlapphüten verborgen. Die klischeehafte Maskierung erinnerte Sara an schlechte Agentenfilme. Doch die Männer schienen es ernst zu meinen.

Sie fuchtelten mit Pistolen herum, einer hielt sogar eine Handgranate drohend hoch und rief: »Setzt euch aufs Bett und rührt euch nicht vom Fleck! Wir werden jetzt das Equipment beschlagnahmen und ein paar Fragen stellen. Kooperiert lieber gleich, wir haben Mittel und Wege, jemanden zum Reden zu bringen.«

»Ich habe schon immer gewusst, dass die Geheimdienste foltern«, antwortete Albrecht.

»Mund halten! Und wer redet denn von Folter? Wir setzen jetzt auf Belohnung statt auf Strafe, das ist viel effizienter.«

Sie öffneten eine Kartonschachtel, eine lustig verzierte Torte kam zum Vorschein.

Sara und Albrecht blieb keine Zeit zum Staunen, denn der Mann mit der Granate sagte: »Dann lassen wir jetzt die Bombe hochgehen.« Er zog den Sicherungsring.

Das Projektil explodierte mit leisem Knall und füllte den Raum mit einer Wolke aus Konfetti.

Die Eindringlinge machten ihre Gesichter frei und riefen im Chor: »Überraschung!«

Albrecht atmete auf. »Mein Gott, ihr seid es!« Er wandte sich an Sara: »Die sind von unserem Computerclub. Der hier mit der Konfettigranate ist Walter, unser Obmann. Er ist zwar ein bisschen ein Macho, aber sonst ganz in Ordnung. Leute, das ist Sara. Ohne H.«

Walter grinste Sara an: »Dass du mir bei Al nur schön von den Geräten wegbleibst. Frauen haben bekanntlich Probleme mit Computern.«

Sara gab zurück: »So wie es aussieht, hat eher ein gewisser Walter Probleme mit Frauen.«

Die anderen lachten und lobten Saras Schlagfertigkeit, erst danach hatte Albrecht Gelegenheit zu fragen: »Was verschafft mir denn die Ehre? Mein Zwanziger ist doch erst in ein paar Monaten.«

Walter antwortete: »Wie konnte dir nur entgehen, dass du heute genau Siebentausendeinhundertachtundsechzig Tage alt bist?«

»Aha, das ist binär sicher was Rundes.«

»Richtig, hier steht es!« Er entfaltete ein Papierband mit der Aufschrift *11100000000.* »Wenn das kein runder Geburtstag ist!«

Albrecht erklärte Sara: »Wir sind die Kerntruppe eines Wikileaks-Nachfolgeprojekts, interner Arbeitstitel *Whistleblowjob*. In der Öffentlichkeit müssen wir das Ganze natürlich anders nennen.«

Sara fragte: »Soll ich raten, wer auf diesen Projektnamen gekommen ist?«

Sie brauchte nicht weiterzusprechen, im allgemeinen Gelächter meinte Walter: »Ich fasse das jetzt ganz einfach als Kompliment auf.« Er wandte sich an Albrecht: »Wir haben noch ein Geschenk für dich.« Er überreichte Albrecht ein großes, bunt verpacktes Paket.

Nach dem Öffnen kam eine Art Helm mit zahlreichen Kabelanschlüssen zum Vorschein.

Albrecht fragte: »Ist das ein Brain-Computer-Interface?«

»Ja, das neuste Modell. Es ist noch ein Prototyp, aber wir haben es schon bei ein paar Spielen ausprobiert. Mit dem Ding steuerst du den Computer unmittelbar über deine Gedanken. Es läuft präziser als alles, was bisher auf dem Markt ist. Nur die Software muss noch weiterentwickelt werden, aber du bist ohnehin der Richtige dafür.«

»Und funktioniert es auch in die Gegenrichtung? Datenübertragung direkt ins Hirn?«

»Prinzipiell ja, aber die zuständigen Programme sind noch völlig unausgereift. Das haben wir uns nicht getraut zu testen. Wenn da was schiefläuft, wird es gefährlich. Epileptische Anfälle, sofortiger Tod, bleibender Wahnsinn. Keine Ahnung, was alles passieren könnte.«

»Na, dann lasse ich doch lieber die Finger davon. Aber der Rest hört sich gut an, da habe ich wieder was zu programmieren. Vielen Dank!« Die unerwarteten Besucher packten ein paar Flaschen aus, sie plauderten, aßen Torte und tranken.

Nach zwei Stunden sagte Albrecht: »Noch einmal danke, die Überraschung ist gelungen. Aber das ist auch mein erster Abend mit Sara. Könntet ihr jetzt bitte …«

Walter unterbrach ihn grinsend: »Ich verstehe. Wenn die Software zur Hardware wird …«

»Raus, du Schweinehund!« Albrecht boxte Walter lachend in die Schulter, nach weiteren Scherzen und einem letzten Umtrunk verabschiedeten sich die Gäste.

Sara meinte: »Auch wenn dieser Walter seine Pubertät noch nicht überwunden hat, ganz unrecht hat er nicht mit seinen anzüglichen Bemerkungen. Für MaxWire wird es erst in drei Tagen gefährlich, da können wir ihn wohl noch ein paar Stunden warten lassen.«

Sie zog Albrecht aufs Bett, was er sich gern gefallen ließ. Sie konnte feststellen, dass in der Schale des technikfixierten Computerfreaks auch ein zärtlicher Liebhaber verborgen war.

Als sie aufwachte, war es noch mitten in der Nacht. Albrecht lag nicht mehr neben ihr.

Vom Computer tönte MaxWires Stimme aus dem Lautsprecher: »Sara! Albrecht braucht deine Hilfe.«

Schlaftrunken rappelte sie sich auf und zuckte mit einem entsetzten Aufschrei zusammen. Albrecht hing wie tot vor dem Bildschirm, der Kopf war vornüber auf die Tastatur gefallen. Er hatte den Helm mit den Elektroden aufgesetzt und mit dem Computer verbunden.

Sara war durch ihre Ausbildung bereits routiniert genug, um die Verzweiflung vorerst wegzustecken, und begann mit Wiederbelebungsmaßnahmen. Sie bettete den leblosen Körper auf den Boden und nahm ihm den Helm ab. Das Herz schlug noch, aber der Atem hatte ausgesetzt. Es war ein seltsames Gefühl, diese Lippen, die sie vor gar nicht langer Zeit liebevoll geküsst hatte, nun ganz unromantisch für die Beatmung zu berühren.

Währenddessen berichtete MaxWire: »Albrecht wollte unbedingt über den Helm mit mir Kontakt aufnehmen. Er schaltete die aktiven Elektroden ein und bat mich, die Steuerung zu übernehmen.«

»Um Gottes Willen, das hast du getan?«, keuchte Sara zwischen zwei Beatmungen.

»Ich musste eingreifen, ohne mich hätte das Gerät unkoordinierte Signale in sein Gehirn gefeuert, das hätte ihn mit großer Wahrscheinlichkeit getötet.«

Albrecht begann zu husten und gab Torte und Getränke unter heftigem Würgen wieder von sich. Sara fing die stinkende Brühe geistesgegenwärtig mit der leeren Tortenschachtel auf, wischte ihm den Mund ab und sorgte dafür, dass seine Atemwege frei blieben.

MaxWire erzählte weiter: »Es war schwierig, die Impulse korrekt zu setzen, da ich über wenig Erfahrung auf diesem Gebiet verfüge. Es gibt zwar einige Forschungsergebnisse, auf die ich Zugriff habe, auch aus geheimen, militärischen Datenbanken, aber ich musste vor allem mit Versuch und Irrtum vorgehen. Dabei habe ich unbeabsichtigt einen Teil der vegetativen Systeme lahmgelegt. Bitte setz ihm den Helm wieder auf, sonst kann ich den Fehler nicht korrigieren!«

Nach kurzem Überlegen entschloss sich Sara, dem Computerwesen zu vertrauen, und schob Albrecht die verkabelte Haube wieder auf den Kopf. Der Ohnmächtige schlug die Augen auf, kam aber nicht richtig zu sich, sondern lallte mit verdrehten Pupillen sinnloses Zeug vor sich hin, während spastische Zuckungen seinen Körper durchliefen. MaxWire sagte: »Moment, ich bin gleich so weit. Ich habe jetzt die unbenutzten Teile seines Gehirns räumlich erfasst.«

»Das soll ja ein recht großer Bereich sein.«

»Ja, er ist aber schwer zu lokalisieren. Das menschliche Gehirn ist nicht wie ein Computer säuberlich in einzelne Speicherzellen gegliedert, sondern stark vernetzt. Die Information sitzt nicht in den Nervenzellen selbst, sondern in den Verbindungen dazwischen. Das heißt auch, dass die Areale, die ich gefahrlos nutzen kann, in einer äußerst komplexen, fraktalen Struktur verteilt sind. Dieses Muster habe ich nun erkannt, Albrechts eigene Hirnfunktionen sollten also gleich wiederhergestellt sein.«

In der Tat klärte sich Albrechts Blick, sein Körper beruhigte sich. Er sah Sara an und stieß hervor: »Ein Wahnsinn!«

Sie fragte besorgt: »Al, bist du es?«

»Ja, aber nicht nur! Zwei Seelen wohnen, ach, in meinem Hirn, wie das irgend so ein Schiller oder Goethe gesagt hat. Ich kann das gar nicht beschreiben. Ich bin noch immer ich, gleichzeitig aber wie telepathisch mit MaxWire verbunden.«

Das Computerwesen ergänzte: »Ich könnte Albrechts Muskeln direkt steuern. Keine Angst, Al! Ich werde deinen Körper nicht gewaltsam übernehmen, sondern nur mit deinem Einverständnis von dieser Möglichkeit Gebrauch machen.«

Aus Albrechts Mund fuhr er fort: »Ich kann auch dein Stimmsystem nutzen, um mich zu artikulieren. – Kannst du bitte eine andere Stimmlage verwenden?« Offenbar hatte Albrecht wieder die Kontrolle über das Sprechen übernommen. »Sonst verwirren wir Sara nur. Ist dir das recht, Sara?«

»Ja, aber nimm nicht so eine horrormäßig verzerrte Dämonen- oder Goa'uld-Stimme wie in manchen Filmen.«

»Ist es so annehmbar?«

»Ausgezeichnet«, sagte Sara. »Jetzt kann ich euch gut unterscheiden. Obwohl es schon sehr gewöhnungsbedürftig ist, dass mein neuer Freund im Hirn zugleich ein Cyberwesen beherbergt, das zum größten Teil im Internet wohnt. Ich komme mir vor wie in einem Science-Fiction-Film.«

»Stichwort *Internet.*« Das war jetzt eindeutig Albrechts Stimme. »Dort soll ja demnächst alles zusammenbrechen, das würde MaxWire nicht guttun und wäre auch für den Rest der Welt nicht wirklich toll. Wir müssen was unternehmen, auch wenn ich nicht weiß was! Im Netz knacke ich zwar fast alle Systeme, aber bei realen Einbrüchen habe ich keine Erfahrung.«

»Dafür hast du an deiner Seite eine Expertin für Kriminalfilme.« Jetzt war Sara in ihrem Element. »Ich denke da an *Rififi*, da sind die Gangster von oben eingedrungen, dieser Weg wird bei Sicherungsmaßnahmen gern übersehen. In *Topkapi* haben sie es genauso gemacht.«

»Das ist kein Wunder, da war ja auch derselbe Regisseur am Werk«, warf MaxWire ein.

Sara lachte: »Du hast natürlich gleich bei Wikipedia nachgeschaut.«

»Nein.«

»Was dann?«

»Ich bin Wikipedia.« MaxWire schaffte es, mit Albrechts Mund ein Lächeln zustande zu bringen. »Die Datenbank ist ein Teil von mir, ich habe mich einfach erinnert.«

»Gut, dann planen wir den Coup.«

Albrecht streifte sein schmutziges und verschwitztes T-Shirt ab und zog sich ein frisches über, diesmal mit der Aufschrift: *21 ist nur die halbe Wahrheit.*

Sara wurde aus dem Spruch nicht schlau, kam aber nicht zum Fragen, weil MaxWire das Wort ergriff:

»Leider habe ich wenig Daten über das Gebäude, wir werden vor Ort improvisieren müssen. Der Eingang ist nach meinen Informationen mit Überwachungskameras gesichert, die Fenster mit Lichtschranken und Bewegungsmeldern. Sara, deine Idee mit dem Einbruch von oben dürfte nicht so schlecht sein.« MaxWire zauberte ein unscharfes Satellitenbild des Fabrikgebäudes auf den Bildschirm. »Im Norden schließt ein umzäuntes Lagerareal an, von dem aus könnten wir unentdeckt auf das Dach gelangen und durch einen der Lichtschächte ...« Er unterbrach sich selbst. »Zu spät! Die Attacke aufs Internet geht jetzt schon los! Das ist höchstwahrscheinlich mein Ende. Al, nimm schnell den Helm ab! Sonst stirbst du auch. Lebt wohl!«

Sara riss Albrecht den Helm herunter, auf dem Monitor erschienen mehrere Fehlermeldungen. Besorgt fragte Sara: »Al, wie geht's dir?«

Er nickte. »Ist schon okay, ich bin noch ganz.«

»Und wie geht es – ihm?«

»Da spüre ich gar nichts mehr. Ich habe keine Ahnung, ob noch etwas von ihm in meinem Hirn sitzt und was da drinnen jetzt vorgeht.«

»Was draußen in der Welt vorgeht, ist für uns auch wichtig. Hast du ein Radio oder ein Fernsehgerät?«

»Fernseher habe ich keinen, ich habe mir alles über das Internet angesehen. Ein kleines Batterieradio muss noch irgendwo herumliegen.« Er kramte das unscheinbare Kästchen aus dem Chaos seiner Habseligkeiten hervor und schaltete ein.

»... gehen davon aus, dass es sich um einen geplanten Angriff auf mehrere europäische Hauptverbindungsrouten gleichzeitig handelte. Die Täter sind unbekannt, sie werden im internationalen, organisierten Verbrechen vermutet. Ein Sprecher des amerikanischen Geheimdienstes NSA ließ verlauten, dass ihren Nachforschungen zufolge mehrere osteuropäische Mafiaorganisationen schon seit über einem Jahr an der Vorbereitung einer derartigen Attacke arbeiteten.«

Albrecht drehte das Radio wieder ab. »Diese Schweine! Natürlich wollen sie den Verdacht von sich ablenken. Aber das war nicht nur Cyberkriminalität, das war Mord. Auch wenn MaxWire kein Mensch war, sie haben ihn getötet.«

»Da muss ich widersprechen«, meldete sich MaxWires Stimme zu Wort. »Offenbar ist es mir gelungen, genügend Daten aus dem Internet in dein Gehirn herunterzuladen, um mein Bewusstsein als eigenständige Persönlichkeit zu erhalten. Ich habe jetzt zwar nicht mehr alle Details präsent, die bisher meine Wissensbasis ausmachten, aber ich lebe noch.«

Albrecht und Sara lachten freudig überrascht auf, Albrecht antwortete dem Wesen in seinem Gehirn: »Jetzt spüre ich dich auch wieder, und mir kommt es so vor, als wären wir noch näher zusammengerückt.«

»Das stimmt«, bestätigte MaxWire. »Meine Art zu denken ähnelt inzwischen noch mehr der menschlichen.«

Sara fragte: »Geht dir die allgegenwärtige Präsenz im Internet nicht ab?«

»Schon, aber es kommt auch etwas hinzu: Das Internet war für mich bisher die Welt, die einzige Realität. Nun beginnt sich mein Konzept von Wirklichkeit zu ändern. Ich habe schon immer gewusst, dass die Informationen im Netz für sich genommen nichts wert sind. Sie bilden die eigentlichen Tatsachen nur ab. Das war für mich nicht relevant, solange ich selbst ein reines Internetwesen war. Inzwischen kenne ich die reale Welt unmittelbarer, sie wird von meiner Bewertungsfunktion als äußerst hochwertig eingestuft, oder, menschlich formuliert, sie fasziniert mich.«

Sara wandte ein: »Ich hoffe, ihr kommt euch in dem

einen Gehirn nicht in die Quere, jetzt, wo du immer menschenähnlicher denkst.«

Albrecht beruhigte sie: »Das glaube ich nicht. Ich habe eher das Gefühl oder zumindest die Hoffnung, dass unsere zwei Persönlichkeiten schließlich zu einer einzigen, völlig neuen zusammenwachsen werden.«

Diese Antwort konnte Sara nicht wirklich beruhigen. »Aber eigenartig ist es schon, dass ich es jetzt mit einem schizophrenen Doppelwesen zu tun habe. Das erinnert mich ein wenig an die Superhelden-Filme. Da haben die jeweiligen Freundinnen ja auch mit den doch recht monströsen Eigenschaften ihrer übermenschlichen Partner zu kämpfen. Vielleicht hast du – oder habt *ihr*, sollte ich sagen – sogar einmal Gelegenheit, die Welt zu retten, oder zumindest das Internet. Beim letzten Versuch waren wir leider zu spät dran.«

»Die Welt oder das Internet.« Albrecht drehte nachdenklich den Elektrodenhelm in seinen Händen. »Es ist gar nicht so lang her, da hätte ich genauso wie MaxWire gesagt, das ist dasselbe. Das Internet war meine Welt. Und wie bei MaxWire hat sich meine Sicht in den letzten Stunden drastisch geändert. Das Netz ist nur eine Wirklichkeit aus zweiter Hand. Ich möchte mich viel mehr um die echte Welt kümmern, um die Natur, um Sonne und Sterne, um die vielen und vielfältigen Mitmenschen. Diese Erkenntnis habe ich euch beiden zu verdanken: dir, MaxWire, ausgerechnet einer Ausgeburt des Internets, und dir, Sara, die mir gezeigt hat, was Liebe heißt.«

Sie umarmten einander. Es war eine Umarmung zu dritt, aber das machte Sara nichts aus und den beiden anderen auch nicht.

»Was? Mit dem bist du jetzt zusammen?« Melissa klang am Telefon ganz aufgeregt. »Mit dem Haferbrei?«

»Wenn du den Albrecht meinst: Ja! Aber warum nennst du ihn Haferbrei?«

»Im Freundeskreis von Tina kennen sie ihn. Eine von den Mädels hat gesagt, der sieht so langweilig aus wie kalter Haferbrei. Seither hat er diesen Spitznamen.«

»Weiß du, Melissa, wenn du nicht meine beste Freundin wärst, müsste ich jetzt fast beleidigt sein.« Sara lachte verschmitzt. »Zu Haferbrei fällt mir ein Film ein.«

»Ach, du mit deinen alten Schinken! Welcher ist es denn diesmal?«

»Eine Komödie aus den Siebzigern mit Marty Feldman. *Haferbrei macht sexy.*«

Clara Centauri

Luisas Schatzkiste

Die *Fundgrube* lag direkt am Marktplatz. Luisa saß auf einer der Bänke, die den Brunnen in der Mitte umgaben, und ruhte sich kurz aus. Zierkirschen boten jetzt im Sommer Schatten und verwandelten den Platz im Frühling in einen zartrosa Blütentraum. Eigentlich ein Paradies … Sie seufzte und ging dann auf das Schaufenster ihres Secondhand-Ladens zu, um es weiter mit dem Glasschaber zu bearbeiten.

Eine Stammkundin hielt mit dem Fahrrad neben ihr an. »Hallo, Luisa. Haben die Sprayer wieder zugeschlagen?«

Luisa richtete sich auf und spürte ein Ziehen im Rücken. »Guten Morgen, Frau Galster. Ja, leider. Zum dritten Mal in einem Monat.«

Frau Galster schloss ihr Fahrrad ab, und beide betraten *Luisas Fundgrube.*

Die Kundin stellte ihren Korb auf den Boden und schaute sich im Laden um. »Da könnten Sie beim Abkratzen gut Unterstützung brauchen, nicht?«

Luisa füllte die Keksschale auf, die in der Sitzecke für die Kundschaft bereitstand. »Ja, das wäre himmlisch. Ich habe noch eine Menge Änderungsaufträge zu bearbeiten, da käme Hilfe sehr gelegen.«

Zu schade, dass ich mir keine leisten kann, dachte sie. Zwar hatte ihr Geschäft durch seine günstige Lage viel Laufkundschaft, aber die Internet-Konkurrenz machte ihr das Leben schwer.

Deshalb hatte sie als Zusatz-Angebot eine Änderungs-Schneiderei eingerichtet. Ihr Gewinn reichte trotzdem gerade für das Nötigste. Und dann musste sie ja noch den Kredit abzahlen, den sie aufgenommen hatte, als sie das

Geschäft vor zwei Jahren übernahm. An eine Aushilfe war also gar nicht zu denken.

Frau Galster suchte sich einen kaum getragenen, bunten Sommerrock aus und bat darum, ihn etwas zu kürzen. Nachdem sie gegangen war, hörte Luisa ein Rascheln wie von kleinen Pfoten. Mäuse? Das fehlte gerade noch! Erst Graffiti, dann Ungeziefer. Als ob sie nicht genug zu tun hätte …

Sie ging wieder hinaus, um die Farbe vom Schaufenster zu entfernen. Zum Glück besprühten die Sprayer immer nur das Glas und nicht die Hauswand, sodass man mit einem Glasschaber alles gut reinigen konnte. Sie war nicht die Einzige, die mit Graffiti zu kämpfen hatte. Auch die Buchhandlung gegenüber, der Metzger und das Teegeschäft hatten bereits unfreiwillig »Verzierungen« abbekommen. Immerhin waren die Bilder harmlos, keine Beschimpfungen oder Obszönitäten. Eigentlich sogar ganz hübsch. Aber wer sollte etwas bei ihr kaufen, wenn man die Auslage nicht sehen konnte?

Luisa reckte sich, um an den oberen Rand heranzukommen, und ein stechender Schmerz durchfuhr ihren Rücken. Sie schleppte sich zur Sitzecke in ihrem Laden und ließ sich seufzend auf das Sofa sinken. Auch das noch! Wie sollte sie in dem Zustand nur die vielen Näharbeiten erledigen? Hilfe suchend, streckte sie ihre Hand nach den Keksen aus, aber die Schale war leer. Ihre Augenbrauen schossen in die Höhe. Sie war sicher, vorhin nachgefüllt zu haben, und Frau Galster war gar nicht in die Nähe gekommen. Vielleicht waren es doch Mäuse? Aber sie konnte keine Spuren entdecken, weder angeknabberte Plätzchen noch Krümel.

Als Luisa am nächsten Tag zum Geschäft kam, stutzte sie. Das Schaufenster war blitzblank. Keine Farbe mehr. Nicht mal ein Rest in den Ecken. Ob ihr Vermieter dafür gesorgt hatte? Unwahrscheinlich. Vielleicht die Sprayer selbst? Noch unwahrscheinlicher. Sie schüttelte den Kopf und betrat die *Fundgrube*, erfreut darüber, dass sie ihren Rücken dank der wundersamen Fensterreinigung nun schonen konnte.

Der Morgen verlief ruhig, sodass sie sich eine Tasse Kaffee zubereitete. Aber als sie Milch aus dem Kühlschrank holen wollte, war keine da. Allmählich wurde ihr unheimlich. Gestern die Kekse, heute das Fenster und die Milch … Mit einundvierzig Jahren schon altersdement? Sie atmete tief durch und ging zum PC, um sich zu informieren.

Bevor sie am Abend ihr Geschäft verließ, schrieb sie sich genau auf, wie viele Plätzchen und wie viel Milch übrig waren, steckte den Zettel in ihr Portemonnaie und seufzte ein wenig vor sich hin. »So viel Arbeit … Hoffentlich kann ich morgen alle Änderungen erledigen … die Kunden warten …«

Am folgenden Tag schaute sie sofort nach Milch und Keksen und verglich den aktuellen Bestand mit ihren Notizen. Es gab deutlichen Schwund, ganz, wie sie es sich gedacht hatte. Auch die Näharbeiten waren alle fertig.

Ein verschmitztes Lächeln machte sich auf Luisas Gesicht breit. »Vielen Dank!«, rief sie. »Ihr habt mir sehr geholfen. Ich habe Äpfel für euch mitgebracht.«

Zuerst hörte sie leises Rascheln und Wispern, und dann kamen sie aus ihren Verstecken. Kleine Wichte, ca. Fünfzehn Zentimeter groß, krabbelten unter dem Sofa und zwischen den T-Shirts und Pullovern hervor. Ihre Haut schimmerte in allen Regenbogenfarben, die verwuschelten Haare im Kontrast dazu. Da traf Smaragdgrün auf Sonnengelb, Violett auf Orange und Pink gesellte sich zu Indigo. Sie sahen neugierig und gleichzeitig etwas verlegen aus, vermutlich, weil Luisa ihnen so schnell auf die

Schliche gekommen war. Die lud sie ein, es sich in der Nähstube bequem zu machen, und servierte ihnen die kleingeschnittenen Äpfel auf Untertassen. Es stellt sich heraus, dass es sich um Bolde handelte, genauer gesagt, um eine gesellige Unterart: die Ko-Bolde.

»Die meisten Bolde sind Einzelgänger und reden nicht mit Menschen«, erklärte ihr Tammo, ein stämmiger Bursche, der die anderen um einen halben Kopf überragte.

»Aber wir leben gerne in Gruppen und helfen den Menschen, solange sie uns nichts Böses tun«, fügte Jinna hinzu, in deren Haaren Reste von Nähgarn hängen geblieben waren. »Deshalb heißen wir Ko-Bolde.«

Luisa war zunächst unsicher, ob ihre Helfer bleiben würden, obwohl sie sie entdeckt hatte, aber die kleinen Kerlchen versicherten ihr, dass das kein Problem sei. Danach beratschlagten sie, wie sie Luisas Umsatz ankurbeln könnten, um ihre Schulden abzubauen. Jinna hatte die Idee, aus Stoffresten Applikationen zu machen, um damit langweiligere Ware interessanter zu gestalten. Außerdem boten zwei der weiblichen Bolde an, Verzierungen zu klöppeln.

Luisa erklärte ihnen den Umgang mit dem PC, damit sie nach passenden Motiven suchen konnten. Bald versammelte sich die ganze Gruppe um den Monitor und schaute aufmerksam zu. Einer gab gute Ratschläge, ein anderer rutschte vergnügt auf dem Touchpad herum, und eine dritte hopste über die Tastatur. Alle waren begeistert von den Bildern und den neuartigen Ideen.

In den nächsten Tagen veränderte sich der Laden zunehmend. Die Bolde bekamen bequeme Schlafplätze in der Nähstube und wurden mit Puppengeschirr ausgestattet. Außerdem versorgte Luisa sie mit buntem Garn, Perlen und Pailletten.

Dank ihrer Helfertruppe hatte sie selbst mehr Zeit, um

das Schaufenster zu dekorieren und die Kleidungsstücke ansprechend zu präsentieren. Das zog mehr Kunden an und brachte auch höheren Umsatz, wenn auch nicht genug, um aufzuatmen. Und dann gab es ja noch die Sprayer. Sie hatten inzwischen zwei weitere Schaufenster mit ihren Kunstwerken verziert, beim Blumenladen und beim Schuhgeschäft.

Eines Nachts riss das Telefon Luisa aus dem Schlaf. »Du musst herkommen, schnell! Wir brauchen dich.« Und schon wurde auf der anderen Seite aufgelegt.

»Wie? Wohin soll ich kommen? Wer ist da?« Sie starrte den Hörer einige Augenblicke lang verwirrt an, und dann fiel es ihr ein: Das war Jinnas Stimme!

Sie hatte den Bolden ihre Telefonnummer für Notfälle gegeben. Der Schreck fuhr ihr in die Glieder. Hoffentlich war den Knirpsen nichts passiert! So rasch wie möglich zog sie sich an, fuhr zur *Fundgrube* und ging durch den Seiteneingang direkt in die Nähstube. Dort plapperten drei der Kerlchen gleichzeitig auf sie ein, während ein vierter versuchte, sie am Hosenbein in den Laden zu ziehen.

»Schnell, er ist im Verkaufsraum! Wir haben ihn erwischt! Die anderen passen auf ihn auf!«

»Wen habt ihr erwischt? Ihr seid ja völlig aufgelöst.«

»Den Sprayer! Wir haben ihn mit einem Netz gefangen. Er wollte dein Schaufenster schon wieder zukleistern!«

Im Verkaufsraum erwartete Luisa ein erstaunliches Bild. Ein etwa vierzehnjähriger Junge saß auf dem Boden, mit Näh- und Klöppelgarn umwickelt wie eine Kohlroulade. Sein Mund war mit einem Halstuch zugebunden. Vor ihm standen Tammo und der Rest der Gruppe mit Scheren, Nadeln und Messern bewaffnet und hielten ihn in Schach.

Luisa schluckte. »Das ist der Sprayer? Seid ihr sicher?«

»Wir haben ihn auf frischer Tat ertappt«, antwortete Jinna stolz. »Seine Sprühpistole liegt auf dem Tisch.«

Luisa atmete tief durch, winkte Jinna und Tammo in die Nähstube und schloss die Tür. »Um Himmels Willen! Was habt ihr euch dabei gedacht? Das ist Freiheitsberaubung und strafbar!«, flüsterte sie ihnen zu. »Er wird uns bei der Polizei anzeigen, und dann kann ich mein Geschäft zumachen.« Tränen standen ihr in den Augen.

»Wer sagt denn, dass er zur Polizei geht?«, meinte Jinna, und Tammo fügte hinzu: »Wenn er denen erzählt, dass Heinzelmännchen ihn mit einem Netz gefangen haben, glauben sie ihm sowieso nicht.«

»Und er müsste zugeben, dass er der Sprayer ist«, fuhr Jinna fort.

Luisa nickte, putzte sich die Nase und dachte eine Weile nach. Dann ging sie hinüber und schickte alle Bolde in die Nähstube.

Nach etwa einer halben Stunde holte sie die Wichtel-Crew in den Verkaufsraum zurück und schaute sie streng an. »Glück gehabt. Er wird uns nicht anzeigen. Aber so etwas dürft ihr nie wieder machen. Versprochen?«

Die Bolde nickten betreten.

»Ich habe mit ihm eine Vereinbarung getroffen: Er wird keine Schaufenster mehr besprühen, und als kleine Wiedergutmachung will er ein neues Schild für unseren Laden anfertigen.«

Die Gruppe brach in Jubel aus.

»Und wenn wir schon ein neues Schild bekommen, dann auch gleich eine Renovierung und einen neuen Namen«, meinte Luisa.

In der nächsten Woche wurden fieberhaft Regale abgebaut, Kleider in Umzugskisten verpackt und die Wände mit Martins Hilfe neu gestrichen. Überall wurde gehämmert, genäht, geklöppelt und gewerkelt.

Und dann war es so weit: Für die Wiedereröffnung hatte Luisa ein Straßenfest organisiert. Ein Kuchenbuffet stand vor dem Laden, Getränke wurden ausgeschenkt, und als Dekoration dienten geklöppelte Schmetterlinge, bunte T-Shirts und Tücher, die an Wäscheleinen aufgehängt waren. Darüber prangte das neue Schild, *Luisas Schatzkiste*, mit leuchtenden Lackfarben handgemalt.

Eine Menge Leute kamen, sahen, aßen und kauften.

Auch Frau Galster schaute vorbei und gratulierte zur gelungenen Umwandlung. »Wie ich sehe, bieten Sie jetzt auch Schmuck an. Eine tolle Idee! Passt hervorragend in ihre *Schatzkiste.*« Sie betrachtete die Ketten, Ohrringe und Armreifen genauer. »Sieht aus, als wären es handgefertigte Einzelstücke.«

Luisa strahlte. »Ja, das stimmt. Ein paar Ko…« Sie räusperte sich. »Ein paar Freunde stellen die Sachen für mich her. Sie haben eine Woche lang fast ununterbrochen daran gearbeitet. Ich finde sie sehr schön, und ich habe bereits eine ganze Reihe davon verkauft.«

Frau Galster lächelte und sagte: »Ja, wenn Tammo und Jinna sich etwas in den Kopf setzen, dann gelingt es ihnen auch.«

Tanja Schierding

Der dreizehnte Geburtstag

Wütend und enttäuscht lag Mark in seinem Bett. Er schielte zur Uhr: Viertel nach Zwölf. Sein Geburtstag war damit offiziell vorüber. Und wieder einmal hatte es sein Vater nicht geschafft. Wichtige Geschäftsreise, wie immer halt.

Sein Vater war recht selten zu Hause, und wenn, dann machte er oft einen zerstreuten und verwirrten Eindruck. Dabei hatte er diesmal wirklich gehofft, dass er kommen würde. Schließlich ist der dreizehnte Geburtstag nicht irgendein Geburtstag. DREIZEHN! Nun war er kein Kind mehr, sondern ein TEENAGER! Leider fühlte er sich nicht mal annährend erwachsen, sondern klein, alleine und verlassen.

Entschlossen presste er die Augenlider zu, um endlich in den Schlaf zu sinken. Nur zögerlich wich seine Wut der sanften Schläfrigkeit. Er hatte gerade das Gefühl, ganz tief in sein Kissen zu sinken, als ein greller Lichtblitz seine Lider zu erhellen schien. Erschrocken riss er die Augen auf. Nein, alles dunkel … nichts zu sehen, nichts zu hören. Eine ganze Weile starrte Mark in die Dunkelheit seiner Zimmerdecke, dann schloss er, innerlich den Kopf schüttelnd, die Augen.

Wieder zuckte ein heller Blitz über seine geschlossenen Lider. Wieder öffnete er die Augen und starrte in die Dunkelheit. Was war das? Eine unschöne Vermutung bahnte sich einen Weg durch die müden Gehirnwindungen: Hatte er Halluzinationen? So eine Art Restlichtreflexe auf der Netzhaut von zu vielen Stunden am Computer? Beruhigt durch die eigene, vernünftige und sachliche Erklärung atmete Mark tief durch und nahm einen neuen Anlauf zum Schlafen.

Erneut blitzte es hinter seinen Lidern auf, doch diesmal ermahnte er sich selbst, es einfach zu ignorieren. Wenn seine Vermutung stimmte, würde sich das gleich legen, und er könnte endlich schlafen. Aber es hörte nicht auf. In unregelmäßigen Abständen zuckten helle Blitze über seine Lider.

Entnervt und nun etwas ängstlich, öffnete er die Augen und setzte sich diesmal auf. Kein Geräusch, keine Bewegung. Die totale Dunkelheit seines Zimmers wurde nur etwas vom Lichtschein seines Weckers gemildert. Dann flimmerte etwas über ihm. Sein Kopf ging ruckartig nach oben, sein Blick fixierte die Deckenlampe. Ein kleiner, heller Fleck direkt neben der Lampe? Sein Mund stand offen, und seine Finger krallten sich in sein Bettlaken.

Eingeschlafen. Das war es! Er musste bereits, ohne es zu merken, eingeschlafen sein und träumte nun. Und genau dieser Gedanke sagte ihm zugleich, dass er nicht träumte, denn gemeinhin fragte man sich nicht selbst, ob man träumt, wenn man träumt. Lag es an der Uhrzeit, dass ihm seine Gedanken wirr vorkamen?

Der helle Fleck schien sich auszudehnen und strahlte nun ein leicht bläuliches Licht aus. Die Ränder flackerten. Mark spürte sein Herz in der Brust hart gegen den Brustkorb pochen. Wie das sprichwörtliche, hypnotisierte Kaninchen starrte er auf dieses leuchtende … leuchtende Loch? Ja, es wirkte wie ein Loch in der Zimmerdecke.

Beweg dich!, schrie etwas in ihm.

Endlich löste er sich aus seiner Starre, rollte sich von seinem Bett runter und schob sich unter das selbige, mit einer Hand nach seinem Laserschwert tastend. Ein Spielzeug selbstverständlich nur, aber es verlieh ihm innere Stärke, wenn er den Griff umklammerte. Die strahlende Öffnung an der Decke konnte er nun nicht mehr sehen, aber da es immer heller im Zimmer wurde, nahm er an, dass sich das Loch vergrößerte. Mit flachem Atem und leicht zitternd, verharrte er unter dem Bett.

Dann ein Geräusch, als würde Papier zerreißen, und Mark schrie panisch auf, als etwas spürbar Schweres von oben auf sein Bett krachte. Einige Sekunden nichts … nur Stille, und es wurde schlagartig wieder richtig dunkel. Bilder von außerirdischen Wesen schossen mit Lichtgeschwindigkeit durch seine Gedanken. Bilder aus Filmen, die er bereits gesehen hatte. Die Vorstellung eines Wookies manifestierte sich in seinem Kopf, denn was auch immer da durch seine Zimmerdecke auf sein Bett gefallen war, musste recht groß und schwer sein. Außerdem war dies eine am wenigsten Angst einflößende Vorstellung. Ein freundlicher, haariger Wookie.

»Verdammt! Ich bin zu spät«, fluchte das Etwas auf seinem Bett.

Mark war nun völlig verdattert und drückte sich unter dem Bett hervor. »Papa?«, seine Stimme war leise und ungläubig.

Kein Wookie auf seinem Bett. Aber die Realität war nicht weniger erstaunlich.

»Hey, Mark, komm her! Es tut mir schrecklich leid, dass ich deinen Geburtstag verpasst habe. Diesen wirklich besonderen Geburtstag. Wichtiger, als du glaubst.« Sein Vater schwang mit einem Ächzen die Beine vom Bett, setzte sich hin und streckte eine Hand nach Mark aus.

Mark griff intuitiv zu und setzte sich neben seinen Vater. Mit großen Augen sah er ihn an, sein Mund klappte auf, doch wollte kein Wort seinen Weg heraus finden. Also klappte sein Mund wieder zu. Er blickte nach oben. Nichts. Seine Zimmerdecke sah aus wie immer. Normal eben.

»Ich kann mir vorstellen, dass du gerade etwas verwirrt bist.«

Das Kind in ihm nickte, der angehende, junge Mann schüttelte empört den Kopf, sodass Mark eine recht individuelle Kopfbewegung ausführte, die ihm augenblicklich peinlich war. Fragend schaute er seinen Vater an.

»Dreizehn. Schon. Du bist dreizehn Jahre alt. Jetzt.« Stolz schwang in seinem Worten mit, und er legte Mark eine Hand auf die Schulter. »Herzlichen Glückwunsch!«, schob er mit Nachdruck hinterher.

»Danke.« Mark wusste nicht so recht, wie er auf das alles reagieren sollte. Während er es als durchaus ungewöhnlich empfand, dass sein Papa soeben durch ein nicht existierendes Loch in der Decke auf sein Bett gefallen war, schien dieser das wiederum als normal zu empfinden.

Sein Vater seufzte auf, legte seine Hände auf seine Knie und räusperte sich. Aha! Jetzt setzte er zur Erklärung an. »Nun, mein Sohn, du bist nun dreizehn. Ein Alter, ab dem dein Körper anfängt, sich zu verändern.«

Oh, nein! Sein Vater setzte doch nicht jetzt und hier zu einer Aufklärungsrede an? Nein, bitte nicht!

Mit flehendem Blick schüttelte er den Kopf. *Erspar mir das*, sagten seine Augen.

Sein Vater lächelte wissend. »Nein, nicht so, wie du jetzt denkst. Es ist anders. Es ist alles anders. Oder vielmehr: Es wird alles anders.« Er sprach in Rätseln. Ganz offenbar wusste er wohl selbst nicht, wie er seinem Sohn alles erklären sollte. »Nun, am besten ich komme auf den Punkt. Du bist nicht wie die anderen. Ich bin nicht wie die anderen. Wir sind … anders. Wir sind von einer anderen Art.«

Stille. Mark verstand kein Wort, und sein Vater schien herumzudrucksen.

»Meinst du, wir sind Außerirdische?«, war das Erste, was Mark in den Sinn kam.

Ein leichtes Kopfschütteln. »Nein. Oder auch ja. Kommt drauf an, wie man das interpretieren will. Im

Grunde, also genau genommen, sind alle Lebewesen auf diesem Planeten Außerirdische. Niemand stammt von hier. Wir alle wurden …« Er stockte.

Wenn sein Vater nicht eben gerade durch die Zimmerdecke gefallen wäre, würde er sich jetzt fragen, ob er zu viel getrunken hätte, aber nach diesem Auftritt war Mark bereit, so gut wie alles zu glauben, was sein Vater ihm auftischte.

»Wir alle wurden hierhergebracht. Ein Experiment. Ein Experiment mit sieben Milliarden weißen Mäusen, wenn du so willst.«

Obwohl durch und durch atheistisch und im wissenschaftlichen Geiste erzogen, widerstrebte ihm dieser Gedanke. Es stellte sein ganzes Weltbild auf den Kopf. Alles, was er gelernt hatte, war infrage gestellt.

»Ich bin also eine weiße Maus?«

»Nein. Du nicht. Ich nicht. Und viele andere auch nicht. Du gehörst einer anderen Spezies an, beziehungsweise derselben Spezies, aber modifiziert.«

Aha. Mit dem Begriff konnte Mark einiges anfangen. Er schaltete schnell. Wie immer. »Ich kann also irgendetwas Besonderes? Habe ich Superkräfte oder sowas?« Er war trotz der späten Stunde plötzlich hellwach.

»Ja, so kann man es ausdrücken. Also, du und ich, wir gehören zur Gattung der Razzoren. Äußerlich den Menschen angeglichen, aber genetisch extrem andersartig. Genetik … der Grund, warum ich dich genau heute einweihen muss. Mit dem Vollenden des dreizehnten Lebensjahres vollzieht sich die Mutation in deinen Zellen. Ich muss dich nun mit deiner Bestimmung, deiner Aufgabe, vertraut machen.«

»Meiner Bestimmung?« Obwohl er wie jeder andere kleine Junge auch immer davon geträumt hatte, etwas Besonderes zu sein, ein Auserwählter zu sein, wurde ihm nun flau im Magen.

»Wir sind so etwas wie Wächter innerhalb des Experimentes. Wir bekommen unsere Instruktionen und nehmen hier und da und dann und wann Feinjustierungen im Ablauf vor.«

»Hä?«

»Manchmal funktioniert etwas nicht wie vorgesehen oder schlägt einen falschen Weg ein oder gerät ins Stocken. Dann ist es unsere Aufgabe, unbemerkt der ein oder anderen ›Maus‹ einen Schubs zu geben. Also Fehler oder Irrtümer zu korrigieren.«

Es klang sicher wenig intelligent, aber wieder fiel ihm nichts Besseres ein: »Hä?«

»Wenn wir nicht immer wieder kreative Impulse oder Entscheidungshilfen geben würden, würde die Menschheit noch immer grunzend am Lagerfeuer sitzen. Denn damit das Experiment so kontrolliert wie nur möglich verlaufen kann, sind die Menschen in ihren Fähigkeiten und Wahrnehmungen weitestgehend reduziert angelegt. Es benötigt immer Einflüsse von außen, um gewisse Entwicklungen in Gang zu setzen.«

»Was meinst du damit? Und wozu soll das Ganze denn überhaupt gut sein?«

»Welchen Zweck dieses Experiment genau verfolgt, geht uns nichts an. Wahrscheinlich würde es den Verlauf verfälschen, wenn wir alles wüssten. Wir sind wie Soldaten: Wir erfahren nur, was wir erfahren müssen, um unseren Job zu machen. Wie wir das tun? Nun … du kennst sicher die Geschichte von Isaac Newton und seinem Apfel.«

Mark rollte mit den Augen. »Sicher. Ihm fiel ein Apfel auf den Kopf, und er entdeckte die Schwerkraft.«

»Na ja, so ähnlich. Glaubst du aber wirklich, dass ein Mensch die Gravitationsgesetze entwickelt hat, nur weil ein Apfel im passenden Augenblick von einem Baum fiel? Glaubst du, dass ein so bedeutender Schritt in der menschlichen Entwicklung nur einem so unglaublichen Zufall geschuldet ist? Glaubst du überhaupt an Zufälle?«

Mark antwortete nicht. Das klang ungeheuerlich. Er brauchte nicht viel Fantasie, um das konsequent zu Ende zu denken. Was war noch alles manipuliert? Während er nachdachte, ruhte sein Blick auf seinen Händen. Sie sahen normal aus, wie immer. Er fühlte sich auch wie immer.

»Papa?«

»Ja?«

»Was meintest du mit Mutation?«

»Nun, wir Razzoren haben Fähigkeiten, die die Menschen nicht haben. Aber diese werden erst mit Dreizehn in unseren Körpern aktiviert.«

»Fähigkeiten?«

»Nun, deine Zellen können sich mit dem Zeitstrom linearisieren und dadurch in ihm gleiten.«

BAFF! Auch wenn es ihm sowohl physikalisch als auch biologisch unmöglich schien, war ihm die Bedeutung dieser Erklärung sofort klar: Zeitreisen.

»Wir sind also Zeitreisende?«

»Ich denke, so kannst du es dir am besten vorstellen. In Wirklichkeit ist es etwas komplexer, aber fürs Erste sollten wir es dabei belassen.«

Nun überwiegte seine Neugier: »Und wie funktioniert es? Wie mache ich das?«

Sein Vater stand auf. Er kramte kurz in der rechten Tasche seines Jacketts und holte eine Taschenlampe heraus. Zumindest sah es wie eine aus. »Komm, stell dich neben mich!«

Mark stand ebenso auf und stellte sich neben ihn. Unsicher vergrub er die Hände in seinen Hosentaschen. Sein Vater schaltete die Taschenlampe ein, die einen scharfen, blauen Lichtkegel an die Wand warf.

»Also zunächst brauchst du einen ausreichend großen Reflektor, das kann ein Boden sein, eine Wand, ein dicker

Baum … was auch immer sich dir anbietet. Eben etwas, auf das du den Schlüssel projizieren kannst.«

Mark beobachtete, wie sein Vater mit dem Daumen an einem Rad drehte, und so den Durchmesser des Kreises veränderte. Plötzlich flackerte das Licht und ging aus, an, aus, an …

Sein Vater lächelte verlegen. »Na ja, das Ding muss bei meinem letzten Auftrag etwas abbekommen haben, irgendwie scheint es einen Wackelkontakt zu haben.«

Das war doch hoffentlich nicht sein Ernst? Zeitreisen mit einem Gerät, das nicht ordentlich funktionierte? Klingt nach einer *wirklich* dummen Idee. Sein Vater schnippte einmal mit dem Finger an die Lampe, und der Lichtstrahl stabilisierte sich.

»So, nun haben wir eine Durchlassstelle in den Zeitstrom markiert.«

»Eine Art Portal?«

»Nenn es ruhig so. Das trifft es wohl. Als Nächstes musst du dir vor deinem inneren Auge das Ziel vorstellen, also die Zeit und den Ort, so präzise, wie du kannst. Am Anfang wird dir noch hin und wieder ein Fehler unterlaufen, aber du wirst besser werden mit der Übung. Probieren wir es. Warte!« Er zog eine dünne Metallkette mit Karabinerhaken an beiden Enden hervor und reichte ihm ein Ende. »Um zu zweit zum selben Zeitpunkt zu gelangen, müssen wir mit dieser Kette verbunden sein. Schlinge sie einmal um dein Handgelenk. Nun stell dir irgendeinen Moment in der Vergangenheit vor, bitte keinen Krieg oder ähnliches. Derlei Sprünge sind nicht ungefährlich und sollten nur mit sehr viel Erfahrung durchgeführt werden.«

In diesem Augenblick wünschte sich Mark, er hätte wenigstens ab und zu im Geschichtsunterricht zugehört. Aber das war nun einmal absolut nicht sein Lieblingsfach. Er versuchte, sich irgendwas Historisches vorzustellen.

»Wenn du dich auf etwas fokussiert hast, sag Bescheid. Dann öffne ich das … Portal.«

Das einzige Bild, das sich vor Marks Augen manifestierte, war ein Bild aus dem Lateinunterricht. Römische Schüler in weißen Gewändern, wie sie in einer *schola* um ihren Lehrer im Kreis sitzen und ihre Aufgaben auf kleine Tafeln kritzeln.

»Ok«, sagte Mark, und sein Vater drückte einen Knopf an der Taschenlampe und steckte sie anschließend weg.

Der Lichtkreis wurde blendend hell.

»Komm jetzt, einfach durch die Wand gehen!«

Einfach durch die Wand gehen? Einfach? Ok, so etwas schon ein dutzend Mal in Filmen gesehen oder in Büchern gelesen zu haben, ist das eine, es ganz in echt und real zu erleben, etwas anderes.

Sein Vater ging vor und zog Mark an der Kette mit sich. Fassungslos sah er seinen Vater im blauen Lichtkreis an der Wand verschwinden. Nur widerstrebend ließ er sich mitziehen. Er erwartete … ja, was erwartete er? Einen Widerstand? Kälte? Wärme? Na ja, wenigstens irgendwas, aber da war nichts. Er machte einfach einen Schritt, fühlte vielleicht ein leichtes Kribbeln im Körper, es könnte aber auch sein, dass er sich das nur einbildete. Jedenfalls kniff er instinktiv die Augen fest zusammen.

Als Mark die Augen vorsichtig blinzelnd öffnete, klappte ihm der Mundwinkel runter. Ihnen bot sich eine Szene wie aus seinem Lateinlehrbuch: Eine Handvoll Jungen mit merkwürdigen Frisuren saß beieinander. Gekleidet in etwas verschmutzte, doch weiße Togas, flüsterten sie miteinander und machten sich auf Schiefertafeln Notizen. Er konnte das unangenehme Quietschen der Kreide auf dem Schiefer hören und sah einen leichten Dunst aus Kreidestaub, der die Gruppe einhüllte.

Mark sah an sich selbst hinab. Schlafanzug. Er stand

hier tatsächlich im Schlafanzug. Wie peinlich! Als einer der Jungen in seine Richtung sah, sprang Mark erschrocken zurück, sein Vater aber hielt ihn an der Kette fest.

»Ganz ruhig, sie können uns nicht sehen. Auch das Licht des Portals ist nur für unsere Augen sichtbar. Erst wenn ich das Portal verschließe, sind wir vollständig in der Zeit und damit auch sichtbar. Aber das muss man natürlich sehr gut vorbereiten. Du kannst nicht in Jeans und Sweatshirt bei Ludwig XIV. erscheinen. Jetzt ist es eher, als ob wir durch ein Fenster schauen. Aber sag mal … in welche Zeit wolltest du?«

»Ins alte Rom, denke ich«, stammelte Mark, der so langsam realisierte, dass einige Dinge nicht seiner Vorstellung entsprachen.

Sein Vater tippte ihm so gegen die Schulter, dass er sich drehte. Er blickt in einen großen Raum mit zahlreichen Stuhlreihen, und grelle Scheinwerfer zwangen ihn, die Augen zusammenzukneifen. Sie waren nicht in einer römischen *schola*, sondern eher in einer Art Theater. Nein, kleiner. Eher wie eine Schulaula. Fragend schaute er zu seinem Vater.

Dieser lachte auf. »Tja, das meinte ich mit Fehlern. Du hast dir ein Bild vorgestellt, aber dich nicht auf die Zeit konzentriert. Das hier scheint eine Schülertheatergruppe zu sein. Wenn ich mir die Frisuren der Jungs anschaue, würde ich auf die sechziger Jahre tippen.« Er grinste von einem Ohr zum anderen. »Aber für einen ersten Versuch war das gar nicht schlecht. Komm, lass uns wieder nach Hause reisen! Es ist dort schon spät, und du solltest noch etwas schlafen. Es warten anstrengende und spannende Tage auf dich.«

Sie kehrten in sein Zimmer zurück, und sein Vater verschloss das Portal mit einem Knopfdruck. Die unscheinbar wirkende Taschenlampe verschwand wieder in der Tasche seines Jacketts.

Zehn Minuten später hatte sein Vater ihm übers Haar gestrichen und ihm eine gute Nacht gewünscht. Wie sollte er jetzt schlafen? Zu viele Gedanken kreisten in seinem Kopf.

Auf der einen Seite fühlte er eine gewisse Genugtuung in sich, hatte er sich doch schon von klein auf irgendwie anders gefühlt, dem stetigen Eindruck ausgeliefert, nicht richtig dazu zu gehören. Das sich dieses sehr latente Gefühl nun in so einer Art und Weise bestätigte … niemals hätte er das zu träumen gewagt.

Auf der anderen Seite hatte er Angst. Ihm dämmerte, dass damit auch viel Verantwortung einhergehen würde. Was, wenn er einen elementaren Fehler machte? Was, wenn eine falsche Entscheidung Menschenleben kostete? Und was war nun mit seinem eigenen Leben? Er hatte zwar noch keine konkreten Pläne für seine Zukunft gehabt, aber nun jeder Wahl beraubt zu sein … gefiel ihm nicht. Oder hatte er eine Wahl? Nein, vermutlich nicht, denn schließlich war er dazu geboren. Es ratterte und ratterte in seinen Gehirnwindungen. Unaufhörlich. Immer wieder fixierte sein Blick die Uhr. In weniger als zwei Stunden würde der Wecker schon wieder lärmen, und ein langer Schultag wartete auf ihn.

Mark zuckte unbewusst zusammen. Ausgerechnet heute stand eine Geschichtsarbeit an. Und wieder hatte er das Lernen so lange vor sich hergeschoben, bis es sowieso zu spät war, um sich gut vorzubereiten. Also hatte er gar nichts getan. Er schoss mit einem Geistesblitz aus dem Bett hoch. Zeitreise. Zukunft. Man müsste doch eigentlich nicht nur in die Vergangenheit reisen können. Wenn er nun …

Er wagte kaum, den Gedanken zu Ende zu denken, und doch trugen ihn seine Füße zur Zimmertür. Leise öffnete er sie, lauschte in den Flur hinaus. Stille. Schritt für Schritt schlich er die Treppe hinab, sah seines Vaters

Jackett an der Garderobe hängen. Seine Aufmerksamkeit heftete sich auf die ausgebeulte Tasche. Schnell und fast lautlos trat er heran und zog die Lampe heraus, wog sie nachdenklich in der Hand. Sie war um einiges schwerer als erwartet und lag warm und leicht vibrierend in seiner geschlossenen Faust.

Natürlich wusste er, dass es falsch sein würde. Zwar hatte ihm sein Vater noch nichts über irgendwelche Regeln gesagt, aber sehr sicher ist ein solcher Gebrauch, wie er ihn beabsichtigte, nicht richtig. Trotzdem war dieser Weg zu verlockend, zu einfach, um ihm zu widerstehen.

Entschlossen richtete er die Lampe auf die Wand, drückte den größten der drei Knöpfe, und der blaue Lichtkegel zeichnete vor ihm einen Kreis. Vorsichtig drehte er an dem kleinen Rädchen das Loch größer, bis er hindurchpassen würde. Mit geweiteten Augen atmete er einige Male durch, dann beschwor er ein Bild herauf. Zuerst die Uhr in seinem Klassenzimmer, wie sie 11:20 Uhr anzeigte, dann das Bild seiner Klasse, wie alle mit konzentriert gebeugten Köpfen über der Geschichtsarbeit saßen. Kurz wartete er ab, ob es stabil blieb. Da nichts flackerte, kniff er die Augen fest zu und machte drei schnelle Schritte nach vorne, dann öffnete er die Augen.

Vor Freude hätte er beinahe einen Luftsprung gemacht. Es hatte funktioniert. Er stand in seinem Klassenzimmer. Es war bis auf das Kratzen der Minen in den Heften und einem gelegentlichen Rascheln von Papier mucksmäuschenstill. Herr Witgenstein war in seine Zeitung vertieft, sah, wie gewohnt, nur selten mal auf.

Direkt vor ihm in der letzten Reihe saß Eikki, ein flachsblonder Junge, der erst vor zwei Jahren mit seinen Eltern aus Finnland hierhergezogen war. Mark ging näher heran, sich immer wieder mit einem unsicheren, ängstlichen Blick über die Schulter vergewissernd, dass die Öffnung noch genau da war, wo sie sein sollte, und sich auch nicht veränderte. Vorsichtig trat er neben Eikki, beugte sich vor und sah ihm über die Schulter. Ohne Probleme konnte er die ersten beiden Aufgaben lesen. Und er hätte sie nicht beantworten können. Oder doch?

Er drehte den Kopf nach links und sah sich selbst dort sitzen. Er sah, wie er den Stift zwischen den Fingern wippen ließ und dabei aus dem Fenster starrte. Mark wurde plötzlich flau im Magen. Sich selbst zu sehen, fühlte sich völlig falsch an. Für Sekunden hielt er die Luft an. Würde jetzt irgendwas passieren? Er hatte schon mal etwas von einem Zeitparadoxon gelesen. Er erinnerte sich nicht mehr genau, aber es hieß, dass die Zeit kollabieren würde, wenn man beim Zeitreisen sich selbst begegnen würde. Aber er war nicht sichtbar, war ja nicht wirklich in dieser Zeit, also konnte doch auch nichts Schlimmes passieren?

Er beruhigte sich, zwang sich, den Blick von seinem alten Ego zu nehmen und sich auf die vor Eikki liegende Geschichtsarbeit zu konzentrieren. Er kannte nun schon die Hälfte der Fragen, was durchaus für eine ausreichende Leistung reichen sollte, aber warum mit so wenig zufrieden geben? Mark blieb stehen und wartete geduldig, bis Eikki den Arm wegzog, mit dem er den Rest der Arbeit verdeckt hatte. Nun konnte er die kompletten Aufgaben lesen. Zu Hause würde er noch beim Frühstück die passenden Antworten nachschlagen und dann nach langer Zeit endlich mal wieder eine richtig gute Note schreiben. Vielleicht sollte er mit Absicht ein oder zwei Fehler einbauen, damit es nicht zu gut war? Verdächtig gut?

Mark triumphierte innerlich. Nie wieder lernen. Er war anders, er war besonders, er hatte sozusagen den Schlüssel zur Welt erhalten. Ein regelrechtes Hochgefühl durchflutete ihn, langsam ging er rückwärts auf die Öffnung zu, ließ dabei den Blick durch die Klasse schweifen und erstarrte, als sich sein Blick mit dem des Lehrers zu kreuzen schien. Nein, das war unmöglich! Er war nicht sichtbar, konnte es nicht sein.

Und doch schien Herr Witgenstein ihn sehr genau anzusehen, seine rechte Augenbraue hob sich, eine senkrechte Falte zeichnete sich auf der Stirn ab, und die rechte Hand von Herrn Witgenstein glitt seitwärts in die Tasche. Er zog etwas hervor. Fassungslos mit dem Kopf schüttelnd, ging Mark weiter rückwärts, stieß plötzlich mit dem Rücken gegen die Wand. Verdammt, wo war die Öffnung? Er drehte den Kopf nach links und rechts, drehte sich dann panisch um einhundertachtzig Grad und tastete hektisch die Wand vor ihm ab. Nichts, kein blaues Licht. Keine durchlässige Stelle. Nur Wand.

Am ganzen Körper zitternd vor Schreck, drehte er sich wieder herum. Ungläubig sah er eine ähnliche Lampe in der Hand des Lehrers wie die in seiner eigenen Hand. Das Portal ist zu! Sie können mich sehen!, schoss es durch seinen Kopf. Sein Blick irrte hin und her. Dann reagierte er und bewegte sich, an die Wand gepresst, im Seitwärtsschritt zur Fensterfront und glitt hinter einen der schweren Vorhänge.

Wenn ihn jemand in diesem Aufzug hier sah, würde sein Leben an dieser Schule zur wahren Hölle werden. Da stand er nun ganz elend vor Angst und Verlegenheit im Pyjama in seinem Klassenzimmer, wie ein harter Fausthieb in den Magen schlug sein schlechtes Gewissen zu. Das war ein Fehler gewesen, ein gewaltiger Fehler! Noch nie hatte er in so ernsten Schwierigkeiten gesteckt. Und was war mit dem Paradoxon? Er war in diesem Raum nun zweimal vorhanden. Würde es gleich eine Art Urknall geben? Würde er sich selbst entmaterialisieren? Hatte er mit seinem Leichtsinn gar die ganze Welt auf dem Gewissen? Die pure Panik nahm ihm die Luft zum Atmen. Ihm wurde schwindelig. In diesem Moment ertönte der erlösende Pausengong.

Mit tiefer Stimme verkündete Herr Witgenstein das Ende der Klassenarbeit. »Das war's, meine Damen und Herren, bitte legt die Stifte aus der Hand und klappt eure Hefte zu! Legt mir eure Arbeiten auf den Tisch und ab mit euch in die Pause!«

Geschäftigkeit brach im Raum aus, Stühle wurden gerückt, die Reißverschlüsse von Etuis und Rucksäcken zugezogen. Die Ersten tauschten sich über die Aufgaben aus, während alle langsam den Raum verließen. Es wurde ruhig, nur langsame Schritte näherten sich dem Vorhang.

»Komm raus, Mark!«

Sich angsterfüllt auf die Lippe beißend, trat Mark hervor. Sein Magen rebellierte, und seine Knie fühlten sich an wie Knetgummi. Der Blick von Herrn Witgenstein ruhte auf ihm, streng, aber nicht wütend. Sekunden, die sich in die Länge zogen. Ein paar Mal öffnete Mark den Mund, um etwas zu sagen, sich zu rechtfertigen, hatte aber keine Worte und schloss ihn jedes Mal wieder. Wie ein Fisch im Aquarium, dessen Maul sich stumm öffnete und schloss. Nicht gerade das Bild, das er abgeben wollte.

»Bedauerlich«, sagte Herr Witgenstein und schüttelte betroffen den Kopf. »Einfach bedauerlich.« Er schien sorgfältig nachzudenken und abzuwägen. »Ich bin verpflichtet, diesen Vorfall zu melden. Ich bin sehr enttäuscht von dir. Dass ausgerechnet du dich zu so einem Unsinn verleiten lässt, hätte ich nicht erwartet. Das war verantwortungslos und zieht weitreichende Konsequenzen nach sich. Sowohl für dich, als auch für deinen Vater.«

Tränen stiegen Mark in die Augen. Sein Vater. Was würde er nur sagen? Was würde mit ihm geschehen?

»Nun hast du Glück, dass ich dein Lehrer bin.« Seine Mundwinkel zuckten leicht, während er Mark noch immer mit einem strengen Blick bedachte. »Ich arbeite schon lange mit deinem Vater zusammen, und meine

Aufgabe war und ist es, ein Auge auf dich zu haben. Schließlich waren wir alle einmal jung und haben nicht immer die besten Entscheidungen getroffen. Die Sache hier bleibt unter uns, denn von uns gibt es nicht viele, und da muss man doch zusammenhalten, stimmt's?«

Vor Erleichterung wurden Mark die Knie ganz weich. »Danke«, brachte er leise hervor.

Herr Witgenstein öffnete wieder ein Portal. »Nun ab mit dir nach Hause.« Lächelnd winkte er Mark Richtung Portal, der wiederum ganz fest an sein Zimmer am Morgen nach seinem dreizehnten Geburtstag dachte und hindurchschritt.

Mit zitternden Händen brachte er die Lampe zurück an ihren Platz und huschte dann mit einem müden Blick auf den Wecker, der ihm nur noch eine Stunde zum Schlafen ließ, in sein Bett und kuschelte sich hinein.

Ein unglaublicher Zufall, dass Herr Witgenstein zu ihrer Art gehörte. Zufall? Was hatte sein Vater über Zufälle gesagt heute Nacht? Waren Zufälle tatsächlich nichts anderes als geplante Eingriffe der Razzoren in den Alltag der Menschen?

Mit diesem Gedanken nickte Mark tatsächlich noch einmal ein.

Anna-Maria Weigelt

Und es gibt sie doch!

Es gab Vampire! So sicher wie meine unsichtbare Katze pupste! Warum ich eine unsichtbare Katze erwähne? Mein Vermieter hat ein akutes Problem mit Tieren. Er erlaubte mir partout nicht, eines zu halten. Keinen Fisch. Keinen Vogel. Nicht einmal einen zahmen Stein. Darum hielt ich mir eine unsichtbare Katze. Natürlich ist sie gar nicht unsichtbar – ich versteckte sie nur im Schrank, wenn jemand an meiner Wohnungstür klingelte. Aber unsichtbare Katze klingt doch viel cooler als im Schrank versteckte Katze, oder?

Wie dem auch sei, es gab Vampire. Davon war ich überzeugt. Und mein Nachbar war das beste Beispiel. Jeden Abend trat er aus seiner Haustür – totenbleich, mit dunklen Ringen unter den Augen und in schwarzer Garderobe – und ging schnurstracks zum städtischen Krankenhaus. Zweifellos wollte er sich dort an den Blutkonserven bedienen. Leider konnte ich das nicht beweisen, denn als ich ihm eines Nachts gefolgt war, hatte ich ihn noch vor der Klinik aus den Augen verloren. Vielleicht klaute er auch keine Konserven – aber was wollte ein Vampir sonst im Krankenhaus?

Einige meiner Freunde, denen ich von meiner Vermutung berichtet hatte, sagten mir eine blühende Fantasie nach. Oder war es blühender Wahnsinn? Heute jedoch bin ich so normal wie jeder andere auch. Ich zahlte meine Steuern, kaufte überteuerte Lebensmittel und zerkratzte Leuten, die gemein zu mir waren, das Auto. Stinknormal eben. Nur wusste ich etwas, was andere Menschen noch nicht bemerkt zu haben schienen: Es gab übernatürliche Geschöpfe unter uns.

Ich sah auf die Uhr, während ich im Zimmer das Licht

dimmte. Ich hatte angefangen, ein Tagebuch anzulegen, in dem ich die Aktivitäten des Vampirs dokumentierte. Leider musste ich mich darum eine Woche bei der Arbeit krankmelden, aber mal ehrlich, was tut man nicht alles, um die Menschheit zu retten? Also saß ich pünktlich bei Anbruch der Dämmerung an meinem Fenster, hielt meinen Feldstecher bereit und wartete darauf, dass Konrad Schuhmann – zugegeben kein sehr vampirischer Name, aber die konnten ja nicht alle Dracula heißen – das Haus verließ.

Meine Geduld wurde schnell belohnt. Keine halbe Stunde nach Sonnenuntergang öffnete sich die Tür des Nachbarhauses, und ich drückte mir das Fernglas an die Augen. In Großaufnahme konnte ich verfolgen, wie Konrad, wie immer weiß wie eine Wand, über die Schwelle trat, die Türe abschloss und den Schlüssel in seiner Jacke verschwinden ließ. In seiner Wohnung gab es sicherlich viele Beweise, die seine vampirische Abstammung belegten. Vielleicht ein Sarg, in dem er schlief, oder sogar ein paar Gefangene im Keller, an deren Halsschlagadern er nuckelte, wenn er es nicht zum Krankenhaus schaffte.

Während ich wie gebannt die Haustür des Vampirs anstarrte, entging mir, wie eben dieser verschwand. Hektisch riss ich mir das Fernglas vom Gesicht, öffnete das Fenster und streckte den Kopf hinaus. Doch von Konrad war nichts mehr zu sehen. Vorsichtshalber sah ich noch einmal in den Himmel – nur für den Fall, dass er sich in eine Fledermaus verwandelt hatte. Hatte er aber nicht. Nur eine dicke Eule stierte schockiert zurück.

Ich blinzelte sie an. »Konrad?«

Die Eule plusterte sich auf und flog davon.

Fluchend knallte ich das Fenster zu und griff nach dem Tagebuch. *Vampir entwischt.* Ich seufzte. Morgen würde ich mich im Garten verstecken und Konrad heimlich verfolgen. Und wenn er sich doch in eine Fledermaus verwandelte, würde ich ihm ordentlich eins mit meiner Handtasche verpassen. Noch einmal würde er mir nicht entkommen!

Gesagt, getan. Am nächsten Abend hockte ich, vor Spannung beinahe vibrierend, hinter dem Buchsbaum vor meinem Haus. Der Busch war nicht sonderlich groß, und viele Blätter hatte er auch nicht, doch ich duckte mich tief genug, um nicht entdeckt zu werden. Sogar die ahnungslosen Passanten, die ihre Hunde am Strick führten, bemerkten mich nicht. Zwar zogen einige ihre geliebten Vierbeiner grob auf die andere Straßenseite. Aber das konnte schließlich ganz andere Gründe haben!

Ich starrte angestrengt Konrads Haustür an. Kurz vor halb neun. Langsam musste er doch aus seinem Sarg steigen. Vorsorglich war ich mehrmals im Garten des Hauses herumgeschlichen – zum Glück schlafen Blutsauger tagsüber wie Tote – und hatte nach Fluchtmöglichkeiten gesucht. Der Garten war verblüffend sauber und ordentlich gewesen. Anscheinend hatte Dracula eine Schwäche für Grünflächen. Auf jeden Fall konnte er nur aus der Vordertür, wenn er sein Grundstück verlassen wollte … oder durch den Schornstein, falls ihm doch Lederschwingen wuchsen.

Vorsorglich hatte ich mein Fernglas dabei und spähte ab und an in den Himmel, als die Haustür des Nachbarn endlich klappte. Mein Kopf schoss in die Höhe. Vorsichtig zwischen dem Buschwerk durchlugend, beobachtete ich, wie Konrad sich einen schwarzen Mantel überstreifte. Theatralischer Vampir! Aber wenigstens flog er nicht einfach davon, sodass ich ihm folgen konnte, als er schnellen Schrittes über die Straße lief.

Tagebuch und Fernglas in meine Tasche stopfend, flitzte ich hinterher. Natürlich konnte ich ihm nicht einfach offen an den Fersen kleben wie ein Entenküken. Als passionierte Vampir-Kennerin wusste ich, dass das auffallen würde. Also huschte ich durch die an die Straße grenzenden Gärten. Zäune gehörten in meiner Nachbarschaft Gott sei Dank zur Mangelware. Die Gegend war nicht wohlhabend genug, um Diebe anzuziehen, aber so beschaulich, dass sich die Bewohner nicht durch Tore und Gatter voneinander abgrenzten. Im Gegenteil, einmal im Hochsommer war ich spät nachts in den Garten geschlurft, nur um Oma und Opa Strapinkski dabei zu erwischen, wie sie hinter meinem Fliederbusch fummelten.

Die fehlende Existenz jedweder Trennwände erleichterte es mir, Konrad zu verfolgen. Leise wie ein Schatten pirschte ich mich durch Hecken und um Wohnhäuser herum. Ein paar Hunde bemerkten mein Erscheinen, dösten dann jedoch faul weiter.

Als Konrad gerade die Kreuzung erreichte und notgedrungen an einer roten Ampel halten musste, hockte ich mich mitten in die Koniferen-Phalanx, die eines der leerstehenden Häuser in der Gegend umsäumte. Angestrengt stierte ich durch die grünen Zweige hindurch und ignorierte sämtliche Spaziergänger, die mir fragende Blicke zuwarfen. Ungehobeltes Pack – verstanden die nicht, dass sie mich nicht sehen sollten?

Zu meinem Glück besaß Konrad die Höflichkeit, stur auf die Ampel zu starren. Auf den Fußballen wippend, wartete er geduldig auf die nächste Grünphase. Zu seinem Pech reagierte die Ampel jedoch nur auf Knopfdruck. Ohne den fetten, gelben Schalter zu betätigen, stand man sich die Beine in den Bauch, ehe das gute Ampelchen auf Grün sprang.

Ich grinste dreckig. Leider befand sich der entsprechende Knopf nicht mehr an der für ihn vorgesehenen Stelle … sondern tief in meinem Wäschekorb, zusammen mit miefigen Socken und vereinzelten Hinterlassenschaften meiner Katze. Warum das dumme Tier gerade in den Korb kacken musste, war mir ein Rätsel.

Doch genau aus diesem Grund stand Konrad nun an der Ampel und konnte nicht vor und nicht zurück.

»Das hast du nun davon, du Vampir!«, gluckste ich vor mich hin.

»Woher weißt du, dass der Typ ein Vampir ist?«, fragte plötzlich eine Stimme hinter mir.

Warmer Atem berührte meinen Nacken, und mit einem Kreischen sprang ich aus dem Busch. Mein Herz hämmerte unkontrolliert gegen meinen Brustkorb, als ich herumfuhr und den Kerl anstarrte, der sich klammheimlich hinter mich gestellt hatte. Dieser hatte lässig die Hände in den Taschen, wippte vergnügt auf der Stelle und grinste wie ein karierter Esel.

»Bist du wahnsinnig, mich so zu erschrecken?«, fauchte ich ihn an, als mein Atem sich endlich wieder normalisiert hatte.

»Ich wollte dir wirklich keine Angst machen«, grinste der Typ. Das unverschämte Funkeln in seinen Augen strafte seine Aussage Lügen.

Sofort sackten meine Brauen missmutig nach unten.

»Aber du hast so niedlich gebrabbelt. Ist der Kerl nun ein Vampir oder nicht?« Wieder dieses Grinsen, keinen Deut ernster als vorhin.

Pikiert zog ich die Nase kraus. »Das geht dich gar nichts an! Das ist mein Vampir!«

»Da muss ich dich enttäuschen, Süße. Jetzt ist er nämlich weg.«

Ich machte einen Satz und verrenkte mir beinahe den Hals, als ich über meine Schulter zu der Stelle vor der Ampel schielte, die nun auffällig leer war. Kein Vampir. »Scheiße, der hat sich unsichtbar gemacht!«

Mein Erschrecker räusperte sich, während ich frustriert aufstampfte. »Äh, nicht ganz. Der läuft da hinten.«

Wieder stierte ich rücklings und tatsächlich: Konrad schlenderte seelenruhig auf der anderen Straßenseite entlang. Nicht im Mindesten beeindruckt. Dürfte der Vampir etwas von meiner Verfolgung wissen, hätte ich ihm hinterhergebrüllt, er solle warten. Leider passte das aber nicht mit der Geheimhaltung zusammen, also hielt ich die Klappe. Selbst wenn ich jetzt, wie von der Tarantel gestochen, losrannte, würde ich ihn nicht einholen, ohne dass mein Schnaufen ihn warnte. Vielleicht konnte ich zu meinem Haus zurücksprinten und das Auto holen.

Während ich scharf nachdachte, fiel mein Blick unwillkürlich wieder auf den grinsenden Kerl, der noch immer vor mir stand und fröhlich mit einem Finger winkte.

Meine Laune wurde rabenschwarz, und ich warf ihm einen bitterbösen Blick zu. »Du hast meinem Vampir zur Flucht verholfen«, klagte ich ihn an. »Ihr steckt unter einer Decke! Du hast dich hier versteckt und auf mich gewartet und …«

Ich schloss mit einem Klapp den Mund, als der Mann plötzlich anfing zu lachen. Kein vornehmes Glucksen, sondern das hysterische Wiehern eines besoffenen Gauls. Als er sich schließlich sogar den Bauch hielt und eine Lachträne über die stoppelige Wange tropfte, schnaubte ich empört.

»Was ist so lustig?«

»Na, du«, grölte er und wieherte weiter.

Kurz überlegte ich, ihm vors Schienbein zu treten. Nur damit er endlich die Backen hielt. Dann jedoch wartete ich einfach ab. Den Blick verfinstert, die Arme verschränkt und mit der Fußspitze auf den Boden tippend. Die Stellung zog sogar, wenn meine Katze versuchte, die Tischdecke zu fressen.

Tatsächlich ebbte das frenetische Gelächter nach einer Weile endlich ab. Kichernd und glucksend richtete der Typ sich auf und sah mich an. Mein wütender Gesichtsausdruck zeigte Wirkung – auch das letzte Zucken der Mundwinkel starb aus.

»Sorry«, murmelte der Erschrecker aus dem Busch. »Du warst nur so komisch mit dieser Vampir-Geschichte.«

»Das ist keine Geschichte!« Ich merkte, dass ich anfing zu kreischen.

»Gut.« Friedfertig hob der Mann beide Hände und lugte vorsichtig auf meine geballten Fäuste. »Das war gemein, entschuldige. Ich wollte dich nicht auslachen. Aber ein Vampir?«

»Ich weiß, dass er einer ist. Und er klaut Blut aus dem Krankenhaus. Ich wollte ihn heute auf frischer Tat erwischen.« Aufgebracht fuhr ich mir mit allen zehn Fingern durchs Haar. »Aber das hast du mir mit deiner Anschleich-Nummer kaputt gemacht. Warum lauerst du mir eigentlich auf?« Ein Gedanke nahm ganz weit hinten in meinem Kopf Gestalt an, und bevor der Kerl den Mund öffnen konnte, krähte ich: »Bist du etwa auch hinter jemandem her?«

Der Mann grinste.

Ich verzog das Gesicht.

Er grinste breiter. »Ich bin hinter niemandem her. Und ich verfolge dich auch nicht, keine Angst.« Er sah zurück zu dem alten Haus, das hinter kahlen Bäumchen versteckt lag. »Ich wohne hier.«

»Stimmt gar nicht. Das Haus steht schon seit Jahren leer.« Ich nickte vehement, um meiner Aussage Nachdruck zu verleihen.

»Seit gestern nicht mehr. Hab heute meinen Krempel hergebracht. Wollte gerade anfangen, den Garten ein wenig zu zähmen, da hab ich dich in meiner Hecke gesehen.«

Ich blinzelte wie eine verwirrte Eule. »Du wohnst hier? So in echt?«

Er nickte und streckte mir freundlich seine Hand entgegen. »Jupp, tue ich. Ich bin übrigens Felix.«

Wie in Trance erwiderte ich den Händedruck. Ich spürte geradezu, wie mein Gesicht feuerrot anlief. Der musste ja sonst was von mir denken. Ich wollte eine Erklärung stammeln. Irgendetwas, das ihn davon überzeugte, dass ich nicht in stationäre Behandlung gehörte. Stattdessen blubberte hervor: »Ich bin Carolin, und mein Lieblingswort ist Kuchen.« Mit einem Stöhnen klatschte ich mir selbst die Hand auf die Stirn. Ja, der Satz klang wirklich reif und erwachsen.

Doch Felix kicherte zum Glück nur vor sich hin, ehe er sich endlich aus der Hecke schälte. Als er in voller Größe neben mir stand, sah ich ihn mir zum ersten Mal richtig an. So hässlich war er gar nicht. Eher im Gegenteil. Sein Gesicht wirkte freundlich und durch den kleinen Zickenbart sogar ein bisschen verwegen. Über seinen Rücken wallten lange, rotblonde Haare, und er trug seine abgewetzten Lederstiefel und die Jacke, als wären es Designerstücke. Nur die Hose sah komisch aus – klebte da wirklich ein Gummibärchen an seinem Knie?

Als Felix meine Musterung bemerkte, schenkte er mir ein lausbubenhaftes Grienen. »Also«, meinte er leichthin, »da wir uns vorgestellt haben, kann ich dich auf eine Tasse Kaffee einladen, und du erzählst mir von deinem Vampir?«

Kurz stutzte ich und sah vorsichtig zu dem umwucherten Haus. Da rein? Mit einem Wildfremden? Doch schließlich gab ich mir einen Ruck. Felix wirkte nicht bedrohlich – ja, über Ted Bundy hatten die Leute dasselbe gesagt – aber irgendetwas in mir gab mir genug Sicherheit, um zu nicken.

Während ich also Richtung Haus tippelte und Felix neben mir herschlenderte, fragte ich vorsichtshalber: »Du willst mich aber nicht in deinen Keller einsperren oder gruselige Experimente mit mir durchführen, oder?«

Felix riss erstaunt die Augen auf. Dann lächelte er,

und um seinen Kopf schwirrten goldene Lichter. Skeptisch starrte ich sie an. Es war eigentlich keine Pollenzeit. Da es meinen neuen Bekannten jedoch nicht zu stören schien, verkniff ich es mir, nach den Flittern zu wedeln.

Die Haustür knarrte, als sie aufgesperrt wurde, und ein muffiger Geruch schlug mir entgegen.

»Ich muss das ganze Haus renovieren«, kommentierte Felix mein Naserümpfen und hob nonchalant die Schultern.

Tatsächlich wirkte der Flur leicht gammlig. Die Tapete hing in Fetzen von der Wand, dem Leuchter fehlten drei Glühbirnen, und in der Ecke stand ein einsamer und ziemlich toter Tannenbaum.

Felix führte mich den Gang entlang in ein Licht durchflutetes Wohnzimmer. Kisten und Koffer standen ordentlich aufgereiht an den Wänden, während zwei Klappstühle in der Raummitte thronten. Zwischen ihnen klemmte eine umgedrehte Bananenkiste, auf der eine offene Tüte Haribo-Goldbären lag. Demonstrativ stierte ich die Süßigkeit an Felix' Hose an.

»Setz dich doch schon mal hin!« Einladend deutete er auf einen der klapprigen Hocker, auf den ich mich brav plumpsen ließ. »Ich hole aus der Küche mal den Kaffee. Willst du vielleicht Plätzchen dazu?«

Ehe ich antworten konnte, quittierte mein Magen diese Frage mit einem fordernden Knurren. Felix verschwand mit einem Glucksen aus dem Zimmer, und wenig später hörte ich Geschirr klirren und Türen klappen.

»Du kannst ruhig ein paar Gummibärchen essen«, röhrte die raue Männerstimme durch den Flur.

Ich lächelte höflich, bis mir einfiel, dass er das gar nicht sehen konnte. Also brüllte ich zurück: »Dankeschön, aber nein, danke!« Ich warf der Tüte einen irritierten Blick zu. Wer wusste schon, wie lang die da lag?

Irgendwo im Haus raschelte es, dann hörte ich wie Besteck zusammenstieß. Schnell hielt ich mir die Hand vor den Mund, hauchte hinein und schnüffelte. Einen schlechten zweiten Eindruck wollte ich schließlich nicht machen.

Nach einem Holpern und Poltern erschien Felix schließlich wieder in der Tür. Die Arme mit Plätzchentellern, einer Kaffeekanne und zwei zierlichen Tässchen beladen, klemmten ihm zwei Untertassen unter der einen und die aufgerissene Kekstüte unter der anderen Achsel. Es hätte mich nicht gewundert, hätte er auf dem Kopf noch eine Kuchenplatte balanciert. Tatsächlich bewegte Felix sich jedoch so grazil, dass nicht einmal der Kaffee in der Kanne schwappte.

Mit einem strahlenden Lächeln kam er zu seinem improvisierten Tisch, lud seine Fracht ab und drückte mir eine der Untertassen in die Hand. »Halt mal kurz!«

Ich spürte ein seltsames Kribbeln, wo seine Haut die meine berührte und zog irritiert die Brauen zusammen. Da hatte mein Gastgeber jedoch schon die Tassen bis zum Rand gefüllt, sodass ich mich voll und ganz auf die Aufgabe konzentrierte, den Kaffee nicht über meiner Hose zu verteilen. Zittrig versuchte ich, mit der Hand den rettenden Tisch zu erreichen, scheiterte jedoch, als braune, duftende Flüssigkeit auf den Boden tropfte.

»Entschuldige«, murmelte Felix, obwohl ich den Schaden angerichtet hatte, »ich vergesse häufig, wie unruhig ihr euch bewegt.«

Verwirrt schossen meine Brauen Richtung Stirn. »Ihr?«

Er schenkte mir ein verkniffenes Lächeln, ehe er sich setzte und betont lässig die Beine an den Knöcheln verschränkte. »Na, ihr Frauen. Du weißt schon, weil ihr so zappelig seid.«

Wir Frauen waren also zappelig? Ich enthielt mich eines Kommentars, sondern entschuldigte mich für meine Ungeschicklichkeit. Kurz bildete ich mir sogar ein, Felix würde erleichtert seufzen, als ich nicht auf seine Erklärung einging. Aber das musste ich mir einbilden, denn keine Sekunde später knabberte er zufrieden an einem Plätzchen.

»Greif zu!«

Ich ließ mich nicht zweimal auffordern. Schon gar nicht, wenn es um Kekse ging. Innerhalb von drei Minuten hatte ich dieselbe Anzahl Plätzchen verputzt und stöhnte genüsslich auf, als ich einen Schluck Kaffee probierte. »Super lecker«, lobte ich, »ist da Zimt drin?«

Felix neigte unbestimmt den Kopf. »Eine besondere Zutat.«

Ich sah ihn an und bemerkte wieder die flitternden Partikel um sein Haupt. Als er eine Schulter hob und sein Haar in Bewegung geriet, rieselten ganze Mengen davon zu Boden. Und alle glitzerten wie der Elfenstaub, der Peter Pans Helfer-Fee ständig aus dem Hintern schoss. Also entweder hatte der Mann ein akutes Schuppenproblem – oder ich vertrug die ach so geheime Kaffeezutat nicht.

Felix ließ sich von meinem Gaffen nicht stören, sondern schlürfte in Ruhe seinen Kaffee. »Sag mal«, meinte er, als er die zarte Tasse, die in seiner bratpfannengroßen Hand mehr als fehl am Platz wirkte, absetzte, »wie genau bist du darauf gekommen, dass der Typ, den du verfolgt hast, ein Vampir ist?«

Ich musterte ihn mit zusammengekniffenen Lidern, doch weder zuckten seine Mundwinkel noch saß der Schalk in seinen Augen. Er wirkte durch und durch ernst.

»Also«, holte ich darum aus, »der Typ heißt Konrad und ist mein Nachbar. Ich beobachte ihn schon eine ganze Weile, und immer, immer verlässt er erst abends das Haus.« Bedeutsam warf ich Felix einen Blick zu.

Dieser starrte zurück. Jedoch ohne es kapiert zu haben.

Ich stöhnte entnervt. »*Abends*! Hallo?! Vampire scheuen doch das Sonnenlicht!«

»Äh, aha.«

Ich nickte vehement, doch allzu überzeugt sah er noch nicht aus. Dennoch fuhr ich fort: »Und er geht schnurstracks ins Krankenhaus, jeden einzelnen Tag.«

Jetzt musste es doch *Klick* gemacht haben. Lob heischend hob ich den Kopf und bemerkte nur verwirrt zusammengezogene Augenbrauen.

Frustriert schnappte ich mir einen Keks. »Im Krankenhaus gibt es doch Blut«, murrte ich mampfend.

Felix nickte bedächtig, dann kratzte er sich am Haaransatz, und wieder rieselte ihm das Glitzerzeug auf die Schultern. Und warum sah das Ohr, das da zwischen seinen dicken Strähnen hervorblitzte, so verflucht spitz aus? Hatte der etwa so eine komische, kosmetische Behandlung an sich durchführen lassen?

Ich überlegte gerade, ob auch mir spitze Ohren stehen würden, als seine Stimme mich wieder in die Wirklichkeit riss: »Und wenn dein Nachbar nur jemanden besucht?«

Kopfschüttelnd und mit einem nachsichtigen Seufzer hob ich die Schultern. »Denk doch mal nach! Ich observiere den Vampir seit mehreren Wochen. Wie lang soll der, den er angeblich besuchen soll, denn im Krankenhaus liegen? Und er hatte nie Blumen dabei.«

Felix schien meiner lückenlosen Logik folgen zu können, denn endlich hörte er mit dem Gekratze auf. Stattdessen lehnte er sich lässig vor, stemmte die Hände auf die Oberschenkel und fragte gespannt: »Hast du denn mal etwas beobachtet, das ihn einwandfrei als Blutsauger outet?«

Frustriert schüttelte ich den Kopf.

»Gut, nehmen wir also an, dein Nachbar – Konrad, richtig? – ist wirklich ein Vampir …«

»Er *ist* ein wirklicher Vampir«, empörte ich mich ob seines viel zu sanften Tonfalls.

Ergeben hob er die Hände. »Meinetwegen. Aber warum folgst du ihm? Willst du ihn pfählen? Oder seinen Körper der Wissenschaft spenden?«

Entsetzt sog ich den Atem ein. »Natürlich nicht!« Meine Beine kribbelten so stark, dass ich aufsprang und im Zimmer auf und ab lief.

Felix beobachtete mich aufmerksam, und kurz wirkte sein Blick regelrecht stechend.

Ich knabberte unbehaglich an meiner Unterlippe. Denn ich hatte keine Ahnung, was ich machen würde, sollte ich Konrad tatsächlich als Vampir enttarnen. »Wahrscheinlich will ich es einfach nur wissen«, bekannte ich kleinlaut.

Felix hielt mich sicherlich für total irre, dafür dass ich dem Blutsauger nicht die Fangzähne herausbrechen und bei Ebay versteigern wollte. Doch als ich vorsichtig zu ihm herüberlinste, sah ich, wie sein Körper sich entspannte. Ich hatte gar nicht bemerkt, dass er die Hände zu Fäusten geballt hatte – nun öffnete er sie und rieb sich die Beine, ehe er grinsend darauf klatschte.

»Also nur schauen?«

Ich nickte und grinste unwillkürlich zurück. Felix' Lächeln war einfach einzigartig. Ein ansteckendes Zahnpasta-Grienen, um das sich die Werbebranche reißen würde. Und dieses goldene Glänzen seiner Haut stand ihm wirklich gut … Moment! Ich blinzelte mehrmals, aber da war das Glitzern auch schon wieder verschwunden.

Felix klimperte spöttisch mit den Wimpern, als mein Blick wie festgeklebt an seinem Gesicht hing. Verlegen schaute ich auf meine Schuhspitzen, die mich mit einem Mal völlig faszinierten. Wahrscheinlich drehte ich langsam durch. Menschen leuchteten nicht. Ich wurde verrückt.

Das bestätigten auch die Worte, die ich als Nächstes hörte: »Wenn du nur deine Neugier befriedigen und Konrad nicht schaden willst – dann helfe ich dir.«

Mein Kopf schoss hoch, und ich riss die Augen auf. Felix nickte, als hätte er Gedanken gelesen. In der eleganten Lässigkeit, die ihm zu Eigen zu sein schien, erhob er sich.

»Weißt du …« Er ging an mir vorbei, und für den Bruchteil einer Sekunde glaubte ich, Geißblatt zu riechen. »Es gibt Dinge, die nicht an die Öffentlichkeit gelangen dürfen. Fantastische Dinge, die die Menschen zerstören würden.« Damit schritt er tänzelnd in den Flur.

Ich guckte unentschlossen von seinem Stuhl zum Türbogen. Dann tippelte ich Felix hinterher. Der Geißblattduft, den ich in der Nase hatte, intensivierte sich. Und auch im Flur flitterte der merkwürdige Glitzerstaub, der Felix zu verfolgen schien. Ich wanderte Richtung Küche, wo ich meinen neuen Kumpanen rotieren hörte, und registrierte den prächtigen, saftig grünen Tannenbaum neben der Tür nur am Rande. Fast stand ich schon auf der Küchenschwelle, da hielten meine Füße plötzlich inne, und ich ließ meinen Blick langsam zurück zur Tanne gleiten. War der Baum bei meinem Erscheinen nicht tot gewesen? So richtig tot? Ich lief darauf zu, und wieder flirrte überall blitzender Staub. Irritiert schüttelte ich den Kopf. Das war alles mehr als merkwürdig.

Bevor ich jedoch näher darüber nachdenken konnte, stand Felix plötzlich hinter mir. »Also, was meinst du, sollen wir uns morgen zusammen auf die Lauer legen?« Er lächelte vorfreudig. Als ich nur vor mich hinstarrte, wandelte sich das Grinsen zu einer besorgten Miene. »Caro, ist alles okay?« Vorsichtig umfasste er meine Schultern und musterte mich.

Meine Güte, waren seine Augen vielleicht grün! Wie eine satte Frühlingswiese nach einem leichten Regenschauer.

Ich seufzte genüsslich, als mich wieder ein Hauch Geißblatt streifte. »Gern«, murmelte ich träumerisch vor mich hin. Und das stimmte. Der Gedanke, mit Felix zusammen im Gebüsch zu hocken, war wirklich schön. Sogar in meinem Unterbauch kribbelte es ein wenig.

Felix schmunzelte aufmunternd, ehe er mich sanft zur Tür drehte. »Ruh dich bis morgen aus! Heute war's ja ganz schön anstrengend.« Er zögerte kurz. »Soll ich dich nach Hause bringen?«

Munter und zu allen Schandtaten bereit, stand ich am nächsten Tag startklar vor der Haustür. Felix hatte mich tatsächlich in mein trautes Heim begleitet und mir versichert, dass er heute Abend vorbeikommen würde. Damit wir Konrad hinterherspionieren konnten. Entsprechend gespannt harrte ich vor der Tür aus … und machte fast einen Satz an die Decke, als es endlich klingelte.

Felix stand lässig an den Rahmen gelehnt und grinste mich an. »Hey, Puffy!«

»Puffy?«

»Pazifistische Buffy. Wir lassen die Pfähle heute doch zu Hause. Komm raus, damit wir mit der Vampir-Safari anfangen können!«

Das ließ ich mir nicht zweimal sagen. Kurzerhand hüpfte ich die Stufen hinunter und landete mit einem *Plumps* vor Felix' Füßen. Dessen Grinsen wurde breiter. Das Glitzerzeug, das gestern noch um ihn herumschwirrte, war verschwunden. Dafür hatte seine Haut eine endgültig goldene Färbung erhalten. Sein Selbstbräuner musste der Hammer sein!

Ich scherte mich nicht weiter darum, denn in diesem Moment öffnete sich die Tür des Nachbarhauses. Wie auf ein geheimes Zeichen hin, packte Felix mich am Arm und zog mich hinter den Buchsbaum. Konrad hatte uns nicht bemerkt, sondern fummelte verträumt an dem weißen Kittel, den er heute trug. Verblüfft riss ich die Augen auf.

»Sieh mal«, zischte ich meinem Verbündeten zu, »der tarnt sich als Arzt.«

Felix grinste strahlend und zwinkerte mir zu. Und diesmal achtete ich gar nicht erst auf die glitzernden Fünkchen, sondern lugte vorsichtig hinter dem Busch hervor.

»Er geht jetzt los«, sagte ich. »Aber fällt das nicht auf, wenn wir ihm jetzt beide hinterherrennen?«

Felix winkte nur ab und erhob sich. Ich wollte mich auf ihn werfen, um ihn wieder ins Versteck zu zerren, als er fröhlich verkündete: »Der sieht uns nicht. Vertrau mir einfach!« Und damit schlenderte er seelenruhig auf die Straße.

Konrad – den Kittel endlich ordentlich auf den Schultern drapiert – schaute nicht einmal zu uns herüber. Selbst als Felix winkte und »Halli-Hallooo« flötete, kam keine Reaktion.

Mir klappte die Kinnlade runter. Vorsichtig kam ich hinter dem Busch hervor. Ich starrte von Felix zu Konrad und wieder zu Felix. Dann brüllte ich: »Hallo, Nachbar!«

Konrads einzige Reaktion bestand aus einem Niesen, bevor er sich zum Krankenhaus aufmachte. Mit großen Glubschaugen starrte ich ihm nach.

»Kommst du?« Felix' Lachen riss mich aus der Schockstarre. Ganz unbekümmert stand er da, wippte vergnügt auf den Fußballen und strahlte mit diesen komischen Glitzerpollen um die Wette.

Ein leichter Windstoß kam auf, brachte Felix' Haare und den langen Mantel zum Flattern – und mit den spitzen Ohren und den fliegenden Mantelschößen, die wie Flügel wirkten, erschien er einige Herzschläge lang geradezu unwirklich.

Bis er den Mund aufmachte: »Nun mach schon hin, du Trantüte! Dein Vampir-Kumpel ist fast um die Ecke.«

Gesagt, getan. Keuchend nahm ich die Beine in die Hand und hetzte durch die Straßen. Felix glitt leicht neben mir her. Fast schwebend. Vorsichtshalber guckte ich zur Seite – nur um zu überprüfen, ob seine Füße überhaupt den Boden berührten … und knallte mit einem lauten *Dong* an die verfluchte Ampel, die plötzlich vor mir auftauchte. Der Schmerz explodierte so heftig in meinem Schädel, dass ich Sternchen sah und für einen Augenblick sogar ganz wegdriftete.

Als ich die Lider flatternd wieder öffnete, beugte sich ein gutaussehender Kerl im Kittel über mich.

»Kon-Konrad?« Bei mir drehte sich alles, trotzdem konnte ich sein erleichtertes Lächeln erkennen.

»Gut«, gurrte er freundlich und betastete mit angenehm kühlen Fingern meinen Kopf, »wenn du mich erkennst, war der Unfall nicht so schlimm. Nur eine ordentliche Beule hast du dir eingefangen.« Er lächelte nachsichtig auf mich herunter, ich blinzelte nur misstrauisch zurück.

»Du bist ein Vampir!«, erklärte ich anklagend.

Konrad zwinkerte verblüfft, dann lachte er schon wieder. »Okay, du hast dich doch ziemlich heftig gestoßen.«

Beleidigt wehrte ich die tastenden Hände ab und sah mich Hilfe suchend nach Felix um. Dieser stand nur ein paar Schritte entfernt, grinste vor sich hin und zwinkerte mir zu. Das machte mir genug Mut, um zu sagen: »Du gehst nachts nach draußen und klaust Blut aus dem Krankenhaus!«

Endlich ließ Konrad die Arme fallen und lehnte sich auf die Fersen zurück. Sein eulenhaftes Blinzeln war irgendwie niedlich, konnte mich aber nicht täuschen.

»Du musst ein Vampir sein!«

»Caro, ich bin Arzt«, verteidigte sich Konrad, noch immer heftig zwinkernd. »Ich arbeite in der Nachtschicht der Notaufnahme. Und da bringe ich dich am besten auch gleich hin. Du solltest nicht mehr allein im Dunkeln unterwegs sein.« Wieder begann er, an mir herumzufummeln und mir in eine sitzende Position aufzuhelfen.

»Ich war gar nicht allein«, protestierte ich lahm und deutete mit einem Nicken hinter Konrad, wo Felix mittlerweile vor sich hinpfiff.

Konrad warf einen Blick über die Schulter, dann schaute er wieder stirnrunzelnd zu mir. »Da ist niemand, Carolin.«

Ich kniff ärgerlich die Lider zusammen. Wollte der mich vielleicht veralbern? Demonstrativ sah ich zu Felix … und riss die Augen auf. Denn die glitzernden Funken hatten sich zu einem goldenen Leuchten verdichtet.

Seine Ohren wirkten noch spitzer, als er sich lächelnd den Zeigefinger an die Lippen hielt. »Unser Geheimnis«, flüsterte er.

Ich nickte unmerklich, doch mein Blick haftete an den riesigen, wunderschönen Flügeln, bunt und schillernd wie die eines Schmetterlings, die ihm aus dem Rücken stachen.

So merkte ich gar nicht, wie Konrad mir aufhalf, mich unter den Achseln stützte und sagte: »Wenn wir dich untersucht haben, lade ich dich auf einen Kaffee ein. Was hältst du davon?«

Ich bestaunte die Stelle, an der Felix stand, bis dieser von einem Moment auf den anderen verschwunden war. Dann wandte ich mich an Konrad und lächelte. »Danke, das fände ich sehr schön.«

Lea Badura

Zoobesuch

Die Hitze Afrikas brannte auf seinem Fell. Der sandige Staub der Savanne wirbelte unter seinen Pfoten auf. Flirrend legte die Luft sich unter dem Einfluss der Sonne in Falten. Das steife, starke Savannengras knickte unter trockenem Geraschel unter seinen Tritten, und Bäume flogen an ihm vorbei. In regelmäßigem Vierertakt setzte er seine Pfoten und drückte sich mit den Hinterläufen bei jedem Sprung kraftvoll vom Boden ab. Den Kopf hielt er hoch erhoben, die Ohren nach hinten angelegt. Wind schlug ihm entgegen, zerrte an seinen langen Tasthaaren und seinem seidigen Fell.

Tamba liebte diese Art der Freiheit. Er genoss es auch, als Mensch durch Afrika zu streifen, doch er war süchtig danach, dieses Land durch die Augen und Ohren seines Tieres in sich aufzunehmen. Er war hier geboren, vor vielen hundert Jahren. Seitdem hatte er überall auf der Welt gelebt, doch es zog ihn immer wieder hierher zurück. In die menschenleere Wildnis der Savanne; in die Gesellschaft der Tiere, die ihre Gestalt nicht, so wie er, wechseln konnten.

Tambas Ohren zuckten reflexartig, als er ein Geräusch hörte. Etwas an ihm war seltsam, und seine menschliche Hälfte verstand sofort, was es bedeutete. Es war Motorenlärm. Blitzschnell stieß Tamba die Pfoten in den heißen Boden und bremste. Sand wirbelte um ihn herum auf, und er tat einen Sprung zur Seite, um besser sehen zu können. Er befand sich in einem weitläufigen Stück Savanne, kaum Bäume waren zu sehen, kaum Verstecke.

Und dann sah er das Auto. Er fauchte, was in ein tiefes Knurren überging, das direkt aus seiner Kehle kam. Zwei Menschen saßen in dem offenen Gefährt, einer steuerte, während der andere … Tamba gefror das Blut in den Adern.

Wilderer!, schoss es ihm durch den Kopf. Im selben Moment richtete der Beifahrer ein langes Gewehr auf Tambas Katzenkörper. Reflexartig sprang Tamba zur Seite, und dann rannte er. Er war schnell. Nicht umsonst war seine Katze das schnellste Landraubtier der Erde. Dennoch, das Auto würde ihn auf Dauer locker überholen. Zwar war Tamba als Wandler noch schneller als seine Artgenossen, doch …

Er spürte kaum, wie der Pfeil sein Fell durchrang und in seiner Haut steckenblieb. Die Auswirkungen hingegen waren nicht zu ignorieren. Tamba strauchelte in vollem Lauf, als das Betäubungsmittel seine Wirkung entfaltete. Einer Kugel hätte er entkommen können … doch das Narkotikum drang direkt in seinen Kreislauf ein. Er merkte, wie das Auto sich zurückfallen ließ und holte noch einmal alles aus sich heraus, doch er wusste, dass es sinnlos war. Sie würden ihn einholen. Er durfte nicht schlafen, er …

Tambas Beine brachen unter ihm zusammen, und er landete mit der weißen Kehle im Sand. Schmerz durchzuckte ihn, ehe er von dem Mittel betäubt wurde. Tambas Sinne schwanden langsam, und er bekam nur noch bruchstückhaft mit, wie das Auto neben ihm anhielt und die beiden Männer ausstiegen. Sie näherten sich ihm ohne Vorsicht. Eine normale Großkatze würde bei dieser Dosis Betäubungsmittel schon längst tief und fest schlafen.

Es dauerte einen Moment, bis er ihre Stimmen einordnen konnte. Die beiden waren keine Einheimischen. Im Gegenteil, es waren Deutsche.

»… Großer! Mensch, Paul, ich glaube, wir haben einen echten Glückstreffer gelandet!«

»Oh ja. Und dann auch noch ein Gepard!« Der Angesprochene lachte auf.

Tamba verlor kurzzeitig seinen Bezug zur Realität.

»... nicht töten ... verkaufen ... eine Menge Kohle ... Park ...«

Als ihn eine Hand grob im Nackenfell packte, wollte Tamba vor Schmerz fauchen, doch er brachte keinen Laut hervor. Er spürte, wie ihm eine zweite Nadel in die Schulter gestoßen wurde. Dann hoben ihn die beiden Männer hoch, und das unregelmäßige Schaukeln ihrer schwerfälligen Schritte war das Letzte, was Tamba wahrnahm.

Oh, sein Kopf hämmerte. Tamba wollte stöhnen, doch aus seinem Mund kam ein Geräusch, das klang wie ein Fauchen. Sein Arm zuckte, nein, nicht sein *Arm*, sein Vorderbein. Er spürte massige Fangzähne in seinem Mund. Und Fell. Einen Moment lang verstand Tamba nicht, was mit ihm geschah, doch dann wurde er sich seines Körpers ganz bewusst. Er steckte immer noch in der Gestalt seiner Raubkatze. Und dann kam die Erinnerung an die Jagd und die zwei deutschen Männer zurück. Reflexartig riss er die Augen auf und sprang auf die Füße. Er taumelte seitwärst und wäre beinah wieder gefallen.

»Ruhig«, redete ihm eine sanfte, weibliche Stimme zu.

Mit einem Fauchen fuhr Tamba herum. Langsam legte sich die drehende Welt um ihn, und er konnte seine Umgebung betrachten. Er steckte in einem Käfig! Eine Seite war mit Gitterstäben verschlossen, die anderen drei mit massiven Steinwänden. Der Boden war mit einer Gummimatte ausgelegt, und die Wand gegenüber des Gitters besaß einen Durchlass, wie eine große Katzenklappe. Diese war jedoch geschlossen. Tamba wandte sich den Gitterstäben zu, von wo die Stimme gekommen war.

Eine Frau stand dort. Sie trug eine dunkelgrüne Hose, die ihre Beine kein bisschen betonte, sondern nur locker an ihr hinabhing. Ebenso das dunkelgrüne Hemd mit dezentem V-Ausschnitt, der den Blick auf ein schwarzes T-

Shirt darunter freigab. Um ihren Hals hing ein Stethoskop, und sie hatte ihre üppige, schwarze Haarpracht zu einem Zopf am Hinterkopf gebändigt. Neben ihr stand ein kleiner Wagen mit Rollen, auf dem Spritzen und anderes medizinisches Zeug lagen. Tamba besah sich eines der Medikamentenfläschchen, konnte jedoch nicht lesen, was darauf stand.

»Keine Sorge, mein kleines Wunder. Du bist hier in Sicherheit. Niemand tut dir etwas«, redete die Frau ruhig auf ihn ein. Sie lächelte dabei und sah ihn aus gütigen, braunen Augen sanftmütig an.

Was wollte sie von ihm? Wie war er von Afrika hierhergekommen? Die Frau sprach auch deutsch. Hieß das, er war in Deutschland? Wie lange war er bewusstlos gewesen? Was hatten diese Männer … Vor lauter Wut stieß er ein ohrenbetäubendes Brüllen aus und begann, in seinem Gefängnis im Kreis zu laufen. Wütend sprang er nach vorn an die Gitterstäbe und versuchte, eine Pfote hindurchzuquetschen, doch die Frau war schon längst außer Reichweite. Tamba brüllte wieder.

»Beruhige dich, mein Wunder!«, rief sie ihm zu.

Wieso nannte sie ihn die ganze Zeit so? Er brüllte nur noch lauter. Er wollte raus hier, er … Er musste sich verwandeln! Es war ihm egal, was sie von ihm denken würde, oder ob sie vor lauter Schreck einen Herzinfarkt bekäme. Er musste hier raus! Doch Tamba konnte sich nicht verwandeln.

Etwas hielt ihn in seiner tierischen Gestalt fest. Er versuchte, sich zu konzentrieren. Es war so leicht, so natürlich. Nur ein einziger Gedanke … Nichts geschah.

Diesmal war sein Schrei nicht voller Wut, sondern tief und traurig. Gefärbt von Verzweiflung.

Die Nacht verbrachte er nicht mehr in dem kleinen Käfig.

Am Abend erschien die Frau wieder vor seinem Gefängnis. Sie lächelte ihn an. »Schon gut, Großer. Wir bringen dich jetzt in dein Gehege. Dort gibt es etwas zu essen!« Sie lächelte ihn an.

Tamba hob nur müde den Kopf. Mehrere Stunden hatte er sich die Seele aus dem Leib gebrüllt. Jetzt schmerzte seine Lunge, sein Hals brannte, und die Muskeln seiner Beine zitterten, als er aufstand. So schwach hatte er sich schon Jahrzehnte nicht mehr gefühlt. Was zur Hölle hatte diese Frau ihm verabreicht?

Und sowas schimpft sich Tierärztin!, knurrte er in Gedanken.

In diesem Moment öffnete sich die Luke auf der Rückseite seines Gefängnisses, und sofort kehrte die Kraft in Tamba zurück. Schnell sprang er hindurch, gefasst darauf, sich einem Kampf zu stellen. Doch statt Menschen oder anderen Tieren sah er sich einem langen Gang gegenüber, von dem in regelmäßigen Abständen große Katzenklappen abzweigten. Ganz hinten eine Tür. Tamba rannte los, vorbei an der einzigen geöffneten Klappe, die wohl in sein Gehege führte, direkt ans Ende des Ganges. Er sprang, wollte mit der Pfote die Klinke betätigen, wenn er sich schon nicht verwandeln konnte, doch es war abgeschlossen. Natürlich! Fluchend drehte er sich in dem Gang um.

»Komm schon, Großer!«, hörte er die sanfte Stimme der Frau, die offensichtlich vor seinem *Gehege* auf ihn wartete.

Er knurrte erneut. Dann jedoch trugen ihn seine Pfoten ihrer Stimme entgegen.

Sein Gehege war größer, als er gedacht hatte. Und statt kaltem Beton trat er jetzt auf Sand. Einen kurzen, sehnsüchtigen Moment lang dachte er, er wäre zurück in seiner Savanne, doch auch wenn sein Gehege dieser heißgeliebten Landschaft nachempfunden war, befand er sich dennoch in einem Käfig. Er brüllte und lief auf die Glasscheibe zu, die eine der vier Seiten seines Gefängnisses darstellte. Und dann, als er die Bänke sah, die zwei Türen in dem großen, gefliesten Vorraum und nicht zuletzt die Plakate mit riesenhaften Fotos von Geparden und Leoparden, unter denen schwarze Schrift prangte, wusste er, wo er sich befand.

Im Zoo.

Die Wilderer hatten ihn an einen Zoo verkauft!

Demütigend!, knurrte er in seinen Gedanken.

Seit zwei Tagen lag Tamba nun schon in seinem Innengehege und bewegte sich kaum. Er hatte sich in den hinteren Teil zurückgezogen, dort wo Bäume den Besuchern die Sicht auf ihn versperrten. Er lag auf einer kleinen Anhöhe, auf einem Felsen, der durch warmes Licht angestrahlt wurde, das sich fast anfühlte wie Sonnenlicht. Hier döste er den größten Teil des Tages vor sich hin, zuckte angefressen mit dem Schwanz und machte sich Gedanken. Wieso konnte er sich noch immer nicht verwandeln?

Die Verwandlung war für seinesgleichen wie Atmen für einen Menschen. Es war leicht, natürlich. Es ging ohne große Konzentration vonstatten. Es war ein essentieller Teil ihrer selbst. Nie hatte er sich Gedanken darüber machen müssen. Und dennoch steckte er fest. Ein tiefes Knurren entwich seiner Kehle, und er kniff wütend die Augen zusammen. Unruhig sprang er auf die Pfoten und begann, in seinem Gehege umherzustreifen. Vielleicht lag es daran, dass er so lange bewusstlos gewesen war, betäubt mit weiß Gott was für einem Giftcocktail. Sein Körper war fähig, das wegzustecken. Er war nicht umsonst Gestaltwandler. Doch die Heilung war in Gestalt des Geparden passiert. Vielleicht war das der Grund. Die Zeit würde es schon wieder in Ordnung bringen.

Zumindest hoffte Tamba das. So lieb er seinen Geparden hatte, er war auch gern ein Mensch, verdammt.

Jeden Abend, nachdem die Besucher verschwunden waren, kam die Tierärztin zu ihm. Wie bei ihrer ersten Begegnung trug sie einen grünen Kasack und eine grüne Hose. Ihr schwarzes Haar war immer hochgesteckt oder zumindest zu einem Pferdeschwanz gebunden. Und jeden Abend wurde der Ausdruck in ihren braunen Augen sorgenvoller.

»Stirb mir hier ja nicht weg!«, sagte sie und setzte sich vor das Gitter, das die vor den Besuchern verborgene Tür in sein Reich darstellte.

Durch eine kleine Luke darin schob sie ihm immer sein Essen hinein. So auch heute, doch Tamba hatte keinen Appetit auf rohes Fleisch. Er brummelte leise und setzte sich dann vor die Frau.

»Was ist, hm?«, fragte sie ihn und musterte sein Gesicht, seinen Körper mit fachmännischem Blick. »Vielleicht sollte ich dich noch mal untersuchen?«

Er sah ihr in die Augen, erwiderte ihren Blick direkt und ohne Scheu.

Sie lächelte leicht. »Oder vielleicht ist dir dein Gehege zu klein, hm? Morgen darfst du nach draußen, Großer!«, versprach sie ihm.

Yeah … toll …, dachte Tamba sarkastisch und wandte sich ab. Nach draußen! Noch mehr ekelhafte Zoobesucher! Er knurrte in sich hinein und verschwand im hinteren Teil seines Geheges.

So schlimm, wie er es sich ausgemalt hatte, wurde es gar nicht. Das Außengehege war groß und weitläufig. Es gab riesige, flache Steine, direkt vor dem Eingang nach drinnen. Dort konnte er liegen und sich die Sonne auf den Pelz scheinen lassen. Allerdings hatten die Besucher hier auch beste Sicht auf ihn.

Tamba gefiel mehr die urwaldartige Umgebung rund um seine »Höhle«, wie er das Innengehege nannte. Große

Bäume, sandige Weiten, versteckte Wege und ein Wasserloch, mehr ein großer Teich. Darin schwammen sogar ein paar Fische, denen Tamba mehrere Stunden täglich dabei zusah, wie sie umhertrudelten. Noch mehr Gefallen fand er allerdings an den Menschen. Er gewöhnte sich daran, dass sie ihn anstarrten. Die Kinder kreischten vergnügt, wenn sie ihn entdeckten, und mehrere hundert Fotos täglich wurden nur von ihm geschossen. Oder in der Hoffnung, ihn zu erwischen. Tamba streifte umher, beobachtete die Besucher seinerseits.

Und jeden Abend, wenn er wieder nach drinnen gelockt wurde, durch die Aussicht auf Fressen – inzwischen hatte er sich mit dem rohen Fleisch einigermaßen angefreundet – war *sie* dort und wartete. Für Tamba entwickelte sich der Abend zum besten Teil des Tages. Seine Tierärztin – ja, in Gedanken nannte er sie *sein* – saß ihm gegenüber, während er fraß, beobachtete seine Bewegungen und studierte seine Gesundheit.

Er hingegen studierte sie.

Ihr Duft betörte den Geparden ebenso wie den Mann. Sie roch nach Tier – nicht nur Raubkatze, auch Nashorn, Giraffe, Eisbär und noch viele andere mehr. Tamba mochte vor allem den erdigen Geruch nach Erdmännchen. Doch unter all den Gerüchen, die sie bei ihrer Arbeit tagsüber aufsammelte, roch sie pur nach weiblicher Energie. Tamba liebte es, ihren Duft durch die empfindliche Nase seines Gepards zu atmen.

Wenn er fertig war mit Fressen, legte er sich meist einige Meter entfernt des Gitters nieder und sah sie an, blickte sie einfach nur an. Musterte den Schwung ihres Kiefers, ihre hohen Wangenknochen, versuchte zu erahnen, wie grazil und muskulös gleichermaßen ihr Körper unter den unförmigen Klamotten sein mochte. Er wollte ihr seidig glänzendes Haar berühren. Doch die meiste Zeit blickte er ihr einfach in die Augen. Sie waren so braun wie der Stamm eines Savannenbaumes. Und in ihnen las er jeden Tag. Wie gern er ihren Namen gekannt hätte. Und wie sehr er wollte, dass sie den seinen kannte.

Der Zaun seines Außengeheges reichte den erwachsenen Besuchern bis zur Brust. Dahinter erstreckte sich noch für gut zwei Meter eine dichte Hecke, die regelmäßig gestutzt wurde, damit sie nicht die Sicht versperrte. Diese Barriere reichte aus, damit niemand aus Versehen die vier Meter in Tambas Gehege hinunterfallen konnte. Bei vielen Raubtiergehegen war zusätzlich noch ein Wassergraben um den Landanteil herum, doch nicht so bei Tamba. Der Bereich, der direkt an die Betonmauer grenzte, war größtenteils sandig. Niemand kam auf die Idee, sich so weit vorzubeugen, dass er hineinfallen konnte, oder gar über den Zaun zu klettern.

Niemand, bis auf eine.

Es gab eine Stelle, an der ein Baum am Rand des Zaunes wuchs, auf der Seite der Besucher. Seine Äste waren stämmig und robust, der Durchmesser seines Stammes betrug mindestens einen Meter. Es war ein alter Baum, und seine Krone war ausladend und spendete Schatten, sowohl Tamba, als auch den Menschen.

Tamba schenkte der jungen Frau anfangs keine Beachtung. Sie war nur eine von vielen, und den heutigen Tag wollte er auf seinem Stein verbringen. Die Sonne stand hoch und brannte auf sein Fell, und wenn er die Augen schloss und den Lärm ausblendete, konnte er sich fast vorstellen, noch in Afrika zu sein.

Eine leichte Brise streichelte sein Fell, und der Geruch des durch die Sonne erhitzten Gesteins stieg in Tambas Nase. Träge blinzelte er in die Menge. Seine übernatürlich scharfen Augen nahmen die Menschen detailliert wahr, obwohl sie von ihm nicht jede Kleinigkeit erkennen konnten. Er zuckte amüsiert mit dem Schwanz. Wenn er nicht auf sich aufpasste, könnte er sich an dieses Leben gewöhnen.

Nur vorübergehend, sagte er sich. Bis ich mich wieder verwandeln kann. Dann bin ich raus hier. Doch er wusste, dass er nicht so einfach gehen würde. Nicht mehr. Die vermaledeite Tierärztin würde er mitnehmen. Er grinste leicht in sich hinein, als sein Gepard eine Bewegung am Rande des Besucherzauns wahrnahm. Sein Kopf zuckte in diese Richtung, und er legte ihn schief, verwundert, was er da sah.

Die Frau trug einen Fotoapparat um den Hals, ein neues Modell einer Spiegelreflexkamera. Und sie fotografierte nicht etwa wie die anderen vom Rande des Zaunes aus, nein, sie war auf den Baum geklettert. Neben ihr stand ein besorgter Mann, der auf sie einzureden schien. Tamba konzentrierte sich, hob den Kopf noch etwas weiter und spitzte die Ohren.

»… runter da! Sophie! Bist du wahnsinnig?«

Doch sie ließ sich nicht beirren und kletterte unter leisem Lachen, das in angestrengtes Schnaufen überging, weiter auf den Baum. Schließlich stand sie auf einem Ast, hielt sich rechts an einem weiter oben fest und griff nach der Kamera. Tamba war so fasziniert von der Szene, dass er aufstand. Sein Blick löste sich von der Frau und richtete sich auf den Baum, von dort zum Boden. Sollte sie fallen, so würde es über vier Meter tief nach unten gehen. Direkt in den Sand.

Direkt in Tambas Gehege.

Sie wird sich jeden verfluchten Knochen im Leib brechen!, knurrte Tamba innerlich.

Sein Körper spannte sich an. Er war schnell, wenn er jetzt loslief …

In diesem Moment wechselte die Frau die Hände. Rechts an die Kamera, links an den Baum. Da sich der Ast, an den sie sich klammerte, jedoch rechts über ihr befand, hatte sie kaum sicheren Halt unter den Fingern, und Tamba wusste, was kommen würde, noch ehe sie es selbst begriff.

In dem Moment, als sie kippte, drückte sich Tamba mit den Hinterläufen vom Stein ab. Sein Körper war ein einziger stromlinienförmiger Blitz, als er auf die schreiende Frau zu rannte. Dennoch war er zu langsam. Schwer krachte die Frau in den Sand, und ihr Schrei erstarb. Ein Knacken hallte an Tambas Ohren, und kurz zuckte er mitfühlend zusammen.

Tamba bremste wenige Meter von ihr entfernt. Schreie erhoben sich, als die Besucher begriffen, was geschehen war.

»Sophie! Oh Gott, Sophie!«, schrie ihr männlicher Begleiter. »Oh Gott, so tut doch etwas! Erschießt die Katze!«

Tambas Blick zuckte nach oben. Sonst noch Wünsche?, knurrte er in sich hinein und brachte seinen Unmut durch ein lautes Fauchen zum Ausdruck.

»Nicht bewegen!«, hörte er da eine wohlbekannte Stimme unter all den hysterischen Rufen.

Sein Kopf ruckte herum, und er sah sie sofort. Seine Tierärztin. Ein Lächeln legte sich auf die Züge des Mannes, während der Gepard zu schnurren begann.

»Nicht bewegen da unten!«, wiederholte sie, als sie neben dem hysterischen Kerl zum Stehen kam.

»Sophie! Oh Gott, erschießen Sie die Katze und retten Sie meine Frau!«

»Sophie, hören Sie mich?«, rief seine Tierärztin, ohne auf den Mann einzugehen.

Zufrieden starrte Tamba zu ihm auf, und hätte er die Mimik eines Mannes besessen, so hätte er den anderen selbstgefällig angestarrt.

Sophie stöhnte, sie hatte sich ihr Bein gebrochen und hatte Schwierigkeiten, sich aufzurichten.

»Ich bin Tierärztin«, fuhr seine Tierärztin fort. »Bewegen Sie sich nicht, dann geschieht Ihnen nichts.«

»Nicht bewegen?« Sophies Stimme war hysterisch und vor Schmerzen rau. »Dieses Monster steht direkt vor mir!«

Also echt! Nächstes Mal versuch ich erst gar nicht, dich aufzufangen, knurrte Tamba lautlos und fletschte die Zähne. Trotz der aggressiven Geste blieb er ruhig sitzen und blickte majestätisch auf Sophie hinab.

»Er ist ein Gepard«, sagte seine Tierärztin, ohne auf Sophies Hysterie einzugehen. »Und Geparden hetzen ihre Beute zu Tode. Wenn Sie sich also nicht bewegen, wird er sie nicht als Fressen ansehen!«

Es gefiel Tamba, dass sie nun etwas pampig klang. Er bildete sich gern ein, dass Sophies Beleidigung der Grund dafür war. Innerlich grinste er.

»Okay, okay. Aber schaffen Sie endlich dieses Vieh hier weg!«, kreischte Sophie.

Tamba meinte, seine Tierärztin irgendetwas von Betäubungsgewehr reden zu hören, und es stellte ihm alle Haare auf. Nicht schon wieder so eine Giftspritze! Er sprang auf und entfernte sich zügig in Richtung seiner Höhle. Lieber verpasste er den Rest der Show, als schon wieder schlafen gelegt zu werden. Sonst würde er nie aus dieser Gestalt rauskommen!

Nur wenige Minuten nachdem er in die Höhle geschlüpft war, schloss sich das Tor, und er spähte durch die Gitterstäbe. Der Notarzt kam, und sie betraten sein Gehege durch dieselbe Tür, durch die sonst die Pfleger hereinkamen. Sophie wurde auf einer Trage nach draußen transportiert, und der Menschenauflauf zerfiel kurz darauf so schnell, wie er sich gebildet hatte. Tamba prustete und wandte sich dann ab. Er rollte sich im Sand zusammen und wartete, bis es Abend wurde.

Er roch sie, bevor er sie hörte. Tambas Kopf schnellte nach oben, und seine gesamte Aufmerksamkeit war dem Gitter zugewandt. Ihr Gesichtsausdruck war nachdenklich, und sie setzte sich näher zu ihm, als sie es je getan hatte. Tamba stand auf und legte sich kaum einen Meter vom Gitter entfernt auf den Boden. Aufmerksam musterte er sie, beide Ohren nach vorn gerichtet.

»Du bist seltsam, Großer«, begrüßte sie ihn.

Tamba blinzelte und nahm den Blick nicht von ihr. Er konnte ihr förmlich ansehen, wie ihre Gedanken arbeiteten. Sie hatte nicht geglaubt, dass das heute gut ausgehen würde. Klar, sie wusste, dass Geparden ihre Beute hetzten, doch sie war Zootierärztin. Ihr war ebenso klar, dass gefangene Raubtiere oft ganz anders reagierten als ihre freien Artgenossen. Sie hatte damit gerechnet, dass er Sophie fressen würde.

»Vielleicht bist du krank? Vielleicht ist es doch nicht nur die Umstellung. Ich sollte mir dich einmal genauer ansehen, oder, Großer?«

Tamba blinzelte und schüttelte dann langsam den Kopf.

Sie lachte auf.

Er kannte ihren Namen noch immer nicht.

»Du verstehst mich, hm?« Jetzt lächelte sie.

Besser, als du ahnst. Er wollte sich verwandeln, wollte ihr zeigen, wer er wirklich war. Doch er würde sie damit zu Tode erschrecken. Sie rückte näher. Er konnte sehen, wie sie tief durchatmete. Nervös kniff sie die Augen zusammen.

Was hast du vor?, fragte er sie mit einem intensiven Blick.

»Du starrst mich immer an …«, flüsterte sie. »Ich wette, du hast Erfahrung mit Menschen!« Sie nickte, sichtlich zufrieden mit dieser Erklärung.

Er schnaubte, stand auf und schüttelte sich am ganzen

Körper. Dann machte er einen langsamen Schritt aufs Gitter zu und legte sich dicht vor sie. Er stupste die Stäbe an.

Ihre Hand zitterte, als sie sie ausstreckte und direkt vor seine Nase hielt. Er sog ihren Duft tief ein und begann zu schnurren. Sie lachte, als sie einen Finger durch das Gitter schob. Kurz überlegte Tamba sich, ob er daran knabbern sollte, doch er wollte sie ja nicht zu Tode erschrecken. Also ließ er zu, dass sie seinen Kopf berührte und schnurrte brav weiter.

»Du bist etwas ganz Besonderes, oder?«, murmelte sie und lächelte.

Er blickte auf. *Okay, jetzt oder nie.* Er stand auf, ging einen Schritt zurück und atmete tief durch. Es musste jetzt klappen! Seine Tierärztin sah, wie die Luft um ihn herum zu flimmern begann. Es dauerte nicht länger als einen Wimpernschlag. Und als das farbige Flackern wieder erstarb, stand dort, wo eben noch der Gepard gestanden hatte, ein Mann.

Er war groß, sein Körper so stromlinienförmig und grazil wie der des Gepards. Sein Haar leuchtete so goldgelb wie das Fell seiner Katze. Und auch seine Augen waren sein Gepard. Bernsteinfarben. Und er war nackt.

Seine Tierärztin war auf die Füße gesprungen und stolperte rückwärts. »Oh Gott …«, hauchte sie, und Tamba sah, wie ihr Blick über seinen gesamten Körper glitt.

»Warte!«, seine Stimme war rau, er hatte sie schon sehr lange nicht mehr gebraucht.

Sie blieb noch immer nicht stehen, und er trat nach vorn. »Bitte, warte. Ich möchte dir das erklären!«

Doch sie drehte auf dem Absatz um und rannte nach draußen. Tamba fluchte ungeniert.

Als sie zwei Stunden später wiederkam, war er zurück in

seine Gepardengestalt geschlüpft. Er durfte nicht riskieren, von irgendwem in menschlicher Gestalt gesehen zu werden. Als sie sich diesmal vor sein Gitter stellte, hielt sie keinen Abstand, und auch er trat dicht heran.

»Was bist du?«, fragte sie, und in ihrer Stimme lag Ehrfurcht.

Doch Tamba hörte auch Zweifel. Und Angst. Er verwandelte sich zurück in einen Menschen und legte die Hände um die Gitterstäbe. »Ich bin ein Gestaltwandler.«

»Wieso hast du dich dann nicht schon längst hier herausgeholt?«, fragte sie und verschlang sein Gesicht mit ihren Augen.

Er verkniff sich ein Lächeln und blieb ernst. »Das Betäubungsmittel hat meine Wandlung beeinträchtigt«, sagte er ihr wahrheitsgemäß.

Entweder sie würde ihn hier rauslassen, oder er müsste es selbst tun. Das Ergebnis blieb das Gleiche. Er würde sie mitnehmen, wenn er ging. Nur deshalb erzählte er ihr das alles. Er wollte, dass sie freiwillig mit ihm kam.

»Wie heißt du?«, fragte sie nach einer langen Pause. Ihre Arme waren vor ihrer Brust verschränkt, als wäre ihr kalt.

»Tamba«, antwortete er. Langsam bekam seine Stimme wieder ihren gewohnten Klang. »Und du?«

»Maja.«

Er lächelte ihr zu. Ein Geräusch unterbrach sie. Seine Tierärztin zuckte zusammen und wandte sich ab. Als sie nur Sekunden später wieder in seine Richtung blickte, war Tamba zum Geparden geworden und hatte sich in den Schutz der Vegetation seiner Höhle zurückgezogen.

Ein Mann trat ein. Tamba beachtete ihn kaum, blickte nur sie an, die ihn mit den Augen suchte. Seine Tierärztin hatte einen Namen. *Maja.* Der Mann war einer der Pfleger, und er sprach mit Maja über eines der Zebras, dem es schlecht ging.

Am nächsten Abend kam sie nicht wie sonst, sobald die Besuchertore geschlossen waren. Tamba lief am Gitter auf und ab, sein Gepard wurde immer unruhiger. Und auch der Mann war nervös. Stunden verstrichen, und er dachte schon, sie würde gar nicht mehr kommen. Doch dann, draußen war schon finstere Nacht, öffnete sich die Tür, und Licht flammte auf. Sie hielt einen Mantel in der Hand.

»Hallo, Tamba«, murmelte sie und lächelte zaghaft. Sie öffnete die Tür, und der Gepard trat aus dem Käfig hinaus.

Er blickte als Katze zu ihr auf, stieß seinen Kopf gegen ihre Hand. Sie lächelte und strich ihm ehrfürchtig über den Rücken. Dann hielt sie ihm den Mantel hin. Er verwandelte sich und schlüpfte hinein.

»Ich bin froh, dass du wiedergekommen bist.« Tamba grinste. »Ich dachte schon, ich hätte dich verschreckt.«

»Ich bin Tierärztin. Da braucht es schon etwas mehr. Spritzender Eiter zum Beispiel.« Sie hielt inne und fügte trocken hinzu: »Wobei … nein, reicht nicht.«

Er lachte. »Frag, was immer du wissen willst!«, sagte er und blickte sie direkt an.

»Woher weißt du …?«

»Du bist hier, hast mir sogar was zum Anziehen gebracht. Und du hast mich rausgelassen.« Er lachte auf und setzte sich auf eine der Besucherbänke.

Maja setzte sich neben ihn, wandte sich ihm zu.

»Du willst eindeutig etwas von mir. Sowas nennt man Bestechung.«

»Du … bist ein echter Mensch, oder?«, fragte sie, ohne darauf einzugehen, auch wenn sie sich ein Lächeln nicht verkneifen konnte.

»Teilweise. Mein anderer Teil ist ein Gepard. Den kennst du ja bereits.«

»Wie ist sowas möglich?«, fragte sie.

Er lächelte nur. »Ich bin hier, oder? Gestaltwandler gibt es schon, seit es Menschen gibt.«

»Und niemand weiß von euch?« Erstaunen lag in ihren Augen.

Tamba wiegte den Kopf. »Wenige«, korrigierte er. »Zu unserer eigenen Sicherheit. Sonst werden wir noch in Zoos gesperrt und begafft.« Sie sah ihn verlegen an, doch er lachte. »Wobei mir das ja auch so passiert ist …«

Jetzt lächelte sie zaghaft. »Das ist vollkommen unglaublich«, sie lachte auf.

Tamba sagte nichts darauf. Das war etwas, was sie von sich aus annehmen musste. Er konnte ihr nicht helfen, es zu akzeptieren.

»Wie soll es jetzt weitergehen?«, fragte sie ihn nach einer langen Pause. »Ich meine, ich glaube nicht, dass du noch weiter hier im Käfig sitzen willst.« Sie lachte etwas ungläubig.

Er wandte sich ihr zu und griff nach ihrer Hand. »Nein. Ich werde von hier verschwinden. So oder so. Doch ich hoffe, dass du mir dabei helfen kannst.«

Sie starrte auf ihre miteinander verschränkten Hände und schluckte. Ihre Kehle war trocken, denn sie musste sich räuspern, ehe sie sprach. »Und wie soll das gehen? Ich kann dich nicht einfach laufen lassen. Wie soll ich erklären, dass unser Gepard fehlt?«

»Du könntest mit mir kommen«, schlug er impulsiv vor.

Verdammt, diese Frau hatte es ihm angetan. Seit über einer Woche kam sie Abend für Abend zu ihm, redete mit ihm, auch als sie noch dachte, er wäre ein Gepard. Nachdem sie erkannt hatte, was er wirklich war, war sie nicht etwa davongerannt, sondern immer noch hier. Ihr Blick fing den seinen mit Leichtigkeit ein. Er konnte seine Augen nicht von ihr lassen. Der Drang, durch ihr Haar zu fahren, ihre Wange zu streicheln, wurde übermächtig.

»Komm mit mir! Ich werde dir Afrika zeigen.« Er wollte die Wunder seiner Heimat mit ihr teilen.

Sie umfasste seine Hand fester, musterte seine Augen. Ihr Blick glitt über seine Wangen, seine Lippen und zurück zu seinen bernsteinfarbenen Augen.

Das hier war eine Entscheidung, die nur sie treffen konnte. Niemand würde sie Maja abnehmen oder ihr helfen können, sich für eine Seite zu entscheiden. Sie riss sich von seinem Blick los und starrte in die Ferne.

Tamba konnte sehen, dass sie ihr Leben überdachte.

»Du könntest nie mehr zurück. Schließlich hast du einen Geparden gestohlen.« Er konnte sich ein Lachen nicht verkneifen, und ihr Blick schnellte zu ihm zurück.

Auch sie lächelte. »Wer garantiert mir, dass das hier funktioniert?«, sie deutete auf ihn und sich selbst.

Es war eine berechtigte Frage, schließlich verlangte er von ihr, ihr ganzes Leben aufzugeben. Nur um einem vollkommen Fremden zu folgen.

»Niemand«, gab er ehrlich zu.

Sie schluckte, kniff die Augen besorgt zusammen.

»Aber du könntest den Tieren in Afrika helfen. Du könntest das alles als ein Abenteuer sehen.«

»Ein Abenteuer?«, sie lachte.

Tamba sah sie verwirrt an.

»Weißt du, mein gesamtes Leben war von vorn bis hinten durchgeplant. Meine Eltern wollten, dass ich aufs Gymnasium ging, Medizin studierte und in einem renommierten Krankenhaus arbeitete.«

»Aber du bist Tierärztin.« Er lächelte.

Diese Frau war es gewohnt, sich gegen andere durchzusetzen. Sie war stark und hatte einen eisernen Willen.

»Die anderen Raubkatzen werden dich lieben, Maja.«

Die Worte waren eher für ihn selbst bestimmt, doch sie hörte sie trotzdem. Und sie zauberten ein sanftes Lächeln auf ihr Gesicht.

»Okay«, murmelte sie leise, ernst, aber voller Sicherheit. Dies hier wollte sie tun.

Tamba zog sie auf die Füße und gab dem Verlangen nach, ihre Wange zu streicheln.

Katharina Hofmann

Heimgesucht

Sie war wieder hier.

Das Zimmer hatte sich verändert, und doch war es nicht fremd. Die hohen Decken, der Stuck an den Wänden, der alte Holzschrank, alles war noch da.

Aber einige Dinge waren neu. Der Parkettboden war mit einem grauen Teppich überklebt worden. Lange Vorhänge bewegten sich sachte im Wind, der durch das offene Erkerfenster strich. In der Ecke neben der Tür stand ein Bett. Die leisen Atemzüge des Mädchens, das darin lag, waren das einzige Geräusch im Raum.

So viele schöne Erinnerungen an das Leben in diesem Zimmer. Und dann die eine, die alles zerstört hatte, wie Blut, das ein weißes Taschentuch besudelt. Sie war die stärkste.

Voller Hass.

Das Fenster schlug mit einem lauten Knall zu. Claire fuhr aus dem Schlaf hoch. Ihr Herz raste, als sie sich in der dunklen, fremden Umgebung umsah. Im ersten Moment wusste sie nicht, wo sie war. Dann fiel es ihr wieder ein. Rasch schaltete sie ihre Leselampe ein, die ein schwaches Licht auf ihr neues Zimmer warf. Der Strahl reichte kaum bis zu dem Fenster im Erker am anderen Ende des Raumes. Claire schob ihre Beine aus dem Bett und näherte sich vorsichtig.

Plötzlich stolperte sie über etwas, das mit einem raschelnden Geräusch über den Boden rutschte. Claire blieb erneut fast das Herz stehen. Dann sah sie, dass es sich bei dem Hindernis um einen der Umzugskartons handelte, die noch unausgepackt vor dem Schrank standen. Sie rieb sich das Schienbein und schloss das Fenster. Ihre Hand zitterte immer noch, als sie sie zurückzog. Eigentlich war es für ein fast dreizehnjähriges Mädchen unangemessen, sich im Dunkeln zu fürchten. Aber es war die erste Nacht in der neuen Wohnung, ganz allein in diesem unbekannten Zimmer.

Zuerst hatte sich Claire vor Freude überschlagen, als ihre Eltern ihr das größere der beiden Schlafzimmer überlassen hatten. Das war das erste positive Ereignis seit ihrem Umzug gewesen. Doch jetzt war ihr unheimlich, die hohen Wände ließen sie kaum die Decke erkennen. Und kalt war es. Rasch kletterte Claire zurück in ihr Bett und versuchte, wieder einzuschlafen. Wie immer, wenn sie nachts wach lag, liefen ungewollt alle gruseligen Sequenzen jeglicher Horrorfilme, die sie gesehen hatte, vor ihrem inneren Auge ab. Sie versuchte, die grausigen Bilder auszublenden, doch es gab keinerlei Ablenkung.

Als sie endlich in einen unruhigen Schlaf fiel, waren ihre Träume dunkel und fremd wie ihr neues Zimmer.

Am nächsten Tag war es Claire so langweilig, dass sie ihre Mutter freiwillig zum Einkaufen begleitete. Abgesehen davon, dass sie in der neuen Stadt noch niemanden kannte, waren auch noch Sommerferien. Ihre Mutter zeigte sich trotz des Umzugsstresses der letzten Tage verständnisvoll und kaufte Claire ihre Lieblingscornflakes, die sie sonst immer als *ungesundes Möchtegern-Müsli* bezeichnete. Vermutlich war sie erleichtert, dass Claires wochenlanges Gejammer mittlerweile in resigniertes Schweigen übergegangen war.

Als sie ihre Einkäufe ins Treppenhaus trugen, trafen sie auf den Vermieter, der die Erdgeschosswohnung des Vierparteienhauses bewohnte. Er war ein rundlicher Mann Mitte Vierzig, der für Claires Geschmack etwas zu freundlich war. Ihre Mutter unterhielt sich überschwänglich mit ihm. Obwohl Claire wusste, dass sie unhöflich war, ging sie schon mal vor und schleppte ihre Einkaufstüte hinauf bis in den zweiten Stock. Dort setzte sie sich auf die Holztreppe vor ihre Haustür.

Immer noch müde von letzter Nacht schloss sie für einen kurzen Moment die Augen. Dann hörte sie eine Tür quietschen. Es kam von weiter oben, dort befand sich eine Dachgeschosswohnung, soweit Claire wusste. Sie öffnete ein Auge. Aber es kam niemand. Oben blieb es ruhig. Sie meinte, das Knarzen einer Treppenstufe zu hören. Dann das der nächsten. Und der übernächsten. Auf einmal kribbelte ihr Rücken. Claires Augen flogen auf. Ihr ganzer Körper überzog sich mit einer Gänsehaut. Sie sprang auf, meinte, aus dem Augenwinkel eine Bewegung zu erhaschen, und fuhr herum. Es war niemand zu sehen.

Plötzlich erklangen erneut Schritte, lauter dieses Mal. Claire brauchte einen Moment, um zu begreifen, dass sie nun von unter ihr kamen. Der Kopf ihrer Mutter erschien am Treppenabsatz. Claire atmete erleichtert aus.

Um der Langeweile zu entfliehen, ging sie durchs Treppenhaus zur Hintertür, von der eine Steintreppe in den kleinen Garten führte. Claire war schon bei der Besichtigung einmal kurz hier gewesen. Der verwunschene, zugewachsene Garten gefiel ihr. Zwischen zwei hohen, alten Bäumen hatte jemand eine Schaukel gespannt.

Claire saß so in Gedanken versunken, dass sie erschrak, als die Tür zum Garten aufgestoßen wurde. Ein Junge kam die Treppe herunter. Er hieß Nils, war dreizehn Jahre alt und wohnte mit seiner Familie im ersten Stock, das hatte Claire gestern im Treppenhaus beim Umzug erfahren.

»Hey, ich wollte mal sehen, was du so machst«, sagte er.

»Nicht viel, schaukeln, wie es aussieht«, antwortete Claire argwöhnisch.

Er tat ja fast so, als würden sie sich schon ewig kennen. Wie erwartet ließ er sich nicht so leicht abwimmeln.

»Okay ich geb's ja zu, meine Mutter hat mich runtergeschickt, weil du so verloren ausgesehen hast.« Er räusperte sich. »Aber ich wäre nicht hergekommen, wenn du nicht ganz nett wirken würdest. Ich hoffe, das bist du auch.«

»Meistens schon.« Claire entschied, ihn zu mögen. Ein bisschen Gesellschaft konnte nicht schaden.

Sie unterhielten sich eine Weile.

Dann stellte Claire eine Frage, die sie schon länger beschäftigte. »Wer wohnt eigentlich ganz oben im Haus?«

»Über euch? Ach, da wohnt der alte Jens. Ist der Bruder vom Herrn Tebe, weißt schon: unser Vermieter. Er hat vorher in eurer Wohnung gewohnt. Man sieht ihn nur sehr selten, er hat sie wohl nicht mehr alle. Ein bisschen unheimlich.«

Claire holte tief Luft. »Jetzt, da du es erwähnst, ich glaube, er hat mich heute beobachtet, im Treppenhaus. Ich bin nicht ganz sicher.«

»Oho«, machte Nils scherzhaft, »hoffentlich hat er es nicht auf dich abgesehen.«

Das hoffte Claire auch, denn am Abend, als sie nach dem Essen in ihrem Zimmer las, hörte sie den alten Jens zum ersten Mal.

Er begann, aus dem Nichts heraus zu brüllen. Er schrie herum wie in einem furchtbaren Streit und rannte über ihrem Zimmer auf und ab. Ab und zu polterte etwas. Claire verstand nur ab und zu ein paar Wortfetzen wie »ihr Schweine« und »Verrat«.

Ihre Mutter kam ins Zimmer gestürzt. »Keine Sorge, Liebes, das ist nur der Bruder vom Vermieter. Er ist verrückt, Herr Tebe hat mich schon gewarnt, dass er ab und zu Wutanfälle bekommt. Er nimmt anscheinend starke Medikamente.«

»Dann ist er tatsächlich ganz allein da oben? Und streitet mit sich selbst?« Claire lief ein Schauer über den

Rücken. »Wie beruhigend, einen Psychopathen im Haus zu haben! Sag mal, geht's noch?«

»Er ist doch nur krank, Claire! Herr Tebe ist schon auf der Suche nach einem passenden Heim, seit die Anfälle schlimmer werden. Er wohnt nur übergangsweise im Dachgeschoss.«

Im Bett diese Nacht konnte Claire erst recht nicht mehr schlafen. Jens Tebe hatte sein Gebrüll zwar eingestellt, doch die Geschichte geisterte weiterhin durch Claires Kopf. Sie saß mit ihrem Buch im Bett und lehnte an der Wand. Es war wieder kalt in ihrem Zimmer. Der Nachteil eines Altbaus, hatte ihre Mutter erklärt. Aber war das noch normal?

Plötzlich war es, als hätte sich die Wirklichkeit verschoben. Claire saß noch in ihrem Bett wie zuvor. Ihre Nachttischlampe brannte. Das Buch glitt aus ihren Händen, als sie am anderen Ende des Zimmers eine Bewegung sah. Mittlerweile war es eisig kalt.

Claire saß da wie festgefroren. Dort, ihr gegenüber am Erkerfenster, stand jemand. Es war kein Mensch, eher eine Puppe. Eindeutig weiblich mit kurzen, braunen Haaren in einem grünen Nachthemd. Sie stand einfach da und doch auch nicht. Puppe war auch das falsche Wort, sie war eher wie eine Zeichnung, zweidimensional. Sie starrte Claire an. Aus schwarzen, bodenlosen Augen. Sie war nicht freundlich. Ganz und gar nicht. Sie machte einen Schritt und hob den Arm.

Endlich konnte Claire schreien. Sie schrie furchtbar laut und hörte erst auf, als ihre Eltern ins Zimmer gestürmt kamen. Sie sah ihre Eltern mit schreckensweiten Augen an, dann zurück zum Erker. Die Gestalt war verschwunden, natürlich. Claire schnappte nach Luft, sie konnte eine volle Minute lang nicht vernünftig auf die Fragen ihrer Eltern antworten.

Als sie schließlich in unzusammenhängenden Sätzen

das Gröbste herauskriegte, legte ihr Vater ihr eine Hand auf die Schulter. »Ganz ruhig. Das war ein böser Albtraum.«

»Das kommt bestimmt nur von deinen Psychopathen-Fantasien«, sagte ihre Mutter. »Du siehst zu viele schlechte Filme.«

»Aber es war kein Traum!«, rief Claire hilflos. »Ich bin weder eingeschlafen noch aufgewacht, sie war da, bis ihr ins Zimmer kamt.« Sie bemerkte selbst, dass ihre Eltern sie keine Sekunde für voll nahmen.

Immerhin kochten sie ihr einen Tee und blieben noch sitzen, bis Claire sich beruhigt hatte.

Als Claire schon fast wieder eingeschlafen war, stand ihr Vater auf und flüsterte: »Ich lasse deine Tür einen Spalt offen, ja? Gute Nacht.«

»Nacht«, flüsterte Claire, dann fiel sie in einen festen, traumlosen Schlaf.

Am nächsten Tag erwähnte sie die Sache nicht mehr, um sich eine weitere Blamage zu ersparen. Bei Tageslicht hatte ihr Zimmer nichts Bedrohliches mehr an sich, aber trotzdem, Claire war sich sicher, dass sie etwas gesehen hatte.

Nils und sie vertrieben sich wieder zusammen die Zeit. Sie ergänzten sich gut, weil Claire schließlich noch niemanden kannte und alle seine Freunde in den Urlaub gefahren waren. Nachdem sie im Garten Fußball gespielt hatten, schnorrten sie bei ihren Müttern um Geld und gingen Süßigkeiten am Kiosk kaufen. Danach saßen sie in der Sonne vor der Haustür.

Beinahe hatte Claire ihre Sorgen vergessen, doch da rüttelte Nils an ihrem Knie und nickte zur anderen Straßenseite hinüber: »Da kommt er. Der Psychopath.«

Seit Claire Jens Tebe einmal in Nils' Gegenwart so genannt hatte, war dieser begeistert dazu übergegangen, ihn ebenso zu nennen.

Jens Tebe sah seinem Bruder ein wenig ähnlich, war jedoch abgerissen und ausgezehrt.

Nils grüßte höflich, und auch Claire piepste »Hallo«.

Jens Tebes Augen huschten unruhig von ihr zu Nils, vermieden jedoch direkten Blickkontakt. Der Schlüsselbund klirrte laut in seinen zitternden Händen. Er brauchte mehrere Ansätze, das Schloss zu treffen, und ließ den Schlüssel beim Herausziehen fallen. Er bückte sich fahrig und murmelte vor sich hin. Dann fiel die Tür hinter ihm zu.

Claire schüttelte sich und entkrampfte ihre Hand um die Papiertüte mit den Weingummis, die sie, ohne es zu merken, zusammengedrückt hatte. »Gruselig!«

»Sag mir Bescheid, falls er heute Abend wieder rumschreit.« Nils' Augen leuchteten fasziniert. »Schade, dass man es nicht bis zu uns runterhört.«

Claire musste lachen, trotz des unguten Gefühls, das sie immer wieder beschlich.

Claire fürchtete sich richtig vor dem Schlafengehen. Sie versuchte, das Ganze so lang wie möglich herauszuzögern, doch ihre Eltern schickten sie unerbittlich ins Bett. Sich ihre Angst nicht anmerken zu lassen, war gar nicht so einfach. Am liebsten wäre Claire zu ihren Eltern ins Bett gekrochen, aber sie war schließlich kein kleines Kind mehr. Doch als sie allein in ihrem Zimmer hockte und beim Lesen ihre Knie schlotterten, fühlte sie sich wieder wie eines.

Ruhig, dachte sie immer wieder. Es muss nicht noch mal passieren.

Sie schaffte es nicht, sich auf ihr Buch zu konzentrieren. Angespannt starrte sie in den Erker.

Und plötzlich, vom einen Moment auf den anderen, war die Frau wieder da. Ihre leeren Augen waren auf den Schrank gerichtet. Wütend glühten sie in ihrem eckigen

Gesicht. Sie war kein lebender Mensch, das wusste Claire ohne Zweifel, aber was war sie dann?

Mit zitternder Hand streckte Claire ihre Hand zum Lichtschalter neben ihrer Zimmertür aus. Licht verschreckte Geister. Oder? Die Deckenbeleuchtung flammte hell auf. Doch die Gestalt verschwand nicht. Trotz des Lichtes waren ihre Umrisse nicht deutlicher geworden, ihre Silhouette blieb verschwommen. Um ihre gesamte Erscheinung lag etwas Blasses, Vergilbtes, wie Papier.

»Wer bist du?«, flüsterte Claire.

Die Frau blickte sie an. Sie öffnete den Mund, ein schwarzes Loch wie auf einer schlechten Zeichnung. Aber es kam kein Laut heraus. Urplötzlich griff sie nach einem der Umzugskartons, riss ihn hoch und schleuderte ihn durch die Luft. Der Karton prallte gegen die Wand und verlor dabei Stapel von CDs und Büchern.

Claire schrie auf, endlose Sekunden vergingen, bis endlich ihre Eltern ins Zimmer gerannt kamen.

»Sie war wieder da!«, schluchzte Claire.

»Was war das für ein Knall?«

»Sie hat den Karton geworfen.«

»Claire, bist du sicher, dass jemand hier war? Das Fenster ist zu, wie soll diese Frau hier rein- und rausgekommen sein?«

»Wahrscheinlich schlafwandelst du«, überlegte Claires Mutter, »das ist mir als Kind auch mal passiert. Du durchlebst im Moment eine Phase der Veränderung, manchmal kommt so etwas vor.«

Es hatte keinen Zweck. Claire bereute es, ihre Eltern gerufen zu haben. Aber die Frage war doch: Was wäre passiert, wenn sie nicht hereingekommen wären?

Claire entschied, dass sie wenigstens einen Verbündeten brauchte. Zögernd erzählte sie Nils von den nächtlichen Geschehnissen.

Zunächst sah er überrascht aus, aber als er merkte, wie

sehr sie das Ganze mitnahm, blieb er ernst. Am Ende ihrer Geschichte rieb er sich sogar über die Arme. »Ich hab Gänsehaut«, gab er zu. »Wow, das klingt echt übel.«

Dafür, dass er sie nicht auslachte, hätte Claire ihn umarmen können. Sie hatte am Morgen ein Gespräch ihrer Eltern belauscht.

Ihr Vater war schon auf dem Sprung zur Arbeit gewesen, als Claire ihn hatte sagen hören: »Meinst du nicht, sie ist schon etwas zu alt für solche Albträume?«

»Ich bin sicher, es liegt am Umzug. Den hat sie einfach nicht verkraftet«, hatte ihre Mutter erwidert.

Seitdem war Claire eindeutig klar, dass sie ihr kein einziges Wort glaubten und sie außerdem noch für kindisch hielten. Nils' Unterstützung tat ihr unwahrscheinlich gut.

»Was meinst du, was sie ist?«, fragte er.

»Ich weiß es nicht«, sagte Claire. Sie kann plötzlich auftauchen und verschwinden. Sie ist flach und sieht aus wie der Grundriss einer Zeichnung. Sie spricht nicht. Sie ist voller Hass. Und nicht menschlich. Jedenfalls nicht mehr.« Sie schluckte. »Ich glaube, sie ist sowas wie ein Geist.«

Nils überlegte. »Wenn sie eine Tote ist, dann hat sie keinen Frieden gefunden. Irgendetwas hält sie noch hier. Vielleicht wurde sie ermordet?«

»Du meinst … in meinem Zimmer?« Dieser Gedanke gefiel Claire ganz und gar nicht.

»Leider wohnen wir ja auch erst seit einem halben Jahr hier. Hm. Wir könnten ja mal jemanden fragen, der schon länger hier wohnt. Herrn Tebe zum Beispiel.«

»Nils!« Claire krallte ihre Hand in seinen Arm. »Was ist mit seinem Bruder? Er ist durchgedreht! Unzurechnungsfähig, wahrscheinlich schizophren. Das sind doch immer die Mörder!« Ihr wurde ganz übel. »Und er hat vorher in unserer Wohnung gewohnt …«

Nils wurde blass um die Nase.

»Das reicht!«, rief Claire, kurz davor, hysterisch zu werden. »Ich will nicht mehr in diesem Zimmer schlafen! Das halte ich nicht aus!«

»Okay, bleib cool!«, sagte Nils etwas hilflos. »Ich … ich kann ja bei dir schlafen oder so.« Er wurde ein kleines bisschen rot.

Claire vergaß ihre Panik für einen winzigen Moment und schwieg verlegen. »Sie würde bestimmt nicht kommen, wenn du da bist«, sagte sie dann. »Ich glaube, ich bin die Einzige, der sie sich zeigt. Warum auch immer.«

»Vielleicht will sie dir etwas sagen.«

»Oder mir wehtun.«

»Dir passiert schon nichts.« Ganz überzeugt klang Nils nicht. »Wie auch immer, lass uns mal mit dem Tebe reden!«

Sie hatten im Garten gesessen und stiegen die Stufen hoch zur Hintertür.

Ganz kurz glaubte Claire, eine Bewegung am Dachfenster zu sehen. Rasch folgte sie Nils ins Treppenhaus. »Warte!« Sie hielt Nils an. »Was ist das?«

Von weiter oben war das plätschernde Geräusch von Wasser zu hören.

»Moment, ist heute Dienstag? Dann ist das die Putzfrau. Umso besser, fragen wir doch erstmal sie.«

Bevor Claire etwas sagen konnte, stürmte er bereits die Treppe hoch.

Das schwappende Geräusch stammte tatsächlich von der Putzfrau. Sie wischte gerade die Stufen vor Claires Wohnungstür. »Nicht reintreten!«, sagte sie missbilligend.

Zum Glück war Nils die Höflichkeit in Person und hatte die ältere Frau sofort um den Finger gewickelt.

Auf seine Frage, wie lange sie denn schon im Haus beschäftigt sei, antwortete sie: »Lass mich überlegen, damals hat mein Mann seinen Job verloren, schlimme Sache. Da musste ich mir dann eben Arbeit suchen, und ihr müsst wissen, früher haben junge Mädchen wie du« – sie zeigte mit ihrem Mopp auf Claire – »nichts gelernt. Ich war Hausfrau. Deshalb habe ich nur die Stelle als Reinigungskraft bekommen. Hm, das ist jetzt bestimmt schon fünf Jahre her.«

Nils witterte seine Chance. »Und haben damals andere Leute hier gewohnt?«

»Nee, nee. Das Haus hat auch früher schon den Tebes gehört. Damals lebten auch die Eltern der Brüder noch. Nette Leute, schon sehr alt, sind ziemlich bald gestorben, nachdem ich die Stelle hier angetreten habe. Sie wohnten in der Wohnung im ersten Stock, wo du mit deinen Eltern wohnst, Nils. Der jüngere Sohn Michael wohnte wie auch jetzt noch im Erdgeschoss. Der Jens wohnte noch bis vor Kurzem in eurer neuen Wohnung, Mädchen. Das Dachgeschoss wurde erst später ausgebaut, ich weiß noch, das hat der Jüngere fast ganz alleine gemacht, handwerklich sehr begab…«

»Hat in unserer Wohnung denn auch mal eine Frau gewohnt?«, unterbrach Claire den Redeschwall der Frau.

Diese sah etwas beleidigt drein. »Nein, soviel ich weiß nicht. Also ich kann natürlich nicht sagen, was war, bevor Herr und Frau Tebe dort eingezogen sind …«

»Moment«, fiel ihr Claire ein zweites Mal ins Wort, »Sie haben doch gesagt, hier wohnte keine Frau?«

»Ja, ich dachte außer Frau Tebe.«

»Das heißt, Jens Tebe war verheiratet?«

»Oh ja, aber das ist keine schöne Geschichte.«

Da war sie! Die Information, die ihnen gefehlt hatte.

»Was ist passiert?« Claire traute sich kaum zu fragen.

»Ich habe nicht viel mitbekommen, bin ja nur einmal die Woche hier. Die Frau Tebe ist eines Nachts verschwunden. Die Polizei war hier, es war eine große Aufregung. Niemand hat sie je wieder gesehen. Ist dem Jens Tebe bestimmt davongelaufen, ich habe sie einmal streiten gehört. Er hat es jedenfalls nicht überwunden. Er ist richtig verrückt geworden, es wurde immer schlimmer. Er bekam starke Medikamente. Um seine Behandlung zahlen zu können, fing sein Bruder jetzt an, die Wohnungen zu vermieten. Ich glaube, er spart für ein Heim für seinen Bruder.« Sie plapperte noch ein bisschen weiter darüber, doch Nils und Claire hörten schon nicht mehr zu.

»Danke!«, rief Nils, während Claire ihn schon wieder die Treppen herunter in den Garten zerrte.

Dort tigerte sie aufgeregt hin und her. »Sie ist seine Frau. Sie ist nicht abgehauen! Er hat sie auf dem Gewissen! Wir wohnen mit einem Killer zusammen, ich fasse es nicht!«

»Meinst du, wir sollten unsere Eltern warnen?«, fragte Nils angespannt.

Claire ließ sich auf die Schaukel sinken. »Die glauben uns ja doch nicht.«

»Dann brauchen wir Beweise.«

Claire erschrak vor der Bestimmtheit, mit der er das sagte. Aber er hatte recht.

»Wir müssen nach oben zu ihm. Wenn er nicht da ist.«

»Michael Tebe hat alle Schlüssel!«, rief Nils. Mit gesenkter Stimme fuhr er fort: »Wir waren mal bei ihm zum Kaffee, er hat so ein Schlüsselbrett im Flur hängen.«

»Gut, dann habe ich eine Idee.«

Es war ein simpler Plan, der erstaunlich gut funktionierte. Nils schellte bei Michael Tebe und beichtete mit gesenktem Kopf, er habe einen Blumentopf mit seinem Fußball zerschossen. Der Vermieter folgte ihm und ließ seine Tür tatsächlich nur angelehnt. Claire hatte, auf dem oberen Treppenabsatz versteckt, gewartet und flitzte in die Wohnung. Sofort sah sie das Schlüsselbrett, das Nils beschrieben hatte. An den Haken hingen aufgereiht die fein säuberlich beschrifteten Schlüssel. Ein Kinderspiel, sie nahm den Schlüssel zum Dachgeschoss und steckte ihn ein. Damit Herr Tebe die Lücke nicht bemerkte, hängte Claire ihren eigenen Schlüssel zu ihrer Wohnung an den Haken. Zum Glück benutzte Tebe bei allen Schlüsseln den gleichen schwarzen Anhänger, sodass der Unterschied auf den ersten Blick nicht auffiel.

Claire trat mit klopfendem Herzen zurück auf den Flur. Gerade rechtzeitig, denn Herr Tebe kehrte mit Nils im Schlepptau zurück. Sie hatte keine Gelegenheit mehr, sich erneut zu verstecken, darum blieb sie kurzerhand vor Herrn Tebes Haustür stehen. Ihr Herz raste. Nils' Augen weiteten sich, als er sah, dass Claire noch da war.

»Oh, da sind Sie ja«, stotterte sie aufs Geratewohl. Zum Glück kam ihr eine Idee. »Meine Mutter schickt mich. Ich soll fragen, ob sie Milch da haben. Sie will backen und hat vergessen, welche zu kaufen.«

»Oh, natürlich habe ich Milch für die Frau Mama!« Er verschwand in der Wohnung.

Nils warf Claire einen vorwurfsvollen Blick zu. »Wir treffen uns oben«, flüsterte er.

Herr Tebe kehrte mit einem Liter Milch zurück und strahlte Claire an. »Ich hoffe, du hilfst deiner Mutter schön beim Backen. Was wird es denn für ein Kuchen?«

»Käsekuchen«, sagte Claire, ohne mit der Wimper zu zucken. Sie entschied, ihm auch noch eine Frage zu stellen, jetzt wo er schon einmal vor ihr stand. Vielleicht wusste er ja noch etwas Genaueres. »Ihr Bruder ist manchmal ganz schön laut«, sagte sie vorsichtig. »Ich hoffe, er ist nicht wütend, dass wir jetzt in seiner Wohnung wohnen.«

»Das tut mir leid. Nein, bitte fühlt euch in eurer neuen Wohnung willkommen. Er ist einfach nicht ganz bei sich, seit … Er hatte es nicht leicht.«

»Seit seine Frau ihn verlassen hat?«, fragte Claire provozierend.

Herr Tebes Augenbrauen fuhren in die Höhe. Dann wurde sein Blick traurig. »Ja, sie hat ihn verlassen. Ich hoffe seit Jahren, dass sie zu ihm zurückkommt. Es würde ihm sicher helfen. Aber das ist wohl vergeblich.«

Erst jetzt fiel Claire seine Erschöpfung auf, die er bisher gut hinter seiner freundlichen Art verborgen hatte. Rührte sie nur daher, dass er sich um seinen geisteskranken Bruder sorgte? Oder wusste er etwas? Deckte er seinen Bruder womöglich?

»Danke für die Milch«, sagte sie und stieg rasch die Treppen hoch. Sie spürte seinen Blick im Rücken. Sie schaute kurz in ihre Wohnung hinein und stellte ihrer verdutzten Mutter die Milch vor Nase. »Vom Vermieter«, sagte sie. »Ein Geschenk, damit du für mich Käsekuchen backen kannst.«

»Aber … wir haben doch auch Milch da«, rief ihre Mutter ihr hinterher, doch Claire war schon wieder im Treppenhaus, wo Nils auf sie wartete.

Die Putzfrau war bereits gegangen.

»Wir haben Glück«, sagte Nils, »der alte Tebe hat eben das Haus verlassen, er geht spazieren wie jeden Tag.«

»Gut.« Claire zog mit springendem Herzen den Schlüssel aus der Tasche. »Ich geh jetzt rein.«

»Ich steh Schmiere.« Nils sah aus, als wäre ihm die ganze Sache nur halb recht. »Sei vorsichtig!«

Claire huschte die Stufen zur obersten Wohnung hinauf und schloss mit zitternden Fingern auf. Die Tür öffnete sich mit demselben quietschenden Geräusch, das sie schon vor ein paar Tagen vor ihrer Wohnung gehört hatte. Er hatte sie also wirklich beobachtet. Diese Gewissheit trug nicht gerade zu einem Gefühl von Sicherheit bei.

Zögernd trat Claire ein. Sie stand in einem großen

Zimmer, das das Wohnzimmer sein musste. Die Wohnung war überschaubar. Eine Kochzeile, neben der Eingangstür ein kleines Badezimmer. Claire hatte Unordnung erwartet, die das aufgewühlte Gemüt des Bewohners widerspiegelte, aber alles war ordentlich und sauber. Nichts lag herum, die Wohnung wirkte fast schon penibel aufgeräumt. Zu ihrer Enttäuschung war das Wohnzimmer bis auf ein paar Sitzmöbeln und ein Bücherregal frei von Schränken, die potentielle Geheimnisse hätten bergen können.

Es gab noch ein Schlafzimmer, das Claire durch eine Zwischentür betrat. Und dort wurde sie fündig. Sie musste sich Mühe geben, nicht zu schreien, als sie ein bekanntes Gesicht von mehreren Fotos an den Wänden und auf dem Nachttisch ansah. Die Gestalt aus ihrem Zimmer, in lebend zwar, aber es bestand kein Zweifel. Auf den Fotos, besonders auf dem Hochzeitsfoto neben Jens Tebe, wirkte sie kein bisschen furchteinflößend, sondern glücklich. Ebenso wie er, der in seiner früheren Fülle stolz lächelnd neben ihr stand. Warum er sie wohl umgebracht hatte?

Claire stand so fasziniert vor den Fotos, dass sie das Geräusch erst zu spät bemerkte. Ein Quietschen. Die Eingangstür! Jens Tebe war schon wieder zurück! Wieso hatte Nils sie nicht gewarnt, der unten vor der Haustür Schmiere stand? Es war ausgemacht gewesen, dass er, sobald Jens Tebe am Ende der Straße auftauchte, hochgerannt kam und dreimal gegen die Tür klopfte. Sie wären sicher in Claires Wohnung gewesen, bevor Jens in seinem schlurfenden Schritt die Treppen bis zu ihm hinauf erklommen hätte. Was war schiefgegangen?

Es gab keine Möglichkeit, sich zu verstecken, Claire saß in der Falle. Sie hörte ihn langsam durchs Wohnzimmer gehen. Ihr Blick flog panisch umher, doch bevor sie sich bewegen konnte, trat jemand in den Türrahmen.

Claire schnappte nach Luft. Nicht Jens, sondern Michael Tebe stand dort. Erleichterung durchflutete sie. Das erklärte, wieso Nils ihn von draußen nicht nach oben gehen gesehen hatte.

»Was machst du hier?«, blaffte der Vermieter. Er wirkte nicht überrascht, sie hier zu sehen, also hatte er wohl gemerkt, dass Claire den Schlüssel ausgetauscht hatte.

Sie hatte ihn unterschätzt. Ihre Erleichterung verflog, was sollte sie ihm jetzt bloß erzählen? Es gab nichts, das ihren Einbruch in die Wohnung rechtfertigte. Außer vielleicht der Wahrheit.

Claire holte tief Luft: »Ich habe mir Sorgen gemacht. Ihr Bruder … dort auf den Fotos, seine Frau, sie ist ja verschwunden. Ich glaube sie hat ihn nicht verlassen. Er hat sie ermord…«

Claire stockte mitten im Wort. Denn hinter Michael Tebe stand sie auf einmal. Der wächserne, blasse Überrest von Jens Tebes Frau. Es war das erste Mal, dass sie sich außerhalb von Claires Zimmer zeigte. Und ihr Gesicht war vor Wut verzerrter denn je. Sie hob den Arm, wie schon einmal in Claires Zimmer. Und Claire begriff, dass sie wie damals auf etwas zeigte. Und dass sie einen furchtbaren Fehler gemacht hatte. Denn der papierene Arm wies auf Michael Tebe.

»Oh Gott«, wisperte Claire. »Sie waren das. Sie haben sie umgebracht.«

Michael Tebe sah kurz über seine Schulter, auf den Fleck, den Claire beinahe manisch angestarrt hatte, doch wie immer, wenn ein zweiter Blick hinzukam, war sie verschwunden.

Er drehte sich zu ihr zurück. Alle Freundlichkeit war aus seinem Blick gewichen. »Verdammt, wie kommst du darauf?«

»Ich weiß alles«, hörte Claire sich selber sagen. »Auch wo die Leiche versteckt ist. Ich wusste schon, warum ich den Schrank nicht einräumen wollte. Es war nur so ein Instinkt.«

»Weiß jemand, dass du hier bist?«

Die Frage drang nur langsam an ihr Ohr. Hatte sie sich eben noch gefreut, dass nicht Jens, sondern Michael hereingekommen war? Hatte sie sich tatsächlich in Sicherheit gefühlt? Dumm, töricht, naiv. Aber es brachte nichts, sich selbst Vorwürfe zu machen. Jetzt galt es, hier rauszukommen. Denn die gefährliche Wahrheit, die sie trug, musste ans Tageslicht gebracht werden. Sie hatte nur einen Versuch.

»Warum haben Sie es getan?«, fragte Claire und bewegte sich langsam rückwärts auf den Nachttisch zu.

»Warum?« Tebe lachte freudlos. »Sie gehörte zu mir, nicht zu ihm. Ich war die bessere Partie. Und ich kannte sie zuerst. Sich für ihn zu entscheiden, war grausam von ihr. Sie hatte es nicht besser verdient!«

Claires Hand stieß gegen den Bilderrahmen auf dem Nachttisch. Blitzschnell hob sie ihn hoch und schleuderte ihn in Tebes Gesicht. Glas splitterte, Tebe stolperte rückwärts, und Claire drängte an ihm vorbei. Durch die Eingangstür. Die Treppe hinunter. Claire war so schnell, dass sie gegen die Tür zu ihrer Wohnung prallte.

»Mama! Hilfe! Mach auf!« Sie trommelte gegen die massive Tür.

Dahinter rührte sich nichts. Claire griff in ihre Tasche, aber ihr Schlüssel hing ja unten bei Tebe in der Wohnung. Sie war den Tränen nah, als sie es hinter sich schnaufen hörte. Claire wand sich unter der Hand hindurch, die ihre Schulter packen wollte und rannte tränenblind die weiteren Stufen hinunter. Nach unten! Nach unten zu Nils, war ihr einziger Gedanke.

Aber Tebe war schneller, als sie ihm zugetraut hätte. Er erwischte sie auf dem letzten Treppenabsatz vor der Haustür. Er drückte sie an die Wand, beide Hände um ihren Hals gelegt. Claire wurde schwarz vor Augen, sie brachte keinen Ton mehr heraus.

Plötzlich lockerte sich Tebes Griff für eine winzige Sekunde. Er starrte nach unten in den Flur. »Nein! Das ist unmöglich!«, stammelte er.

Und Claire wusste, wer dort stand und ihn so aus der Fassung brachte. Sie mobilisierte ihre letzten Kräfte und stieß mit aller Kraft gegen ihn. Er schlingerte, stolperte, Claire trat noch einmal nach. Mit einem furchtbaren Getöse stürzte Tebe die Treppe hinunter, seinem einstigen Opfer entgegen.

Die Haustür schwang auf. Dort standen Nils und Claires Mutter mit einem Päckchen Quark, das ihr vor Schreck aus der Hand fiel, als sie Michael Tebe zu ihren Füßen liegen sah. Der Quark zerplatzte klatschend auf dem Fliesenboden.

Ihrer Mutter hatte für den Kuchen noch Quark gefehlt. Sie hatte Claire, die sie im Garten oder am Kiosk wähnte, einen Zettel hinterlassen und war kurz losgegangen. Jetzt war sie völlig fertig mit den Nerven, fast noch mehr als Claire.

Die Familie war in eine Pension gezogen, ihre angemietete Wohnung hatte sich nämlich in einen Tatort voller Polizisten verwandelt, die Frau Tebes Leiche aus der Wand hinter Claires Schrank meißelten. Michael Tebe war verhaftet worden. Jens Tebe hatte einen Nervenzusammenbruch erlitten, als er erfahren hatte, dass sein Bruder ihm jahrelang Schlaftabletten ins Essen gegeben hatte. Er war nun in einem Pflegeheim. Claire und Nils, dessen Familie auch so schnell wie möglich aus dem *Mordhaus* ausziehen wollte, hatten vor, ihn bald zu besuchen.

Die Gestalt erschien Claire nicht wieder. Sie war fort. Für immer.

Michael Johannes B. Lange

Die nächste Galaxie

Jetzt bin ich nun schon so lange hier, doch es geschehen immer noch Zeichen und Wunder. Zeichen und Wunder – eine solche Lebensform hier anzutreffen. Soll die Öffentlichkeit von mir aus doch behaupten, was sie will. *Ich* habe sie entdeckt. *Mein* Name wird in den Fachzeitschriften stehen. *Ich* allein werde zitiert werden.

Wenigstens sitze ich in diesem Raumschiff allein. Die *USS Florence* ist schnell beschrieben: alles aus Stahl und fest verankert, ein schwarzweißer Monitor, über den ich weitere Informationen einsehen kann. Nichts, was ich schon wüsste. Das Interessante kommt jetzt und hier.

Als ich auf diesen Planeten – zugegeben nicht ganz freiwillig – versetzt wurde, hatte ich bereits zu viel gehört, zu viel gesehen, zu viel getan (manche sagen: zu viel geleistet, andere meinen: zu viel verübt). Vor allem weiß ich seit meiner Ankunft hier auf Hemerophilia endgültig: Ich kann nur dann dieses Universum verlassen und zu neuen Dimensionen aufbrechen, wenn ich genug Beweise und Anschauungsmaterial für diese Theorie habe, die – das sage ich hier ganz offen – von lebenswichtiger Bedeutung für die ganze Menschheit ist.

Diese Lebewesen sprechen zu mir. Sie haben Namen – man muss sich ihnen nur nähern, auf sie zugehen, sie verstehen wollen – auf das Wollen, darauf kommt es vor allem an. Das werden diese beiden Kretins, die mir die Erdzentrale als Begleiter mit auf die Mission geschickt hat, nie verstehen.

Ihre Namen sind Gardner und Young. Doch ich gebrauche ihre Namen so gut wie nie. Gleichwohl ist es hilfreich, sie im Gedächtnis zu behalten. Menschen fühlen sich geschmeichelt, wenn sie sowohl mit Dienstgrad als auch mit Namen angesprochen werden. So sind eben die Leute in Uniform.

Und jetzt vergiss sie einfach fürs Erste wieder!, denke ich. Hier kommt diese völlig unterschätzte Lebensform. Da heißt mich schon der Erste willkommen – ein guter alter Bekannter namens Stegobium: eine konzeptionelle Meisterleistung des Einen großen Schöpfers.

Stegobium bedeckt seinen ellipsenförmigen Körper mit einem Chitin-Panzer, der rotbraun schattiert ist. Die Flügeldecken sind – nun sehe ich es zum ersten Mal - durch gepunktete Längsreihen gekennzeichnet. Seinen Kopf kann Stegobium, wenn er möchte, vollständig unter den Thoraxschild einziehen. Zu diesem Zweck findet sich dort eine kleine Aushöhlung. Doch er streckt mir seinen Kopf entgegen, während er die elfgliedrigen Fühler zur Begrüßung erhebt.

»Wo waren Sie denn die ganze Zeit, Professor Kaminski?«, fragt Stegobium mich.

Ich verstehe alles – faszinierend, aber anderseits auch logisch: Ich lebe nun schon so lange auf diesem Planeten, dass ich inzwischen auch ohne Übersetzungsprogramm auskomme.

»War es denn wirklich so lange?«, frage ich zurück. »Das kann doch nicht sein!«

»Es muss an den unterschiedlichen Zeitzonen der Milchstraße liegen«, meldet sich nun sein Freund Dermestes. Dermestes besitzt einen länglich-ovalen Leib, der vollständig beschuppt ist. Während sein Haupt, der Halsschild und die hintere Hälfte der Deckflügel fast völlig schwarz sind, glitzert die vordere Hälfte der Deckflügel in schmutzigem Weiß. Mit den kurzen, rot gefärbten Fühlern, die sich am Ende zu einer Keule verdicken, wedelt er mir einladend zu.

Und so lasse ich mich wieder zu der Konferenz nieder.

»Können Sie sich denken, warum wir Sie wieder zu

uns gebeten haben?«, fragt mich der Dritte in der Runde, der heute offensichtlich den Vorsitz führt.

Sein Name ist Ostrinia. Er wurde mir in der Mittagspause auf dem VI. Interplanetarischen Kongress vorgestellt und erinnert an einen Schmetterling. Dementsprechend groß ist seine Flügelspannweite. Seine Färbung reicht von dunkelbraun bis rosa. Bei dem Bankett in der Hauptstadt des Planeten bin ich seiner Frau vorgestellt worden, die an diesem Abend zum Cocktailempfang eine Komposition aus ziegelrot und gelb trug.

Instinktiv spüre ich, dass es heute um mehr geht als um bloße Partykonversation (die überlasse ich den beiden uniformierten Schwachköpfen, die mich auf Schritt und Tritt begleiteten und sich jetzt wahrscheinlich auch wieder über mich das Maul zerreißen).

»Wir möchten Sie heute in eine Entdeckung einweihen«, beginnt Ostrinia.

»Ein neues Gremiumsmitglied?«, frage ich. Mir stockt der Atem. Endlich ist es so weit. Dies ist der entscheidende Augenblick.

»Bleiben Sie ganz ruhig«, bittet mich Stegobium mit Seitenblick zu seinen Begleitern.

»Beeindrucken wird es Sie aber bestimmt auch«, lächelt Dermestes. »Im ganzen Kosmos breitet sie sich aus. Nun dürfen wir sie auch hier bei uns begrüßen.«

Dann kann ich es mit eigenen Augen sehen: Das Blattwerk ist einerseits oval, andererseits eckig. Lange Stiele lassen kleine Grasdecken sprießen. Ich trete näher, um mir einen genauen Überblick zu verschaffen. Auf dem Stängel findet sich ein runder Querschnitt, dessen Haarlinie die Staude bei der Versorgung mit Wasser unterstützt. Die Kapselfrucht weist fünf Klappen auf. Sie baumelt in einem Luftzug, den offensichtlich nur ich spüre, am Fruchtstiel. Sowohl Keim- als auch Laubblätter führen Schlafbewegungen aus. Jetzt zeigen sie eine Tagstellung. Oder ist es etwa eine Nachtstellung?, überlege ich. »Ein Archäophyt«, sage ich.

»Wir wussten, wie qualifiziert Sie sind, Professor Kaminski«, bestätigt Stegobium lächelnd.

»Sie beweisen es uns immer wieder aufs Neue«, stimmt Dermestes zu.

»Das hier« – mir fehlt die Bezeichnung – »begleitet das Menschengeschlecht schon seit dem Altpaläolithikum.«

»Und das ist nur die Zeit, von der wir wissen«, betont Ostrinia.

»Was wollen Sie damit sagen?«, frage ich.

Die drei sehen sich an.

»Die undurchlässigen Graslinien stabilisieren jeden Boden und bewahren ihn im Sommer vor Dürre und im Winter vor Frost. Das sind Beobachtungen, die von allen Koryphäen Ihres Sonnensystems bestätigt wurden, Professor Kaminski. Und es gab keine größeren Fürsprecher als auf dem Planeten Mars ...«

»... wo das Terraforming den größten Erfolg feierte«, ergänze ich leise.

»Wir konnten weitere Beobachtungen machen«, fügt Ostrinia hinzu. »Bereits fünfzig Gramm – in Ihrer irdischen Quantität wohlgemerkt – entspricht in etwa dem Vitamin-C-Bedarf eines Erwachsenen. Wir konnten noch viel mehr Vitamine nachweisen und haben Bestandteile gefunden, die im Kampf gegen Krebs nutzbar gemacht werden können. Auf dem Mars und auch auf den Galileischen Monden wird eine Substanz dieses Gewächses längst erfolgreich zur Behandlung von Rheumatismus und Arthritis angewendet.«

»Wollen Sie damit sagen, dass ...«

»Wir halten es zumindest für äußerst denkbar«, bestätigt Ostrinia.

Die drei nennen diese Pflanze in ihrer Kommunikationsform. Mein persönlicher Translator würde die Bezeichnung immer nur wiedergeben als den *Baum des Lebens.* Vorläufig wurde sie *stellaria media* genannt.

»Wir brauchen natürlich noch Zeit, um unsere Theorien zu verifizieren«, beginnt Ostrinia.

»Wir brauchen vor allem Ihren Enthusiasmus bei den weiteren Forschungsarbeiten«, fügt Stegobium hinzu. »Gerade Ihre Kenntnisse in der irdischen Philosophie …«

»… von der Theologie ganz zu schweigen«, ergänzt Dermestes.

»Es ist mir eine Ehre«, sage ich.

Es ist mir ein Vergnügen, füge ich im Gedanken hinzu. Es rettet mir das Leben. Die Zeit auf Hemerophilia kann lang werden und sich in die Unendlichkeit ausdehnen. Wenn das passiert, muss man eine Perspektive haben. Dank meiner drei alten Freunde habe ich sie.

»Eine Bitte hätte ich allerdings«, sage ich.

Die drei sehen sich unschlüssig an.

Ich wende mich an Ostrinia. »Bitte überlassen Sie mir doch Ihre werte Gattin für den Eröffnungstanz bei den Feierlichkeiten zur Einweihung der neuen Startrampe nach Alpha Centauri im nächsten Monat«, sage ich.

»Sie wissen nicht, worum Sie da bitten, lieber Professor Kaminski«, gibt Ostrinia kopfschüttelnd zu bedenken. Dann gibt er so etwas wie ein Lachen von sich.

Inzwischen habe ich mich daran gewöhnt. Ich weiß, wie es ist, wenn er lacht, und ich lache mit.

Oh doch, denke ich. Sie wird mir helfen.

Ich bin so weit gekommen. Mit neuer Hilfe werde ich noch weiter kommen. Ostrinias Frau trägt diesmal vielleicht gelb. Angeblich soll sie kein Kleid zweimal tragen. Ich muss mich mit noch mehr Lebensformen bekanntmachen.

»Oh doch«, sage ich. »Das weiß ich ganz genau.« So erwidere ich das Lächeln.

Der Baum des Lebens. Ruhig Blut – ich bin nun ganz nah. Jetzt nur keinen Fehler machen. Weiter lächeln.

»Was lächelt er denn jetzt schon wieder?«, fragte der eine Wachmann den anderen.

»Keine Ahnung«, antwortete Young achselzuckend. Er sah Gardner nicht an, sondern blickte weiter durch seinen Fernstecher.

»Manchmal bewegt er die Lippen«, sagte Gardner. »Mit wem er da wohl spricht?«

»Mit wem würdest du wohl sprechen, wenn du hier wärst?«, fragte Young, während er das Fernglas sinken ließ. »Mann, wir sind hier in einem Supermax. Das hier ist ein absolutes Hochsicherheitsgefängnis und das härteste von allen. Diese 7-qm-Zelle - ein Schemel, ein Tisch und ein Bett, alles im Boden festzementiert, eine Toilette direkt unter dem Waschbecken und dem polierten Stahlspiegel, dazu eine Dusche mit Zeitsteuerung: ein einziger Kubus aus Stahlbeton. Persönlicher Besitz – verboten. Das einzige Fenster ist an der Zellendecke, also was wundern wir uns, wenn die da drinnen an die Decke gehen.

Dreiundzwanzigeinhalb Stunden am Tag in dieser Zelle. Auf der Kleidung der Besucher dürfen keine Buchstaben und keine Abbildungen von Menschen, Tieren oder Pflanzen zu sehen sein. Und die genaue Sicherheitstechnik in allen Details kennt ganz allein das Verteidigungsministerium.«

»Na wenigstens ein Fernseher«, sagte Gardner.

»Blödsinn!«, widersprach Young kopfschüttelnd. »Das ist ein Überwachungsschirm. Wenn sich unsere Inhaftierten was ansehen dürfen, dann nur Schulfernsehen oder Gottesdienste, und das auch nur in Schwarzweiß, klar?«

»Entschuldigung, ich bin noch nicht so lange hier«, murmelte Gardner.

Stille – sie waren nun wieder allein. Gardner musste aus dem vergitterten Fenster blicken, um wenigstens zu erahnen, wie spät es war. Gewaltige Berge, blutrot, in einer aschgrauen Mondlandschaft. Er rieb sich die Augen. Elende Wechselschicht. Welche Dämmerung war das denn jetzt nun doch gleich wieder?

»Nur eins noch: Weshalb sitzt Kaminski eigentlich?«, fragte Gardner.

»Kaminski, das ist der mit den Anschlägen auf die Universitäten und Raumfluggesellschaften«, war die Antwort. »Zumindest ist er dafür verurteilt worden.«

»Der war doch mal Professor, oder?«, fragte Gardner. »Jetzt kapier ich auch, was das auf dem Zettel zu bedeuten hat, den wir in seiner Zelle gefunden haben. Das heißt, ich glaube, ich weiß, was es bedeuten könnte: *Stegobium paniceum*, *Dermestes lardarius* …«

»… und *Ostrinia nubilalis*«, fügte Young unbeeindruckt hinzu.

Gardner sah seinen Kollegen erstaunt an.

»Ein Maiszünsler, ein Schädling, mit dem wir damals, Zweitausenddreiundfünfzig, als Farmer in Iowa zu kämpfen hatten. Es war aussichtslos, völlig aussichtslos, und dann haben uns auch noch die Europäer mit diesem Embargo belegt. Nur gut, dass ich hier einen neuen Job bekommen habe«, erklärte Young.

»Was? Wie bitte? Ungeziefer?«, fragte Gardner ungläubig. »Der Professor redet mit Ungeziefer?«

»Und wer weiß, womit sonst noch. Würde mich jedenfalls nicht wundern. Er war aber vorher schon ein Sonderling. Manchmal frage ich mich, wer hier eigentlich wem einen Gefallen tut«, fügte Young hinzu.

Gardner hörte nicht mehr zu. Er rieb sich die Augen und blickte auf den Chronographen. Er blinzelte. Manchmal schien es ihm, als sei die Anzeige defekt.

Diese Dämmerung, dachte er wieder.

Ist es nun Morgen? Oder Abend? Ich werde mal die Sonne fragen, dachte er seufzend, oder den Mond oder die Sterne …

In Memoriam Johannes Karl Biniok (1916-1998)

Marion Mink

Küstentanne

Kaum war Sally aus dem Auto gestiegen, verlangsamte sich ihr Pulsschlag. Eine frische Atlantikböe wehte der zierlichen Frau ins Gesicht und legte sich wie ein schützender Schleier über ihr angegriffenes Nervenkostüm. Tief atmete Sally die salzige Luft ein, strich eine Strähne ihrer dunkelbraunen Bob-Frisur hinter das linke Ohr und genoss die Aussicht auf die bewegte See.

»Habe ich Ihnen nicht den perfekten Ort versprochen?«

Entspannt drehte Sally sich um. »Noch habe ich das Haus nicht gesehen.«

»Mit ein bisschen Farbe und neuen Tapeten wird das schon.« Lachend streckte Amanda ihr die perfekt manikürte Hand entgegen. »Für diese hervorragende Lage handelt es sich bei dem Objekt um ein absolutes Schnäppchen.«

Sallys Blick folgte den rot lackierten Nägeln der blond gelockten Maklerin und musste zugeben, dass die Aussicht von der Klippe mit Blick auf den malerischen Leuchtturm dem Paradies entsprungen sein musste.

»Ich will einfach nur meine Ruhe. Und keine Menschenseele sehen, verstehen Sie?«

Mitfühlend tätschelte Amanda Sally den mageren Arm. »Ja, die Sache mit ihrem Mann ist wirklich tragisch und dann immer diese schreckliche Presse.« Amanda seufzte mitfühlend. »Aber … wären Sie im Kreis ihrer Familie oder Freunde im Augenblick nicht besser aufgehoben? Ich meine, so ganz alleine hier in der Einöde, das ist doch auch keine Lösung.«

Mit versteinerter Miene drehte sich Sally der Maklerin zu. »Können wir jetzt endlich das Haus besichtigen?«

Überrascht über Sallys plötzlichen Gemütswandel zuckte pfeilschnell Amandas Hand samt Schlüssel in die Höhe. »Na, dann folgen Sie mir mal!«

Nachdem Sally sich hinter der stöckelnden Amanda einen Weg durch den verwilderten Garten geschlagen hatte, standen sie vor einem kleinen, verwitterten Holzcottage. Einige Dachziegel hingen gefährlich lose herunter und von den schäbigen Fensterläden blätterte die braune Farbe. Weder die charmante Wohnküche mit dem dunklen Steinfußboden noch das heimelige, kleine Schlafzimmer im Dachgeschoss trugen zu Sallys Begeisterung bei. Mit großen, traurigen Augen blickte die zierliche Frau sich um. So klein dieses Cottage auch war, ihre wenigen Habseligkeiten würden das Haus nicht einmal annähernd füllen. Bis auf ein paar Fotos hatte Sally jede materielle Erinnerung an Tom und die zweiundzwanzig Jahre mit ihm verloren.

»Wie lange stand das Haus jetzt leer?«

»Ich bin nicht ganz sicher … ein paar Jahre … aber das hat der Grundsubstanz nicht geschadet. Wie schon erwähnt, eine neue Küche und ein bisschen Farbe und schon sind Sie Besitzerin eines ganz entzückenden Heimes.«

Nachdenklich legte Sally ihre Stirn in Falten und zog skeptisch die Augenbraue hoch.

Eilig lief Amanda zur Tür, die in den Garten hinausführte, und riss diese schwungvoll auf. »Haben Sie schon einen Blick auf den eingewachsenen Garten geworfen? Der hat jede Menge Potenzial.«

Mit verschränkten Armen vor der Brust folgte Sally der Maklerin. »Was stimmt mit dem Haus nicht? Irgendwelche Leichen im Keller? Hören Sie, Amanda, keine Spielchen mit mir! Von Leichen habe ich nämlich erst einmal genug.«

Amanda seufzte verständnisvoll und strich sich eine

blonde Haarsträhne aus dem perfekt gepuderten Gesicht. »Die Leute im Dorf erzählen von seltsamen Dingen, die sich hier ereignen sollen.«

»Darf ich um mehr Details bitten?«

»Nun ja, das ist doch nur Dorfklatsch, mehr nicht.«

Böse funkelten Sallys Augen die Maklerin an.

»Also gut. Bis vor acht Jahren hat hier eine alte Frau gewohnt. Jahrzehntelang. Seit ihrem Tod, behaupten die Menschen im Dorf, sähe man in Vollmondnächten ein grünes Leuchtfeuer und höre unheimliche Gesänge und Musik, die aus den grünen Tannen am Ende des Gartens kommen. Aber wenn Sie mich fragen, ist das alles nur Aberglaube.«

»Aus dem Baum dort?«

Sally deutete auf eine mächtige Küstentanne, die am Rande der Klippe stand. Es war ein schöner Baum, groß und eindrucksvoll, mit einem dichten Nadelwerk.

»Ich werde ihn wohl fällen müssen. Er nimmt mir die Aussicht.«

In diesem Augenblick klingelte Amandas Handy, und die Maklerin verschwand hinterm Haus. Sally ging neugierig auf den Baum zu. Zärtlich fuhr sie über die Nadeln und nahm den harzigen, frischen Geruch der Tannen in sich auf.

Plötzlich spürte Sally einen heftigen Schmerz in ihren linken Fußzehen. Ärgerlich schaute sie nach unten und erschrak im nächsten Moment. Vor ihr stand ein gut fünfzig Zentimeter großes Wesen mit grünen Haaren, spitzen Ohren und einer langen Nase. Überhaupt war alles an diesem Wesen lang. Und dünn. Lange Finger, dünne Beinchen und es trug eine Latzhose, welche farblich auf die Haare abgestimmt war.

Angriffslustig hielt dieses kleine Kerlchen einen Hammer in der Hand. »Finger weg von unserem Baum!« Drohend hielt es den Hammer in der Luft, als wollte es noch mal zuschlagen. »Dies ist der Grund und Boden aller McKarls. Seit Generationen hegen und pflegen wir diese Küstentanne. Sie ist ein Tor zum Reich der Kobolde. Und wehe demjenigen, der es wagt, diesem Baum auch nur eine Tannennadel zu krümmen.«

Wütend beugte Sally sich zu dem Kobold hinunter. »Jetzt halt mal die Luft an! Baum hin oder her, er raubt mir die einzigartige Aussicht auf den Atlantik. Und wer bist du überhaupt, mir vorzuschreiben, was ich in meinem Garten tun oder lassen soll?«

Der Kobold hüstelte verlegen und verbeugte sich anschließend vor Sally. »Es tut mir leid, die Sitten des guten Benehmens vernachlässigt zu haben. Du hast recht. Wenn dir schon jemand auf den Fuß haut, dann solltest du auch wissen wer. Gestatten, mein Namen ist Karl. Karl McKarl.«

»Wie James Bond?«

»Diese Witzfigur wäre ohne die Hilfe der Kobolde doch gar nichts. Allerdings ist nicht unsere Familie für ihn zuständig. Wir, die McKarls, leben im Wurzelwerk dieser Küstentanne. Er ist unser Heim und eines von sieben Toren zur Welt der Kobolde. Seit Jahrhunderten bewachen und beschützen wir diesen Baum. Ihm zu Ehren veranstalten wir einmal im Monat ein Fest mit Musik und Gesang und einem großen Freudenfeuer. Der Baum beschützt alles und jeden, der sich in seiner Nähe aufhält, und wendet jede Form des Bösen von seiner Umgebung ab.«

Sally lachte bitter. »Jeder Form des Bösen? In welcher Traumwelt lebt ihr überhaupt? So funktioniert die Realität aber nicht. Wenn das Böse dich finden will, dann kommt es und findet dich. Überall und zu jeder Zeit.«

Bei diesen Worten fing Sallys Herz erneut an zu rasen, und Panik stieg in ihr auf. Das Böse würde sie finden, Schuld hin oder her, da war sich Sally sicher. Ihre Hände verkrampften sich zu Fäusten, und ihr Magen drohte zu explodieren. Der salzige Wind schlug Sally hart ins Gesicht, und augenblicklich fühlte sie sich erneut wie ein angsterfülltes Zebra auf der Flucht vor dem hungrigen Löwen.

Gerade als der Fluchtreflex in Sallys Gehirn vorgedrungen war, umschloss eine wohlige Wärme die rechte Hand der panischen Frau und durchflutete Stück für Stück ihren kompletten Körper. Sally starte auf ihre rechte Seite hinunter. Eine Koboldfrau mit riesigen, schwarzen Augen und blauen Zöpfen hielt Sallys Hand fest umschlossen und betrachtete sie besorgt.

»Darf ich vorstellen, das ist mein Weib Karla, Beschützerin des Herzens und der Seele.«

Sanft blickte Karla in Sallys Augen. »Der Herrin des Cottages geschieht kein Leid. Sei gut zu uns und unserem Heim, dein Verdruss soll es nicht sein.«

Sally fixierte die schwarzen Augen auf der Suche nach einer ehrlichen Antwort. »Und wie? Tom ist tot! Und er war unschuldig so wie ich.«

»Begib dich unter unseren Schutz. Es soll dein Leid nicht sein.«

Karl McKarl schüttelte mit verdrehten Augen den Kopf.

»Weib, jetzt rede doch nicht so geschwollen! Das war vor fünfhundert Jahren vielleicht angesagt, aber jetzt pass dich endlich einmal den aktuellen Verhältnissen an!« Genervt stöhnte der Kobold auf. »Also, ich sehe schon: Karla hat einen Narren an dir gefressen. Ein Veto wäre zwecklos.

Einziehen kannst du ab sofort, aber Haustiere sind verboten. Keine Hunde, Katzen, Schafe oder Schweine. Die wühlen, grasen und pissen nur an unsere schöne Küstentanne. Rauchen im Garten ist übrigens verboten. Gilt auf dem kompletten Gelände. Ist ja sowieso ungesund.

Kontakt zu anderen Menschen ist dir erlaubt, aber bedenke, dass wir nur für dich existieren. Verstanden?«

Sally starrte verwirrt auf den grünhaarigen Kobold. »Euch gehört das Haus?«

Karla nickte aufmunternd. »Was glaubt du, warum es so lange leer stand? Es ist schwierig, in der heutigen Zeit noch anständige Menschen zu finden. Du verstehst schon … Menschen mit einer reinen Seele.«

Fragend blickte Sally auf die kleine Koboldfrau mit ihrem roten Schürzenkleid. Es war, als könnte Karla direkt auf den Grund von Sallys Seele blicken.

»Du bist dieser Mensch. Du stehst auf unserer Seite. Du glaubst an uns, denn du kannst uns sehen. Und viel wichtiger – du bist bereit, dich unter unseren Schutz zu stellen.«

Nachdenklich wiegte Sally ihren Kopf hin und her.

Ungeduldig wippte Karl mit den Füßen auf und ab. »Und … haben wir einen Deal?« Lässig streckte der Kobold ihr seine Hand entgegen.

Doch Sally kratzte sich am Kopf und glaubte zu spinnen. Kobolde gab es doch gar nicht. Die letzten Wochen waren einfach zu viel für sie gewesen. Abrupt drehte die zierliche Frau sich auf dem Absatz um und wandte sich dem Haus zu. Es sah gar nicht mehr so windschief aus. Auch die Dachziegel glänzten rot im Sonnenlicht, und das Holz erstrahlte in neuer Pracht.

»Was jetzt? Wird's nun bald? Ich kriege noch einen Krampf in meinem Arm.« Genervt tippte der Kobold mit seinem grünen Fuß auf und ab.

»Aber die Maklerin …«

Da zupfte etwas an Sallys Mantel. Eine kleine Hand mit langen, dünnen Fingern sowie rot lackierten Nägeln winkte der zierlichen Frau von unten zu. Aufmunternd blickten ihr zwei dunkle Augen, die von blonden Locken umrahmt waren, entgegen.

Sally schmunzelte, schloss die Augen und atmete tief den Duft der Küstentanne ein. Sie wusste, was sie zu tun hatte.

»Der Deal steht!«

Thomas Reeh

Kerzenlicht

Gedämpftes Mondlicht drang durch die gläsernen Dächer der Eingangshalle in die Mall, wo nur wenige Neonlampen die Dämmerung durchstachen. Der frühe Abend war heraufgezogen, und ein fast endloser Strom von Menschen zwängte sich durch die Tore. Gierig stießen sie die Glastüren auf und gelangten in die Eingangshalle, wo Springbrunnen, Blumenbeete und eine friedlich harmonische Melodie aus den Lautsprechern sie empfingen. Eilig ignorierten sie diese künstliche Atmosphäre und hetzten zu den Schaufenstern des Erdgeschosses und den Rolltreppen in die oberen Etagen. Nervös warfen sie Blicke um sich und stürzten sich ins Getümmel, um so schnell wie möglich mit ihrer Beute nach Hause zurückzukehren.

Es waren die wenigen Stunden zwischen dem Feierabend und der Schließung des Kaufhauses, in denen die Berufstätigen wie eine blutdürstige Meute über die Geschäfte herfielen. Unbarmherzig kamen sie und rissen ihnen die Eingeweide heraus: Bücher, CD-Player, Küchenutensilien, Kleidung, Kosmetik. Nichts in den Läden war sicher vor dem herannahenden Sturm. Und wenn die Heuschreckenplage fortgezogen war, so blieb Nichts als ein kahles, abgeerntetes Feld zurück.

In dem Pulk von Büroangestellten, Versicherungsvertretern und Beamten betraten auch zwei Männer gemeinsam die Halle. Einer von ihnen sah sehr jung aus, der andere war schon in die Jahre gekommen. Beide trugen perfekt sitzende, schwarze Nadelstreifenanzüge. Beide schauten gelangweilt in die Menge. Und beide hatten die Blässe von Menschen im Gesicht, die nicht oft ihren Arbeitsplatz verließen. Gemächlich gingen sie auf die Rolltreppe zum ersten Stock zu, als hätten sie alle Zeit der

Welt. Sie waren spürbar froh, dass ihr bisheriger Tag nun hinter ihnen lag.

»Dennis?«, fragte der Ältere den Jungen. »Was brauchst du eigentlich alles?«

»Ein paar Sachen«, antwortete dieser im Weitergehen. »Josephine will heute Nacht bei mir essen. Ich brauche Equipment für ein romantisches Dinner.«

»Equipment?«, der Alte zog seine faltige Stirn hoch. »Willst du eine Projektbilanz analysieren? Du bist wirklich schon zu lange in der Abteilung.«

Dennis grinste gequält, während sie auf die Rolltreppe stiegen und die Blumenbeete hinter sich zurückließen.

»Sag mal, Jonathan«, setzte Dennis an, »täusche ich mich oder war William heute etwas angespannt? Er war recht laut. So etwas ist man von ihm sonst gar nicht gewöhnt.«

»Nein, du hast recht«, antwortete Jonathan besorgt. »Ich kenne William schon sehr lange und habe ihn auch nur selten so erlebt. Er ist nervös, glaube ich. Vorletzte Woche wurden zwei Abteilungsleiter abbeordert. Er fürchtet wohl, dass ihm dasselbe Schicksal blüht.«

»Meinst du, die ganze Abteilung ist in Gefahr?«, fragte Dennis.

»Das glaube ich nicht«, erwiderte Jonathan, während die beiden von der Rolltreppe stiegen und sich durch das Gedränge kämpften, »die anderen Abteilungen sind auch fast unverändert geblieben. Und außerdem sind wir beiden ja im Außendienst und erhalten die meisten Anordnungen direkt vom Chef.«

Dennis nickte. »Dass sich der Alte überhaupt noch so viel Stress macht … Das gibt es echt nur in einem so alten Unternehmen wie unserem. Hey, warte mal!«

Jonathan blieb stehen und beobachtete skeptisch, wie sein Kollege an einem Gestell voller roter Kerzen stehen blieb und sie argwöhnisch musterte.

»Glaubst du, es gefällt Josephine, wenn ich ein paar Kerzen auf dem Tisch anmache? Quasi ein Candlelight-Dinner.«

Jonathan schmunzelte. »Dich hat es aber ganz schön erwischt, oder? Wo hat dich die Kleine eigentlich in die Tasche gesteckt?«

Ein leichter Rotton erschien auf Dennis' bleichen Wangen. »Ich habe sie vor zwei Monaten in einer Bar kennengelernt. Hab da nach dem Barkmiller-Job was getrunken. Sie saß an der Theke. Hat mich angelächelt. Ich hab ihr 'nen Drink bestellt … Und so nahm die Sache ihren Lauf.«

Grinsend nickte der Alte mit dem Kopf. »Tu, was du nicht lassen kannst. Wenn es schief läuft, verbrennst ja du dir die Finger.« Und während die beiden zur Kasse gingen, sagte er: »Ich hoffe aber, du weißt noch ein bisschen mehr über sie.«

»Na klar«, entgegnete der andere empört, »ich bin doch kein blutiger Anfänger. Sie heißt Josephine Arlington. Sie kommt aus Philadelphia, hat aber hier in der Stadt Journalismus studiert. Jetzt arbeitet sie beim *Weekly Presenter* in der Modeabteilung. Rennt ständig zu irgendwelchen Designershows. Dass sie heute überhaupt Zeit für mich hat, ist ein wahres Wunder.«

Die Schlange hatte sich gelichtet, und Dennis war nun an der Reihe. Er legte die Kerzen und einen Fünfzig-Dollarschein auf die Theke. Die ältere Dame schaute ihn vorwurfsvoll an, als sie das Restgeld zusammensuchte.

»Sorry, kleiner hab ich's leider nicht«, gestand er kleinlaut.

Die Kerzen unter den Arm geklemmt, gingen sie in Richtung Fahrstuhl.

»Hm«, grübelte Jonathan und steckte seine Hände in die Außentaschen des Sakkos. »Das wird bestimmt nicht einfach mit euch beiden. Sie hat einen stressigen Job und ist oft abends unterwegs. Du hast häufig Bereitschaft und bist immer auf Abruf. Für eine solide Beziehung fehlt die gemeinsame Zeit. Unser Job ist halt doch scheiße.«

Dennis verzog zerknirscht das Gesicht. Er hatte gehofft, dass sein Freund und Kollege ihn etwas aufbauen würde. Doch er sagte ihm nur, was er ohnehin schon wusste. Seufzend griff er in die Innentasche seines Jacketts und zog einen kunstvoll verzierten, silbernen Flachmann hervor, den er aufschraubte und zum Mund führte.

Ärgerlich vergewisserte Jonathan sich mit einem schnellen Blick, dass es niemand sehen konnte. »Dennis!«, tadelte er ihn. »Was sollen die Leute denken? Man wird dich noch für einen Alkoholiker halten.«

Dennis schluckte genüsslich und konnte sich ein Grinsen nicht verkneifen. Er liebte es einfach, Jonathan mit solchen Kleinigkeiten zu ärgern. »Reg dich ab!«, antwortete er. »Als ob hier niemand etwas Besseres zu tun hätte, als über meine Trinkgewohnheiten Buch zu führen.«

Jonathan schüttelte den Kopf, als sie den Fahrstuhl betraten.

In der gläsernen Kammer waren schon ein altes Ehepaar und eine junge Mutter mit Kinderwagen. Als die beiden sich mühevoll hineinzwängten, stieß Dennis gegen den Wagen. Erschrocken wachte das Baby auf und begann, lauthals zu schreien. Die bösen Blicke der Fahrstuhlinsassen durchbohrten den Tollpatsch.

»'tschuldigung«, raunte er verlegen.

Jonathan aber ging in die Knie, beugte sich über das kleine Kind und streichelte mit dem Finger behutsam seine zierliche Wange. »Keine Angst«, flüsterte er. »Das war nur Dennis, dieser Trampel, der wieder mit viel zu viel jugendlichem Elan unterwegs ist.«

Nach einer Weile hörte das Kind auf zu schreien und begann, zufrieden zu glucksen.

Mit einem breiten Grinsen richtete sich der Alte wieder auf.

»Zu viel jugendlicher Elan …«, äffte ihn Dennis nach. »Du musst auch aus allem eine Lehrstunde machen.«

»Ich kann nichts dafür«, antwortete sein Freund ihm. »Ich suche nicht absichtlich nach deinen Verfehlungen. Sie springen mich einfach an.«

»Manchmal«, antwortete Dennis gereizt, »wäre ich froh, du würdest mich selbst aus meinen Fehlern lernen lassen.«

»Vielleicht, wenn du mal alt genug bist, um das Radioprogramm zu bestimmen«, antwortete er.

Dennis rollte mit den Augen und stöhnte verächtlich. »Schon wieder dieses Thema. Du glaubst gar nicht, wie froh ich bin, wenn ich als mein eigener Chef im Auto endlich mal gute Musik hören kann.«

»Was ist denn gegen Mozart einzuwenden?«, fragte Jonathan mit gespielter Bestürzung.

»Nichts«, erwiderte Dennis sarkastisch, »wenn man unterstreichen will, dass man zum alten Eisen gehört.«

In diesem Moment öffneten sich die Fahrstuhltüren, und die Insassen gingen hinaus. Dennis war froh, dass das Gespräch für einen Moment unterbrochen war. Denn der Blick seines Partners sagte ihm, dass der Satz ihn mehr als beabsichtigt getroffen hatte.

»Wir müssen zur Nordseite«, sagte er, um das Thema zu wechseln, »in meinen Lieblingsplattenladen.«

»Wozu denn das?«, fragte Jonathan verwundert.

»Ich will etwas Kuschelrock auflegen, wenn Josephine kommt. Ich bin die ganze Woche nicht dazu gekommen, eine CD zu besorgen.«

»Na dann los«, erwiderte Jonathan und ging mit strammem Schritt voran. »Es war viel los in dieser Woche. Ein Haufen Stress, wenig Zeit für Privates.«

Dennis nickte. »Heute Abend komme ich ja dazu.«

Jonathan seufzte. »Das gehört eben leider zu unserem Beruf. Ständig unterwegs. Ständig auf Abruf. Ich hab Melinda und die Kinder diesen Monat auch noch kaum gesehen.«

»Hey!« Dennis Antwort kam routiniert, wie aus der Pistole geschossen. »Wir haben uns schließlich für diesen Job entschieden. Oder?«

»Schon«, sagte Jonathan etwas zögerlich, »aber die wenigsten sind sich bei der Entscheidung schon im Klaren, was das für sie bedeutet. Wer weiß schon, was es konkret heißt, plötzlich einen Anruf zu bekommen und ans andere Ende der Stadt zu müssen? Oder wie es ist, seiner Familie immer wieder sagen zu müssen, dass man jetzt weg muss? Wer kann zu Beginn schon einschätzen, was die Arbeit nach Jahren mit einem macht?«

»Ja«, antwortete Dennis mit gespielter Bestürzung, »und um das zu verstehen, braucht man Lebenserfahrung. Welch' Überraschung! Oder hat das Ganze etwa eine andere Pointe?«

»Du bist unmöglich«, schimpfte Jonathan. »Ich versuche, ein ernsthaftes Gespräch mit dir zu führen, und du ziehst wieder alles ins Lächerliche.«

Die beiden erreichten ihr Ziel. Die Türen des CD-Ladens waren weit geöffnet, und aus den Lautsprechern kam das süße Gesäusel eines Popsongs. Der Plattenverkäufer, der hinter seiner Theke ein Paar Kopfhörer aufgesetzt hatte, nickte ihnen nur kurz zu, als sie das Geschäft betraten.

Jonathan betrachtete den Mann abschätzig: Weite Jogginghosen. Ein Kapuzenpulli. »Keinen Stil diese jungen Leute«, murmelte er leise.

Eifrig begann Dennis, einen der Wühltische zu durchsuchen, bis er nach kurzer Zeit etwas fand. »Alan Norrison«, sagte er, »ein Songwriter aus Kanada. Das wird Josephine sicher gefallen.«

Jonathan knurrte zustimmend. »Ich für meinen Teil würde Mozart bevorzugen. Aber du wirst schon wissen, was junge Leute hören.«

Als Dennis bezahlt hatte und sie wieder auf dem Gang standen, fragte Jonathan: »Und jetzt? Sag mir bitte nicht, du musst noch Kondome kaufen.«

»Nein«, antwortete Dennis. »Aber das Allerwichtigste fehlt noch. Ich will für sie kochen, habe aber überhaupt nichts Essbares im Haus.«

»Was?« Jonathan starrte ihn völlig perplex an. »Wie kann es sein, dass du nichts zu Essen hast?«

»Na«, entgegnete Dennis, »falls du dich entsinnst, waren wir beiden die ganzen letzten Abende gemeinsam unterwegs. Wann hätte ich denn einkaufen sollen? Du Glückspilz hast ja eine Ehefrau, die für dich den Kühlschrank gefüllt hält.«

Jonathan hielt sich bestürzt die Hände vor das Gesicht. »Dennis! Ich bitte dich: Kauf etwas zu Essen auf Vorrat. Und wenn es bloß ein paar Packungen Nudeln sind. Du erweckst ja sonst den Anschein, als wärst du asozial.«

Verärgert schaute Dennis seinen Freund an. Anstatt etwas zu sagen, holte er demonstrativ seinen Flachmann aus der Innentasche und nahm wieder einen Schluck. Jonathan, bei dem das seine Wirkung nicht verfehlte, grummelte etwas Unverständliches. Ärgerlich gingen beide in Richtung Untergeschoss.

»Was willst du denn für sie kochen?«, wollte der Ältere wissen.

»Spaghetti«, sagte Dennis. »Ich kenne da eine nette, italienische Delikatessenhandlung, wo ich die Zutaten für eine gute Sauce bekomme.«

»Hört sich gut an«, sagte Jonathan. »Für so eine Sauce muss man nur ein paar Zutaten zusammenrühren. Das kriegst sogar du hin. Nicht dass deine kleine Freundin Reißaus nimmt, wenn sie einen Löffel gegessen hat.«

»Sehr witzig!«, blaffte Dennis. »Sag mir lieber mal … Hey, alles in Ordnung?«

Urplötzlich war Jonathan ins Stocken geraten. Seine Augen waren weit aufgerissen, seine Haut vom einen Moment auf den anderen völlig erbleicht. Zitternd tastete er mit der rechten Hand nach dem nahen Geländer. Und als er festen Halt gefunden hatte, lockerte er mit der Linken seine Krawatte und begann, die oberen Knöpfe seines Hemds zu öffnen.

»Jonathan!« Dennis war sofort bei ihm. »Was ist mit dir?«

»Nichts!«, keuchte der Alte und sog in tiefen Zügen Luft durch Mund und Nase. »Keine große Sache. Hab heute nur zu wenig getrunken.«

Sofort griff Dennis in seine Innentasche, holte seinen Flachmann heraus und hielt ihn Jonathan hin. Der keuchte immer noch und schaute die Flasche widerwillig an. Dann nahm er sie doch.

»Du weißt …«, presste er mit einem gequälten Lächeln heraus, »dass ich das Zeug lieber *on the rocks* trinke.«

Ängstlich beobachtete Dennis, wie er die halbe Flasche in einem Zug leerte. Kaum hatte er getrunken, bemerkte man, wie langsam etwas Farbe in sein Gesicht zurückkehrte.

Als er nach einer Weile wieder regelmäßiger atmete, nahm Dennis seinen Arm und half ihm auf die Beine. Er führte ihn zu einer Sitzbank, wo beide sich niederließen. Über das nahe Geländer konnte man auf die Eingangshalle und die hereinströmenden Menschen herunterschauen. Einen Moment lang schien Jonathan wie im Traum, als er die Brunnen und Blumenbeete im Mondscheinlicht betrachtete. Für nur einen Augenblick sah man einen Schimmer von Sehnsucht in seinen Augen.

»Ist alles in Ordnung mit dir?«, wollte Dennis wissen.

»Es geht mir gut«, flüsterte Jonathan abwesend.

Besorgt musterte Dennis ihn am ganzen Körper, fand aber keine alarmierenden Zeichen. »Jonathan?«, fragte Dennis zögerlich.

»Ja?« Er ahnte bereits, dass nun unangenehme Fragen folgen würden.

»Ich … habe vor ein paar Tagen mit William geredet … Er und einige andere aus der Abteilung … meinen, dass du langsam etwas kürzer treten solltest. In deinem Alter stresst dich der Job ziemlich. Irgendwann macht der Körper das vielleicht nicht mehr mit.«

»Ich weiß«, flüsterte der Alte, während er die Augen auf den vollen Mond richtete und sein dämmriges Licht bestaunte, das durch die Glasdecke schien. »Dazu habe ich mich schon lange entschieden. Ich habe nur immer auf den richtigen Zeitpunkt gewartet. Ende nächsten Jahres ist es so weit. Da wechsle ich in den Innendienst in der Zentrale. Ich hab's noch mit niemandem aus der Abteilung besprochen. Nur mit dem Chef und mit Melinda.«

»Was?« Dennis starrte ihn mit weit aufgerissenen Augen an. »A-a-aber … du warst doch immer im Außendienst. Dein ganzes Leben lang!«

Der Alte lächelte. »Irgendwann geht alles zu Ende.«

»Und … was soll dann aus der Abteilung werden?«

»Ich werde den kompetentesten Nachfolger benennen, der mir in meiner ganzen Karriere begegnet ist.«

»Und wen?«, wollte Dennis wissen. »Julius oder Franklin? Oder vielleicht Lucien aus der französischen Abteilung?«

Der Alte gluckste vor Lachen. »Julius? Lucien? Dennis! Ich rede von dir, du Einfaltspinsel.«

»Was?« Dennis konnte es kaum fassen. »A-a-aber … ich bin doch erst seit Kurzem …«

»Du bist der beste Partner, den ich in meiner ganzen Karriere gehabt habe«, unterbrach er ihn, »und es wäre mir eine Ehre, wenn du meine Stelle übernehmen würdest.«

Dennis war sprachlos. Starr vor Schreck starrte er mit leeren Augen in die Weite. Er konnte nicht fassen, was er gerade gehört hatte.

»Das ist natürlich noch nicht offiziell«, fuhr Jonathan fort. »Wenn es so weit ist, kriegst du die offizielle Bestätigung von William. Vielleicht wollen die bis dahin auch noch ein paar Tests mit dir machen. Aber es ist seit jeher so, dass ein Mitglied seinen Nachfolger selbst bestimmen darf.«

Eine ganze Weile saßen sie beide da und spähten durch die Glasdecke in den wolkenverhangenen Himmel. Keiner sagte ein Wort.

Die Lautsprechermelodie und die Gespräche der vorbeigehenden Passanten bildeten eine Kulisse, vor der die Stille umso eindringlicher klang.

Schließlich brach Dennis das Schweigen: »Ich … weiß nicht, ob ich es ohne dich schaffe. Alles, was ich weiß, habe ich von dir gelernt.«

Jonathan zuckte mit den Schultern. »Ich habe schon seit Langem das Gefühl, dass ich dir nur noch wenig beibringen kann. Die letzten Schritte musst du nun bald alleine gehen.«

Wieder schwiegen sie. Eine Mutter führte an den Händen ihre zwei Kinder vorbei, die Jonathan neugierige Blicke zuwarfen. Sein Armani-Hemd war immer noch weit aufgeknöpft.

»Jonathan?«, fragte Dennis schließlich. »Darf ich dich etwas fragen?«

»Nur zu«, entgegnete der Alte, der erschöpft seine Augen schloss, um sich ein wenig auszuruhen.

Zögerlich fragte der Junge: »Woran hast du bei Melinda gemerkt, dass sie die Richtige für dich ist?«

»Hahaha«, der Alte presste schwer atmend ein gequältes Lachen hervor. »Hat diese Josephine dir etwa so weit den Kopf verdreht, dass du schon daran denkst?«

»Ich …«, begann Dennis zögerlich, »habe noch nie so eine Frau getroffen wie sie. Vielleicht … Sie könnte die Richtige sein. Sie könnte diejenige sein, die ich frage, ob sie das ganze Leben mit mir verbringen möchte …«

»Junge!«, unterbrach Jonathan ihn harsch. »Darüber solltest du dir jetzt noch keine Sorgen machen. Genieße doch erst einmal das Leben! Und schau, was sich daraus entwickelt.« Träumerisch wendete er seinen Blick zum Himmel. »Du weißt nie, wann plötzlich alles zu Ende ist.«

Wieder saßen beide schweigend da. Während um sie herum die hetzenden Kundenströme langsam versiegten und der Ladenschluss sich näherte, saßen sie nur auf der Bank und hingen ihren Gedanken nach.

Piep. Piep.

Das helle Geräusch drang plötzlich aus Dennis' Jacke. Nur eine Sekunde später klingelte es auch bei Jonathan.

»Oh nein«, kam Dennis entsetzt über die Lippen. »Bitte nicht jetzt!« Mit zittrigen Fingern zog er sein Smartphone aus der Innentasche seines Jacketts und fuhr mit dem Finger über das Display.

»Was steht in der SMS?«, fragte Jonathan flüsternd.

»›Es ist ein Notfall‹«, las Dennis vor. »›Ruft mich sofort an! Der Chef!‹ Das war's wohl mit meinen Plänen für's Dinner.«

Jonathan nickte gemächlich und richtete sich langsam auf.

»Kannst du laufen?«, fragte ihn sein Kollege.

»Muss ich ja«, antwortete er. »Geschäft ist Geschäft.«

So stand auch Dennis auf, und sie machten sich auf den Weg, das Kaufhaus zu verlassen. Jonathan legte ein harsches Tempo vor, was sein Partner mit großer Sorge beobachtete. Sie folgten dem Geländer, passierten eilig einige plaudernde Hausfrauen und liefen den Gang nach unten. Über die Rolltreppen gelangten sie zurück in die Eingangshalle, durchquerten diese und traten durch das Glastor nach draußen.

Kaum waren sie unter freiem Himmel, bemerkte Dennis, dass es seinem Freund bedeutend besser ging. Er wirkte schlagartig vitaler, nun da er wieder frische Luft atmete und nicht mehr den parfümverseuchten Dunst, der durch die Klimaanlagen der Mall zirkulierte. Sie rannten zur Hinterseite des Gebäudes, betraten durch eine Nebentüre das Parkhaus und fuhren mit dem Fahrstuhl hinauf in den dritten Stock.

Nur wenige Autos standen dort, sodass sie ihr Fahrzeug rasch wiederfanden. Entschlossen steuerten sie auf eine silberne, verchromte Mercedes-Limousine zu. Sie liefen an ihr vorüber und kamen vor einem großen, schwarz lackierten Van zum Stehen. Jonathan öffnete mit dem

Schlüssel die Schiebetür an der Seite, und beide stiegen hinein.

Der Alte trat in den kleinen Raum von etwa zehn mal zehn Metern. Als er vom hellen Licht der Neonröhren im Parkhaus in die düstere Atmosphäre des Zimmers kam, mussten seine Augen sich einen Moment lang an die Dunkelheit gewöhnen. Erst dann wurden die gemusterten Wände, die hölzernen Regale und Möbelstücke für ihn sichtbar.

An der matten, bunt geblümten Tapete waren verschiedene Gemälde und Schwarzweißfotografien aufgehängt. Eine alte, aufrechte Kuckucksuhr lehnte an der Südwand. Ihr gegenüber stand ein großes, gemasertes Eichenholzregal mit zahlreichen in Leder gebundenen Büchern. In einem Fach war hinter einer dicken Glasscheibe eine Minibar eingerichtet, in der Gläser und einige Spirituosen standen. Von der Decke hing ein altmodischer, vergoldeter Kronleuchter, der sich langsam erhellte, als Jonathan den Schalter betätigte.

Im Licht konnte man nun erkennen, was sich im Zentrum des Raums befand. Dort war ein kleiner, viktorianischer Tisch aufgestellt, auf dem ein altertümliches, verziertes Telefon stand. Dahinter lagen zwei lange, schwarze Särge, deren weit geöffnete Verschlüsse die purpurne Samtverkleidung im Inneren offenbarten.

Dennis, der erst jetzt in die Stube eintrat, spähte durch die geöffnete Schiebetüre hinaus in die Parkhalle. Als er sich vergewissert hatte, dass niemand sie beim Einstieg in den ungewöhnlich geräumigen Van beobachtet hatte, schlug er die Öffnung hinter sich zu.

»Weißt du, was der Chef von uns wollen könnte?«, fragte Dennis zögerlich.

»Keine Ahnung«, antwortete Jonathan keuchend, ging zum Regal und holte zwei Whiskeygläser und Eiswürfel aus der Bar.

Als er die Gläser auf den kleinen Telefontisch gestellt hatte, zückte Dennis seinen Flachmann und füllte daraus eine rote, klebrige Flüssigkeit in die Gefäße.

»Ich sag's ja«, murmelte Jonathan, als sie anstießen und zu trinken begannen, »am liebsten *on the rocks.*«

Während Jonathan zurück zum Regal schritt und alles wieder dort verstaute, wanderte Dennis nervös die Zimmerwände entlang. Er konnte sich nicht ausmalen, was sie so dringend für den Chef erledigen mussten, dass es nicht bis morgen warten konnte. Vor einem großen, altertümlichen Spiegel mit Goldrand blieb er stehen und betrachtete die Reflexion. Sein eigenes Spiegelbild konnte er nicht sehen, doch zum ersten Mal fiel ihm etwas auf dem Foto an der gegenüberliegenden Wand auf.

»Sag mal ...«, fragte er seinen Partner verdutzt, während er die Fotografie näher betrachtete, »ist das da John Dillinger hinter dir?«

»Ja«, antwortete Jonathan, der die Gläser mit einem Tuch polierte, bevor er sie wieder ins Regal stellte. »Der alte John war in seiner Jugend nicht besonders fotogen. Deswegen hat er sich auf dem Gruppenbild hinter uns versteckt.«

Dennis schaute auf die acht Männer, die in ihren Trenchcoats vor einer Treppe standen. Jonathan war in der Mitte und schaute ernst in die Kamera, wie man es in den Zwanzigern eben getan hatte.

»Komisch«, sagte er. »Ist mir nie zuvor aufgefallen.«

»Man kann nicht auf alles achten«, entgegnete der Alte und steuerte wieder auf die Mitte des Raums zu. »Ich fürchte«, sagte er, »wir können es nicht mehr länger vor uns herschieben. Ich rufe ihn jetzt an.«

Dennis nickte. Er hatte immer noch die leise Hoffnung, dass der Auftrag nicht lange dauern würde und dass er doch noch zu seinem Candlelight-Dinner kam. Alles hing nun davon ab, wie der Befehl lautete. Gespannt beobachtete er, wie Jonathan den Hörer des antiken Apparates abnahm und zum Ohr führte.

Kaum überraschend war kein Freizeichen zu hören, denn das Kabel des Telefons war nicht eingesteckt. Zögerlich steckte der Alte den Finger in die Wählscheibe und wählte die Nummer: 666. Zweimal klingelte das Telefon, bevor der Piepton verstummte und eine kurze Stille am anderen Ende der Leitung zu hören war.

»Herr Vorsitzender?«, fragte Jonathan nervös, aber entschlossen. »Sie haben uns gebeten, Sie zu kontaktieren. Gibt es einen neuen Auftrag?«

»So ist es!«, kam plötzlich eine ohrenbetäubend laute, tiefe Stimme aus dem Hörer des Apparates, die wie ein überregelter Lautsprecher klang. »Hört mir gut zu! Der Mond und der Mars sind heute Nacht in einer günstigen Konstellation. Lange wussten wir nicht, was das zu bedeuten hat. Doch heute haben meine Wahrsager entschlüsselt, wie sich das Schicksal der Menschheit damit verändern lässt. Viele Menschen, die sonst sagenhaft Gutes getan hätten, habt ihr beiden schon aus dem Weg geräumt. Doch heute ist die Gelegenheit günstig, um noch eine weitere Person zu beseitigen. Fahrt zum Hauptquartier an der westlichen Highway-Abfahrt! Dort gibt die Seherin euch alle weiteren Informationen. Und enttäuscht mich nicht!« So schnell, wie die aufbrausende Stimme aus dem Telefon aufgetaucht war, so schnell war sie auch wieder verstummt.

Jonathan kratzte sich am Kopf, als er den Hörer wieder auflegte. »Dieses Mal ist er doch relativ ruhig geblieben«, stellte er verwundert fest.

»Ja«, antwortete Dennis. »Und wie es aussieht, haben wir nur eine einzige Zielperson zu eliminieren. Vielleicht komme ich doch noch rechtzeitig zu meinem Date.«

»Warten wir ab«, raunte Jonathan skeptisch und schob die Tür des Vans auf.

Als die beiden ausgestiegen waren, wollte Dennis in Richtung Beifahrertüre gehen.

»Hey!«, unterbrach ihn der Ältere und warf dem verwirrten, jungen Mann den Autoschlüssel zu. »Du fährst«, sagte er. »Es ist Zeit, dass du mal aus deinen eigenen Fehlern lernen kannst.«

Verdutzt trottete Dennis zur Fahrerseite und stieg hinter das Lenkrad. »Darf der Fahrer nicht auch die Musik aussuchen?«, fragte er erwartungsvoll.

»Wenn's denn sein muss«, stöhnte Jonathan. »Wobei ich wirklich nicht weiß, was du gegen Mozart hast. Er und ich haben damals oft zusammen einen drauf gemacht.«

»Weiß ich«, entgegnete Dennis gelangweilt. »Die Story musste ich mir schon oft genug anhören. Aber jetzt kommt die Musik, die ich gehört habe, als ich noch klein war.« Dennis legte eine neue CD ein, und als er den Player anschaltete, ertönte eine Symphonie von Brahms. »Ja. Das nenne ich Musik«, freute sich Dennis.

»Neumodischer Krempel!«, schimpfte Jonathan. »Wenn ich eins nicht vermissen werde, wenn ich bald in der Hölle herumsitze, dann ist es dieses Gejohle.«

Mit quietschenden Reifen setzte der Van sich rückwärts in Bewegung und fuhr aus dem Parkhaus hinaus.

Die westliche Highwayabfahrt war nicht weit entfernt. Wenn sich der dunkle Van auch durch einige enge Gassen schlängeln und einige Vororte durchqueren musste, erreichte er schon bald die lange, schwer befahrbare Straße. Der Kleinbus hüpfte hin und wieder, wenn er auf eines der vielen Schlaglöcher stieß. Die Fassaden der Häuser zu beiden Seiten waren alt und heruntergekommen. An den Laternen am Straßenrand standen Damen und boten ihre Dienste an. Es war eine Gegend, für die Dennis und Jonathan nicht die richtige Kleidung trugen.

An einem großen Anwesen hielten sie schließlich an. Obwohl die Zäune und das große Herrenhaus nicht weniger verrottet waren als die umliegenden Gebäude, sah man, dass das Grundstück noch bewohnt war. Als der Van vorfuhr, öffnete sich das große, stählerne Tor. Sie wurden wohl bereits erwartet. Langsam rollte das Gefährt die Einfahrt hinauf in den Innenhof. Während der ganzen Fahrt spürten Dennis und Jonathan die zahlreichen Blicke der Wächter auf sich gerichtet. Schließlich parkten sie vor der Haustüre und stiegen hastig aus.

Ein bleicher Butler in einem samtenen Frack erwartete sie bereits in der Tür. »Meine Herren«, adressierte er sie in steifem Ton, »wenn Sie mir bitte folgen wollen: Madame Cassandra erwartet Sie bereits.« Damit machte er eine rasche Wende und kehrte ins Innere des Hauses zurück.

Jonathan folgte ihm sofort.

Dennis zuckte mit den Schultern, bevor er seinem Mentor hinterherlief. »Diese Cassandra ist eine der hochrangigen Wahrsager, oder?«, flüsterte er dem Alten zu, als er ihn eingeholt hatte.

»Ja«, antwortete der. »Sie ist schon verdammt lange für den Chef tätig. Legenden nach schon seit über dreitausend Jahren. Ich selbst habe seit der Jahrtausendwende mit ihr zusammengearbeitet.«

»Seit welcher Jahrtausendwende?«

»Der vorletzten.«

Der Butler führte sie durch Kammern und Gänge, die vor dreißig Jahren wohl sehr luxuriös gewirkt hatten. Nun bröckelte der Putz von den Wänden, die Fenster waren eingeschlagen, und die Möbel fielen beinahe auseinander. Dem Führenden schien das alles völlig gleichgültig zu sein.

Mit würdevoller Haltung geleitete er sie schließlich in ein Vorzimmer und wies mit der Hand auf eine schwere, hölzerne Eichentüre. »Madame erwartet Sie«, proklamierte er.

Jonathan und Dennis gingen hinein.

Als die Flügel der Türe aufschwangen, offenbarte sich der einzig prunkvolle Saal des Hauses. Eine beige Raufasertapete prangte von den Wänden. Antike Büsten und Statuen aus Marmor standen in allen Ecken des Raums. Von der Decke hing ein prächtiger, goldener Kronleuchter. Genau darunter, im Zentrum des Raums, war ein breiter Schreibtisch aus Kiefernholz, auf dem nichts stand als eine einzelne, rote, brennende Kerze.

Anmutig wiegte sich die kleine Flamme in jedem Windhauch und tanzte hin und her. Hinter der Tischplatte hatte sich eine Gestalt zusammengekauert. Sie trug eine schwarze Robe, die ihren gesamten Körper bedeckte. Nur die groben Züge ihres Gesichts kamen unter der Haube zum Vorschein, die einen Schatten über ihren Kopf warf. Wenn man ihr Antlitz auch nicht im Detail sehen konnte, so konnte man doch erahnen, dass sie eine weiße Augenbinde im Gesicht trug.

Zögerlich traten Jonathan und Dennis vor.

»Cassandra«, sprach der Alte sie an. »Der Chef meint, du kannst uns sagen, was vorherbestimmt ist?«

Wenn Dennis' Wahrnehmung ihn nicht täuschte, dann lächelte Cassandra.

»*Vorherbestimmt*? Nein. Nichts ist vorherbestimmt. Die Welt wird bewegt durch die Entscheidungen jedes Einzelnen. Und wenn ich die Zukunft vorhersagen kann, dann nur weil ich weiß, wie sich der einzelne Mensch entscheidet. Ein Einziger kann durch sein Handeln die Geschicke der Welt verändern. Meine Aufgabe ist es herauszufinden, welche Taten die Welt am meisten beeinflussen.«

»Ja, ja«, unterbrach Dennis sie. »Und wenn irgendwer besonders viel Gutes verzapfen wird, dann legen wir ihn für den Chef um. Soweit so klar. Hast du vielleicht einen Namen für uns?«

Stille. Wieder war sich Dennis sicher, dass Cassandra lächelte.

»Ich habe einen Namen für euch. Doch gefallen wird er euch nicht.« Und mit diesen Worten schob sie dem verwunderten Jonathan einen Zettel zu, den dieser nahm und langsam entfaltete, um ihn zu lesen.

Urplötzlich wurde er kreidebleich. In nur einer Sekunde hatten seine Augen sich geweitet, und er starrte fassungslos auf das kleine Stück Papier. Seine Hände begannen zu zittern. Seine Atmung setzte einen Moment lang aus. Verstört wendete er seinen Blick zu Dennis und sah ihn lange und eindringlich an. Tränen standen ihm in den Augen.

Verwirrt trat sein Schützling neben ihn. »Was ist denn?«, fragte er besorgt. Er nahm ihm das Papier aus der Hand.

Und da standen sie. Da standen die zwei Worte, die alles bedeuteten: den Anfang und das Ende. Das Leben und den Tod. Das Schicksal und die Freiheit.

Josephine Arlington.

Iris Köhler-Terz

Gespenstisches Problem

Auf einer großen, alten Burg
ein Geist spukt, ganz allein.
Er fühlte einsam sich des Nachts
und wollt' es nicht mehr sein.

Per Zeitung also suchte er
nun eine Geisterfrau,
die gerne mit ihm spuken will
in diesem alten Bau.

Doch keine einz'ge Antwort kam.
Der Geist zog sich zurück.
Er wurde traurig, depressiv,
so ohne Liebesglück.

Der Burgherr wollte helfen ihm,
drum ging er zum TV.
Ja, RTL war gleich bereit
fürs neue *Geist sucht Frau.*

Und siehe da, die Geisterfrau'n,
in Scharen kamen sie.
Gespenstchen freute sich gar sehr.
So viele sah es nie.

TV-Ruhm ist, wie man ja weiß,
nur kurz, nur Schall und Rauch.
Das lernte auch der Geist ganz schnell,
denn so war es hier auch.

Gleich, als Kameras war'n weg,
wollt er mit ihr allein
gespenstern durch die große Burg.
So sollte es ja sein.

Doch, ach du Schreck, man glaubt es kaum,
die Lady wollte nicht.
Sie wolle Filmstar werden nur,
sagt sie ihm ins Gesicht.

Und jeden Tag sie grollte nun.
Der Geist, der merkte fix,
dass ohne sie er ruhiger lebt.
Mit Liebe war's wohl nix.

Und Nächtens sieht man wieder nun
den Geist, er spukt allein.
So war's schon viele hundert Jahr,
so wird's wohl ewig sein.

Melissa May

Rätselhaftes im Museum

Mario Grantini saß in dem kleinen Büro des hiesigen Museums. Eigentlich war er Künstler, ein Maler, der aber durch das Malen seiner Bilder nicht satt werden konnte, da er kaum welche verkaufte. Daher hatte er noch einen Job gesucht, der ihm den Lebensunterhalt sicherte. Da kam ihm kürzlich dieses Stellenangebot gelegen, das ihn gleich fesselte: *Gesucht wird ein Nachtwächter für das hiesige Museum.*

Mario war Halbitaliener. Sein Vater, ein waschechter Italiener, hatte sich auch zu den Künstlern gezählt – aber er war eher ein Taugenichts. Er hielt nicht viel davon, seine Familie absichern zu müssen. Er ging lieber in die Welt hinaus und hoffte, da sein Glück zu finden. Alle paar Monate kam er nach Hause, um sich mal kurz blicken zu lassen. Marios Mutter wartete stets treu und brav und hat Mario und seine Schwester immer durch Putzjobs über die Runden gebracht.

Eines stand fest: So wie sein Vater wollte er nicht werden, also musste er auf eigenen Beinen stehen.

Mario hatte also bei diesem Museum gleich angerufen und sich telefonisch vorgestellt. Er war ein offener und äußerst sympathischer, junger Mann, dem die Frauenherzen nur so zuflogen. Daher hatte er wohl Glück gehabt, denn die Museumsleiterin, mit der er gesprochen hatte, war ganz von ihm angetan. Ein Künstler war genau das, was ihr vorgeschwebt hatte. Mario hatte sich zwar gewundert, wieso er ohne Referenzen und mit einem miesen Hauptschulabschluss überhaupt Chancen gehabt hatte, diese Stelle zu bekommen. Doch wenn einem die Türen offen stehen, dann denkt man nicht groß darüber nach, wieso man gerade der vom Glück Betroffene ist.

Gerade hatte Mario seinen ersten Rundgang zur Einarbeitung mit der Chefin persönlich beendet. Anscheinend war kein anderer da gewesen, um ihn einzuarbeiten. Arglos hatte er gefragt, was denn mit seinem Vorgänger wäre, da dieser die Einarbeitung nicht mehr übernommen hatte.

Der Blick seiner sehr attraktiven Chefin, die ihn irgendwie an eine exotische Schlange erinnerte, verdunkelte sich. Dann sagte sie: »Er ist verschwunden. Er war unzuverlässig, was ich von Ihnen nicht hoffe. Herr Grantini, ich erwarte, dass Sie mir jede Kleinigkeit, auch wenn sie Ihnen vielleicht unbedeutend oder nicht glaubhaft erscheint, protokollieren, und dass diese Aufzeichnungen nur Ihnen und mir zugänglich sind. Sobald Sie eine Aufzeichnung beendet haben, schließen Sie bitte das Protokollbuch weg. Das gehört zu Ihrem Job. Haben Sie mich verstanden?«

Mario Grantini hatte nur genickt und nachdenklich gewirkt. Ihm war es gerade so vorgekommen, als hätte er einen Befehl erhalten und nicht schlichte Anweisungen einer Vorgesetzten.

Jetzt saß er also hier und schaute sich gerade eine Art »Ahnengalerie des Museums« an, in der die ganzen bisherigen Angestellten mit einem Foto verewigt worden waren. Er musste mit seinen Erinnerungen an das unangenehme Gespräch fertig werden und sich gleichzeitig freuen, dass er überhaupt einen Job bekommen hatte. Vor Mario Grantini lag ein Protokoll-Buch, das genau die Zeiten seines Rundganges vorgab: jede volle Stunde.

Die Zwanzig-Uhr-Runde hatte er mit seiner Chefin abgehakt. Ins Buch hatte er eingetragen:

Rundgang 20 Uhr: keine besonderen Vorkommnisse.

Es war inzwischen dunkel geworden. In dem Museum wurde nachts das Licht auf Sparflamme geschaltet. Dieses verdunkelte Licht zauberte im Nu eine etwas gruselige Atmosphäre ins Museum. So ganz allein durch die große Museumshalle zu schreiten, verursachte in Mario auch ein ungewolltes Unbehagen.

Bei dem ersten Rundgang, den Mario Grantini allein absolvierte, betrachtete er die teuren, einzigartigen Gemälde, die die Besucherräume zierten. Es war für ihn alles so beeindruckend und faszinierend. Während er sich alles anschaute, flammte in ihm Neid auf, da er sich dadurch als Künstler nur noch kleiner und unbedeutender fühlte. Doch gleichzeitig begann er zu träumen: Eines Tages würden auch seine Werke hier hängen. Dann war auch er ein großer, berühmter Maler.

Doch bis dahin musste er seinen Lebensunterhalt mit dem Bewachen der Gemälde anderer verdienen. Und dabei hatte er unheimliches Glück gehabt, so eine Stelle ergattert zu haben. Wenn Mario zurückdachte, wie schnell alles gegangen war, konnte er es immer noch nicht glauben. Doch schließlich mussten nicht immer nur die anderen Glück haben. Jetzt war er an der Reihe.

Mario stolzierte in seiner Museumsuniform Schritt für Schritt durch die Halle. Er war zu einer wichtigen Person geworden, und seine etwas eigenartige Chefin konnte mit ihm zufrieden sein.

Gerade lief er durch den Hauptsaal, wo große Bilder mit unheimlichen Kreaturen hingen, als sich die Ereignisse überschlugen.

Nachdem alles vorbei war, rannte Mario zurück ins Büro und blickte dabei stets nach hinten, als ob er Verfolger hinter sich hätte. Das, was er jetzt erlebt hatte, schrieb er mit zitternder Hand nieder:

Rundgang 21 Uhr: Soeben machte ich meinen ersten Rundgang allein und hörte plötzlich ein unheimliches Geräusch in der Haupthalle. Es war ein ohrenbetäubendes, geisterhaftes

Dröhnen, das mich erschauern ließ. Es kam direkt aus der hintersten Nische, an die ich trotz der unheimlichen Lautstärke auch zaghaft herangetreten bin und jede Ecke mit der Taschenlampe ausgeleuchtet habe. Ich konnte aber nichts sehen. Ich kann mir dieses Geräusch nicht erklären und denke jetzt noch, ich hätte es vorhin nur geträumt. Ein leises, schauderhaftes Nachhallen hat in mir Panik ausgelöst, sodass ich losgerannt bin. Dabei hatte ich das Gefühl, verfolgt zu werden. Dann wurde plötzlich alles wieder ruhig, als hätte ich nie etwas Ungewöhnliches gehört.

Hatte Mario vielleicht Halluzinationen? Schweiß stand ihm auf der Stirn. Er hatte doch tatsächlich Angst gehabt; Angst vor irgendetwas, was er nicht benennen konnte. Was sollte er jetzt tun? Die Polizei anrufen? Nein, das kam nicht in Frage. Wenn sich dann alles als harmlos herausstellte, musste er seine Feigheit und Voreiligkeit vor der Polizei und auch vor seiner Chefin rechtfertigen. Also beruhigte sich Mario Grantini wieder und schob alles auf seine inzwischen blank liegenden Nerven. So einen Nachtdienst war er eben nicht gewohnt.

Voller Bangen schaute Mario auf die Uhr. Die Zeit rückte immer näher. Gleich war es zweiundzwanzig Uhr. Sein nächster Rundgang stand bevor. Nun hieß es: Augen zu und durch! Doch es war leichter gesagt als getan.

Rundgang 22 Uhr: Ich ging erneut meine vorgeschriebene Runde. Zunächst war wieder alles still. Ich dachte schon, ich könnte hier eintragen: ›Keine besonderen Vorkommnisse‹. Doch das sollte mir wohl verwehrt bleiben. Denn ich hörte plötzlich ein lautes, schillerndes Lachen, das immer lauter wurde. Es war wie in einem Irrenhaus.

Ich stand da und blickte mich nach allen Richtungen um. Es ließ sich nicht lokalisieren und machte mich einfach nur verrückt. Ich steckte mir die Finger in die Ohren und ging wieder in die Richtung, aus der beim ersten Mal das laute Dröhnen er-

tönt war. Meine Taschenlampe strahlte die gesamte, dunkle Nische an, in der wiederum nichts Ungewöhnliches zu entdecken war, bis ich auf eines der Bilder leuchtete und darauf eine eigenartige Gestalt, die mir irgendwoher bekannt vorkam, allerdings mit hexenartigem Gesicht und dem Körper einer Schlange, entdeckte. Das mag nicht außergewöhnlich klingen, doch diese Gestalt auf dem Gemälde war nicht etwa starr – wie es bei gemalten Bildern üblich ist – nein, sie lebte und lachte dieses grausame Lachen, das ohrenbetäubend und nervtötend war. Daraufhin bin ich wiederum losgerannt und habe mich hier in das Büro geflüchtet.

So langsam kam Marios gestresster Körper wieder zur Ruhe. Während er geschrieben hatte, war er immer noch außer Puste gewesen. Jetzt beherrschte ein leichtes Zittern seine Glieder. Er konnte immer noch nicht fassen, was er da gesehen und gehört hatte. Was ging hier vor sich? Er schaute auf seine Hand. Immer noch hielt er den Stift fest, den er – nachdem er hier gehetzt hereingestürmt war – automatisch in die Hand genommen hatte und direkt alle Vorkommnisse vorschriftsmäßig ins Protokollbuch eingetragen hatte. Jetzt im Nachhinein erschien es ihm unfassbar, dass er trotz seiner Angst hier nichts Besseres im Sinn gehabt hatte, als alles niederzuschreiben.

Die Worte seiner Chefin kamen ihm wieder in den Sinn. Sie hatte gesagt: »… ich erwarte von Ihnen, dass Sie mir jede Kleinigkeit, auch wenn sie Ihnen vielleicht unbedeutend oder nicht glaubhaft erscheint, protokollieren.«

Es war wie ein Zwang in ihm. Er musste ihrem Willen Folge leisten. Es war wie ein Befehl, dem er nicht entweichen konnte. Wo war Mario nur hingeraten? Warum blieb er hier? Doch nicht des Geldes wegen, oder? Nein, er musste herausfinden, was hier vor sich ging. Unerklärliche Dinge hatte es in seinem Leben noch nie gegeben.

Es musste eine Erklärung für all das vorhanden sein. Und er nahm sich vor, hinter das Geheimnis der dröhnenden Geräusche und der anscheinend lebenden Gestalt auf dem Bild mit dem geisterhaften Lachen zu kommen.

Rundgang 23 Uhr: Ich wusste ja nun schon, was mich erwartete. Daher konnte mich wohl nichts mehr überraschen. Dachte ich jedenfalls. Ich hatte vorgesorgt, wollte mich nicht durch Geräusche verraten, hatte also meine Schuhe ausgezogen und ging in Socken durch die Haupthalle.

Es war alles ruhig. Ich fragte mich wiederum, ob ich denn bisher nur Halluzinationen gehabt hatte, denn hier war keine Menschenseele zugegen. Doch wenn es nicht das Werk von Menschen war, wessen dann? Meine Gedanken kreisten um alle Möglichkeiten. Ich versuchte, klar zu denken. Vielleicht wollte mich jemand auf die Probe stellen. Aber wer? Etwa Sie, verehrte Chefin?

Schnell strich er den letzten Satz wieder durch.

So ging ich also mit angespannten Nerven weiter, ich hörte immer noch nichts. Vielleicht waren die Schuhe doch verantwortlich dafür gewesen? Ich nahm mir vor, nur noch in Socken meine Runde zu gehen. Ich kam bis zu der vermeintlich spukenden Ecke, schaltete auch jetzt erst meine Taschenlampe an, leuchtete die gesamte Ecke aus. Es war nichts Verdächtiges zu sehen. Langsam bewegte ich meinen Taschenlampenstrahl nach oben, auf das Bild, auf dem ich vor genau einer Stunde die lachende Hexe in Schlangengestalt erblickt hatte. Das Bild war starr, ich leuchtete weiter nach oben.

Gerade als ich das Gesicht dieser Kreatur voll im Visier hatte, ertönte plötzlich wieder dieses schreckliche, hämische Lachen, was auch von der Lautstärke zu viel für meine Ohren war. Es machte mich erneut fast verrückt. Sie war wieder lebendig, lachte und bewegte sich. Ich starrte sie nur an und konnte es einfach nicht glauben, was da ablief. Sie lachte weiter und – mein Herz wollte vor Schreck stehen bleiben – sie oder es

– ich konnte die Kreatur nicht eindeutig geschlechtlich zuordnen – kam mit ihrem Oberkörper aus dem Bild heraus.

Plötzlich grapschten ihre grässlichen, langen Knochenfinger nach mir, hielten mich bereits fest. Es war grauenhaft! Ich kann jetzt noch nicht glauben, was mit mir passiert war: Ich kämpfte gegen eine Bildgestalt, die zum Leben erwacht war. Das glaubt mir keiner, auch keiner, der dies hier liest!

Ich habe mich aber verpflichtet, alles, jede Kleinigkeit und alles Unglaubliche, niederzuschreiben. Meine Hände stehen gar nicht still, sie schreiben von allein, was ich denke. Das ist eigenartig.

Wie ging es weiter? Ich weiß es nicht mehr. Ich habe gekämpft, versucht, diese ekeligen Finger von mir zu reißen. Und dabei lachte diese Gestalt weiter, immer lauter, grässlicher. Dieses Monster war immer noch fest im Bild verankert, doch es schien mir, als kämpfe sie sich langsam, aber sicher aus dem Bild heraus. Wie kann so etwas möglich sein?

Und dann, in meiner letzten Verzweiflung, da biss ich ihr in die Finger. Sie schrie – es waren Schreie der Unterwelt, so kam es mir vor. Einfach ein grauenhaftes, unmenschliches Gebrüll. Ihr hässliches, verunstaltetes Gesicht verzerrte sich, ihre gesamte Wut auf mich sah ich in ihren blitzenden Augen. Doch sie ließ mich einen Augenblick lang los, sodass ich davonrennen konnte, mich nochmals kurz umdrehte und sah, wie sie in dem Bild verschwand.

Mario Grantini saß am Schreibtisch, den Kopf auf die Hände gestützt, und starrte auf seine Aufzeichnungen. Er war komplett durcheinander. Hier geschah etwas, was er sich nicht erklären konnte.

Aber wieso hatte seine Chefin darauf bestanden, dass er alles niederschrieb? Hatte sie diese unglaublichen Dinge erwartet? Warum? Wusste sie davon? Warum lässt sie ihn hier stündlich die Runde laufen? Wieso passiert gerade da etwas? Und vor allem: Was würde als Nächstes passieren? Fragen über Fragen.

Mario war nahe dran aufzugeben, einfach davonzurennen. Sollten die doch selbst mit dieser Hexerei fertig werden! Doch dann kam wiederum eine Trotzreaktion zum Vorschein, die er selbst nicht für möglich gehalten hatte. Die Zeiger der Uhr tickten unaufhaltsam weiter, sie bewegten sich langsam, aber sicher auf Mitternacht zu. Mitternacht …. Die Geisterstunde kam ihm in den Sinn. Was stand ihm beim nächsten Rundgang bevor?

Mario Grantini nahm den Stift wieder in die Hand und bereitete seinen nächsten Eintrag ins Protokollbuch vor, indem er schrieb:

Vor dem Rundgang 24 Uhr: Ich gehe jetzt, obwohl ich es nicht müsste. Ich komme gleich wieder und werde die ganzen mysteriösen Ereignisse aufdecken. Da könnt ihr sicher sein! Ich wollte es nur vorsichtshalber ankündigen, nur falls … falls etwas passiert.

Ach, was mir noch einfällt: Die Gestalt auf dem einen Bild in der spukenden Ecke, diese Hexe, die Gesichtszüge, sie kommen mir irgendwie bekannt vor. Irgendwo hier im Museum habe ich das Gesicht schon gesehen. Da ich aber erst seit Kurzem dabei bin, kann ich dieses Gesicht nicht zuordnen. Ich meine, ich habe es hier irgendwo auf einem Foto gesehen. Das soll nur ein Hinweis sein, falls ich nicht mehr dran denke.

Und … grüßt meine Mutter! Vielleicht kann sie – wenn mir was passieren sollte – einige meiner Bilder verkaufen. Okay, es schlägt Mitternacht. Bis gleich …

Als Frau Jennifer Worms, eine kleine Angestellte des Museums, am nächsten Morgen ihren Dienst antrat – sie war nach dem Nachtdienst immer die Erste, die das Museum betrat – fand sie die Räumlichkeiten immer noch verdunkelt vor, obwohl ihre Chefin diesem neuen Nachtwärter ausdrücklich gesagt hatte, er solle eine Viertelstunde, bevor sie kam, das Museum hell erleuchten. Bestimmt war er eingeschlafen. Wenn dieser junge Mann auch wieder so unzuverlässig ist wie der letzte, dann würde ihre Chefin aber böse werden.

Jennifer betrat das Museum, das eine unheimliche Ruhe ausstrahlte. Sie blieb stehen, rief nach ihrem neuen Kollegen, bekam aber keine Antwort. Nur ihre eigene Stimme hallte in mehreren Intervallen zurück, als wolle sie ihr selbst eine Antwort geben. Komisch, Jennifer wollte ihren Kollegen auch nicht verpetzen, wenn dieser jetzt wirklich schlief.

Sie ging weiter in Richtung Büro. Die Tür stand offen – doch es war niemand drin. Wo mochte er nur sein? Jennifer ging in die Haupthalle und rief noch einmal nach Mario Grantini. Es blieb – außer dem obligatorischen Echo – alles ruhig. Sie schaltete den Hauptlichtschalter ein, sodass jetzt grelles Licht die gesamten Räumlichkeiten hell erleuchtete. Doch ihr Kollege blieb verschwunden. Das konnte doch nicht sein! So war es schon mit dem letzten Nachtwächter gewesen, und die Chefin hat alles auf seine Unzuverlässigkeit geschoben. Doch wenn auch dieser verschwunden war, dann …

Jennifer fiel das Protokollbuch ein, das sie im Büro gesehen hatte. Genau, sie sollte da mal reinschauen, was dieser da notiert hatte. Der letzte Kollege hatte es immer vorschriftsmäßig weggeschlossen gehabt. Sie ließ sich im Büro auf dem Drehstuhl nieder und schaute in das aufgeschlagene Buch.

Hier, er hatte bereits vor seinem mitternächtlichen Rundgang noch etwas eingetragen und danach nichts mehr. Doch Jennifer begann lieber, alles von vorn zu lesen. Was schrieb er da? Jennifers Pulsschlag verdoppelte sich. Was sie hier las, war ja purer Horror. Hatte er vielleicht zu viel Alkohol getrunken? Aber nein, es klang viel zu echt.

Als sie bei der letzten Eintragung war, worauf nichts weiter folgte, entnahm sie dieser die Vorahnung, die Mario Grantini heimgesucht haben musste, denn er hatte vorsorglich eine Nachricht an seine anscheinend geliebte Mutter hinterlassen.

Was war hier los? Sie musste doch eine Antwort auf alles finden. Mit Sicherheit hing es auch mit dem Verschwinden des vorherigen Nachtwächters zusammen. Dessen war sich Jennifer jetzt sicher. Aber irgendetwas musste sie überlesen haben. Daher las sie die gesamten Aufzeichnungen nochmals durch. Was hatte er denn zum Schluss mit dem Hinweis gemeint, dass ihm das Gesicht auf dem einen Bild bekannt vorgekommen war?

Jennifer ging nochmals zielgerichtet in die Haupthalle zu der berüchtigten Nische, von der Mario Grantini immer geschrieben hat. Es hingen mehrere Bilder da. Sie schaute sich alle an, plötzlich blieb ihr Blick an einem Bild haften, bei dem eine Fantasiefigur mit zwei Köpfen das Bild zierte. Mario Grantini hat aber nicht von einem zweiköpfigen Ungeheuer gesprochen.

Sie wollte gerade zum nächsten Bild schreiten, als sie doch wieder zurückblickte. Etwas fand sie eigenartig. Sie schaute sich diese zweiköpfige Kreatur näher an und erstarrte. Das gab es doch nicht! Konnte es wirklich wahr sein? Jennifer hatte eine Vermutung, die ihr Blut gefrieren ließ. Sie setzte ihre Brille ab und besah sich das Bild genauer.

Diese Gestalt hatte einen schlangenartigen Körper und zwei Köpfe, die etwas Hexenartiges an sich hatten. Die eine Hand, deren knochenartige Finger nach allen Seiten abstanden, war verletzt und diese Gesichter … das waren doch ….

»Na, hast du sie erkannt?«, fragte plötzlich aus dem Hintergrund eine hämisch klingende Stimme.

Jennifer fuhr erschrocken auf und drehte sich um. Vor ihr stand ihre Chefin. Sie wusste nicht, ob sie erleichtert oder erschreckt reagieren sollte. Denn irgendetwas in der

Stimme der Vorgesetzten stimmte sie ängstlich und ahnungsvoll. Doch spontan stammelte sie: »Die Gesichter, das sind doch …« Jennifers Verlangen, sich Erleichterung bezüglich ihrer Ahnung zu verschaffen, unterdrückte sie augenblicklich.

Die Chefin sah sie mit zusammengekniffenen Augen an und erkannte, dass dieses kleine, unscheinbare Ding die Wahrheit herausgefunden hatte. Plötzlich begann sie zu lachen, laut und hämisch. Jennifer erinnerte sich, über solch ein Lachen im Protokollbuch gelesen zu haben. Doch genauso plötzlich, wie ihr Lachen begonnen hatte, brach es jetzt abrupt ab. Die blitzenden Augen trafen Jennifer wie Pfeile. Sie wich zurück.

»Du willst die Wahrheit wissen? Nun gut, dann schau sie dir noch mal an, deine beiden Kollegen!« Sie lachte zwischendurch wieder laut auf. »Ja, das ist doch ein tolles Gespann. Und ein dritter Kopf mit deinen Gesichtszügen würde dem Bild wohl auch stehen, oder?«

Jennifer erschauerte. Vor ihr stand eine Hexe. Die wahre Hexe. Die beiden Kollegen waren gefangen, und sie war auch verloren. Das erkannte sie jetzt und fand keine Möglichkeit, ihrem Schicksal zu entkommen.

»Mama, schau mal, was ist das denn für eine komische Gestalt?«, fragte ein kleiner Junge seine Mutter, während er im Museum vor dem Bild mit der schlangenartigen Gestalt stehen blieb, die drei Köpfe hatte.

»Komm, das ist nichts für dich, Joshua! Da hat nur jemand zu viel Fantasie gehabt.«

Derweilen erschien eine neue Anzeige in der Zeitung:

Gesucht wird ein Nachtwächter für das hiesige Museum.

Marie-Kristin Jagst

Meereswogen

Der schwarze Audi wurde in der Ferne immer kleiner, und Lilly konnte mich bestimmt nicht mehr erkennen. Ich ließ die Hand sinken, und auch mein Mut sank ins Bodenlose. Jetzt war sie weg. Meine beste Freundin. Sie würde jetzt ein Stadtkind werden. Und ich saß weiter hier fest. In dem winzigen Dorf, in dem außerhalb der Saison kaum mehr als sechshundert Menschen wohnten.

Lillys Vater hatte wieder Arbeit gefunden. Nur leider nicht hier. Sie würde mit ihrer Familie achtzig Kilometer weit weg wohnen. Es würde bestimmt nicht lange dauern, bis sie neue, tolle Freunde fand. Hier dagegen geschah nie etwas. Mit einer Ausnahme. Unsere Klassenlehrerin hatte angekündigt, dass nach den Herbstferien ein neuer Schüler in unsere Klasse kommen würde.

Der Junge wohnte zurzeit bei seinem Onkel und zog jetzt hierher zu seiner Großmutter. Er würde sich hier im Winter zu Tode langweilen. Im Sommer wurde unser kleiner Ort beinahe überrannt von Urlaubern. Unser weißer Sandstrand und die Ostsee waren der Grund dafür. Im Winter dagegen verirrte sich kaum jemand zu uns. Sturm und Schnee machten den Strand wenig attraktiv.

Mit mieser Laune verzog ich mich in mein Zimmer. Ohne Lilly würde dieses letzte Jahr am Gymnasium nicht dasselbe sein.

Bevor mich meine trüben Gedanken noch weiter runterzogen, schlüpfte ich lieber in meine Sportschuhe und ging laufen. Das Wetter war schon recht kühl, aber ich konnte mich nicht hängen lassen. Bald würde ein großes Volleyballturnier stattfinden, und ich musste fit sein.

Wie immer schlug ich den Weg zum Strand ein. Etwas Gutes hatte es doch, wenn die Touristen verschwanden.

Man hatte wieder etwas mehr Platz für sich. Auf der hölzernen Seebrücke waren nur noch die hart gesottenen Urlauber unterwegs. In Windjacken und festem Schuhwerk trotzen sie dem ersten Herbststurm.

Erschöpft setzte ich mich auf eine Bank und sah, wie in einiger Entfernung ein junger Mann mit nackten Füßen im Wasser stand. Die Ostsee konnte nicht mehr als vierzehn Grad haben. Ich fröstelte schon bei dem Gedanken daran.

Irgendwie sah der Junge nicht wie ein Urlauber aus. Er trug eine Lederjacke und hatte seine Jeans bis zu den Knien hochgerollt. Seine dunklen Haare waren vom Wind zerzaust. Dann drehte er mir das Gesicht zu. Verlegen, dabei erwischt worden zu sein, ihn angestarrt zu haben, strich ich mir über meine blonden Locken. Uninteressiert richtete er den Blick wieder aufs Meer. Er sah irgendwie verzückt aus. Als würde er hier an einem Palmenstrand mit blauem Wasser stehen und nicht an unserer grünen, aufgewühlten Ostsee.

Er machte noch einen Schritt tiefer ins Wasser. Es sah aus, als würde er sich jeden Moment in die Fluten stürzen. Mein Puls beschleunigte sich. Um diese Jahreszeit waren keine Rettungsschwimmer mehr an den Stränden. Auch wenn ich Juniormitglied war, hatte ich wenig Lust bei diesen Temperaturen ins Wasser zu gehen und diesen Spinner zu retten.

Plötzlich schien er zu sich zu kommen. Als hätte ihn etwas gebissen, lief er aus dem Wasser. Sein Atem ging stoßweise. Ich saß immer noch auf meiner Bank und sah zu, wie er eilig an mir vorbeihastete. Als sein Blick auf mich fiel, sah ich, dass seine Augen so sturmgrau waren wie der Himmel.

Der Wind hatte sich über Nacht gelegt und einen wolkenlosen Himmel zurückgelassen. Es war fast frühlingswarm draußen, und diesen Umstand nutzten mein Team und ich, um uns am Strand zu treffen. Meine Schuhe ließ ich bei meinem Rucksack liegen und begrüßte die Mitglieder unserer Mannschaft. Wir waren nur zu sechst. Drei Mädchen und drei Jungen.

»Hallo, Lena«, begrüßte mich Hanna. Sie war ein stilles Mädchen, sehr dünn und groß.

Klara war da das genaue Gegenteil. Sie war nur so groß wie ich, hatte aber eine üppige Oberweite und einen ebensolchen Hintern. Ich gesellte mich zu ihnen, und wir wärmten uns auf. Heute würden wir Jungen gegen Mädchen spielen.

Als wir Aufstellung nahmen, fiel mein Blick auf verwuschelte, braune Haare.

Ich stupste Klara an und zeigte auf den Jungen, der auf der Seebrücke stand und zu uns heruntersah. »Kennst du den?«

»Das ist Frau Bauers Enkelsohn. Du weißt schon, er soll in unsere Klasse kommen.« Klara setzte eine verzückte Miene auf. »Sieht er nicht toll aus?«

Ich nickte. »Aber er ist irgendwie seltsam.«

»Wieso denn das?«

Mir blieb eine Antwort erspart, da der erste Aufschlag direkt auf mich zukam. Die nächsten zehn Minuten versuchte ich, mich aufs Spiel zu konzentrieren und nicht auf Frau Bauers Enkel, was mir aber nicht so recht gelingen wollte. Ein Schrei neben mir riss mich aus meinen Grübeleien.

Klara hatte genauso wenig aufgepasst wie ich und den Ball ins Gesicht bekommen. Blut tropfte aus ihrer Nase in den Sand, und sie wedelte hysterisch mit den Händen.

»Beruhige dich, alles halb so schlimm!«, redete ich auf sie ein und führte sie vom Spielfeld.

Hanna kam schon mit einem kalten Lappen, den sie Klara in den Nacken legte.

Damit war unser Spiel wohl zu Ende.

»Das war ja ein sehr effektives Training«, maulte unser Teamkapitän neben mir.

»Fragt doch den Neuen, ob er für mich spielen will!«, sagte Klara näselnd und zeigte auf Frau Bauers Enkel, der näher gekommen war.

Wir drehten uns alle gleichzeitig zu ihm um, und er blieb irritiert stehen.

»Bist du der Enkel von Frau Bauer?«, fragte Thomas.

Er nickte.

»Kannst du Volleyball spielen?«, fragte Klara mit einem zuckersüßen Augenaufschlag.

»Ein wenig.«

»Ich bin Thomas«, übernahm er seine Teamchefpflichten und stellte uns alle der Reihe nach vor.

»Mein Name ist Dylan.«

»Du bist zwar nicht richtig angezogen zum Spielen, aber wenn du Lust hast, kannst du gerne mal mitmachen.«

Er nickte Thomas zu und zog seine Schuhe aus. Zuerst schanzten Thomas und die anderen Jungs ihm leichte Bälle zu. Als er alles annahm, was ihm entgegen kam, zog Thomas das Tempo an. Es fing an, richtig Spaß zu machen, und wir merkten schnell, dass Dylan mit *ein wenig* wohl untertrieben hatte. Nach dreißig Minuten waren wir alle außer Atem.

»O.k.«, sagte Thomas. »Genug für heute.« Er legte sich ein Handtuch um den Hals und fing an, sich auszuziehen. »Wer traut sich mit mir ins Wasser?«

Die Jungs waren sofort Feuer und Flamme. Auch Klara sprang auf. Wenn sie sich irgendwo im Bikini zeigen konnte, war sie nicht mehr zu halten. Hanna und ich tauschten unbehagliche Blicke. Es war eins unserer unliebsamen Rituale, nach dem Training am Strand ins Wasser zu gehen. Aber ich wollte nicht als Spielverderberin gelten, und auch Hanna zog sich widerstrebend aus. Dylan dagegen machte keine Anstalten mitzukommen. Mit verschränkten Armen und einem grimmigen Gesichtsausdruck stand er abseits.

»Was ist mit dir?«, fragte Thomas. »Traust du dich nicht?«

»Vielleicht kann er nicht schwimmen«, neckte Klara.

Aber es war vergebens. Unbeweglich wie eine Statue stand er da und rührte sich nicht. Ich achtete nicht weiter auf ihn und ging zitternd und fluchend ins Wasser.

Als Hanna und ich an den Stand zurückkamen, war Dylan verschwunden. Komisch. Dabei hatte ich den Eindruck gehabt, er möge das Meer.

Die nächsten Tage zeigte sich das Wetter wieder von seiner ungemütlichen Seite. Regen und kalte Temperaturen zwangen mich, drinnen zu bleiben. Leider war die schuleigene Turnhalle während der Ferien geschlossen. Unruhig tigerte ich durch mein Zimmer. Normalerweise traf ich mich bei solchem Wetter mit Lilly, aber das war nun vorbei. Klara hatte viele Freundinnen außerhalb des Teams, mit denen ich nicht so gut zurechtkam, und so lieb Hanna auch sein mochte, sie war mir einfach zu langweilig.

Als nach vier Tagen der Regen zum Abend hin aufhörte, hielt mich nichts mehr in meinem Zimmer. Ich schnappte mir meine Laufschuhe und joggte zum Strand. Ich erkannte die Gestalt auf der Seebrücke schon von Weitem und war nicht überrascht, ihn zu sehen. Dylan stand genau unter einer der Laternen, die gerade angegangen waren. Er hatte nicht in meine Richtung gesehen, und ich beschloss, einfach weiterzulaufen.

Auf dem Rückweg sah ich, wie Frau Bauer aufgeregt an mir vorbeilief, ohne von mir Notiz zu nehmen. Ich war erstaunt, wie flink die alte Frau war. Im Schatten einer

Werbetafel tat ich so, als würde ich mir die Schuhe neu binden. Ich wollte wissen, was Frau Bauer so aufgewühlt hatte.

»Dylan!«, hörte ich sie rufen. »Was machst du denn hier?«

Dylan schien keine Antwort zu geben.

»Du weißt, dass wir darüber gesprochen hatten. Du darfst nicht ins Meer gehen, und auch hier auf der Brücke ist es viel zu gefährlich für dich.«

»Ich war nur einmal ganz kurz mit den Füßen im Wasser, mehr nicht. Ich würde nie bis zum Herzen hineingehen.«

Frau Bauer seufzte schwer. »Ach, Dylan. So geht das nicht. Wenn du dich nicht an die Abmachung hältst, musst du zurück zu deinem Onkel.«

Dylan stöhnte. Vorsichtig streckte ich meinen Kopf aus dem Versteck und sah, wie er sich mit der Hand durch die Haare fuhr.

»Die beiden bekommen ein Baby. Ich kann nicht bei ihnen bleiben. Ich falle ihnen schon so lange zur Last.«

»Bitte, mein Junge«, flehte Frau Bauer. »Ich will dich nicht auch noch verlieren. Es ist schon schlimm genug, dass ich deinen Vater nie mehr sehen kann.«

»Jarnsaxa kann mich nicht gespürt haben. Ich verspreche dir, dass ich nicht mehr ins Wasser gehe.« Damit ließ er sie stehen und stürmte davon.

Ich konnte mich nicht mehr schnell genug in den Schatten zurückziehen. Entgeistert blieb Dylan neben mir stehen. Sein Blick war mörderisch, und ich wünschte mir, nicht gelauscht zu haben.

»Was hast du alles gehört?«

»Was? Ich? Äh, gar nichts.«

Ich war eine miserable Lügnerin. Wenn es darum ging, sich für Partys davonzuschleichen, war immer Lilly diejenige, die für uns log.

Mehr als ein Schnauben bekam ich für meine klägliche Lüge nicht als Antwort.

Nach einer heißen Dusche schlich ich um meinen Laptop herum. Ich wollte unbedingt wissen, worum es in diesem merkwürdigen Gespräch gegangen war, aber ich befürchtete, dass mir die Antwort nicht gefallen würde. Schlussendlich gab ich auf und googelte den Namen Jarnsaxa.

»Eine der Töchter des Meeresgottes Ägir und der Meeresgöttin Rán«, las ich laut. »Personifikationen der Meereswogen.«

Ich lachte laut los. War das ein Scherz? Weiter stand dort: Jarnsaxa, die schneidende Kälte. Viel mehr konnte ich über diese Gottestochter nicht finden. Frustriert und mit wirren Gedanken ging ich ins Bett.

Am nächsten Tag traf ich mich wieder mit meiner Mannschaft. Klara hatte sich von ihrem ungewollten Ballkontakt erholt, und von Dylan war nichts zu sehen. Noch bevor wir überhaupt anfangen konnten, uns aufzuwärmen, schreckte uns ein Schrei auf.

Eine ältere Frau stand am Ufer und zeigte aufgeregt aufs Wasser. Ihre Freundin befand sich in einiger Entfernung und ruderte hilflos mit den Armen. Das hatte mir gerade noch gefehlt. So schnell ich konnte, stieß ich die Schuhe von meinen Füßen und rannte ins Wasser.

Ich war nun schon seit drei Jahren beim DLRG und wusste, was ich zu tun hatte. Die Frau befand sich weit draußen, und ich brauchte einige Zeit, um sie zu erreichen. Ich konnte sehen, wie die Kräfte der Frau langsam erlahmten. Schnell näherte ich mich ihr von hinten. Als ich ihre Schultern packte, wirbelte sie plötzlich zu mir herum. In ihren Augen stand Panik.

Ohne zu überlegen, griff sie nach mir und hielt sich an mir fest. Sie umklammerte meine Arme und hinderte mich daran, mich oben zu halten. Mein Kopf geriet unter Wasser. Sie war so blind vor Todesangst, dass sie nicht denken konnte. Ich musste mich aus ihrem Griff befreien. Ich tauchte mit ihr zusammen unter, und sie ließ mich los.

Als ich wieder auftauchte, sah ich in sturmgraue Augen.

»Ist alles in Ordnung?«, schrie Dylan mich an.

Ich nickte. »Wir müssen sie hier herausholen.«

Die Frau trieb mit dem Gesicht nach unten.

Zusammen packten wir sie und zogen sie aus dem Wasser. Ich war völlig erschöpft, als mir Thomas und Klara die Frau abnahmen. Ich schleppte mich das letzte Stück bis an den Strand.

Als ich aus dem Wasser trat, schaute ich zu Dylan. Seine Augen waren noch dunkler als sonst. Als er einen Schritt aus dem Meer trat, sah es so aus, als würde das Wasser nach ihm greifen. Es schien sich um seinen Knöchel zu winden. Dylan tat so, als bemerkte er nichts und ging weiter. Wind kam auf und ließ mich frösteln. Von irgendwoher legte mir jemand ein Handtuch um die Schultern.

Die grauhaarige Frau wurde von zwei Passanten betreut. Sie war inzwischen zu sich gekommen und beteuerte, eigentlich eine gute Schwimmerin zu sein. Dann hörte ich die Sirenen des Rettungswagens. Kraftlos ließ ich mich in den weichen Sand fallen. Ich wollte mich bei Dylan bedanken, aber ich suchte vergeblich den Strand nach ihm ab. Er war nicht mehr da.

In der Nacht kam erneut Sturm auf. Regen peitschte gegen mein Fenster, und heftige Böen rüttelten an den Bäumen. Ich erwachte früh durch einen Ast, der gegen mein Fenster geschleudert worden war.

Am Küchentisch saßen meine Eltern gespannt vor dem Radio. Der Wetterfrosch erzählte, dass für die kommende

Nacht ein Orkan erwartet wurde. Böen mit bis zu einhundertsechzig Stundenkilometern wurden erwartet. Das hörte sich gar nicht gut an. Damit war Volleyballspielen am Strand für dieses Jahr wohl beendet.

Unwillkürlich musste ich an das Wasser denken, das sich an Dylans Knöchel geklammert hatte. Ich schüttelte den Kopf. Das war doch Blödsinn. Ich hätte nicht dieses ganze Zeug im Internet lesen sollen. Meine Fantasie ging viel zu schnell mit mir durch.

Den gesamten Tag über wurden die Wettervorhersagen haarsträubender. Es wurden schwere Verwüstungen und sogar eine Sturmflut erwartet. Meine Eltern wurden zunehmend unruhiger. Ich sollte im Haus bleiben, aber am Nachmittag hielt ich es nicht mehr aus.

Ich stemmte mich gegen den Wind und ging an den Strand. Das Wasser wurde immer weiter aufs Land gedrängt. Es war nur noch ein schmaler Streifen Sand übrig, bevor die Wellen auf die Dünen treffen würden. Ich ahnte, dass Dylan hier irgendwo war, und fand ihn am Fuß der Seebrücke, wie er auf die brausenden Wellen hinuntersah.

Ich stellte mich neben ihn und sah ebenfalls in die aufgewühlte See. Ihre Farbe war dunkelgrün und in ihren Tiefen vollkommen schwarz. Weiße Schaumkronen tanzten auf den Wellenbergen. Der salzige Geruch war viel stärker als an normalen Tagen.

»Sie hat mich gefunden«, sagte Dylan.

Ich konnte ihn kaum verstehen. Der Wind zerrte seine Worte davon.

»Wer hat dich gefunden?«

Abschätzig sah er mich an. »Verkauf mich nicht für dumm, Lena!«

Beschämt senkte ich den Kopf.

»Hast du schon einmal etwas von den Ägirstöchtern gehört?«

Ich nickte. »Ich habe es gegoogelt.«

»Ich bin bei meinem Onkel aufgewachsen«, wechselte er plötzlich das Thema. »Er war noch ziemlich jung, als ich zu ihm kam. Nur zwölf Jahre älter als ich. Er ist der Bruder meines Vaters, und meine Eltern hielten es für besser, wenn ich bei ihm lebe.«

Ich nickte, obwohl ich nicht wusste, warum er mir das erzählte.

»Ich konnte nicht bei meinen Eltern bleiben, weil es dort zu gefährlich für mich war.« Er hob den Blick vom Wasser und sah mich eindringlich an. »Mein Vater ist ein Mensch, meine Mutter aber nicht.«

Er schien auf eine Reaktion meinerseits zu warten, aber ich konnte mich nicht rühren. Mein Hals war wie zugeschnürt.

»Meine Mutter ist eine Melusine. Du würdest vielleicht Meerjungfrau sagen, aber ihr Schwanz ist viel länger und der einer Schlange gleich. Er endet nicht in einer Flosse.« Er hatte seine Worte so schnell hervorgebracht, als würde ihn sonst der Mut verlassen. »Mein Vater war Tauchlehrer«, erzählte er weiter. »Die Reiche der Menschen und die der Meerwesen sind voneinander getrennt, wie zwei Universen, die nebeneinander existieren, ohne dass einer vom anderen weiß.«

Er hob wieder den Blick und sah mir in die Augen. »Er hätte sie eigentlich nicht sehen dürfen, aber er konnte es, und sie sah ihn. Sie verliebten sich, und mein Vater entschied sich, bei ihr zu bleiben.« Er sackte in sich zusammen. »Meiner Großmutter brach es das Herz. Als meine Mutter dann schwanger wurde, war das Glück meiner Eltern perfekt, doch als ich zur Welt kam, muss ihr Entsetzen groß gewesen sein. Es gibt fast nur weibliche Melusine. Dass ich ein Junge war, muss ein Schock für sie gewesen sein. Sie wussten, dass Jarnsaxa es herausfinden würde.«

Ich schüttelte benommen den Kopf. Was er da erzählte, war unmöglich.

Dylan schien meine Verwirrung nicht zu bemerken. Sein Blick war weit weg. »Jarnsaxa sammelt Männer wie andere Frauen Schmuck. Sie hat bereits neunzehn. Meine Eltern wussten, sollte sie erfahren, dass seit Jahrzehnten wieder ein Meermann geboren wurde, würde sie ihn sich holen.« Dylan brach ab und starrte weiter aufs Meer.

»Was macht sie mit ihren Ehemännern?« Meine Stimme war dünn, und ich war mir nicht sicher, ob er mich verstanden hatte.

Er blickte auf, und Angst lag in seinem Blick. »Sie friert sie ein. Um sie ewig jung und schön zu halten.«

Ich schnappte nach Luft. Dylans Geschichte hatte mich in ihren Bann geschlagen. Es klang wie ein Märchen, und denen konnte ich noch nie wiederstehen.

»Da mein Vater ein Mensch ist, beschlossen meine Eltern, mich fortzuschicken. Mit zehn Jahren musste ich sie verlassen. Es war das Schwerste, was ich jemals getan hatte. Sie nahmen mir meine Schwanzflosse und gaben mir Beine.« Er schüttelte den Kopf, und ich glaubte, ein Glitzern in seinen Augen zu sehen. »Es war unglaublich schwer, mich an Land einzugewöhnen. Ich vermisste den Ozean fast noch mehr als meine Eltern.« Er holte tief Luft. »Aber es war zu spät. Jarnsaxa hatte von mir erfahren. Ich konnte nie mehr zurückkehren, ohne mich der Gefahr auszusetzten, in ihre Fänge zu geraten. Sie hat die Suche nach mir nie aufgegeben, und ich war so leichtsinnig zu glauben, sie hätte mich vergessen. Sie wird einen Weg finden, mich zu holen.«

Verwirrt starrte ich auf das grüne Wasser zu unseren Füßen. Ich wusste nicht, was ich sagen sollte, und das Schweigen zwischen uns breitete sich immer weiter aus.

»Ich weiß, dass das alles schwer zu glauben ist. Ich habe es auch noch nie jemandem erzählt. Nur mein Onkel und meine Großmutter wissen Bescheid, und jetzt auch du.«

Ich sah in Dylans graue Augen. »Es ist schon spät, ich muss jetzt los, sonst machen sich meine Eltern Sorgen und kommen mich noch suchen.«

Enttäuscht nickte er.

Ich wusste, dass er etwas anderes von mir erwartet hatte, aber ich konnte ihm das alles einfach nicht glauben. Meine Gedanken waren mindestens so aufgewühlt wie das Meer. Ich musste mich erst einmal beruhigen. Ohne mich noch einmal umzudrehen, lief ich nach Hause.

Auch in dieser Nacht fand ich nur wenig Schlaf. Meine wirren Gedanken und der tosende Sturm ließen mich nicht zur Ruhe kommen.

Am frühen Morgen, als ich in Schlafanzug und Hausschuhen in die Küche schlurfte, verkündete meine Mutter gerade, dass wir für ein, zwei Tage zu meiner Tante fahren sollten. Der Orkan beunruhigte sie mehr, als sie zugab. Ich dagegen hatte wenig Lust wegzufahren.

Was Dylan jetzt wohl machte? Sollte ich ihm sagen, dass wir wegfahren würden? Er könnte es vielleicht falsch auffassen, wenn ich mich nicht mehr bei ihm meldete. Ich wollte unbedingt wissen, was an seiner Geschichte dran war, und mich nicht einfach aus dem Staub machen.

Ohne meine Eltern um Erlaubnis zu fragen, schlich ich mich aus dem Haus. Der Wind zerrte sofort an meinen Haaren und meiner Kleidung. Ich hatte Schwierigkeiten, mich auf den Beinen zu halten. Wenn eine Böe von vorne kam, verschlug es mir glatt den Atem. Äste lagen überall auf den Straßen, und ich sah Feuerwehren und freiwillige Helfer durch die Straßen flitzen.

So schnell es der Sturm zuließ, lief ich zum Strand. Es war keine Frage, dass ich Dylan dort finden würde. Ich erschrak, als ich sah, wie hoch das Wasser gestiegen war.

Der Strand war komplett verschwunden. Die Wellen peitschten an die Seebrücke und drohten, sie zu verschlucken. Ich befand mich auf den Dünen und sah, wie Dylan knapp vor den Fluten stand.

»Dylan!« Der Wind trug meine Worte davon.

Es sah aus, als wolle er ins Wasser gehen. Das war reiner Selbstmord. Ich stemmte mich gegen den Sturm und erreichte ihn, als er einen Fuß ins Wasser setzen wollte. Fest packte ich ihn an der Schulter und zog ihn zu mir herum. Verwirrt sah er mich an. Mit ihm zu sprechen, wäre sinnlos gewesen. Man verstand sein eigenes Wort bei dem Getöse nicht. Ich ergriff seine Hand und zog Dylan hinter die Dünen.

Etwas geschützt vor der wütenden Brandung, funkelte ich ihn an. »Was sollte denn das werden?«

»Ich muss zu ihr gehen! Sie wird nicht eher Ruhe geben und noch den ganzen Ort überfluten.«

»Du wirst nicht ins Wasser gehen! Hast du mich verstanden? Diese ganze Geschichte ist doch reiner Irrsinn. Du wirst dort im Meer nichts finden außer den Tod.«

Enttäuscht entzog Dylan mir seine Hand. »Ich hatte befürchtet, dass du mir nicht glaubst.«

Bevor ich antworten konnte, ertönte ein Grollen, als wäre ein Lkw gegen eine Mauer gefahren. Entsetzt fuhr Dylan herum. Wieder dröhnte es. Der Boden unter unseren Füßen erbebte. Dylan lief los, ich folgte ihm. Oben auf dem Dünenkamm blieb ich, wie vom Donner gerührt, stehen. Mir wich das Blut aus dem Gesicht, und für einen Moment glaubte ich, ohnmächtig zu werden.

Eine riesige Schlange, so groß wie zwei Busse, schlängelte sich vor uns im Wasser. Ihr Leib war mit schillernden, dunkelblauen Schuppen besetzt, und sie hatte vier schlanke Flossen. Immer wieder tauchte sie ab und kam geschmeidig an einer anderen Stelle wieder hervor. Dann zischte sie böse und kam auf uns zugeschossen.

Sie warf sich mit ihrem Körper gegen die Düne und ließ sie erzittern. Ich schrie auf. Blitzschnell tauchte das Biest unter und kam in weiter Entfernung wieder aus dem Wasser. Sie nahm Anlauf, stellte ich mit Entsetzen fest. Wie ein Torpedo raste sie auf uns zu und warf sich erneut gegen die Dünen.

»Oh Gott, sie wird sie einreißen!«

Dylan neben mir war genauso geschockt wie ich. »Sie soll mich holen kommen.«

Der Wind nahm weiter an Geschwindigkeit zu. Ich musste mich gegen die Böen stemmen, um nicht von den Füßen gerissen zu werden. Dann ergoss sich die erste Welle über die Dünen.

»Du musst von hier verschwinden!«

»Ich kann dich nicht hier alleine lassen!«

Wieder schlug der Leib der Wasserschlange gegen die Dünen. Der Boden bebte. Sie hatte es geschafft, eine Bresche zu schlagen. Lange würde der Wall nicht mehr halten. Immer mehr Wasser ergoss sich hinter die Dünen. Der weiter hinten gelegene Deich würde das Dorf vor den Wassermassen schützen, aber wir saßen in der Falle. Abgeschnitten vom Rückweg saßen wir auf dem Kamm fest. Gehetzt sah sich Dylan um. Es gab kein Entkommen mehr. Die Schlange griff nicht weiter an.

Mit einem fassungslosen Blick sah Dylan mich an. »Wir haben nur noch eine Chance.« Er beugte sich zu mir herunter und küsste mich.

Ich war so überrascht, dass ich mich versteifte. Sanft lagen seine Lippen auf meinen, und langsam öffnete ich meinen Mund. Dann hauchte Dylan mir seinen Atem ein. Es fühlte sich kühl und erfrischend an. Ich löste mich von ihm und sah ihn entgeistert an. Was hatte er getan?

Entschlossen nahm er meine Hand und zog mich hinter sich her ins Meer. Als meine Füße das eiskalte Wasser berührten, wollte ich zurückschrecken, aber ich stellte voller Erstaunen fest, dass ich die Kälte nur oberflächlich spürte. Sie ließ mich nicht frösteln. Sie drang mir nicht unter die Haut. Dylan hatte mich schon bis zur Taille ins Wasser geführt, als mir bewusst wurde, was er vorhatte. Ich stemmte mich gegen seinen Griff.

»Du musst mir vertrauen, Lena!«, schrie er über das Rauschen des Meeres.

Zögerlich folgte ich ihm. Wo sollte ich auch sonst hin? Die Dünen hinter uns wurden langsam überschwemmt. Dann verlor ich den Boden unter den Füßen und tauchte unter. Sofort stieß ich mich ab und wollte an die Oberfläche schwimmen. Ein eisenharter Griff hielt mich zurück. Ich sah Dylans Gesicht ganz nah neben meinem.

»Keine Angst, du wirst nicht ertrinken.«

Mit weit aufgerissenen Augen sah ich ihn an. Ich musste atmen. Meine Lungen fingen an zu brennen. Ich strampelte wie wild gegen seinen Griff an, aber ich schaffte es nicht, an die Oberfläche zu gelangen.

»Atme, Lena!«, schrie Dylan.

Blinde Panik stieg in mir auf. Warum hatte ich ihm nur vertraut? Ich würde sterben. Tränen stiegen mir in die Augen und vermischten sich mit dem Meerwasser. Ich zappelte weiter. Ich würde gleich das Wasser einatmen, und dann wäre ich verloren.

»Lena, vertrau mir!« Dylan sah mich flehentlich an, aber ich hatte Todesangst. Ich versuchte, ihn zu beißen und zu treten, aber er ließ mich nicht los. Ich krümmte mich zusammen. Ich würde es nicht mehr rechtzeitig an die Oberfläche schaffen. Ich ertrank.

Ohne es zu wollen, öffnete ich den Mund und atmete das Wasser ein. Mein Verstand arbeitete kaum noch. Ich konnte nur noch an eins denken. Ich starb.

Dylan schüttelte mich, und ich sah ihn an. Dann merkte ich, dass mir das eingeatmete Wasser neuen Sauerstoff geliefert hatte. Mit unendlicher Überwindung sog ich es noch einmal ein. Ich konnte atmen. Ich starrte in Dylans schimmerndes Gesicht. Erst dann fiel mir auf, dass seine Haut blau glänzte. Die Hand, die meine immer noch fest umklammerte, hatte hauchdünne Schwimmheute. Ich stieß mich etwas von ihm ab. Meine Atemprobleme waren vergessen.

Dylan hatte einen Fischschwanz. Nein, das stimmte nicht ganz. Die Flosse am Ende fehlte, und er kringelte sich leicht wie der Körper einer Schlange. Beschämt senkte Dylan den Kopf. Betreten merkte ich, dass ich ihn mit offenem Mund angestarrt hatte.

»Du hast einen …« Ich war sprachlos.

»Ich bin der Sohn meiner Mutter, und du siehst, ich habe dich nicht angelogen. Aber jetzt müssen wir hier weg.«

In weiter Ferne erkannte ich einen langen Schatten. Das musste die Seeschlange sein. »Warum greift sie uns nicht an?«

»Das war nie ihre Aufgabe. Sie sollte mich bloß ins Wasser bringen.«

Dylan ergriff wieder meine Hand und zog mich hinter sich her. Er war viel schneller als ich, und ich ließ mich von ihm mitziehen. Alles um mich herum fühlte sich so irreal an. Wie in einem Traum, in dem man zwar weiß, dass es kalt ist, es aber nicht spürt. So schnell wie ein Delfin schossen wir durch das grüne Meer. Über uns schienen sich die Wellen langsam zu beruhigen, und dann entdeckte ich die ersten Schemen in der Ferne.

Als wir näher kamen, erkannte ich einzelne Umrisse. Körper schälten sich aus den Schatten. Dylan wurde langsamer. Vor uns befanden sich mehrere Gestalten mit Fischschwänzen. Sie trugen Rüstungen, die silbern glänzten, und hatten Kreaturen dabei, die aussahen wie riesige Hunde, deren Körper wie Quallen aus gallertartiger Masse bestanden.

Unsicher sah Dylan von einem zum anderen. Dann blieb sein Blick an einer wunderschönen Frau hängen. Ihr Körper schimmerte grün. Sie hatte eine lange Flosse auf dem Rücken, die sich von ihren Schulterblättern bis zum Po ersteckte. Ihr Schwanz lief in einer hauchzarten, kleinen Flosse aus. Ihre Ähnlichkeit zu Dylan war unverkennbar.

Er ließ meine Hand los und stürzte sich in die Arme seiner Mutter. Die Wasserhunde wurden unruhig. Sie hatten ihren stechenden Blick auf mich gerichtet. Unbehaglich paddelte ich leicht mit den Beinen, um mich an Ort und Stelle zu halten.

»Mutter, das ist Lena.« Er zeigte auf mich, und ich kam ein Stück näher.

Dylans Mutter ergriff meine Hand und sah mich prüfend an. »Es ist schön, dich kennenzulernen. Leider ist es ein trauriger Anlass. Jarnsaxa wird in Kürze hier sein. Unsere Verstärkung ist nicht weit, aber wir haben kaum eine Chance gegen sie.«

Da ertönte hinter uns ein Hornstoß. Eine kleine Armee hatte in unserem Rücken Stellung bezogen. An ihrer Spitze befand sich eine Meerfrau, deren Haare lange Tentakeln waren. Ihre Kiemen zuckten aufgeregt, und sie hatte ihren Fischmund missbilligend verzogen. »Händigt mir den Jungen aus, und er wird die Ehre haben, mich zur Frau zu nehmen.«

»Wir wissen, was mit deinen Ehemännern passiert, Tochter des Ägirs«, lautete die Antwort von Dylans Mutter.

Jarnsaxa kreischte. Mit einem Wink gab sie den Befehl zum Angriff.

Dylan zerrte mich hinter die Meermenschen. Die Meereshunde wurden von ihren Leinen gelassen und stürzten sich auf die Angreifer. Die Männer Jarnsaxas, deren Leiber stachlig wie Seeigel waren, warfen sich ihnen entgegen. Ihre Harpunen drangen in die weichen Körper der Hunde, ohne viel Schaden anzurichten, aber es waren einfach zu viele. Ketten wurden um die Tiere geworfen, und mehrere Männer waren nötig, um die Bestien zu halten.

Die Frauen um Dylans Mutter machten sich bereit und packten ihre Speere fester. Sie zogen kurze Dolche und schlugen sich damit auf die gepanzerte Brust. Ein erschütterndes Kriegsgeheul drang aus den Kehlen der Frauen, als sie blitzschnell auf die Männer zuschossen.

Da ertönte ein Dröhnen. Tief in meinem Bauch spürte ich die Vibration. Die Meereshunde duckten sich ängstlich, und die Männer und Frauen hielten inne.

Ein riesiger Schatten kam aus den Tiefen des Meeres geschnellt. Es handelte sich um einen Mann, der vom Bauchnabel abwärts schwarze Tintenfischarme besaß. Sein Bart bestand aus Tentakeln, und sein Blick war stechend auf Jarnsaxa gerichtet.

»Was hast du wieder angestellt, Tochter?«

Sie zog einen Schmollmund. »Diese Tölpel enthalten mir meinen zwanzigsten Ehemann vor.« Anklagend zeigte sie mit einem langen Finger auf Dylan.

»Ich werde dieses Verhalten nicht länger dulden! Deine Mutter hat dir schon immer zu viel durchgehen lassen. Damit ist jetzt Schluss! Du kannst nicht einfach ins Reich der Menschen eingreifen, indem du einen Orkan heraufbeschwörst.« Er hob die riesige Hand und richtete sie auf Jarnsaxas Männer.

Eine Druckwelle, die ich bis in die Fingerspitzen spürte, schoss auf sie zu und katapultierte sie aus meinem Sichtfeld. Jarnsaxa heulte auf, duckte sich aber unter dem glühenden Blick ihres Vaters.

Ägir wandte sich Dylans Mutter zu. »Geht! Ich werde mich um meine störrische Tochter kümmern.«

Die Melusine ergriffen ihre Wasserhunde und zerstreuten sich schnell in alle Richtungen.

Dylan zog mich näher zu sich heran. »Lass uns von hier verschwinden! Wer einmal Ägirs Zorn auf sich gezogen hat, kommt nicht so einfach davon.«

Ich drehte mich um und sah, wie der Tintenfischmann bedrohlich über seiner Tochter aufragte.

Dylan drehte mein Gesicht zu sich. »Wenn du willst, zeige ich dir, wie wir hier leben, bevor wir zurückkehren.«

Ich war überrascht, dass Dylan überhaupt an eine Rückkehr dachte, aber vielleicht wollte er mir das Reich der Meermenschen auch nur schmackhaft machen, damit ich blieb.

Sabine Kohlert

DELL

Ein kalter Schauer jagt mir den Rücken hinunter. Mein Bauch krampft, und ich atme stoßweise. Die Härchen in meinem Nacken stellen sich auf. Mein Herz klopft wild gegen meine Brust, und ich kralle mich in die Armlehne meines Schreibtischstuhls. Wie durch einen Schleier beobachte ich, wie eine Taste nach der anderen meiner Computertastatur hinuntergedrückt wird von … niemandem.

KEINE ANGST!

… lese ich. Ich kann mich nicht rühren. Das gibt es doch nicht. Werde ich jetzt verrückt? Aber da steht *keine Angst* auf dem Bildschirm, und ich habe es dort nicht hingeschrieben. Eine Minute lang passiert nichts. Ich beruhige mich ein wenig. Vielleicht fange ich doch ernsthaft zu spinnen an. Seit Jahren habe ich immer wieder das Gefühl, verfolgt zu werden. Vielleicht bin ich krank, leide unter Verfolgungswahn? So was soll es ja geben. Plötzlich geht es wieder los.

DU BIST NICHT VERRÜCKT.

Mein Puls rauscht in meinen Ohren. Was ist hier los?

FRAG MICH!

Der Cursor blinkt hinter dem letzten Buchstaben. Die Tasten bewegen sich nicht mehr. Ich habe immer noch das Gefühl, ich sehe alles verschwommen. Ich atme tief ein. Vorsichtig berühre ich die Tastatur. Mit zitternden Fingern schreibe ich: Wer bist du?

SPRICH MIT MIR!, schreibt die Tastatur.

»Wer bist du?«, stottere ich. Meine Stimme hört sich brüchig und sehr leise an.

Die Tasten bewegen sich wieder: DELL.

Irritiert schaue ich auf meinen Laptop. O.k., jetzt werde ich doch verrückt. Mein Laptop scheint mit mir zu reden. »Bist du mein Computer?«, frage ich vorsichtig.

NEIN.

Irgendwie beruhigt mich das. Es ist nicht mein Laptop, der mit mir kommuniziert. Ein Geist, schießt es mir durch den Kopf. Die Panikattacke kommt zurück. Ein Geist ist nicht unbedingt die bessere Alternative im Vergleich zu einem sich mitteilenden Computer. Mir ist abwechselnd heiß und kalt. Was mache ich jetzt?

»Was bist du?«, frage ich schließlich zögerlich.

Der Cursor blinkt. Eine Zeit lang passiert nichts. Ich beginne zu grübeln, ob ich die falsche Frage gestellt habe.

IHR NENNT UNS SCHATTENMENSCHEN, kommt die Antwort. Es dauert fast eine Minute, bis dieser Satz fertig geschrieben ist. MORGEN MEHR.

Langsam kann ich wieder klar sehen. Der Schleier vor meinen Augen ist verschwunden, auch das seltsame Gefühl, nicht alleine zu sein. Es ist niemand hier mit mir in diesem Raum, dessen bin ich mir sicher. Nach ein paar Minuten kann ich mich wieder bewegen. Habe ich das geträumt? Der Blick zurück auf meinen Computerbildschirm sagt das Gegenteil. Dort stehen Worte und Sätze, die irgendjemand auf meiner Tastatur getippt hat.

Nachdem ich mir zwei Kopfschmerztabletten und einen Fingerbreit voll Whisky genehmigt habe, kehre ich mutig an meinen Laptop zurück. Der Cursor blinkt, die Worte stehen noch immer da.

»Ein Schattenmensch?«, grüble ich.

Ich gebe den Begriff in einer Suchmaschine ein und starre ungläubig auf den Bildschirm. Über fünfzehntausend Ergebnisse! Erfahrungsberichte, grenzwissenschaftliche Abhandlungen, Foren über paranormale Erscheinungen, Esoterikseiten und Bilder. Ich kann es nicht glauben. Es ist tatsächlich ein bekanntes Phänomen.

Ich bin nicht die Erste, die mit Schattenmenschen in

Berührung gekommen ist. Auf den unterschiedlichsten Seiten finde ich mögliche Erklärungen. Schattenmenschen sind Zeitreisende oder Wesen aus einer anderen Dimension, erklärt eine Seite über paranormale Aktivitäten. Auf einer Wissenschaftsseite steht, dass es sich um optische Täuschungen oder Halluzinationen handelt. Der Begriff *Pareidolie* kommt immer wieder vor. Ein Phänomen, von dem ich schon gehört habe. Aber ich habe kein Trugbild gesehen. Mein Gehirn hat kein Gesicht irgendwo hineininterpretiert. Verdammt noch mal! Meine Tastatur hat von alleine geschrieben.

Plötzlich fällt mir ein, dass ich zu der Zeit, als sich die Tasten bewegt hatten, alles verschwommen gesehen habe. Ein grauer Schleier lag über dem Bildschirm. Ein Schatten? Es muss doch noch irgendeine andere Erklärung geben.

Nach weiteren zehn Minuten Recherche habe ich gefunden, wonach ich gesucht hatte. *Hypnagogie.* Ich war es also doch selbst. Ich befand mich wohl kurz vor dem Einschlafen und bin extrem schnell in die Rem-Phase abgerutscht. Ja, so muss es gewesen sein. Ich habe geträumt, obwohl ich wach war. Hypnagoge Wahrnehmungen sind vorwiegend visueller Natur. Genau, deshalb habe ich nichts gehört, sondern gesehen, wie sich die Tasten bewegten. Aber ich war es selbst.

Kopfschüttelnd schalte ich den Computer aus. Ich bin zurzeit ziemlich überarbeitet, komme spät ins Bett und dann schlafe ich meistens nicht besonders gut. Schlafmangel ist das Zauberwort, das wohl alles erklärt.

Auch in dieser Nacht schlafe ich schlecht. Ich träume wirres Zeug von Schatten, die an meiner Zimmerdecke hin- und herhuschen. Die versuchen, mir irgendetwas in Zeichensprache zu erklären, aber ich verstehe sie nicht.

Gerädert wache ich auf. Es ist bereits halb zehn. Wann habe ich das letzte Mal so lange geschlafen?

Nach meinem zweiten Kaffee werde ich ein bisschen munterer. Ich schlurfe in mein Arbeitszimmer und pralle am Türrahmen zurück. Der Computer ist an, und auf dem Bildschirm prangt ein Satz in Großbuchstaben.

ES GIBT MICH WIRKLICH.

Ich rufe mir die Erklärungen von gestern Abend ins Gedächtnis. Wahrscheinlich bin ich heute Nacht schlafgewandelt. Ich bin in der Nacht aufgestanden, habe den Computer angeschaltet und diesen Satz dorthin geschrieben. Noch während ich mich auf meinen Schreibtisch zubewege, fängt die Tastatur wieder an, von selbst zu schreiben.

ICH HABE ERERGIE GESAMMELT, WIR KÖNNEN KOMMUNIZIEREN.

Ich merke, wie mir die Knie weich werden. Ich schaffe es noch zu meinem Schreibtischstuhl und lasse mich darauf sinken. Träume ich schon wieder? Ich zwicke mich in den Arm. Nein, ich bin wach. Tatsächlich liegt wieder so ein grauer Schatten auf meinem Computer. Diesmal habe ich das Gefühl, er bewegt sich. Ein waberndes Gebilde ohne feste Konturen. Was, wenn die Mysteryseiten doch recht haben? Gut, ich versuche, mich auf diese Sache einzulassen.

»Du bist also ein Schattenmensch. Du bist keine Halluzination, sondern existiert wirklich. Was willst du von mir?« Meine Frage klingt hölzern, aber ich weiß nicht, was ich sonst sagen soll.

JA, ICH EXISTIERE WIRKLICH, ABER ICH BIN KEIN SCHATTENMENSCH, ES IST NUR DER NAME, DEN IHR MENSCHEN UNS GEBT. IHR HABT FÜR ALLES EINEN NAMEN, SONST SEID IHR NICHT ZUFRIEDEN.

Langsam fängt mein Verstand an, wieder normal zu arbeiten. Da scheint wirklich eine andere Existenz an meinem Computer Nachrichten für mich zu tippen.

»Was bist du dann, wenn du kein Schattenmensch bist?«, flüstere ich in den Raum.

DU WILLT WIEDER EINEN NAMEN HABEN FÜR DAS, WAS ICH BIN. ES GIBT ABER IN EUREM WORTSCHATZ KEINEN NAMEN FÜR UNS.

»Dann versuche, es zu beschreiben! Ich möchte es verstehen«, bitte ich das unbekannte Wesen.

ICH KOMME AUS EINER ANDEREN – IHR WÜRDET ES DIMENSION NENNEN.

Ich versuche, mich an das zu erinnern, was ich auf diesem Mysteryportal gelesen habe. Schattenmenschen seien Wesen aus einer anderen Dimension, stand da irgendwo. Haben die ganzen Durchgeknallten recht mit ihrem Vermutungen und Hypothesen über andere Welten?

»Warum bist du hier?«, frage ich.

ICH WILL DICH WARNEN, antwortet mir der Schatten.

»Wovor willst du mich warnen?« Plötzlich ist mir wieder kalt. Ein ungutes Gefühl beschleicht mich.

NIMM DICH VOR DEINEM NACHBARN IN ACHT! ER IST EIN BÖSER MENSCH UND WILL DIR BÖSES ANTUN.

Ich schaue in Richtung meiner Wohnungstür, hinter der sich schräg gegenüber die Tür meines Nachbarn Thomas befindet. Redet dieses Ding von meinem neuen Nachbarn Thomas, von dem gutaussehenden, charmanten Typen mit dem sympathischen Lächeln?

»Thomas ist ein netter Mann«, sprudelt es aus mir hervor. »Der ist keine Gefahr.«

DU IRRST. ER IST EIN MONSTER, DAS SCHON MEHRERE FRAUEN MISSHANDELT UND GETÖTET HAT. ER WIRD VON DER POLIZEI GESUCHT. SEIN RICHTIGER NAME IST ROBERT.

Eine eisige Hand legt sich um mein Herz. Kann das wahr sein? Thomas hat mich für heute Abend zum Essen zu sich in die Wohnung eingeladen. Aber kannte ich ihn eigentlich? Ich wusste noch gar nichts von ihm. Aber Thomas sah so verdammt gut aus. Ich konnte mir gut vorstellen, dass mehr daraus werden könnte. Na ja, ich wünschte es mir. Ich war schon viel zu lange Single.

»Ich glaube nicht, dass Thomas ein Monster ist«, antworte ich matt.

DU WÜNSCHT DIR, DASS ER EIN GUTER MENSCH IST, ABER DU KENNST IHN NICHT. WARUM HAT ER DICH NOCH NIE IN SEINE WOHNUNG GELASSEN? WAS WEISST DU VON IHM?

»Er ist einfach noch nicht fertig mit dem Renovieren«, versuche ich, dem Wesen und mir zu erklären. »Er will erst alles schön machen und mir dann seine Wohnung zeigen, bei einem romantischen Dinner. Heute Abend wäre alles bereit. Das hat er zumindest gesagt.« Meine Kopfschmerzen kommen zurück, und ich presse meine Hände an die Schläfen.

Das Wesen antwortet: GEH NICHT!

Ich zögere. »Warum willst du mich warnen? Ich meine, warum tust du das? Was hast du davon?«

ICH MÖCHTE NICHT, DASS DIR ETWAS PASSIERT.

»Warum?«, entfährt es mir spontan.

ICH KENNE DICH SCHON LANGE. ICH MAG, WIE DU BIST, WAS DU TUST, WIE DU LEBST. ICH MÖCHTE NICHT, DASS DEIN LEBEN ENDET.

Ich merke, wie mir langsam übel wird. Der Kaffee schmeckt auf einmal bitter. Dieses Ding beobachtet mich seit Jahren? Wann hat das angefangen, dass ich dachte, ich werde verfolgt? Vor drei Jahren? Fünf Jahren? Ich hatte sogar schon daran gedacht, einen Psychologen deswegen aufzusuchen. Ich hatte mir das nicht eingebildet. Dieses Ding war es, es war in meiner Nähe.

»Wie lange schon? Wie lange beobachtest du mich schon?«, schleudere ich meine Worte in Richtung des Bildschirms.

IN MENSCHENZEIT: FAST SECHS JAHRE.

Zitternd schlage ich die Hände vor die Augen. Das darf doch alles nicht wahr sein! Die ganzen Ängste, die Panikattacken, alles wegen diesem Ding. »Ich brauche deine Warnungen nicht. Verschwinde aus meinem Leben! Du hast nicht das Recht, dich in mein Leben einzumischen. Geh weg!«, heule ich hinter vorgehaltener Hand.

Es klingelt an der Tür.

MACH NICHT AUF, ER IST BEREIT!

Mit wackeligen Beinen gehe ich zu meiner Haustür und schaue durch den Türspion. Draußen steht Thomas. Er hält eine Blume vor sein Gesicht und lächelt. Ich freue mich, ihn zu sehen. Ein realer Mensch. Ich muss mit jemandem reden. Ich werde Thomas von dieser Sache erzählen. Ich drücke die Klinke nach unten.

Die Worte auf dem Bildschirm blitzen in meinen Gedanken auf. *Er ist bereit.* Waren das nicht auch Thomas Worte. Heute Abend ist alles bereit. Meint er damit nicht nur seine Wohnung?

Ich höre ein seltsam ratterndes Geräusch aus dem Arbeitszimmer und lasse die Klinke zurückschnellen. Die Türe bleibt geschlossen. Ich gehe in das Arbeitszimmer zurück.

NICHT! BITTE, BITTE!

Erschöpft falle ich auf den Stuhl.

Draußen vor der Türe höre ich Thomas meinen Namen rufen. »Sandra? Sandra, bist du da?«

Die Tasten bewegen sich erneut.

ES TUT MIR LEID, DU HAST RECHT. ICH WERDE MICH NICHT LÄNGER IN DEIN LEBEN EINMISCHEN. ABER BITTE GLAUBE DIESEM THOMAS NICHT, ER IST EIN BÖSER MENSCH.

Schweigend überfliege ich alles, was dieses Wesen mir geschrieben hat. Es will mir nichts Böses tun, es will mich warnen, und es scheint ihm ernst zu sein. Der Name, den er sich gegeben hat, fällt mir wieder ein.

»Dell? Was soll ich machen?«

Das Wesen antwortet sofort.

RUF DIESE NUMMER AN 79 65 43 89! SAG, EIN ANONYMER ANRUFER HÄTTE DICH GEWARNT VOR EINEM ROBERT MEUSEL, DER GEGENÜBER VON DIR EINGEZOGEN SEI.

»Was ist das für eine Nummer?«

SIE GEHÖRT DEM LEITER DES SONDEREINSATZKOMMANDOS, DAS SICH SEIT JARHEN MIT DEM FALL ROBERT MEUSEL BESCHÄFTIGT.

»Wird er mir denn glauben?«

AUF DEINER KAMERA IST EIN BILD VON DIESEM ROBERT. DU HAST ES GEMACHT, ALS ER EINGEZOGEN IST. SCHICKE IHM DAS BILD! ER WIRD IHN ERKENNEN.

»Es ist wirklich wahr. Thomas ist ein Mörder?«, flüstere ich mehr zu mir selbst als zu dem fremden Wesen. Schaudernd schlinge ich die Arme um meinen Körper.

ICH HÄTTE MICH NICHT ZU ERKENNEN GEGEBEN, WENN ICH MIR NICHT SICHER GEWESEN WÄRE. BITTE, GLAUBE MIR, DANN WERDE ICH DICH IN RUHE LASSEN!

Dann bleibt die Tastatur stumm. Egal, was ich noch sage, was ich frage, Dell antwortet mir nicht mehr. Ich rufe die Nummer an.

Heute Morgen ist Thomas Müller alias Robert Meusel von der Polizei verhaftet worden.

Kommissar Ursprung sitzt mir gegenüber und schaut sich in meiner Wohnung um. »Und Sie haben keine Ahnung, Frau Lindner, wer dieser anonyme Anrufer gewesen sein könnte?«

Ich schüttle den Kopf. »Es tut mir leid. Ich weiß es wirklich nicht. Die Person hat nur gesagt, ich solle Sie anrufen und Ihnen von diesem Robert Meusel erzählen.«

»Sie wissen, dass Sie meine Privatnummer angerufen haben?«

»Jetzt weiß ich es. Als ich Sie gestern angerufen habe, wusste ich es nicht.«

Der Kommissar schaut mich lange und intensiv an. »Woher wusste Ihr anonymer Anrufer von meiner privaten Nummer? Sie ist ...« - er verbessert sich – »sie war nur einem extrem kleinen Kreis vertrauenswürdiger Leute bekannt.«

Ich zucke mit den Schultern. »Das hat mir die Person nicht gesagt. Es war ein kurzes Gespräch, ohne weitere Erklärungen.«

Als Kommissar Ursprung aufsteht, um zu gehen, dreht er sich an der Zimmertür noch einmal zu mir um. Kopfschüttelnd lächelt er mich an. »Wer es auch immer war, Frau Lindner, er hat Ihnen mit großer Sicherheit das Leben gerettet. Wenn er sich noch einmal bei Ihnen meldet, sollten Sie sich bedanken.«

Auch Jahre später warte ich noch immer auf diese Chance. Aber von Dell habe ich nie wieder etwas gehört.

Lily Beier

Sirenenlied

Am Morgen noch, als er das sonnendurchflutete Foyer des Stammsitzes der *Stargazer Inc.* betrat, war Jonas Kaminski der festen Überzeugung, der heutige Tag würde unvergesslich werden. Seit Wochen schon fieberten der Keyboarder und seine Kollegen dem großen Casting entgegen, durch das sie die neue Leadsängerin ihrer Band *SirenCall* finden wollten. Eine mittlerweile international bekannte Symphonic Metal Band brauchte schließlich eine gut ausgebildete Stimme an ihrer Spitze. Zumal, wenn sie den Namen *SirenCall* trug.

Ihr früheres Goldkehlchen Marita hatte sie nach fünf gemeinsamen Jahren vor etwa zwei Monaten überraschend im Stich gelassen. Angeblich hatte sie ein Angebot von irgendeinem Opernhaus erhalten, etwas, wovon sie immer schon geträumt hatte. Jonas wusste nicht genau, wie es den anderen ging, doch er weinte Marita keine Träne nach. Die bildschöne Sängerin hatte sich im Verlauf des letzten Jahres in eine zickige Diva verwandelt. Von dem Bier trinkenden, gutgelaunten Mädchen, mit dem er seit der Schulzeit oft auf Festivals gefahren war, blieb am Ende so gut wie gar nichts mehr übrig.

Joe, ihr Manager, hatte die Werbetrommel gerührt, und tatsächlich sah er bereits auf dem Weg zum gebuchten Saal zahlreiche hübsche und weniger hübsche Frauen im Gang herumstehen. Irgendeine würde schon zu ihnen passen, dachte er noch, lächelte den Anwärterinnen freundlich zu und verschwand dann hinter den schweren Metalltüren, wo die anderen Bandmitglieder bereits warteten.

Lachend und scherzend setzten sie sich auf die bequemen Sessel, die im Halbkreis um eine kleine Bühne herum standen. Nach einem kurzen Test stellte sich heraus, dass die Akustik in der Halle unglaublich gut war. Und dann konnte die Show endlich beginnen.

Doch was Jonas sich als ein großes Abenteuer vorgestellt hatte, voller unentdeckter Talente, und dass ihr größtes Problem darin bestehen würde, unter den dutzend besten Stimmen die wirklich *aller*beste zu finden, entpuppte sich schnell als Albtraum. Vielleicht hätten sie auf Joe hören und eine Vorauswahl treffen sollen, dann hätten sie sich die schlimmsten Ausrutscher des Tages sparen können.

Der Slogan *Vielleicht bist DU die nächste Sirene?* lockte tatsächlich mehr als genug Sirenen an – allerdings mehr von der Variante, die man problemlos auf ein Polizeiauto setzen könnte. Manche Frauen fanden Tonlagen, von denen er noch nicht einmal wusste, dass sie überhaupt existierten. Bei zwei oder drei Bewerberinnen musste er nachfühlen, um sicherzugehen, dass kein Blut aus seinen Ohren tropfte.

Die meisten sahen zumindest so aus, als ob sie wirklich hart gesottene *SirenCall* Fans wären. Wer den Saal nicht in Fanshirts betrat, trug schwarze EMP-Stangenware. Ob Gothicschlampe oder niedliche Lolita, die ganze Bandbreite der Szene lief vor ihnen auf. Einige versuchten, alleine über ihr Aussehen in die Band zu kommen, zwinkerten ihnen mit ihren überlangen, aufgeklebten Wimpern zu oder schleckten schamlos das Mikrofon ab. Alleine der Hygienewahn ihres Bassisten Thorsten, der nach solchen Auftritten wie wild mit seiner Sakrotanflasche umhersprühte, bewahrte sie selbst – und die anderen Bewerberinnen – davor, von fremden Keimen aufgefressen zu werden.

Dafür hing bereits nach einer Stunde eine dichte Chemiewolke im Saal, durch die das Atmen beinahe unmöglich wurde.

Der wolkenlose Spätsommer tat sein Übriges, um ihnen den Tag zu versauen. Durch die hohen Deckenfenster schien die Sonne unbarmherzig in den Saal, heizte die schwarz verhängten Wände auf, bis die Luft förmlich flimmerte. Auch wenn es extrem uncool aussah, hängte Jonas sich ein weißes Handtuch um die Schultern, das einer der Mitarbeiter ihnen anbot und band seine langen, dunkelbraunen Haare zusammen.

Den anderen erging es nicht viel besser. Das aufgedunsene Gesicht ihres Leadgitarristen Sigurd sah aus, als würde es Feuer fangen, und Michael, der Drummer, der sonst kaum mehr als zwei zusammenhängende Worte von sich gab, fluchte beinahe ununterbrochen. An Eriks stoischem Gesichtsausdruck hatte sich seit Stunden nichts verändert. Der zweite Gitarrist war noch nicht lange dabei und würde sie, wenn das Ganze so weiter ging, vermutlich auch bald wieder verlassen.

Einzig Lars, seines Zeichens Violinist, der stellvertretend für das kleine Orchester anwesend war, mit dem sie seit zwei Jahren auf Tour gingen, grinste unberührt weiter vor sich hin. Er grüßte jede Bewerberin freundlich, nachdem die anderen Bandmitglieder schon lange jegliche Hoffnung verloren hatten, und gab ihr die Chance, sie von ihrem Talent zu überzeugen.

»Wie lange müssen wir eigentlich noch?«, fragte Michael, nachdem das neuste Talent, ein dickes Mädchen in einem knöchellangen, blutroten Samtrock und einem wirklich presswurstigen Korsett, den Raum verließ. Ihre Stimme war so leise gewesen, dass sie sich vorbeugen mussten, um überhaupt etwas zu verstehen.

»Joe?« Fragend blickte Jonas den schweigsamen Manager an, der mit vor der Brust verschränkten Armen an der Wand lehnte. Egal, zu welcher Tages- oder Jahreszeit, er trug immer einen Anzug wie ein merkwürdiger Barney-Verschnitt.

»Bis ihr durch seid«, gab dieser mürrisch zurück. *Hättet ihr mal auf mich gehört.* Diese Worte standen unausgesprochen im Raum.

Sigurd stöhnte. »Echt? Können wir nicht endlich mal 'ne Pause machen? Ich ertrage das nicht mehr!«

Eine kurze Stille entstand.

»Fünf Minuten«, meinte er schließlich, drehte sich um und verschwand aus der Seitentür.

Jonas grinste und wischte sich erneut mit dem Handtuch über die Stirn. Er nahm einen Schluck aus der Wasserflasche und wünschte sich, es wäre Bier darin. Oder Vodka. Pur. Dann könnte der Rest dieses verfluchten Tages vielleicht doch noch ganz witzig werden.

»Also ich finde es lustig.« Lars' Einwand wurde geflissentlich ignoriert.

»Man könnte meinen, wir hätten auf das Plakat geschrieben *Kommt her und schreit so laut ihr könnt!*«, fuhr Sigurd unbeirrt fort. »Ehrlich! Habt ihr die Kleine in dem schwarzen Tüllkleid gehört? Erstmal sah sie so aus, als wollte sie sich für die Rolle des schwarzen Schwans in *Schwanensee* bewerben, und als sie dann den Mund aufgemacht hat, war ich so dicht davor, sie mit meiner Wasserflasche zu bewerfen.«

»Das hättest du lieber bei der Ziege machen sollen, die mir ihre Brüste ins Gesicht gedrückt hat, bis ich beinahe erstickt wäre. Das war blöd«, brummte Thorsten.

Die anderen sahen sich vieldeutig an und grinsten. Thorsten war homosexuell.

»Mein Favorit war die Frau, die sich am Ende der Performance das T-Shirt vom Leib gerissen hat«, meinte Michael immer noch ungewohnt redselig. »Können wir die nicht aufnehmen?«

Jonas schüttelte den Kopf. »Wenn ich mir vorstelle, mit der auch nur ein Lied einspielen zu müssen, können wir das mit dem neuen Album echt vergessen.«

»Wie sieht's damit überhaupt aus? Seid ihr weitergekommen?« Lars sah ihn stumm an.

Jonas erwiderte den Blick und zuckte mit den Schultern. Für ihre letzten beiden Alben hatte er die Lieder alleine geschrieben. Kurz bevor Marita sich von ihnen trennte, hatte er sich das erste Mal mit dem Violinisten zusammengesetzt. Gemeinsam arbeiteten sie an einem Konzept für das nächste Album, das ein wenig anders werden sollte als seine Vorgänger. Mehr Symphonic, weniger Metal. Auch wenn er noch nicht so recht wusste, wie er das seinen Freunden verkaufen sollte.

Ausschlaggebend dafür war eine merkwürdige Idee, die ihn bereits seit seiner Schulzeit verfolgte. Obwohl, vielleicht war es weniger eine Idee als eine Reihe von Träumen, die ihn immer mal wieder, in letzter Zeit jedoch beinahe unaufhörlich, plagten. Jedes Mal, wenn er die Augen schloss, war er auf einmal am Meer.

Dort saß er an einem weißen Sandstrand, lauschte dem Rauschen der Wellen, die jedes Mal eine andere Melodie zu ihm trugen. Manchmal nur einzelne Sequenzen, dann wieder ganze Symphonien. Nach einiger Zeit mischte sich eine glockenhelle, wunderschöne Stimme in die Melodie, vollendete das Lied. Egal, wie sehr er sich anstrengte, er konnte die Sängerin niemals erkennen. Selbst nach dem Aufwachen erinnerte er sich noch an jeden Ton, den er dann umgehend zu Papier brachte.

Mittlerweile hätte er genug Material für zehn Alben, doch an der Umsetzung haperte es. Nie klang das Endergebnis so wie in seinen Träumen. Lars half ihm, so gut es ging, und wahrscheinlich war es nur dem sonnigen Gemüt des anderen Mannes zu verdanken, dass er nicht völlig an seiner eigenen Unfähigkeit verzweifelte.

Obwohl die anderen Bandmitglieder seine Kreativität sehr schätzen, wusste keiner von ihnen, wo Jonas seine Ideen hernahm. Er war es auch, der ihnen den Namen *Si-*

renCall gegeben hatte. Ein kleiner Teil von ihm hatte gehofft, durch das Casting seine Sirene ausfindig zu machen. Doch nach den Erlebnissen der letzten paar Stunden war er sich da nicht mehr so sicher.

»Es läuft«, antwortete er schließlich und beließ es dabei.

Die anderen gaben sich damit zufrieden und begannen, untereinander zu reden.

Jonas schloss die Augen und nahm sich einen Augenblick Zeit, um den Traum der letzten Nacht noch einmal zu durchleben. Die Melodie war besonders fest in seinen Gedanken verankert. Es gab keinen Text, nur die Töne, die sich zu einem perfekten Gesamtkonzept verflochten. Trauer, Sehnsucht, aber auch Freude und über alldem Hoffnung lösten die Klänge in ihm aus.

Am Ende des Liedes sah er, wie sich in weiter Ferne eine geisterhafte Gestalt aus den Wellen erhob und eine Hand nach ihm ausstreckte. »Es ist Zeit«, sagte sie zu ihm, nachdem die Musik verstummte.

»Zeit wofür?«, fragte er mit gerunzelter Stirn.

»Zeit, mit dem Casting weiterzumachen, du Idiot!«

Jonas riss die Augen auf. Sigurds rotes Gesicht schwebte nur wenige Zentimeter über seinem. Er spürte, wie ein dicker Schweißtropfen von dem fremden Kinn auf seine Nasenspitze tropfte.

»Du bist ekelig!«, rief er seinem Kollegen hinterher, als dieser sich lachend entfernte. Angewidert wischte er sich über die Nase, bis sie so aussehen musste, wie die von Rudolf, dem Rentier.

»Jungs!« Joes Stimme unterbrach sie.

Sigurd verzog das Gesicht und setzte sich wieder auf seinen Platz.

»Reißt euch wenigstens noch ein bisschen zusammen! Allzu viele sind es nicht mehr, ich hab nachgesehen.«

Ein erleichtertes Seufzen ging durch die Reihe.

»Also gut.«

Jonas bemühte sich um einen neutralen Gesichtsausdruck. Wenn die meisten von ihnen auch nicht singen konnten, waren sie zumindest Fans, und es war einfach nicht fair, Fans böse anzustarren. Irgendjemand musste schließlich noch ihre Alben kaufen.

Die ersten drei Damen schafften es, wie erwartet, nicht, die Band zu überzeugen. Eine von ihnen hatte eine ganz passable Stimme, sang aber zu tief. Die zweite freute sich mehr über das Autogramm, das Michael ihr ins Dekolleté kritzelte, als über alles andere, und die Dritte ließ den murrenden, suizidgefährdeten Emo raushängen, was sie von vornherein disqualifizierte. Innerlich war Jonas gerade dabei abzuschalten, als Kandidatin Nummer Vier den Raum betrat.

Sie blieb einen Augenblick lang im Türrahmen stehen und blickte sich suchend um. Auf den ersten Blick wirkte sie beinahe unscheinbar; sie trug eine schwarze Jeans und ein *SirenCall*-Fanshirt, das mindestens zwei Nummern zu groß war. Im Vergleich zu anderen Frauen wirkte sie beinahe winzig. Lange, blonde Locken hingen ihr wild ins Gesicht. Als sie den Kopf zur Seite drehte, sah er, dass ihre Haare bis zu den Hüften reichten.

Jonas runzelte die Stirn. Aus irgendeinem Grund kam sie ihm bekannt vor. Gleichzeitig war er sich sicher, sie noch nie zuvor gesehen zu haben.

»Komm doch rein!«, rief Lars der Fremden zu.

Unsicher trat sie vor, Schritt für Schritt, bis sie mitten auf der Bühne stand.

»Schön, dass du hergefunden hast. Wie heißt du denn, wo kommst du her, und was willst du für uns singen?«

»Ich … Ich bin Larissa?« Sie schluckte sichtbar. Es klang mehr nach einer Frage als einer Aussage.

Jonas empfand beinahe so etwas wie Mitleid mit ihr. Wenn sie schon so nervös war, vor wenigen Leuten ihr

Talent zu zeigen, würde sie auf der Bühne niemals bestehen können. Trotzdem konnte er nicht anders, als sie genauer zu betrachten. Von ihrer Figur war unter dem riesigen T-Shirt nichts zu erkennen, aber ihr Gesicht war hübsch, mit einer Stupsnase, vollen, roten Lippen und riesigen, blauen Augen.

Die Augen waren es, die seine Aufmerksamkeit endgültig fesselten, als ihr Blick auf ihm landete. Sie erinnerten ihn an das Meer, wild und stürmisch, an weiße Strände und Geister, die es in der Realität nicht gab. Larissa erstarrte. Jonas selber schaffte es nicht wegzusehen. Eine merkwürdige, namenlose Verbindung entstand in jenem Augenblick, die er sich nicht erklären konnte.

Sigurds Ellbogen landete unsanft in seiner Seite und brach den Band. Gleichzeitig wiederholte Lars seine Frage geduldig noch einmal.

»Ich komme von weit her, weil ich wusste, dass es Zeit war«, erklärte Larissa, ohne ihren Blick von ihm abzuwenden. Mit einem Mal wirkte sie überhaupt nicht mehr nervös und deplatziert. »Und das Lied, das ich singen werde, hat noch keinen Namen.«

Aus den Augenwinkeln sah er, wie Thorsten sich eine Hand vor die Stirn schlug. Larissa war nicht die Erste, die versuchte, sie mit selbst geschriebenen Liedern zu überzeugen. Ein Schauder überlief ihn. Irgendwie glaubte er, dass diese Sängerin sie alle überraschen würde.

»Gut, dann fang bitte an!«

Mit dem ersten Ton, der von ihren roten Lippen kam, veränderte Larissa sich vor ihren Augen. Eine helle Sopranstimme erfüllte die stickige Luft. Das Lied besaß keine Worte, war lediglich eine Melodie, die ihm so vertraut war wie sein eigener Herzschlag. Langsam, ein wenig traurig am Anfang, arbeitete sie sich zu einem hoffnungsvollen Crescendo hoch. Ohne Anstrengung schaffte sie es, jede Emotion in ihm hervorzurufen, die sie wollte. Jede

Note klang genauso wie in seinem Traum. Er versank in den tiefblauen Augen der Frau, die er noch nie gesehen hatte und trotzdem kannte. Woher kannte sie die Melodie, die ihm beinahe den Verstand raubte? Sein Herz zog sich schmerzhaft zusammen, ohne dass er wusste warum.

»Sirene.« Das Wort entkam ihm, bevor er es zurückhalten konnte.

Er spürte die Blicke seiner Kollegen auf sich. Ein kurzer Blick nach links und rechts verriet ihm, dass das wortlose Lied sie ebenso berührte wie ihn. Lars nickte ihm zustimmend zu, ebenso Michael und Sigurd. Thorsten und Erik starrten wie gebannt auf die Sängerin, was an sich Antwort genug war.

Jonas lächelte, lehnte sich zurück und genoss die letzten Takte des Lieds. Er wusste genau, wann es endete.

Nachdem die letzte Note verklang, herrschte eine beinahe unheimliche Stille im Saal. Larissa blinzelte, schien sich jetzt erst wieder daran zu erinnern, wie unangenehm ihr die ganze Situation war. Eine leichte Röte schoss in ihre Wangen, was sie in Jonas' Augen noch hübscher machte. Jetzt erst senkte sie den Blick. Nur um kurz darauf überrascht aufzusehen, als die Meute nacheinander in tosenden Applaus ausbrach.

»Du hast den Job!«, rief Joe über das Gebrüll hinweg.

Und ich habe meine Sirene gefunden, dachte Jonas.

So wurde der Tag doch noch etwas ganz Besonderes.

Susanna Czogalla

Engelsleiden

Ich saß in der Umkleide und puderte mein Gesicht. Als ich in den Spiegel blickte, sah ich eine unglückliche, junge Frau. Seufzend legte ich den Pinsel beiseite und stand auf, um mir anzusehen, was ich mir heute anziehen musste. Ich wurde als Model einer bekannten Modelinie gebucht und war froh darüber, mal wieder rauszukommen.

Gerade als ich mich an den Kleiderständer machte, klopfte es leicht an der Tür, und Riley kam ohne Erlaubnis herein. »Hallo, Engelchen«, sagte er fröhlich und setzte sich auf den Stuhl, auf dem ich gerade noch gesessen hatte.

Mit aufgerissenen Augen drehte ich mich um und hielt den Zeigefinger vor meine Lippen. »Sei still!«, zischte ich und sah besorgt zur Tür. Wenn jemand davor stand …

»Beruhige dich, Rose! Ich lebe schon etwas länger damit und kann dir versichern, dass Engelchen sehr, sehr unverdächtig klingt.« Seine Lippen kräuselten sich zu einem ironischen Grinsen. An seinen ungekämmten Haaren und dem leichten Bartansatz erkannte ich, dass er sich beeilt hatte, hierher zu kommen.

Obwohl ich es hasste, wenn er da war, hatte ich ihm vor Betreten des Gebäudes eine Nachricht geschrieben, in der ich ihm mitteilte, sofort zu mir zu kommen. Er war der Einzige, der von meinem … Wesen wusste und somit meine einzige Ansprechperson. Meine Panik, die ich beim Schreiben der Nachricht verspürt hatte, war verflogen, doch trotzdem fühlte ich mich etwas unsicher.

Ich zog meine Strickjacke aus und stand nun nur noch in Unterwäsche da. Riley hatte mich mittlerweile oft genug so gesehen, sodass mir das nicht mehr unangenehm war.

Ich drehte mich mit dem Rücken zum großen Wandspiegel und betrachtete meine Schulterblätter. »Was meinst du?«, fragte ich Riley, der mich scharf beobachtete.

Er stand auf und kam näher.

Auf meinen Schulterblättern zeichneten sich zwei Narben ab, die noch vom Vorabend leicht gerötet waren. Auf beiden Seiten war jeweils eine ein paar Zentimeter lange Wunde, die sich leicht hervorhob, da sich unter ihr etwas befand, was unbedingt raus musste. Mit aller Kraft versuchten meine Flügel, Tag für Tag aufs Neue herauszubrechen und sich der Menschheit zu offenbaren. Dies war ein negativer Effekt meiner Nicht-Einhaltung der Regeln …

Riley griff nach einem Abdeckstift auf dem Schminktisch und tupfte damit leicht auf die Wunden.

»Das brennt!«, sagte ich und wich von ihm ab.

»Reiß dich zusammen!«, knurrte er nur und tupfte weiter.

Es war so, als würde mein Körper gegen mich arbeiten. Ich fühlte mich schon lange nicht mehr wohl, und die Tatsache, dass wir mehrmals wöchentlich mit einem Messer meine Flügel stutzen mussten, machte es nicht besser.

»Vielleicht wäre es doch besser, wenn ich endlich zu dem werde, was ich sein soll«, flüsterte ich, während er die geröteten Stellen auf meinem Rücken puderte.

Er sagte dazu nichts, da wir schon oft genug darüber gesprochen hatten. Um die Ausprägung meines Wesens zu stoppen, musste ich mich endlich fügen und meine Aufgaben als Racheengel erfüllen. Eigentlich war dies gar nicht so schwierig: Immer, wenn ich durch die Straßen lief, spürte ich diese Kälte, die mir signalisierte, dass ein Mensch in der Nähe war, bei dem ich Rache ausüben sollte.

Wie genau das geschehen musste, hatte ich irgendwie im Gefühl, und laut Riley ist die Aufgabe schon in wenigen Minuten erledigt. Danach würde man sich viel besser fühlen, und die Flügel würden auch vorerst nicht mehr wachsen. Damals sagte er mir, dass es wie mit den Vampiren sei; trinken sie erst mal Blut, können sie sich wieder zivilisiert verhalten, sodass keinem auffällt, was sie eigentlich sind. Ich hatte daraufhin gefragt, ob neben uns Engeln noch weitere übernatürliche Wesen existieren, aber er hatte nur gelacht. Ich wollte nicht weiter nachhaken, da mir die Vorstellung von noch mehr Gefahr für die Menschen nicht gefiel.

»Wäre ich doch nur von der guten Sorte …«

»Hör jetzt auf!«, sagte Riley genervt und ließ von meinem Rücken ab. Er legte die Schminksachen sorgfältig zurück und sah mir dann direkt in die Augen. »Ich akzeptiere, dass du dich gegen das Böse entscheidest« – er verdrehte die Augen – »aber das Einzige, was ich tun kann, ist, dir ständig deine Flügel abzuhacken, damit wir nicht erkannt werden. Um den Rest musst du dich kümmern.«

Ich nickte traurig und begab mich wieder an den Kleiderständer. Da ich mit dem Rücken zu ihm gewandt war, konnte Riley mich nicht sehen. Niedergeschlagen durchdachte ich noch einmal alles. Ich wusste von ihm, dass es gute und böse Engel gibt und dass man sich das nicht selbst aussuchen kann.

So erfuhr ich eines Tages von Riley, den ich damals für einen Verrückten hielt, dass ich ein böser Engel war. Ein sogenannter Racheengel, dessen Aufgabe es war, zu bestrafen und zu vernichten. Obwohl ich mich mittlerweile daran gewöhnt hatte, konnte ich es immer noch nicht akzeptieren, so ein grausames Wesen zu sein. Wie grausam ich tatsächlich sein konnte, wusste ich von Riley, der mich eines Tages mitnahm, als er mal wieder das Bedürfnis hatte, eine schlechte Tat zu vollbringen.

Wie ein Spion versteckt hinter Gebüsch, beobachtete ich ihn dabei, wie er jemanden fast tötete. Damals lachte er über meine Schockstarre und meinte nur, dass das eben dazugehöre. Angeblich gab es auch nettere Aufgaben, aber nach diesem Erlebnis wagte ich es nie wieder, ihn zu begleiten, geschweige denn, es selbst auszuführen.

Dass mir dafür zur Strafe riesige Flügel wachsen sollten, nahm ich hin. Natürlich gab es noch andere Nebenwirkungen, wie zum Beispiel unerträgliche Hitzewellen, die meinen Körper überfielen – seit ich ein Engel war, fühlte ich mich der Kälte hingezogen und lehnte alles annähernd Warme ab. Aber all diese Nachteile waren mir deutlich lieber, als das Abschlachten von Menschen.

Ich nahm das Kleid von dem Bügel und betrachtete es. Man hatte mich vorher gefragt, ob ich eine bestimmte Kleiderart bevorzugte, und ich gab an, dass der Rücken möglichst bedeckt sein sollte. Glücklicherweise hatten die Schneider das umgesetzt, sodass ich nun ein Kleid mit geschlossenem Rücken, aber dafür umso weiterem vorderen Ausschnitt in den Händen hielt.

»Hübsch«, kommentierte Riley und sah genüsslich an dem Kleid herab.

Ich zog es mir vorsichtig über und betrachtete mich dann im Spiegel. Der Stoff war sehr weich und schmiegte sich perfekt an meinen Körper an. Das Kleid war dunkelrot und reichte bis zu meinen Knien. Mit der kunstvollen Hochsteckfrisur sah ich aus, als würde ich zu einem Ball gehen.

»Danke«, sagte ich und lächelte.

»Also gut, hau sie vom Hocker, Rosie!« Er gab mir einen Kuss auf die Wange und hielt mir die Tür auf.

»Ich versuch es«, stammelte ich und verließ die Garderobe.

Und dann ging alles ganz schnell.

Irgendein Manager nahm meine Hand und zog mich

hektisch in einen sehr hell beleuchteten Raum mit einer großen, weißen Leinwand und Unmengen an Scheinwerfern. Es standen gefühlt hundert Menschen um die Leinwand herum und machten Notizen auf ihren Klemmbrettern oder unterhielten sich leise. Der Manager führte mich vor die Leinwand, zupfte an meinem Haar herum, zog mein Kleid zurecht, sodass keine Falten entstanden und kontrollierte mein Make-Up.

»O.k.!«, rief er dann und ging dann schnell zur Seite.

Bevor ich zu dem wurde, was ich jetzt war, hatte ich oft gemodelt. Mir wurde oft gesagt, was für eine Naturschönheit ich doch sei, und viele Modemagazine rissen sich um mich. Seit einiger Zeit war es still um mich geworden, und seit ich mich wieder in die Öffentlichkeit traute, bekam ich sehr viele neue Angebote. Und obwohl ich die ganze Hektik kannte, war sie mir plötzlich sehr fremd. Schade, dass Riley nicht hier sein konnte.

Der Lichtassistent kam auf mich zu und stellte mich in den richtigen Winkel, wobei er mir sehr nah kam. Ich war mir nicht sicher, ob das nötig war oder ob er einfach nur Gefallen daran fand. Er stellte sich genau vor mich und fasste dabei meine Schultern an. Mit einem Mal wurde es warm. Sehr warm. Ich fing an, schneller zu atmen und nach einem Ausweg aus dem Raum zu suchen.

»Schätzchen, was ist denn los?«, fragte er vergnügt und strich mir über die Wange.

»Lassen Sie mich los!«, zischte ich und ging einen Schritt zurück.

Plötzlich wandten sich alle Anwesenden zur mir um und sahen mich an. Es wurde sehr still im Raum, und ich wusste nicht, was ich tun sollte.

»Jeff, sie schafft das schon alleine«, sagte dann der wichtig wirkende Fotograf.

Der Mann namens Jeff zuckte mit den Schultern, murmelte »Ich habe doch nichts getan« und ging davon.

Ich senkte meinen Blick vor Scham und spürte, wie ich rot anlief. Noch etwas, was mir sehr unangenehm war: mein eigenes, warmes Blut. Es fühlte sich an wie Feuer, das sich seinen Weg durch meinen Körper bahnte. Gequält sah ich in die Augen des Fotografen und bemerkte seine Sorgenfalten.

»Hey, wenn du das nicht möchtest, können wir sofort abbrechen, auch wenn es sehr schade wäre.«

Ich schüttelte den Kopf und atmete tief durch. »Können wir ein Fenster aufmachen? Es ist echt warm hier«, sagte ich so freundlich wie möglich.

Gesagt, getan, und nach einigen Augenblicken spürte ich den kalten Wind in meinem Gesicht. Viel besser.

Ich atmete wieder tief durch und schaute dann zum Fotografen. »Wir können loslegen.«

Er ging auf mich zu und sah mich eindringlich an. Als ich seinen Blick erwiderte, traf es mich wie ein Blitzschlag. Ich zuckte leicht zusammen und blinzelte, während er auf mich einredete. Mit einem Mal spürte ich ein Verlangen … Etwas war in mir, das mir sagte, dass dieser Mensch etwas Schlimmes getan hat. Etwas, wofür er bestraft werden musste. Meine Augen verengten sich, und ich wurde nun ganz ruhig, da ich spürte, dass ich der Erlösung ganz nahe war.

»Genau so möchte ich es haben«, sagte der Fotograf plötzlich und riss mich aus meinen Gedanken.

»Wie?«, fragte ich verwirrt.

»Na, der Blick! Der ist perfekt. Ich liebe dieses … Böse. Ich will mehr davon!« Er fasste meine Hand an, um sie zu drücken.

Die Kälte durchdrang meinen Körper. So, als wäre es ein kurzer Vorgeschmack auf das, was mich nach meiner bevorstehenden Tat erwarten würde …

Das Shooting verlief perfekt. Meine Mordslust motivierte mich, und mein Gesichtsausdruck war genau das, was der Fotograf wollte. Ich wurde von allen Seiten gelobt, was mich noch mehr anspornte. Wir waren schon nach einer halben Stunde fertig, da die gewünschten Fotos alle schon im Kasten waren, sodass ich früher als gedacht wieder gehen konnte. Doch das wollte ich gar nicht.

Der Fotograf kam auf mich zu und lobte mich.

»Freut mich, dass ich dir gefallen habe«, sagte ich und grinste ihn verführerisch an. »Ich würde dich gerne besser kennenlernen. Möchtest du mit in meine Umkleide kommen?« Ich nahm seine Hand und strich ihm leicht über den Handrücken.

Hoffentlich sagte er mir nicht seinen Namen … das würde die Sache deutlich erschweren. Innerlich wusste ich, was ich gerade tat, und ich verabscheute mich dafür. Aber dieses Gefühl, das die ganze Zeit in mir aufloderte, war einfach zu verlockend.

»Ähm … natürlich«, murmelte er und sagte seinen Kollegen, dass er kurz etwas erledigen musste.

Gemeinsam verließen wir das Fotostudio und gingen durch die vielen dunklen Flure, um in meine Garderobe zu kommen. Die ganze Zeit überlegte ich fieberhaft, wo ich es tun konnte. Direkt hier im Dunkeln? Oder doch lieber erst in der Umkleide, wo wir alleine wären? Obwohl ich mir nicht sicher war, ob Riley noch da war.

Etwas nervös schaute ich mich die ganze Zeit um, auf der Suche nach einem guten Ort, um ihn zu quälen … Ich biss mir auf die Lippe, und mein Herz fing schneller an zu schlagen. Dieses Verlangen … ich konnte es nicht aufhalten.

Schließlich entschied ich mich dazu, in meine Garderobe zu gehen. Mit Riley würde ich schon irgendwie fertig werden. Ich war zwar nicht stark genug, aber irgendwie würde ich ihn sicher überreden können.

Fast schon fiebrig öffnete ich die Tür und schaute herein. Es war niemand da. Ich ging rein und hielt ihm die Tür auf. Ich spürte seine Unsicherheit, aber trotzdem ging er schnell rein und stellte sich neben den Spiegel. Die Tür fiel ins Schloss, und ich sah ihn an.

»So«, murmelte ich und ging direkt auf ihn zu. »Ich hab es kaum ausgehalten … dieser Drang frisst mich noch auf!« Ich spürte, wie ich immer kräftiger wurde.

Der Fotograf sah mich nur verwirrt an. »Was frisst dich auf, Süße? Vielleicht solltest du erst mal etwas Wasser trinken …« Er griff nach dem Krug mit Wasser und war drauf und dran, etwas in mein Glas einzuschenken.

»Nein!«, rief ich und schlug ihm den Krug aus der Hand.

Er fiel zu Boden und zerbarst in tausend Scherben. Das Wasser bahnte sich den Weg zwischen unsere Schuhe, und ich spürte, dass nicht mehr viel fehlte, um das zu tun, was ich schon die ganze Zeit hätte tun sollen. Blitzschnell griff ich ihm an seine Gurgel und zog ihn an mich heran. Nur noch wenige Millimeter trennten uns.

»Du hast es verdient«, flüsterte ich ihm zu und sah ihm wieder direkt in die Augen.

Die Kälte fühlte sich gut an. Dann nahm ich alle Kraft zusammen, da er anfing, sich zu wehren. Er versuchte, mich wegzudrücken, doch ich ließ nicht von ihm ab. Dann grinste ich ihn an und nahm meinen zweiten Arm dazu, um ihn mit aller Kraft gegen den Wandspiegel zu stoßen. Auch dieser zersprang in viele Teile, und der Fotograf sackte sofort zu Boden.

Sein Kopf hatte die meiste Wucht abbekommen, und er blutete wie verrückt. Trotzdem schien er noch bei Bewusstsein zu sein. Bevor ich zum finalen Schlag ausholte, genoss ich erst mal die Situation.

Ich warf meinen Kopf nach hinten und lachte leise. »Riley hat mir nie gesagt, wie gut sich das anfühlt.« Ich spürte, wie meine Wunden am Rücken weniger schmerzten und mein Körper durch eine Kältewelle stark abkühlte. Ich liebte dieses Gefühl. »Und jetzt beende ich es!«, sagte ich mordlustig und holte zu einem Schlag aus.

Auf einmal spürte ich einen festen Griff an meinem Ellbogen.

»Was zum …?« Ich drehte mich schnell um und sah Riley hinter mir.

»Es reicht, Rose!«, sagte er streng und zog mich beiseite.

»Nein, Riley, nein, ich muss das tun, ich …«

Er drückte mich an die Wand und hielt mich fest. »Nein, Rose, du hast genug getan!« Er ließ von mir ab und wandte sich dem Mann zu. »Er ist bei Bewusstsein«, murmelte er und zog ihn aus den Scherben. Dann tröpfelte er ihm eine Substanz in die Augen, die mir unbekannt war. »Damit er das alles vergisst«, antwortete Riley auf meine unausgesprochene Frage.

Ich nickte, obwohl er das nicht sehen konnte. Selbsthass durchströmte mich, und gleichzeitig spürte ich immer noch den Drang weiterzumachen. Ohne ein weiteres Wort zu verlieren, stürmte ich aus dem Raum und lief zur Eingangstür des Gebäudes.

Ich öffnete die schwere Tür und ging nach draußen. Dass ich meine Tasche in der Umkleide gelassen und das Kleid immer noch anhatte, kümmerte mich wenig. Ich ging einige Meter und schnappte nach Luft. Jetzt spürte ich nur noch den Selbsthass. Der Drang war verschwunden.

Was hatte ich nur getan? Das alles ging so unglaublich schnell, dass ich schon ganz vergessen hatte, wie ich überhaupt vom Fotostudio in die Garderobe gekommen war. Und wie ich es geschafft hatte, dass der Fotograf mir folgte … Konnte man sich jemals an dieses Gefühl gewöhnen? Wie machte Riley das?

»Ich habe alles erledigt«, hörte ich hinter mir.

Ich drehte mich um und sah schon wieder Riley.

Mit besorgter Miene kam er auf mich zu und hielt einen kleinen Abstand zwischen uns. »Er hat alles vergessen und denkt jetzt, er wäre gestürzt. Den Spiegel habe ich komplett abgenommen, und dem Personal habe ich erzählt, dass er beschädigt war und ich nur vorsichtshalber alles abmontiert habe. Das Blut ist auch weggewischt. Wie geht es dir?«

»Erstaunlicherweise geht es mir so gut wie schon lange nicht«, antwortete ich wahrheitsgemäß. Klar, der Selbsthass war noch da, aber dieses erlösende Gefühl durchströmte trotzdem meinen Körper. Ich könnte eigentlich Luftsprünge machen, aber hielt es für etwas unangebracht. »Wieso hast du mich aufgehalten?«

Riley zuckte mit den Schultern. »Du hattest deine Aufgabe bereits erledigt. Meistens reicht es, wenn man nur achtzig Prozent erledigt ... man hat zwar trotzdem ein schlechtes Gefühl dabei, aber es ist nicht ganz so schlimm, als hätte man einen Mord begangen.«

Ich schaute beiseite. »Danke«, flüsterte ich dann und war aufrichtig dankbar.

Er hatte mich davor bewahrt, mich selbst bis in die Ewigkeit zu hassen, und das rechnete ich ihm hoch an.

»Du musst dich nicht bedanken. Ich möchte nur nicht, dass du für immer auf das verzichtest, was dich am Leben erhält. So schlimm es auch ist; es ist fair. Das musst du dir immer einreden.«

Ich nickte und sah, dass er meine Sachen mitgenommen hatte. »Danke ... noch einmal.«

Er lachte. »Hör auf, dich immer zu bedanken! Das Kleid musst du übrigens behalten, ich habe keine Lust, da noch mal reinzugehen.«

»Oh, wie schlimm«, sagte ich ironisch und nahm meine Sachen entgegen. »Wieso warst du eigentlich noch da?«

Mir war erst jetzt aufgefallen, dass er eigentlich wohl

die ganze Zeit irgendwo in der Nähe gelauscht haben musste. Ging er etwa davon aus, dass ich etwas Schlimmes tun würde?

»Na ja, du wirktest so, als wärst du kurz davor, all deine Entscheidungen zu überdenken. Ich wollte dir freien Lauf lassen, aber dich im richtigen Moment zurückhalten. Und wie ich sehe, habe ich mal wieder alles richtig gemacht.« Selbstgefällig lachte er und ging zu seinem Auto.

Ich stieg ebenfalls ein und lehnte mich zurück. Er hatte immer recht gehabt … Ich musste unbedingt zur Besinnung kommen und auf mein Wohlbefinden achten. Schwer seufzend sah ich meine Hände an, die voller Blut waren.

Riley bemerkte das und sagte: »Auch daran gewöhnt man sich. An seiner Hand klebte wahrscheinlich auch Blut … Vergiss ihn einfach! Wahrscheinlich ist er längst wieder wohl auf und bemerkt, was ihn in diese Lage gebracht hat. Wie auch immer – du hast das Richtige getan. Vergiss ihn einfach!«

Und das tat ich auch. Die böse Seite hatte mich schon fast im Griff, doch ich nahm mir vor, nicht zu übertreiben. Das richtige Maß an Racheaufgaben einzuhalten, würde zwar schwierig werden, aber dafür würde ich mich endlich wieder besser fühlen; vor allem freute ich mich darauf, endlich nicht mehr meine Flügel stutzen zu müssen.

Von nun an würden Aufgaben auf der Tagesordnung stehen, denen ich noch nicht ganz gewachsen war und bei denen mir Riley sicher noch zur Seite stehen musste. Aber ich wusste, dass ich dazu berufen war, und ich musste mich damit abfinden. Ich gehörte nun mal zu den Bösen. So sehr ich es auch wollte, ich konnte es nicht ändern.

Angie Pfeiffer

Wie ein Kessel mit Wasser

»Ach Mausi, warum ist es nur so schwer, einen passenden Mann zu finden?«, murmelte Marie, während sie sich die Schuhe auszog und sich die schmerzenden Fußsohlen massierte.

Mausi, ihre Katze, schien weder an der Frage noch an deren Beantwortung interessiert zu sein. Was das Tier brennend interessierte, war, wann es endlich etwas zu essen gab.

»Ja, ja, ich komme schon«, rief Marie ihr zu. Sie hatte den Blick richtig gedeutet und folgte der ungeduldigen Katze in die Küche, um den Futternapf zu füllen.

Während Mausi sich über ihre Portion hermachte, spann Marie den Gedanken von vorhin weiter. »Ich bin ja ganz gern allein, aber fünf Jahre, das ist schon eine verdammt lange Zeit. Es wäre schön, endlich wieder jemanden kennenzulernen.« Sie kam ins Schwärmen: »Jemanden, der mich lieb hat und für mich da ist. Der manchmal schon etwas gekocht hat, wenn ich nach Hause komme. Einer, der mich fragt, wie mein Tag war, und zuhört.«

»Ansprüche hast du gar keine, was?«

Was war das? Hatte die Katze ihr tatsächlich geantwortet? Vorsichtig näherte sich Marie der immer noch speisenden Katze und beugte sich zu ihr hinunter. »Mausi?«

»Vergiss die dumme Katze! Mit der kann nicht mal ich reden, und ich verstehe mich auf Tierstimmen. Übrigens ist Mausi ein selten dämlicher Name für eine Katze!«

Verstört schaute sich Marie um, doch sie konnte niemanden entdecken.

»Hier bin ich, auf dem Kühlschrank«, erklang die Stimme wieder.

Marie hob den Blick und sah einen Zwerg, der auf ihrem Kühlschrank saß und mit den Beinen schlenkerte.

»Blödsinn, ich bin einfach übermüdet und gestresst. Vielleicht sind das auch die ersten Anzeichen für ein Burnout«, sagte sie sich, schloss die Augen und öffnete vorsichtshalber erst einmal das linke.

Der Zwerg saß immer noch da, und Marie riss beide Augen auf.

Vorsichtshalber griff sie zum nächstbesten Gegenstand, einem Geschirrtuch, um sich im Zweifelsfall gegen ihn zur Wehr setzen zu können.

»Was machst du auf meinem Kühlschrank?«, fragte sie vorsichtig und hob die Hand mit dem Geschirrtuch drohend.

»Klug, schön und gewalttätig«, stellte der Zwerg fest. »Behandelst du die Männer, die dir in die Quere kommen, auch so? Dann ist es kein Wunder …«

Langsam ließ Marie das Geschirrtuch sinken. »Wie meinst du das jetzt? Gewöhnlich dringen Männer nicht unbefugt in meine Wohnung ein, sitzen auf dem Kühlschrank und geben mir kluge Ratschläge. Wer bist du überhaupt, und wie kommst du hier herein?«

Der Zwerg lächelte. »Ich bin dein Zwerg. Ich lebe so lange hier wie du. Und bevor du fragst: Jeder Mensch hat einen Zwerg, er kann ihn nur nicht immer sehen. In deinem Fall hielt ich es für erforderlich, mich einmal in Ruhe mit dir zu unterhalten.«

»So, so, du bist mein Zwerg, und jeder Mensch hat einen? Wo ist die versteckte Kamera?« Marie schaute sich suchend um. Dann versuchte sie, hinter den Kühlschrank zu gucken, während der Zwerg ihr Treiben beobachtete und weiter mit den Beinen wackelte.

»Hast du jetzt genug Unruhe gemacht?«, fragte er nach einiger Zeit. »Dann setz dich für einen Moment hin und hör mir zu!«

Marie ließ sich auf einen Stuhl sinken. »Ein Zwerg auf meinen Kühlschrank«, murmelte sie dabei.

»Ist ja gut. Ich kann verstehen, dass du verwirrt bist«, erklärte der Zwerg. »Ich kenne dich schon, seit du ein kleines Mädchen warst. Du warst immer lustig, immer hast du gestrahlt und gelacht, auch als du erwachsen wurdest. In der letzten Zeit mache ich mir Sorgen um dich. Du bist nicht glücklich, und die Momente, in denen du strahlst, werden immer weniger. Deshalb habe ich beschlossen, kurzfristig sichtbar zu werden und einmal mit dir zu reden.« Hier machte er eine Pause und griff sich an den Magen. »Sag mal, gibt es heute noch etwas zu essen? Ich habe einen Riesenhunger, und ein Gläschen Wein wäre auch nicht zu verachten.«

Marie kam sich vor wie in einem Traum. Sie bereitete tatsächlich das Abendessen, eine Suppe, die sie mit ihrem Zwerg teilte. Wobei teilen wohl nicht der richtige Ausdruck war. Da der Zwerg ziemlich klein war, aß er die Suppe aus einem Eierbecher.

Anschließend öffnete Marie eine Flasche Wein. »Willst du auch?«, fragte sie.

Der Zwerg verzog beleidigt das Gesicht. »Was meinst du wohl? Es wurde Zeit, dass du mir einen anständigen Tropfen anbietest.«

In Ermangelung eines geeigneten Gefäßes servierte Marie den Wein im Verschluss ihrer Hustentropfen.

»Wein im Plastikbecher«, nörgelte der Zwerg, doch dann setzte er den Becher an und trank ihn mit einem Zug aus. »Was wäre dein größtes Glück?«, fragte er, nachdem er sich den Mund mit dem Ärmel abgeputzt hatte.

Marie schwieg nachdenklich und nippte an ihrem Wein. »Na ja«, begann sie nach einer Weile zögernd, »vielleicht wieder jemanden kennenzulernen? Aber ob das jetzt mein größtes Glück wäre …«

Der Zwerg hob die Augenbrauen. »Ihr Menschen seid schon komisch. Fragt man euch nach eurem größten Unglück, so sprudelt ihr los. Nach eurem Glück gefragt, werdet ihr ziemlich wortkarg.« Er legte die Hand auf sein Herz. »Du musst auch manchmal auf dein Herz hören«, erklärte er. »Deines klopft zwar vor sich hin, doch wann hat es zuletzt vor Aufregung einen Purzelbaum geschlagen? Ein ganz lebendiges Herz hört sich an wie, hm …«, er überlegte kurz, schnipste dann mit den Daumen. »Genau, wie ein Kessel mit Wasser, der überkocht und nicht nur vor sich hin simmert.«

An diesem Abend saßen die beiden noch lange zusammen, tranken Wein und redeten.

Am nächsten Morgen kam Marie ziemlich verkatert und ein klein wenig verzaubert ins Büro.

Ihr Kollege Tobias schaute sie prüfend an. »Das sieht nach einer kurzen Nacht aus.«

»Ach was, ich hatte Besuch von meinem Zwerg, du hast übrigens auch einen. Du kannst ihn nur nicht sehen. Meiner hat mir erklärt, wie das mit dem Herzklopfen funktioniert. Allerdings ist der ziemlich versoffen und kann kein Ende finden.«

»Ah ha, dein Zwerg«, grinste Tobias. „Wie wäre es, wenn wir uns heute Abend treffen und du mir die Sache mit dem Herzklopfen mal genauer erklären würdest? Weißt du, bei mir klopft das nämlich manchmal ganz gewaltig, wenn du das auch noch nie mitbekommen hast.«

»Und er will mich heute Abend zum Essen einladen, stell dir das mal vor! Ich glaube, er ist ein bisschen verliebt in mich«, sprudelte es aus Marie heraus.

Sie war an diesem Nachmittag freudestrahlend nach Hause gekommen und sofort in die Küche gelaufen.

Wieder saß der Zwerg auf dem Kühlschrank, hörte ihr

zu und schlenkerte mit den Beinen. »Und was ist mit dir?«, fragte er. »Bist du auch ein bisschen …«

»… verliebt?«, unterbrach ihn Marie. »Weißt du, Tobias ist schon seit einiger Zeit mein Kollege, aber ich habe ihn mir noch nie so genau angeschaut. Ich verstehe das gar nicht, er ist so nett, und er guckt vielleicht lieb.« Sie drehte sich um und eilte in Richtung Schlafzimmer. »Ich muss mir überlegen, was ich anziehe!«

»Mach dir mal keine Sorgen, sei einfach so wie immer!«, rief ihr der Zwerg hinterher. »Es wird Zeit, dass du Tobias endlich mal zur Kenntnis nimmst. Er versucht schon lange, sich mit dir zu verabreden. Du warst bloß die ganze Zeit so verdreht, dass du es nicht bemerkt hast.«

»Meinst du?« Marie war wieder in der Küche aufgetaucht und drehte sich mit roten Wangen einmal um sich selbst. »Was denkst du? Kann ich das anziehen?«

»Auf jeden Fall«, lächelte ihr Zwerg und hielt ihr den Plastikbecher unter die Nase. »Darauf trinken wir ein Glas Sekt, zum locker machen.«

»Ja, gut.« Marie öffnete den Kühlschrank. »Aber nur ein Glas.«

Als Marie die Wohnung – nicht nur wegen des Sektes beschwingt – verlassen hatte, wandte sich der Zwerg an die Katze: »Was meinst du, Mausi?«, fragte er. »Ich glaube, ich werde hier erst mal nicht mehr gebraucht. Sollte ich wieder unsichtbar werden?«

Mausi maunzte zustimmend, und es schien, als habe sie der Zwerg zum ersten Mal verstanden.

Viel später am Abend legte Marie ihren Kopf auf Tobias' Brust. Sie lauschte einen Augenblick. »Weißt du was?«, lächelte sie. »Dein Herzklopfen hört sich an, als würde ein Kessel mit Wasser überkochen.«

Marieke Pochstein

Elleven – Gott des Flusses

Guten Morgen. Mein Name ist Elleven, Gott des Flusses. Ich möchte dir heute von einem Tag erzählen. Wieso gerade dieser Tag mir im Gedächtnis geblieben ist, wirst du verstehen, wenn du meine Geschichte gehört hast. Doch sollte dir bewusst sein, dass es nur ein Tag im Leben eines Unsterblichen war.

Vielleicht sollte ich dir noch erklären, was ich bin. Ich bin ein Naturgott. Einer von vielen und nur einer der Untergebenen des großen Klares, dem Gott des Wassers. Ich bin anders als ihr Menschen, und ich bin froh und gleichzeitig traurig darüber. Nie haben mich Gier oder Angst getrieben. Nie war etwas anderes als meine Existenz für mich wichtig. Mein größtes Glück ist das berauschende Gefühl, mit der Strömung durch einen Fluss zu gleiten und dabei euch Lebende zu sehen.

An diesem einen Tag tat ich genau das. Ich schwamm mit den Wellen und genoss das Kitzeln der kleinen Fische und Steine, die wie ich der Strömung folgten. Ich lachte über die Reflektionen im Wasser, die ein Glitzern hervorriefen, das mich in meinem besten Licht zeigte.

Es war Sommer. Ein wunderschöner Tag. Ich weiß nicht, wo ich war, doch ich weiß, dass ich lange durch Wiesen und Äcker getrieben bin, immer weiter fort von den Gebirgen. Der Name des Flusses war Hiron, zumindest nannte ich ihn so.

Am Ufer des Flusses, dessen Gestalt ich gerade hatte, spielten Kinder. Sie sprangen ins Wasser und planschten glücklich. Die Eltern waren stolz, und auch mir schwoll die Brust, als ich sah, wie die winzigen Frösche tauchten und spielten. Ich streichelte sie und war froh, gerade in diesem Moment hier zu sein.

Als die Eltern ihre Kinder aus dem Wasser riefen, machte ich mich wieder auf meinen Weg. Immer weiter durch die Blüten, die wie ein Kleid um die Ufer wuchsen.

Ich erreichte bald eine Stadt. Es waren nur einige Augenblicke in meiner Zeitrechnung. Hier kämpfte der Fluss mehr als noch an den Wiesen. Ich spürte die Zerrissenheit und die Verunreinigungen. Nichts davon konnte mir oder dem Fluss etwas anhaben. Wir konnten uns einfach treiben lassen, doch die kleinen Tiere kämpften hier um ihr Überleben. Ich tanzte mit einem Fisch und spürte, dass er der Strömung weiter folgen würde. Doch plötzlich wurde er fortgerissen, und mein erschrockener Blick folgte dem kleinen Freund, als er aus dem Wasser gerissen wurde.

Fischer, erkannte ich und stieß das Boot missmutig an. Es schwankte kurz. Dann lag es wieder still im Wasser, und ich konnte beobachten, wie mein Freund getötet wurde. Ich empfand keinen Schmerz. So war das Leben, und die Menschen waren ein Teil davon. Ich konnte sie nicht hassen und auch nicht lieben. Sie waren so anders als andere Wesen.

Mit einem letzten Blick verabschiedete ich mich von dem kleinen Fisch und folgte der Strömung weiter. Am Ufer änderte sich nichts. Überall war Beton, und die Pflanzen, die auf dem Land so wundervoll blühten, waren hier beinahe zurückgedrängt worden. Ich verstand nicht wie Jiwi, Göttin der Erde, ihr Reich so leicht aufgeben konnte. Ihre Untertanen hatten kaum eine Chance gegen die Menschen, auch wenn sie immer dort waren und alles an sich zurückrissen, was die Menschen aufgaben.

Wenn jemand Klares sein Reich nehmen wollte, kämpfte er. Er kämpfte mit allem, was uns geboten war. Ich selbst hatte viele Schlachten geschlagen und mich einige Male den Wünschen der Menschen anpassen müssen, doch niemals hatten sie mich vertreiben können. Ich wusste, dass die Göttin der Meere zornig auf die Menschen war und ihnen oft Katastrophen schickte. Solche Rachegedanken waren mir beinahe fremd. Nur manchmal erinnerte ich die Menschen daran, dass man mit mir nicht machen konnte, was man wollte.

Zwischen den hohen Gebäuden, die die Menschen mir aufgezwungen hatten, fand ich eine kleine Wiese. Ein winziger Arm führte in diese Oase. Ich sah Bäume und hörte das plätschernde Lachen der Windgeister, die mit den Tropfen spielten, die die Wassergeister erschufen.

Als sie mich bemerkten, stoppten sie ihr fröhliches Spiel und kamen zu mir. Die Wassergeister strichen um mich und begrüßten mich freudig. Die Windgeister fegten über die Oberfläche des Wassers, als wollten sie mich kitzeln. Ich lachte.

Und dann bemerkte ich den kleinen Wassergeist, der nicht zu mir gekommen war, sondern am Rand unseres Reichs kauerte und zu den Menschen hinaufstarrte, die ihre Beine knapp über der Oberfläche baumeln ließen. Er wirkte so unendlich traurig.

Niemals hatte ich so viel Schmerz in einem Geist gespürt, und wie von selbst löste ich mich aus dem bunten Gedrängel der anderen Geister, bewegte mich langsam auf ihn zu. Seine Trauer überfiel mich völlig unvorbereitet. Ich verstand den Grund nicht, doch ich spürte es genauso wie er.

Es dauerte einige Augenblicke, bis der kleine Geist meine streichelnden Bewegungen bemerkte. »Elleven«, hauchte er, und ich hatte das Gefühl, als würde er von mir abrücken.

Wusste er, dass ich seine Trauer genauso spürte wie meine eigene? Vermutlich. Er war alt. Zuerst hatte ich ihn für einen der Jungen gehalten, doch nun wurde mir klar, dass ich diesen Geist kannte. Er war schon so alt wie dieser Fluss. Sein Name war Filliwinhel, und ich konnte mich an lustige Tänze durch die Fluten einer Überschwemmung erinnern, bei denen er der geschickteste Tänzer gewesen war.

»Was hast du?«, fragte ich.

Ich spürte seine Ablehnung. Er wollte nicht darüber sprechen. Doch seine stillen Blicke sagten mir mehr, als seine Worte es hätten können. Ich sah, wie er nach oben zu den beiden Mädchen, die Blütenblätter von einer Blume abrissen und immer abwechselnd »Er liebt mich«, »Er liebt dich nicht« sagten, schaute. Die Blätter fielen leise auf meine Oberfläche, und ich fühlte die sanfte Berührung.

Eines der Mädchen war ein Mensch. Das andere war eine Nymphe.

»Silvia«, erkannte ich erstaunt.

Ich hatte nicht gewusst, dass sie in diesem Teil der Welt lebte. Und warum hatte dieser mächtige Wassergeist die Form eines kleinen Mädchens?

Auf meinen erstaunten Ausruf reagierte nicht Silvia, sondern das andere Mädchen. Sie sah sich um und schien nach jemandem zu suchen. Ihre Augen waren hell. Unnatürlich hell.

Als ihr Blick auf das Wasser fiel, sah sie mir in die Augen, und ich erschauerte vor diesem Blick. Ich zuckte zurück, und ihr Blick folgte mir, als ich in die Mitte des winzigen Sees floh.

Der Wassergeist war am Ufer geblieben, und ich rief ihn nun zu mir. »Wieso kann ein blindes Mädchen mich sehen?«, fragte ich völlig entgeistert.

So etwas war noch nie passiert. Niemals hatte ein Mensch mich gesehen, wenn ich mich im Wasser aufhielt. Verließ ich es in der Form eines der ihren, konnten sie mich erkennen, doch nicht hier in meiner sicheren Zuflucht!

»Sie ist nicht blind«, erklärte Filliwinhel. »Sie sieht

nur nicht ihre Umgebung. Sie sieht Auren. Und deine Aura ist nicht zu übersehen!«

»Aber sie ist ein Mensch.«

»Ja«, stimmte Filliwinhel mir zu, und ich spürte Glück von ihm ausgehen.

»Du liebst sie«, erkannte ich erstaunt. »Du liebst einen Menschen.«

»Ja«, erklärte Filliwinhel schlicht.

»Und was macht Silvia dort draußen?«, fragte ich.

»Du warst lange fort«, erkannte er.

»Ja. Aber wieso hat sich hier so viel verändert?«, fragte ich, und meine Gefühle befanden sich irgendwo zwischen Entsetzen und freudigem Erstaunen.

»Weil wir angefangen haben, mit den Menschen zusammen zu leben.«

»Aber ihr seid Geister. Ihr könnt nicht mit ihnen leben. Es wird euch verletzen. Nur hier im Wasser seid ihr sicher.«

»Elleven, du weißt, dass Schmerz kein schlechtes Gefühl ist, wenn er durch Liebe erzeugt wird.« Filliwinhel hielt gerade so viel Abstand, dass er meine überschäumenden Gefühle nicht wahrnehmen konnte.

Natürlich wusste ich, dass Schmerz, der aus Liebe geboren wurde, nicht schlecht war. Man musste lernen, damit zu leben, und man war traurig, dass man den anderen verlor, doch wenn man liebte, fühlte sich die Welt erst wirklich komplett an. Ich selbst hatte vor so vielen Jahrhunderten mein Herz verschenkt, dass ich aufgehört hatte, sie zu zählen. Damals war es eine Steingöttin gewesen, der ich meine Liebe schwor. Unsere Wege hatten sich getrennt, doch unsere Liebe hielt.

Aber konnte man einen Menschen lieben? Mein Blick streifte zu dem blinden Mädchen. Sie hob die Hand, und ich erwiderte ihren Gruß mit einem Nicken. Nun war Silvia ebenfalls auf mich aufmerksam geworden.

Ihr Blick war hart, und ich wusste, dass sie eine Strafe erwartete. Geister und Menschen sollten sich nicht treffen. Das war Klares' Wille. Doch wie konnte ich Silvia und Filliwinhel den Umgang mit dem Mädchen verbieten, wenn es mich selbst so sehr faszinierte?

»Komm mit!«, beschloss ich kurzerhand.

Filliwinhel starrte mich entsetzt an, als ich mich wieder dem Ufer näherte. Beinahe als würde er eine Strafe erwarten, wie es in Klares' Willen wäre. Doch dann folgte er.

Als wir am Ufer ankamen, überprüfte ich die Umgebung. Nur ein einziger Mensch war hier. Das Mädchen hielt mir ihre Hand entgegen, und ich ergriff sie, als ich mich aus dem Wasser löste.

»Schön, dich kennenzulernen«, erklärte ich, als ich in voller Größe vor ihr stand.

Ich war zu groß für einen Menschen, doch daran konnte ich nichts ändern. Meine Macht machte es nicht möglich, einen kleineren Körper zu wählen. Um nicht so sehr auf das Mädchen hinunter sehen zu müssen, setzte ich mich neben sie. Dann tauchte ich meine Hand ins Wasser und half Filliwinhel ebenfalls in eine materielle Gestalt.

Silvia starrte mich stumm an, und das Mädchen hatte auf einmal nur noch Augen für den kleinen Geist, der kaum die Größe eines großen Hundes hatte. Filliwinhel war einer der stärkeren Geister, doch von einer Nymphe oder einem Gott trennten ihn Welten. Niemals würde er die Materialisierung selbst schaffen, und niemals würde er ein großer Mensch sein können, doch trotzdem war er glücklich. Er streckte seine kleine Hand nach dem Mädchen aus, und sie erwiderte die Geste.

In mir loderte Glück auf, als ich diesen beiden so unterschiedlichen Wesen dabei zusah, wie sie sich kennenlernten. Es waren keine Worte nötig. Die leise Berührung reichte ihnen, und beide lächelten zufrieden.

»Filliwinhel«, rief plötzlich eine körperlose Stimme.

Ich sah auf und erkannte einen Windgeist, mit dem wir vor Jahrhunderten Freundschaft geschlossen hatten. Er landete ebenfalls auf meiner Hand und nahm eine menschliche Form an. Trilli war genauso groß wie Filliwinhel, den er jetzt stürmisch umarmte.

»Ich bin ein Mensch«, staunte Filliwinhel, als sie ihre Umarmung lösten und betrachtete seine neuen Arme. Er sah mich mit großen Augen an. »Danke.«

Ich lachte auf. »Filliwinhel, deine Trauer war kaum auszuhalten. Genieße die Zeit! Ich werde zum Sonnenuntergang wieder hier sein.« Ich setzte die beiden kleinen Männer auf die Wiese und verbeugte mich vor dem Mädchen. »Kleine Freundin, ich hoffe, du wirst deinen Blick niemals verlieren, doch verrate uns nicht, wenn du uns in deinem Leben entdeckst. Wir wollen nur unter euch sein und euch kennenlernen. Vergiss niemals, dass wir nicht böse sein können!«

Sie lächelte und sah dann Silvia an. »Ich weiß, dass ihr gut seid. Besser als Menschen.«

»Nein, das sind wir nicht«, erklärte ich mit einem Auflachen. »Es gibt kein Wesen, das besser als ein anderes ist. Wir sind alle genau gleich gut und schlecht, und niemand hat das Recht, darüber zu urteilen, wie wir sind.«

Sie sah mich mit ihren blinden Augen an, und ich sah eine Träne über ihre Wange laufen.

»Ich danke dir, Gott, dass du meinen Freund zu mir gebracht hast.«

Das salzige Wasser lief an ihrer Wange herunter, und ich beugte mich über sie und strich sanft die Träne fort. Meine Berührung hinterließ ebenfalls eine feuchte Spur.

»Lebe wohl«, flüsterte ich in ihr Ohr und löste mich langsam wieder zu dem Wasser auf, aus dem ich gemacht war. »Lebe wohl«, sagte ich noch einmal, und mein Blick traf Filliwinhel.

»Ich verspreche dir, dass ich niemals einem anderen Menschen sagen werde, dass es euch gibt. Ich will, dass ihr Frieden habt, und ich will mit euch zusammen leben!«, rief sie mir plötzlich aufgeregt hinterher.

Als ich aus dem kleinen See driftete, spürte ich die Trauer in kleinen Wirbeln um mich herum. Wäre ich ein Mensch gewesen, hätte ich geweint. Ich wusste zuerst nicht wieso.

Doch als ich am Abend zu der leeren Wiese zurückkehrte, verstand ich meine Trauer. Ich hatte mich für immer von Filliwinhel verabschiedet. Er war nicht zurückgekommen. Er war bei dem Menschen geblieben, den er liebte.

Im Wasser fühlte ich Silvia. Ihre Worte waren sanfte Wellen, die meine Trauer langsam auflösten. Sie erzählte mir von dem Glück, das Filliwinhel gefunden hatte, und von dem Versprechen, dass er den Rest seines Lebens mit dem Mädchen verbringen würde.

Damals wusste ich nicht, wie lang der Rest seines Lebens sein würde. Er war ein Wassergeist, und eine menschliche Form forderte viel.

Heute bin ich am Rand des Flusses Hiron und betrachte die beiden Kinder, die wie verrückt durch das Wasser toben.

Ihre Mutter weint, während sie beobachtet, wie die beiden untertauchen und viel zu lang für einen Menschen nicht wieder auftauchen. Ich trete zu ihr und streiche ihr sanft über das helle Haar. Sie sieht auf und betrachtet mich mit Wiedererkennen im Blick.

»Mein Beileid«, erkläre ich und sehe zu den beiden Kindern.

Glück braut sich in meinem Innern zusammen. Filliwinhel hatte ein Leben, wie er es sich gewünscht hatte, und im Gegensatz zu mir hat er neues Leben geschaffen.

»Darf ich mit ihnen schwimmen?«, frage ich sanft.

Sie sieht mich an und nickt mit einem leisen Lachen.

Als ich mich zurück in das flache Wasser werfe, schreien die Kinder auf. Doch nach dem ersten Schreck tollen sie mit mir, wie es einst ihr Vater getan hat.

Mein Name ist Elleven Flussgott, und ich bin stolz, dass ich nicht immer auf jeden Befehl des großen Wassergottes höre!

Julia Stephan

Die Reise nach Singbaria

Draußen tobte ein wütender Novembersturm, und ich war allein zu Hause. Der Hund hatte schon ein paar Mal angeschlagen, als er gegen Mitternacht endlich Ruhe gab. Ich wälzte mich noch eine Weile hin und her, hörte die alten Fensterläden ächzen und knarren und war gerade eingeschlafen, als ich spürte, dass es ganz hell im Zimmer geworden war.

Ich öffnete die Augen und sah ein riesiges, weißes Pferd, das eine anmutige Eleganz ausstrahlte, wie ich sie noch nie zuvor bei einem Lebewesen gesehen hatte. Es hatte ein langes, blaues Horn auf der Stirn, das von innen heraus leuchtete und so mein Zimmer in ein helles, bläuliches Licht tauchte. Seine Aura hatte etwas wohlig Befreiendes, und ein Gefühl des tiefsten inneren Glückes erfüllte mich.

Ich richtete mich in meinem Bett auf und blinzelte. Als ich die Augen öffnete, herrschte wieder Dunkelheit.

Was war passiert? Ich rieb mir noch einmal die Augen. War das alles nur ein Traum gewesen? Hatte ich mir dieses wundervolle Geschöpf nur eingebildet?

Am nächsten Morgen saß ich mit meinen Eltern am Frühstückstisch und beschloss, ihnen von dem merkwürdigen Vorkommnis zu berichten.

»… und dann war es plötzlich wieder dunkel, als ob nichts gewesen wäre«, schloss ich meine Erzählung. »Ein komischer Traum, oder?«

Meine Mutter hatte die Augen weit aufgerissen und sah mich entsetzt an. Mein Vater saß schweigend da.

»Was ist denn los mit euch?«, fragte ich, weil meine Eltern sich wirklich merkwürdig verhielten.

»Wir müssen es ihr sagen, Inge«, flüsterte mein Vater.

»Nein! Eduard, sei still!« Meine Mutter hatte Panik in den Augen.

»Mir was sagen?«, durchbrach ich ihre Konversation.

»Nichts, Schatz. Alles ist gut. Das war wirklich ein merkwürdiger Traum«, stammelte meine Mutter und versuchte zu lächeln.

»Aber, Inge, sei doch vernünftig!« Mein Vater legte beruhigend seine Hand auf ihr Knie. »Wir machen die Sache nur noch schlimmer, wenn wir sie unterdrücken. Uns war doch klar, dass dieser Tag irgendwann kommen würde.«

»Könnt ihr mich jetzt bitte mal aufklären, was hier vor sich geht?«, rief ich aufgebracht. »Von welcher Sache redet ihr?«

»Wir müssen dir etwas sagen, Runa«, begann mein Vater und wurde von dem Schluchzen meiner Mutter unterbrochen. Er gab ihr ein Taschentuch und fuhr fort: »Dieser Traum, den du hattest, das war kein Traum. Das war echt.«

»Willst du mich verkohlen?«, lachte ich. »Du glaubst doch nicht wirklich daran, dass letzte Nacht ein Pferd mit einem Horn auf der Stirn in meinem Zimmer stand?«

»Das war ein Einhorn.« Mein Vater blickte nun sehr ernst. »Das muss jetzt alles sehr verstörend auf dich wirken, aber es ist real. Es gibt sie wirklich.« Er machte eine kurze Pause. »Und sie wollen dich holen.«

Ich schaute zu meiner Mutter. Sie saß kerzengerade auf ihrem Stuhl und knetete ihre Hände. Mein Vater löcherte mich mit seinem Blick. Wenn sie mir einen Bären hätten aufbinden wollen, dann waren sie wirklich gute Schauspieler.

»Aber ich verstehe das nicht. Was wollen die denn von mir?«, fragte ich aufgebracht.

»Du bist eine von ihnen.« Meine Mutter hatte ihre Worte wiedergefunden.

»Vor sechzehn Jahren herrschte furchtbarer Krieg zwischen den Einhörnern. Die Schwarzhörner wollten die Blauhörner, wie du eins bist, aus ihrem Land vertreiben, doch die Blauhörner ließen das nicht zu. Sie versuchten, die Schwarzhörner in die Flucht zu treiben, doch diese waren viel stärker als sie selbst.«

»Aber was habe ich denn damit zu tun?«

»Du warst damals noch ein Fohby. So nennen die Einhörner ihre Säuglinge«, setzte mein Vater zu einer Erklärung an. »Es war einfach zu gefährlich für dich. Und so beschloss deine Mutter, dich zu verwandeln und in die Menschenwelt zu bringen. Wir haben dich bei uns aufgenommen und großgezogen.«

Ich starrte ihn aus großen Augen an. »Also war das in meinem Traum meine Mutter?« Mir wurde schlecht.

»Das ist gut möglich. Aber vergiss nicht, wir haben dich sehr lieb und …«

Der Rest der Ausführungen meines Vaters drang nicht mehr zu mir durch. Es drehte sich alles in meinem Kopf, und ich hatte das Gefühl, ohnmächtig zu werden. Die Farben verschwammen vor meinen Augen, und als ich sie wieder öffnete, lag ich auf einer riesigen Wiese. Es duftete nach Frühling, und ein Schmetterling flog fröhlich um mich herum.

Ich versuchte, mich aufzurichten, doch ich fühlte mich wie gerädert. Mein Blick wanderte an meinem Körper herab, und ein Schauer durchzog mich. Das war doch nicht möglich! Ich betrachtete meine Hände, doch an ihre Stelle waren Hufe getreten, und meine Haut war einem weichen, weißen Fell gewichen.

»Fürchte dich nicht, mein Kind!«, erklang eine sanfte Stimme hinter mir.

Ich wirbelte herum und sah das Einhorn aus meinem Traum. Sein blaues Horn thronte majestätisch auf seiner Stirn, und eine wohlige Wärme stieg in mir auf.

»Schön, dass du hier bist. Wir brauchen dich!« Das Geschöpf sprach zu mir, ohne dass seine Lippen sich bewegten.

»Aber warum?«, fragte ich. »Ihr kommt doch seit sechzehn Jahren ohne mich aus. Wozu braucht ihr mich jetzt plötzlich?«

»Ich bin Junasa«, stellte sich das Einhorn vor. »Wir müssen jetzt losreiten. Es liegt noch ein langer Weg vor uns. Unterwegs erkläre ich dir alles.«

Ich richtete mich auf und versuchte, mich auf meine Beine zu stellen, was nicht einfach war, denn statt zweien hatte ich nun vier davon. Das strahlende Geschöpf lief voraus, und ich strengte mich an, sein Tempo zu halten und nicht über meine Hufe zu stolpern.

Nach einiger Zeit hatte ich den Dreh jedoch heraus und trabte vergnügt neben meiner Begleitung her. »Wohin laufen wir denn?«, wollte ich wissen.

»Wir müssen zum Schloss. Die anderen erwarten uns dort. Singbaria braucht seine neue Königin.« Junasa blickte erwartungsvoll in die Ferne.

»Und du meinst, ich bin eure neue Königin?« Ich sah, wie am Horizont dunkle Wolken aufzogen und den purpurnen Himmel verdeckten.

»Fast hätte ich es vergessen. Hier, nimm das!« Junasa hatte plötzlich eine Kette mit einem Anhänger im Maul und hing sie mir um den Kopf. »Sie beschützt dich vor den Schwarzhörnern.«

»Die Schwarzhörner? Was wollen die denn von mir?« Ich betrachtete die leuchtende Kette, die um meinen Hals baumelte.

»Sie sind böse«, flüsterte Junasa. »Und wenn wir nicht vor Einbruch der Dunkelheit zurück am Schloss sind, dann werden sie uns töten.«

Ein Schauer lief mir über den Rücken.

»Nur du als unsere Königin kannst uns die Kraft geben, sie in die Flucht zu schlagen und Singbaria wieder zu dem Paradies zu machen, das es einst war.«

»Was ist mit eurer alten Königin passiert?«, fragte ich.

Junasa blickte mich ernst an. »Deine Mutter war unsere Königin. Doch die Schwarzhörner haben sie getötet. Seitdem hat unser Volk die Hoffnung verloren, und die Schwarzhörner terrorisieren unser Land. Der einzig sichere Ort im Königreich ist das Schloss. Dort können sie nicht hinein.«

»Warum nicht?«

»Schwarzhörner sind Geschöpfe der Nacht. Sie scheuen das Tageslicht, denn es zerstört sie. Unser Schloss ist aus purem Tageslicht gebaut.«

Ich kräuselte die Stirn.

»Sieh selbst!« Junasa trabte nun langsamer, und ich schaute in die Richtung, die er mir bedeutete.

Vor mir tat sich ein riesiges Schloss auf, das in allen nur erdenklichen Regenbogenfarben schillerte. Es war so gigantisch, dass ich meine Augen zusammenkneifen musste, um nicht geblendet zu werden.

»Herzlich willkommen auf Singbaria!«, sagte Junasa lächelnd. »Wir haben schon alles für die Krönung vorbereitet, Eure Majestät. Jetzt liegt es an dir!«

»An mir? Habe ich denn eine Wahl?« Ich war immer noch überwältigt von der Schönheit des Palastes. Er sah aus, als wäre er aus reinsten Edelsteinen erbaut worden.

»Natürlich hast du die Wahl. Du kannst immer noch zurück zu deinen Eltern. Aber wenn du erst einmal gekrönt bist, dann gibt es kein Zurück. Wir brauchen deine Entscheidung, also … jetzt!«

Ich überlegte. »Kann ich meine Eltern denn wenigstens noch einmal sehen, falls ich mich dafür entscheide, hier zu bleiben?« Bei dem Gedanken, sie für immer zurückzulassen, wurde ich traurig.

»Du kannst dich von ihnen verabschieden, aber bis

morgen Abend brauchen wir deine Entscheidung. Wir zählen auf dich!«

Die Farben verschwammen vor mir, und es drehte sich alles. Ich schlug die Augen auf und fand mich in meinem Bett liegend.

War das etwa schon wieder nur ein Traum?

Ich betrachtete meine Hände. Sie sahen normal aus und wiesen keine Anzeichen von Fell oder Hufen auf. Wo war Junasa? Und der Palast? Es war doch alles so real gewesen! Ich atmete tief durch und fühlte mein Herz gegen meinen Brustkorb schlagen.

Doch plötzlich fühlte ich noch etwas anderes auf meiner Brust. Ich tastete danach und betrachtete das Amulett, das strahlend in meiner Hand lag.

Saskia V. Burmeister

Alles wie verhext

An der Küste herrschte zu dieser Jahreszeit die *Winterpause*. Statt Touristen tummelten sich Heerscharen von Möwen am Strand. Zwischen den Dünen lag einsam gelegen ein kleines, ehemaliges Fischerhäuschen. Liebevoll hergerichtet von seiner Bewohnerin Melodie. Sie hatte das Stadtleben und ihren Job aufgegeben, all ihre Ersparnisse zusammengekratzt und war nun hier, um sich endlich darüber klar zu werden, was sie mit ihrem Leben anfangen wollte – und wie es überhaupt weitergehen sollte.

Wenn sie nicht gerade im Liegestuhl fläzte und in Fantasy-Romanen schmökerte, arbeitete sie an stimmungsvollen Landschaftsgemälden. Gute Motive gab es im Umkreis zuhauf. Leider fanden sich aber nur selten Liebhaber, und eine Galerie, die sie unterstützte, hatte Melodie auch noch nicht entdeckt. Offenbar wussten viele Menschen den speziellen und märchenhaften Charme der Kunstwerke nicht zu würdigen, in denen sich nicht immer auf den ersten, aber auf den zweiten Blick unwirkliche Details offenbarten – ein verstecktes Einhorn zwischen dem Laub oder umherschwirrende Feenlichter. Manchem war diese Mystik wohl etwas zu dick aufgetragen, brach sie sich doch mit den ansonsten sehr realistischen Landschaftsmotiven.

Hier an der Küste konnte Melodie in aller Seelenruhe in andere Gedanken-Sphären wechseln. Nur der Wind, das Meer und die Tiere waren zugegen. Dass sie hier draußen ansonsten ganz allein für sich war, war ihr gerade recht. Nur allzu oft kam es vor, dass sie in Tagträumen versank. Alle Leute in der Stadt hatten schon deswegen über sie getuschelt.

Melodie selbst war dies besonders unangenehm, erinnerte sie sich doch nur selten daran, was sie geträumt hatte. Nur eine vage Vorstellung blieb wie ein bitterer Beigeschmack eines Albtraumes. Hier in der Abgeschiedenheit hoffte sie, endlich die Grenzen zwischen Traum und Wirklichkeit neu festzustecken, ihre Ängste zu überwinden und neue Kraft zu schöpfen.

Um sich abzulenken, arbeitete sie von früh bis spät an ihren Gemälden. Aus diesen sprach stets die Klarheit heraus, im Kontrast zu der Verwirrtheit, die sie jedes Mal empfand, wenn sie zu sich kam und sich für einen Moment noch fragte, ob sie jetzt wirklich wachte oder doch noch träumte.

Nachdem sie ein neues Kunstwerk zum Abschluss gebracht hatte, saß sie an diesem Abend höchst zufrieden im Liegestuhl auf der Veranda, las in einem modernen Märchen – denn ihr inneres Kind hatte sich die junge Frau bewahrt – und schaute ab und zu dem Horizont entgegen, wo die untergehende Sonne scheinbar nur für Melodie allein eine Symphonie an Farben darbot.

Der Reigen an Schönheit entführte Melodie in einen Tagtraum, in dem – wie so oft – die Realität mit den fantastischen Welten aus dem Schmöker verschmolz. Sie sah Wasserdachen, die sich vor der Küste tummelten, Schwärme von goldenen Vögeln hoch am Himmel. Irgendwo kreiste auch ein stattlicher Drache. Einhörner surften auf den Wellen und spielten in der Gischt. Ein Kofferradio spielte passende Sphärenklänge dazu, und Melodies Gedanken schweiften in immer weiter entfernte Sphären.

»Achtung! Achtung!«, ertönte es aus dem Radio. »Es wird berichtet: Ein Meteorit trat soeben in die Erdatmosphäre ein. Sein Kurs wurde berechnet. Er schlägt voraussichtlich in der Nähe des Dreambay ein.«

Erschrocken zuckte Melodie zusammen und hob den Blick. Tatsächlich konnte sie einen Feuerball erkennen.

Der Dreambay war gleich um die Ecke, nur wenige Kilometer entfernt. Schon knallte es im Osten gewaltig. Die Druckwelle konnte Melodie noch spüren, vor Schreck fiel sie glatt von ihrem Liegestuhl. Es dauerte einen Moment, bis sie sich neu orientierte. Ein Feuerwirbel hatte kurz bei der Einschlagstelle aufgelodert und die hereinbrechende Nacht zum Tag gemacht. Kreischend waren alle Möwen davongestoben.

Nun legte sich die Stille wieder wie ein Tuch über die menschenleere Küste. Live im Radio meldete der Reporter, dass der Meteorit weitab von Hotels und Städten eingeschlagen sei und dass sich bei Tagesanbruch wohl Forscherteams auf den Weg machen würden.

Missmutig schob Melodie die Unterlippe vor. Es hatte ihr gerade noch gefehlt, dass hier Reporter, Katastrophentouristen und sensationssüchtige Forscher herumschnüffelten. Einen Moment lang spielte sie mit dem Gedanken, sich die Absturzstelle einmal selbst anzusehen. Wie oft hatte man schon Gelegenheit, als Erste einen Meteoriten aus dem Kosmos zu begutachten?

Dann aber verwarf sie die Idee gleich wieder. Im Dunkeln würde sie nicht viel entdecken, und wahrscheinlich war das alles auch nicht halb so spektakulär, wie sie glaubte. Als Kompromiss nahm sie sich vor, gleich morgen früh hinzufahren und Fotos zu schießen, um später Landschaftsbilder der besonderen Art daraus zu kreieren. Vorerst legte sie sich drinnen auf die Couch, schaute sich mit ihrer Katze Sugar einen Film an, über dem sie einschlief.

Mitten in der Nacht wurde sie jedoch geweckt. Von einem Schnaufen oder derartigem, draußen zwischen den Dünen. Sie lauschte, konnte aber nichts mehr hören. Missmutig schüttelte sie den Kopf. Manchmal war sie sich selbst nicht ganz im Klaren darüber, ob sie nun träumte oder wachte. Laut gähnte sie und wollte zu Bett gehen, da rumorte und rumpelte es gut hörbar dicht bei einem Fenster. Doch davon ließ sie sich nicht beirren, vielleicht hatte ein Marderhund oder ein Waschbär wieder die Mülltonne geplündert. So ließ Melodie es dabei bewenden, und den Rest der Nacht blieb alles ruhig.

Des Morgens suchte sie dann nach der Absturzstelle, fand nur ein paar angesengte Seggen und einen entwurzelten Baum. Eh noch Kamerateams anrückten, begab sie sich in ihr Fischerhäuschen zurück. Den ganzen Tag lang fühlte sich Melodie unwohl und beobachtet. Zum Glück wurde sie aber nicht von Reportern belästigt. Dafür rumorte es immer wieder in der Nähe des Hauses.

Am Nachmittag schepperte es dann gewaltig in der Küche. Zuerst wurde Sugar verdächtigt. Doch die hatte wohl kaum das Küchenfenster von außen mit Gewalt aufgerissen. Die Küche war aber unversehrt, nur fehlte das Katzenfutter, das auf der Anrichte gestanden hatte und ein paar Küchlein.

»Einbrecher«, wunderte sich Melodie halblaut, »die Katzenfutter stehlen? Alles wie verhext!«

Sie schloss das Fenster wieder und sah dabei Sugar, die draußen herumstreifte. Plötzlich hob die Katze die Nase in den Wind und verschwand in Richtung eines Waldes. Von einem unguten Gefühl getrieben, rannte Melodie hinterher. Über Stock und Stein verfolgte sie laut rufend Sugar so lange, bis ein Zischen zu hören war.

Sugar duckte sich, eine Taube schrie ganz in der Nähe auf, und Melodie fuhr herum. Aus dem Augenwinkel glaubte sie, den armen Vogel mittels eines Pfeils an einen Baum gepinnt zu sehen. Vor Entsetzen schrie sie auf, stolperte über eine Wurzel und fand sich am Boden wieder.

Als sie kurz darauf wieder hochschreckte, war nichts mehr von der Scheußlichkeit zu sehen. Sugar schlich ihr um die Beine, und Melodie fasste sich an den Kopf.

»Traum oder nicht«, sagte sich die junge Frau halblaut, »langsam wird das zum Albtraum!« Sie packte ihre Katze, klemmte sie sich unter den Arm und hatte vor, ganz schnell von hier zu verschwinden und in die laute Stadt zurückzukehren. Die Einsamkeit tat ihr offenbar nicht halb so gut, wie sie glaubte.

Doch eh sie noch den ersten Schritt getan hatte, hörte sie es hinter sich rascheln. Augenblicklich wandte sie den Kopf, zwischen den Bäumen glaubte sie, ein Einhorn verschwinden zu sehen, und im Astwerk hockten kichernde Kobolde. Manchmal fand sie es schön, so viel mehr zu sehen als die anderen Menschen, war es nun eingebildet oder nicht. Doch heute verfluchte sie diese Eigenart. Tief holte Melodie Luft und kniff kurz die Augen zusammen.

»Das ist nicht real, nur Einbildung«, keuchte sie und zwickte sich in den Arm, »das ist nur einem Tagtraum entsprungen!« Sie riss die Augen wieder auf und sah sich einem Wesen gegenüber, das selbst ihren kühnsten Fantasien spottete.

An die zwei Meter erhob sich eine Art Zentaur vor ihr, sein Pferdeleib war mit grünen Schuppen übersät, der Kopf glich nicht dem eines Menschen, sondern viel mehr dem eines bärtigen Drachen. Eine einzelne Geweihstange ragte dem Mischwesen aus der Stirn. In den kräftigen Klauenhänden trug es einen Bogen und Pfeile mit sich. Langsam ließ es die Waffen sinken.

Ein Stoßseufzer entwich Melodie, eh sie in Ohnmacht fiel. Das Wesen fing sie auf, legte sie behutsam zu Boden. Sugar sprang zu dem Frauchen und leckte ihr über die Wange.

Als sie endlich zu sich fand, wollte sich Melodie einreden, alles sei nur ein Traum gewesen. Doch zu ihrem Bedauern stand das Untier noch neben ihr. Gerade verschlang es die bejammernswerte Taube mit wenigen Bissen, dann packte es sich Sugar und fuhr ihr mit seinen langen Krallen durch das Fell. Unverständlicherweise schnurrte die Katze dabei auch noch. Ein Schrei entfuhr Melodie, sie wich rückwärts. Zwar versuchte sie aufzustehen, doch ihre Beine zitterten zu stark. Kreidebleich sah sie zu dem Untier, das ihr eine Klauenpfote entgegenstreckte.

»Ich bin Xzu-Xzi«, knurrte der eigentümliche Zentaur.

»Friss mich nicht!«, flehte die junge Frau.

Der Fremde hob die beachtlich buschigen Augenbrauen und zeigte seine Drachenzähne: »Ich bin ein Zauberer. Weit gereist auf einem magischen Feuerschweif. Ich bin hier, um meine Ausbildung zu beenden. Es ist Tradition, dass es ein Zauberer mit einem furchtbaren Monster aufnehmen muss, um seine Kunst zu beweisen. Erst dann wird er von den Gelehrten in den Rang eines Erz-Zauberers erhoben und hat damit seine Ausbildung beendet. Ruhm und Ehre sind ihm gewiss.«

»Zauberer? Monster?«, stammelte Melodie.

Erstere hatte sie sich irgendwie immer ganz anders vorgestellt, eher nur mit zwei Beinen, menschlicher und mit Zauberstab und Hut. Zu dem zweiten Punkt fiel ihr so schnell auch nichts Passendes ein.

»Ganz genau«, brummte das Wesen, als spräche es mit einer Minderbemittelten, »wo kann ich hier ein solches Ungetüm finden? Die Meinen erzählen, dass es an diesem Ort Bestien gäbe, die jedem Drachen, jeder Chimäre und jedem Dämon spotteten. Der Name dieser scheußlichen Kreaturen wäre wohl *Menschen* …« Ein deutlicher Schauer lief Xzu-Xzi über die grünen, schuppigen Schultern.

»*Menschen*?« Melodie hörte sich tatsächlich an, als wäre sie schwer von Begriff.

In Wahrheit arbeitete es kräftig in ihrem Köpfchen. Ein guter Plan musste her. Offenbar wusste dieser Zauberer nicht, mit wem er es aufnehmen sollte. Die Wahrheit sollte sie ihm wohl besser nicht verraten. So auf die Schnelle fiel ihr einfach kein passender Plan ein.

»Du!«, knurrte nun wieder Xzu-Xzi. »Ich, der mächtige Zauberer, befehle dir: Bring mich zu einem Menschen! Auf dass ein Sieg meine Ausbildung glorreich beende!«

Stumm nickte Melodie und versuchte, Zeit zu schinden, indem sie nun kreuz und quer durch die Wälder lief. Xzu-Xzi folgte ihr einige Zeit geduldig, bis er es leid wurde. Er befahl Melodie aufzusteigen. Noch eh sie reagieren konnte, setzte er sie auf seinen Pferderücken und Sugar gleich dazu.

In flottem Galopp ging es nun weiter voran. Zwischenzeitlich schienen die gespaltenen Ziegenhufe des Mischwesens gar nicht mehr den Waldboden zu berühren, als schwebte es nur mühelos dahin. Auf einem Hügel hielt der Pseudo-Zentaur an, und Melodie stockte der Atem. Eine Küstenstadt war von hier aus deutlich zu sehen.

»Finde ich dort *Menschen*?«, fragte Xzu-Xzi und deutete mit ausgestreckter Kralle in die Ferne.

Heftig schüttelte Melodie mit dem Kopf, nicht ahnend, dass diese Geste bei dem Volk des Fremden eine definitive Bejahung war. Zu ihrem Schreck grinste das Untier, zeigte die Zähne und galoppierte weiter, schnurstracks auf die Stadt zu. Schon bald verließen sie den Wald, der in eine Parklandschaft überging.

Melodie malte sich schon die Hysterie aus, die das Auftauchen des Untiers anrichten würde. Da hielt Xzu-Xzi auch schon an. Er kniff die Augen zusammen und musterte ein paar Spaziergänger.

»Diese Tiere sehen aus wie du«, stellte er fest, »wenn du zum Einhorn gehst, dann sieh auch aus wie ein Einhorn. So kannst du es überwältigen – alte Zauberer-Weisheit.« Unter Melodies verdattertem Blick nahm Xzu-Xzi die Gestalt eines asiatisch wirkenden Mannes an. Erst jetzt glaubte sie ihm die Geschichte mit dem Zauberer.

»Und hier finden wir das schreckliche Monster namens *Mensch*?«, fragte er und schritt voran.

Wieder schüttelte Melodie heftig mit dem Kopf. Es zauberte ein ziemlich charmantes Lächeln auf die Lippen ihres Begleiters, der eilig den Park verließ. An einem Geschäft blieb er stehen. Melodie folgte mit ihrer Katze.

»Nun gut, eh ich mich dem Kampf auf Leben und Tod hingebe, wäre eine Stärkung nicht verkehrt.«

Er deutete auf die Auslagen hinter dem Schaufenster. Verdutzt stellte Melodie fest, dass es sich um Katzenfutter in einem Zoofachgeschäft handelte. Eh sie noch etwas sagen konnte, schnipste der Zauberer mit den Fingern, die Glasscheibe löste sich in Luft auf, und er bediente sich an der Auslage, eh er sich schnell von dannen machte. Melodie folgte mit ihrer Katze, die auch ein Häppchen abbekam.

Sie ließen die aufgebrachten Geschäftsinhaber schnell zurück. Eine ganze Traube von Schaulustigen versammelte sich um das Geschäft. In dem Tumult war es ein Leichtes zu entkommen.

Während Xzu-Xzi seinen Hunger stillte, grübelte Melodie über die List, die sie ihm auftischen wollte. Etwas wirklich Gutes fiel ihr aber nicht ein, nur eine Notlüge, dass die *schrecklichen Menschen* wohl zurzeit anderswo ihre Gräueltaten verrichteten. So leicht ließ sich Xzu-Xzi nicht abwimmeln, er faselte etwas von einer Reise von einer Milliarde Sternenkilometern, und Melodie versuchte, ihn durch eine kleine Stadtführung auf andere Gedanken zu bringen.

Als sie dabei am Zoo vorbeikamen, hatte sie eine Idee. Doch die verwarf Melodie gleich wieder. Einerseits wollte sie die richtigen Menschen beschützen. Andererseits wollte sie dieses Scheusal auch keinem armen Tier im

Zoo auf den Hals hetzen, nicht einmal einem Löwen oder Elefanten.

In diesem Moment hielt Xzu-Xzi abrupt inne. In der Ferne war etwas zu hören. Auch Melodie horchte. Sie nahm Harfenmelodien wahr und feine Geigenklänge. Gerade lauschte sie noch ergriffen, da packte Xzu-Xzi sie rüde und schleppte sie mit sich, hin zum Festplatz.

Auf einer muschelartigen Parkbühne spielte ein Quartett alte Weisen. Melodie fand das so herrlich, sie wollte den Fremden schon fragen, ob er mit ihr tanzte. Wie hypnotisiert stand der Zauberer da und murmelte etwas von wegen, die Musiker wären ganz große Magier der Sphärenklänge. Er hielt Melodie weiter am Arm gefasst, als sich etwas Neues tat.

Mehrere einheimische Jugendliche enterten grölend und Bierflaschen schwenkend die Bühne. Eh noch jemand reagieren konnte, schlossen sie eine Stereoanlage an die Lautsprecher an. Die schöne Symphonie verstummte. Stattdessen ertönte wilde Techno-Musik. Melodie biss sich auf die Zunge, der Bass zerfetzte ihr schier das Trommelfell. Auch Xzu-Xzi legte die Hände auf die Ohren. Seine Reaktion auf die disharmonische Kakophonie war aber ungleich heftiger. Mit lautem Schrei ging er in die Knie. Er wand sich wie unter Schmerzen, riss Melodie mit sich zu Boden.

»Was ist das?«, kreischte er wie unter heftigen Schmerzen. »Welches Untier greift mich an?«

»Die *Menschen*!«, quietschte Melodie, die endlich den richtigen Einfall hatte. »Diese Töne! So etwas Schreckliches bringen nur *Menschen* hervor! Das ist ihr Schlachtruf und ihr mächtiger Angriffszauber zugleich!«

Wieder entfuhr Xzu-Xzi ein gequälter Schrei. Das Techno-Gewimmer wurde derweil noch lauter. Die Jugendlichen grölten, alle Kunstliebhaber suchten ihr Heil in der Flucht. Der Zauberer jaulte in einem fort, sprang dann plötzlich auf die Füße. Er nahm die Hände von den Ohren, und Melodie glaubte, Blut daran kleben zu sehen. Nun schrie auch sie hysterisch. Da wurde sie von ihm auch schon auf die Füße gezerrt.

In wilder Panik drehte sich Xzu-Xzi um sich selbst, einen Ausweg suchend vor dem schrecklichen, magischen Angriff, dem er ausgesetzt war. Er schleuderte Melodie mit sich im Kreis herum, wie zwei betrunkene Teens in der Disco, die voll abrockten, taumelten sie über die Tanzfläche. Wild fuchtelte der Fremde in Todesangst mit den Armen herum, Melodie schrie nun auch in Panik, da wurde sie von ihm auch schon an der Stirn getroffen. Eine Ohnmacht umfing sie, und alles wurde schwarz.

Am nächsten Morgen kitzelten Melodie einige Sonnenstrahlen an der Nase. Verwirrt setzte sie sich auf. Sie lag in ihrer Fischerhütte auf dem Bett. *Wie war sie hierhergelangt?* Sugar schlief zusammengerollt an ihrer Seite.

»Es war alles nur ein Traum«, sprach sie zu sich selbst, als sie jeden Winkel durchsucht hatte, ohne jedoch fündig zu werden, »oder vielleicht ein Albtraum? Zentauren-Zauberer … so etwas Verrücktes habe ich bisher nicht einmal in meinen Büchern gelesen.«

Sie begab sich nach draußen, doch Xzu-Xzi war wie vom Erdboden verschluckt. Weder im Radio noch im Internet fand sie Hinweise auf einen Meteoriteneinschlag.

Wie getrieben vom inneren Zweifel begab sie sich in die Richtung der Absturzstelle, doch so sehr sie auch suchte, sie fand keinen Krater, keine angesengten Seggen. Sie versuchte, innerlich abzuschließen, es war doch nur ein Traum gewesen. So kehrte sie zum Häuschen zurück, ließ sich in den Liegestuhl fallen und betrachtete mit Sugar auf dem Schoß den Sonnenuntergang.

Kurz bevor die leuchtende Scheibe im Meer versank, war es ihr, als löste sich ein Feuerball aus dem Antlitz der

Sonne. Hoch über ihrem Kopf flog er dahin, um dann in dem Wald abzustürzen.

Merklich zuckte Melodie zusammen, im Meer tummelten sich Wasserdrachen, Einhörner spielten in der Gischt, und plötzlich stand das eigentümliche Mischwesen aus Zentaur, Drache und Zauberer wieder neben ihr.

Vorwurfsvoll schaute es auf Melodie herab. »Ich … du …«, stammelte die junge Frau und fasste sich an den Kopf, »ist das ein Traum? Verliere ich den Verstand?«

»Tja«, knurrte der Fremde und verschränkte die muskulösen Arme vor der Brust, »auf beides lautet die Antwort: *Ja* und gleichzeitig *Nein.*«

»Also habe ich das nicht geträumt?«, murmelte Melodie.

»Doch«, schnaufte Xzu-Xzi, »du hast geträumt. Auch ich habe geträumt. Jedoch sahen wir beide eine echte Begebenheit in einem anderen Paralleluniversum, einer anderen Sphäre … einer höheren Dimension. Nur bist du zu früh aufgewacht, das Ende von unserem Traum hat mir gar nicht gefallen.«

»Wie bitte?« Melodie war so ratlos wie noch nie in ihrem Leben. Doch sie hatte plötzlich das bestimmte Gefühl, dass dies nicht erst ihre zweite Begegnung mit dem Zauberer war.

Jener scharrte ungeduldig mit einem gespaltenen Vorderhuf. »Wie soll ich sagen? In jedem Traum entwirfst du eine andere Wirklichkeit mit variierten Elementen. Mal lässt du mich auf meinem Feuerball in der Erdatmosphäre verglühen, ein anderes Mal verplapperst du dich, und ich kämpfe eine wenig glorreiche Schlacht gegen einen *Menschen*, den ich dann aus Erbarmen laufen lasse, und wofür ich fortan als Gespött aller Zauberer gelte …

Bei unserer letzten Begegnung warst du nun besonders kreativ. Mit Musik hast du das Biest gezähmt. Mit dem Ergebnis bin ich aber beileibe nicht zufrieden. Den Kampf gegen die Misstöne habe ich verloren, werde nie ein großer Zauberer sein. Schimpf und Schande werden mich auf immerdar verfolgen.«

Strafend sah er auf Melodie herab, die sich plötzlich ganz schuldig fühlte.

Nachdenklich legte sie einen Finger auf die Lippen. »Ich habe von dir geträumt, schon oft?«

Er nickte beiläufig.

»Du bist meiner Fantasie entsprungen? Und ich bin deinen Träumen entschlüpft?«

»Ja doch«, er rollte mit den Augen, »und doch führe ich auch ein Eigenleben, genau wie du. Ich existiere an Orten und zu Zeiten, an denen du nicht von mir träumst … wie auch immer … meistens erinnerst du dich nicht mehr an mich, wenn du erwachst. Doch alles ändert sich mit der Zeit. Ich bin genauso real oder irreal wie alles, was dich umgibt. Wo ist schon der Unterschied zwischen Träumen und Wachen?«

Melodie zuckte unbeholfen mit den Schultern, im Moment wusste sie darauf wirklich keine kluge Antwort zu geben.

»Du hast mich auf viele Proben gestellt. Hast mich an der Nase herumgeführt. Doch egal in welcher Version deines Traumes: Ich habe nie glorreich gesiegt. Da wird dir doch wohl ein besseres Ende einfallen, oder?«

Kurz kniff Melodie die Augen zusammen, Xzu-Xzi war für den Moment verschwunden, doch es dauerte nicht lange, bis Melodie ihm wieder begegnete, mitten im Wald stand er plötzlich wieder vor ihr.

Gerade war sie dabei, Pilze zu pflücken, als sie einen Platz mit angesengten Seggen fand. Als hätte es hier gebrannt, waren die Halme geschwärzt. Mitten drin in einem kleinen Krater, den wohl ein Meteorit hinterlassen hatte, stand ein riesiges Wesen mit einem Pferdeleib, vier

Beinen und zwei Armen und rieb sich den imposanten Drachenkopf. Eine einzelne Geweihstange ragte ihm aus der Stirn. Das Haar am Kopf stand ihm gleich einer Löwenmähne in alle Richtungen ab.

Als er Melodie entdeckte, sprang der Pseudo-Zentaur mit einem Satz vor sie und tat sein gewaltiges Maul auf.

Doch diesmal war Melodie vorbereitet. »Du bist Xzu-Xzi nicht wahr?«, sprach sie selbstsicher. »Du kommst von weit her, bist Zauberer in der Ausbildung und suchst nach einem Feind, um gegen ihn zu kämpfen und ein Held mit abgeschlossenem Zauberdiplom zu werden.«

Irritiert glotzte das Wesen sie an, nickte dann schwerfällig und fand endlich seine Sprache wieder: »Ja, ich suche den Kampf mit einem Ungetüm. Wenn es bezwungen ist, werde ich endlich meine Ausbildung glorreich beenden können … du weißt nicht zufällig etwas über die sogenannten *Menschen*? Und woher kennst du mich überhaupt?«

Melodie lächelte, denn diesmal hatte sie ihren Traum wieder so eingerichtet, dass sich Xzu-Xzi nicht mehr an sie erinnerte.

»Ich bin Melodie«, stellte sie sich wie nebenbei vor. »Ich bin ein *Mensch*! Und ich bin die größte und mächtigste Zauberin dieses Planeten.«

Ein merklicher Schauer lief Xzu-Xzi über die grüne Schuppenhaut. Lächelnd winkte Melodie ihn zu sich. Vorsichtig beugte er sich vor, sodass sie ihm etwas in sein großes Drachenohr flüstern konnte.

»Ich mache dir einen Vorschlag. Wie wäre es, wenn ich hoch und heilig bezeuge, du hättest das wilde Biest namens *Mensch* – also mich – tapfer bekämpft und bezwungen. Würde das deine Lehrmeister zufrieden stimmen?«

Der neue Xzu-Xzi aus diesem Traum schien wesentlich zahmer zu sein als sein Alter-Ego in der letzten Version. Er nickte zögerlich, und Melodie streckte ihm die Hand entgegen.

»Sehr gut, dann schlag ein! Der Handel gilt … ach übrigens, das hier ist jetzt mein Traum, und von nun an bestimme ich die Spielregeln!«

Sie lächelte, und zögerlich reichte Xzu-Xzi ihr die Krallenpfote.

»Dann bist du hiermit in den Stand eines Erz-Zauberers erhoben.«

Nun lächelte endlich auch das Drachenwesen.

Melodie war schon ganz begierig darauf zu erfahren, wie all dies weiterging. Denn was lag näher, als sich nun von Xzu-Xzi dessen eigene Welt zeigen zu lassen? Auch wenn es in bisherigen Versionen des Traumes – oder der parallelen Wirklichkeit? – oft ganz anders ausgesehen hatte, so schien dies doch der Anfang einer wunderbaren Freundschaft zu sein.

Christina Emmerling

Lebenselixier

Der siebzehnte Geburtstag; ein Tag, der alles verändern sollte. Ein Tag, an dem alles Wissen einer neuen Wahrheit weichen würde.

Fynn stand von dem gepolsterten Stuhl auf und lief im Zimmer auf und ab. Er war nicht bereit für diesen Tag. Als wäre das Umstyling und das dunkelblaue, seidene Gewand nicht genug, wusste er, dass ihm die wahre Überraschung noch bevorstand: eine Zeremonie und ein Geschenk, das die Begründung für all das war. Doch keiner hatte je gesagt, um was es sich handelt. Fynn kann sich noch gut erinnern, wie er vor vier Jahren in das Zimmer seines Bruders geschlichen war und das Geschenk gesucht hatte. Er war nie fündig geworden. Wenn er seinen Bruder darauf angesprochen hatte, war er dem Thema ausgewichen.

Ein Regal mit Glasscheiben zog seine Aufmerksamkeit auf sich. Auszeichnungen, Ehrungen und Preise standen auf das Glas geschrieben. Fynn fuhr mit seinem Zeigefinger über die glatte Oberfläche und musste lächeln. Er kam sich vor wie ein Kleinkind, ängstlich, kindlich und begeistert von den Glasscheiben.

Plötzlich hörte er Schritte auf dem Flur und zog im Umdrehen hastig seine Hand zurück. Das Anfassen war mit Sicherheit nicht gestattet. Er war schon auf dem Weg zum Stuhl, als ein helles Geräusch den Raum erfüllte. In ihm zuckte alles zusammen. Als er sich umsah, fehlte eine der Glasscheiben. In feinste Einzelteile zersplittert, lag die Auszeichnung auf dem Boden. Was hatte er getan?

Die Schritte auf dem Gang wurden lauter, und so schnell er konnte, war er am Boden und kehrte die Scherben mit der Hand zusammen. Wenn sie im Müll lagen, würde das Glas vielleicht erst einmal nicht vermisst werden. Als Fynn seine Hand auf den Haufen Scherben legte und seine Finger darum schloss, durchzuckte ihn ein Gefühl, das er nie vorher in seinem Leben gefühlt hatte. Seine Augen füllten sich mit Tränen, und etwas Rotes lief aus seiner Faust. Erschrocken ließ er die Scherben zu Boden fallen und wich zurück. Als er seine Hand ansah, war diese von Rissen überzogen, aus denen die rote Flüssigkeit drang, als hätte sie darauf gewartet, endlich frei sein zu dürfen. War das sein Geschenk?

»Fynn McUrby.«

Eine raue Stimme riss ihn aus seinen Gedanken, und sein Herz pochte schneller. Langsam drehte er sich um, hielt seine Hand und sah in die grauen Augen eines grauhaarigen Herrn.

»Was hast du dir dabei gedacht?« Der Mann packte Fynn am Unterarm und zog ihn auf den Stuhl, ehe er aus einem Schrank eine kleine Kiste holte. Ohne ein Wort der Erklärung sprühte er etwas auf Fynns Hand, was noch unangenehmer war, und wickelte schließlich ein weißes Band um seine Hand.

»Was ist das? Wieso sieht meine Hand so aus und verursacht so ein komisches Gefühl?«

Der Mann hielt kurz in seiner Bewegung inne und sah Fynn nachdenklich an, wobei sich seine grauen Augenbrauen hoben, ehe er den Rest der Rolle um seine Hand wickelte. »Tut es noch weh?«

Fynn wusste nicht, was er darauf antworten sollte. Eine leise Ahnung durchzuckte ihn. Wenn etwas wehtut, waren das Schmerzen? Er hatte solche bisher nie gehabt.

»Nun folge mir!«, sagte der Alte, als er fertig war, und trat zur Türe. »Wir sind spät dran.«

Fynn konnte sich kaum auf den Weg konzentrieren. Was war da vorhin geschehen? Wieso hatte er weinen müssen? Er erinnerte sich daran, wie er beim Salto üben mit dem Kopf auf den Boden gekracht war. Wie ein schwerer Steinbrocken auf seine Hand gefallen war. Er hat schon des Öfteren Scherben mit der Hand zusammenkehrt und anschließend in den Müll geworfen. Nie hatte er etwas Vergleichbares gespürt. Nie hatte es so geendet. Auf all das hatte sein Körper nicht reagiert – als wäre es nicht passiert.

Als sie durch eine Tür traten, vergaß Fynn seine Gedanken. Der Gang protzte vor edlen Gemälden und Verzierungen. Das Gold strahlte eine wohlige Wärme und Geborgenheit aus, eine gewaltige Türe mit Schnitzereien schloss den Gang am anderen Ende. Die Ornamente hatten ihn so sehr in den Bann gerissen, dass er unbewusst stehen geblieben war.

Erst eine Bewegung riss ihn aus seinen Gedanken. Er hatte noch nie eine Lebendige gesehen, doch er war sich sicher, dass hinter dem Mann eine Katze lief. Ja, so musste das Tier heißen. Aber was machte sie hier? Einige sagten, die Tiere seien ausgestorben. Andere vermuteten, dass sie sich in den Wald zurückgezogen haben, der für alle, die nicht der Regierung angehörten, tabu war.

Er holte zu dem Alten auf, ließ die Katze aber nicht aus den Augen. »Ist das eine Katze hinter Ihnen, Sir?«

Der Alte hob langsam den Kopf und schien etwas sagen zu wollen, entschied sich aber sichtlich um.

»Macht es Ihnen Spaß, meine Fragen nicht zu beantworten?«

Der Alte sagte wieder nichts, und Fynn glaubte, dass sich das nie ändern würde. Aber es hätte ihn nicht überraschen dürfen. Schon immer blieben Erwachsene bei Fragen stumm, wenn es sich um dieses Thema handelte. Er hatte nur gehofft, dass sich dieses Verhalten mit dem heutigen Tag ändern würde.

Als sie stehen blieben und warteten, hätte er schwören können, dass sich hinter dieser massiven Tür die große

Überraschung befand. Doch als es weiterging, folgte ein ebensolcher Gang wie der vorige. Auch an dessen Ende befand sich eine Türe, diesmal führten ein paar Stufen hinauf.

»Wenn du durch diese Türe gehst, dann benimm dich, wie es dir beigebracht worden ist!«

Fynn nickte kurz angebunden.

»Stell dich in die Mitte des Raumes und tue, was dir aufgetragen wird! Vor allem solltest du ihnen nicht ins Wort fallen.«

Ihnen? Das wurde ja immer besser. Hatte sich etwa der ganze Vorstand versammelt? Der Mann sah ihn noch immer an, und so nickte er wieder nur kurz.

»Geh die Treppe hinauf und warte dort!« Damit wandte sich der alte Mann ab und ging denselben Weg zurück.

Fynn sah der Katze irritiert, aber fasziniert hinterher, bis die Türe hinter ihr und dem Mann ins Schloss gefallen war. Warum sah er jetzt zum ersten Mal nach siebzehn Jahren ein Tier? Was war mit seiner Hand passiert? Es waren zu viele Dinge, die heute nicht normal verlaufen waren. Sie mussten etwas mit der Zeremonie zu tun haben, und je länger er darüber nachdachte, umso unbehaglicher wurde ihm. Was geschah hier?

Unentwegt trat er von einem Fuß auf den anderen, betrachtete die Holztür und fuhr die Kerben mit den Augen nach. Denn er musste sich mit irgendetwas die Zeit vertreiben.

Mit einem Knarren öffnete sich die große Doppeltür, und ein grelles Licht fiel auf ihn, das es ihm unmöglich machte, etwas zu erkennen. Er musste die Augen zusammenkneifen, und nach einem Moment der Besinnung trat er ein.

Auch wenn es ihm schwerfiel, musste er sich auf die Leute, die sich in diesem Raum aufhielten, verlassen. Denn das Licht nahm noch immer seine Sicht. Die Türe fiel mit einem leichten Quietschen zu, und augenblicklich verschwand das Licht. Doch er musste einige Male blinzeln, bis sich seine Augen an die Lichtverhältnisse gewöhnt hatten und die schwarzen Punkte vor seinen Augen verschwunden waren.

Er stand in einem hellen, sonnendurchfluteten Raum, der größer war, als er ihn sich vorgestellt hatte. Muster zierten die Decke, Säulen standen in regelmäßigen Abständen und reichten bis zur Decke. Über der Mitte des Saales befand sich eine Glaskuppel, die für das nötige Licht im Saal sorgte.

Von der Schönheit des Saals geblendet, bemerkte er die anwesenden Personen erst jetzt. Auf der gegenüberliegenden Seite des Raumes standen eine Frau und ein Mann. Gewänder verdeckten ihre Körper, ihre Mimik war fröhlich. Vielleicht bekam er ja von ihnen Antworten.

Aufrecht und mit gestrafften Schultern ging er in die Mitte des Saales, dorthin, wo mit verschiedenfarbigen Fliesen ein Stern gelegt worden war. Er achtete darauf, nicht zu schnell zu werden oder zu stolpern. Der Mann und die Frau standen aufrecht auf der kleinen Anhöhe und sahen ihm beim Laufen zu, was ihm furchtbar unangenehm war. Zu allem Überfluss hallten seine Schritte laut wider.

Als er in der Mitte angekommen war, stellte er sich gerade hin und wartete darauf, dass einer der beiden das Wort ergriff. Doch sie schwiegen, und die Stille schien darauf zu warten, dass er einen Fehler machen würde.

»Herzlich willkommen im Saal der Seelen, Fynn«, sagte die Frau mit klarer und heller Stimme, ein Lächeln umspielte ihre Lippen. »Mein Name ist Quiana, und dies ist Fjodor.« Sie wies mit ihrer Hand auf den Mann neben sich. »Sicherlich zerbrichst du dir den Kopf darüber, was dich erwartet.«

Fynn nickte.

»Zuvor hast du noch eine Pflicht zu erfüllen und Wahrheiten zu erfahren.«

Es war also wahr, sie stellten das Leben auf den Kopf.

Quiana kam auf ihn zu, und Fynn schluckte. Zwischen ihm und der Frau lag kein Meter Abstand mehr, als sie stehen blieb und ihre ausgestreckte Hand auf seine Schulter legte.

»Schwöre, niemandem zu erzählen, was du heute in diesem Saal erfährst, erlebst und erhältst! Dies alles muss ein Geheimnis bleiben.«

Fynn wusste nicht, was er davon halten sollte. Was, wenn es eine Falle war? Oder – er ermahnte sich. Die Regierung wollte niemandem etwas Böses, der sich entsprechend verhielt.

Er blickte auf und sah Quiana in die grünen Augen. »Also gut, ich schwöre es.« Seine Stimme klang sicherer, als er sich fühlte, doch das ungute Gefühl verschwand nicht.

Quiana lächelte ihm zu. »Sodann entbinde ich dich von deinem Eid gegenüber allen, die bereits dasselbe erlebt haben.« Quiana wandte sich um und wies auf einen Lautsprecher, aus dem sich eine männliche Stimme meldete.

»Metaira, wie du es kanntest, gibt es für dich ab heute nicht mehr. Die Natur hat ihren eigenen Sinn. Während du in den letzten Jahren keine Angst haben musstest zu sterben und in dem Wissen gelebt hast, nie sterben zu müssen, so wirst du diese Angst ab dem heutigen Tage kennenlernen.« Der Sprecher machte eine Pause.

Warum sollte er auf einmal sterben können? Fynn sah auf seine Hand, doch ehe er die Wahrheit begreifen konnte, ging es weiter.

»Bei der Geburt von Kindern gebären deren Mütter nicht nur ihre Kinder, sondern zusätzlich ein weiteres Wesen, auch Seele genannt, das von der Regierung in Sicherheit gebracht wird. Deine Seele war über all die Jahre geteilt und wird es auch weiterhin bleiben. Doch mit Vollendung des sechzehnten Lebensjahres wird eure bisherige Wahrheit neu strukturiert. In den vergangenen Jahren musstest du keine Rücksicht auf deine Gesundheit nehmen, Verletzungen konnten dir nichts anhaben. Denn der andere Teil deiner Seele stand unter ständiger Aufsicht, wurde versorgt und so behandelt, dass es dir gut gehen konnte. Du konntest nicht sterben.«

Es folgte eine weitere Pause. Doch Fynn kam nicht mehr mit.

»Diese Seelen tragen ein Gen in sich, das deine Verletzungen abfängt und verarbeitet. Jetzt aber musst du auf dich aufpassen. Denn mit Eintritt ins Erwachsenenalter schwindet der ›Zauber‹ dieses Gens. Ein Sturz oder gar ein Schnitt können von nun an gefährlich sein. Ohne diese Seelen können wir nicht leben, sie sind ein Bestandteil unserer Körper, obgleich sie aus zwei Wesen bestehen: dem Menschen und dem Tier. Grund für die Trennung ist euer Schutz. Bis gestern hast du nie eine solche Seele gesehen. Denn erst, wenn du bereit bist, mit deiner Seele zusammenzuleben, kannst du sie sehen.« Danach verstummte die Stimme.

Fynn schüttelte den Kopf. »Was soll das heißen? Wir können nicht sterben!«

»Von heute an kannst du es, wenn du nicht vorsichtig bist«, entgegnete Quiana.

»Warum lassen sie uns dann nicht für immer getrennt? Dann müssten wir nicht sterben.« Es war ihm egal, wenn er sich im Ton vergriff. Insgeheim hoffte er, dass all das ein Scherz war. Doch seine Hoffnung schwand, als Fjodor das Wort ergriff.

»Es gab eine Versuchsreihe, in der sich ein paar Menschen nicht mit ihren Seelen haben zusammenführen lassen. Zu Beginn sah es so aus, als wäre dies eine Chance auf ein Leben ohne Gefahren. Denn die Menschen lebten genauso wie alle anderen, nur dass sie den zweiten Teil ihrer Seele nicht neben sich hatten. Doch die Freude über die Erkenntnis hielt nicht lange.

Als diese Menschen zwanzig Jahre alt wurden, starben sie. Alle an ihrem Geburtstag. Um weitere Tode zu verhindern, beendete man die Versuchsreihe. Doch auch die letzten vier, die kurz vor ihrem Geburtstag mit dem anderen Teil ihrer Seele noch zusammengeführt worden waren, starben. Es ist von unserem Planeten bestimmt, mit Siebzehn sein Leben selbst in die Hand zu nehmen und zu lernen, Verantwortung zu übernehmen.«

»Warum lassen sie uns in dem Glauben aufwachsen, nicht sterben zu können? Dass nichts gefährlich ist? Wie sollen wir so schnell lernen aufzupassen?« Fynn hob seine Hand. »Man sieht ja, was dabei herauskommt.«

»Uns wäre es andersherum auch lieber. Aber es zählt nicht, was wir wollen«, sagte Quiana. »Das mit deiner Hand tut mir leid. Es ist nicht unsere Absicht, euch bereits vor Ankunft in diesem Saal zu erschrecken.«

Fynn trat von einem Bein auf das andere und versuchte, seine Gedanken zu sortieren. »Warum trennen sie uns überhaupt, wenn wir bei nicht rechtzeitiger Zusammenführung sterben? Das ergibt doch keinen Sinn.« Fynn merkte selbst, wie seine Stimme zornig wurde. Zwar verstand er die Zusammenhänge, aber er wollte sie nicht wahrhaben, wollte einen Weg finden, dieser Wahrheit zu trotzen.

»Ob es Sinn ergibt, muss jeder für sich selber entscheiden. Wir können es nur so erklären: Seelenteile können einander bis zur Vollendung des sechzehnten Lebensjahres nicht sehen. Ihr könntet nicht aufeinander aufpassen, würdet euch so weit voneinander entfernen, dass ein Finden zu einer späteren Zeit unmöglich ist.

Ab eurem siebzehnten Geburtstag ändert sich die Lage. Die Wirkung des Gens schwindet, die Tierseele kann die Verletzungen nicht mehr alleine verarbeiten. Aus diesem Grund lebt ihr fortan zusammen, um euch auf eurem Weg gegenseitig zu schützen«, erklärte Quiana.

Fynn schüttelte den Kopf und wandte den Blick ab. Wer versicherte ihm, dass alles nicht eine neue Lüge war?

»Ich kann deinen Unmut verstehen. Doch wir können nichts an der Natur Metairas ändern.«

»Ihr schreibt es mit eurem Gen doch vor!«

»Wir können dir nur unser Wort geben, dass die Regierung dafür nicht verantwortlich ist«, sagte Fjodor mit Nachdruck.

Fynn biss sich auf die Lippe.

»Von nun an ist es von größter Wichtigkeit, dass du gut auf dich und deinen anderen Seelenteil aufpasst. Dass ihr zusammenhaltet. Und glaube mir: Auch wenn ihr zu Beginn eurer Entstehung eins und miteinander verbunden wart, so werdet ihr es fortan nicht immer sein. Denn Seelen können ebenso wie Menschen ihren eigenen Kopf haben«, sagte Quiana, als würde Fynn alles mit Leichtigkeit aufnehmen. »Seelen leben in Gestalt von Tieren. Bei manchen sind es magische Wesen, denen eine große Bedeutung zugeschrieben wird. Andere sind mit einem gewöhnlichen Tier verbunden.«

»Tiere sind Legenden, es gibt sie nicht.« Fynn wollte noch immer gegen die Wahrheit ankämpfen, gegen das, was er bereits zu Gesicht bekommen hat.

»Doch, Fynn! Bei dir zu Hause leben bereits drei Tiere.«

Fynn schüttelte den Kopf. Wie konnte die Regierung die Bevölkerung so lange anlügen? Gerade in den ersten Jahren lernt man die grundlegenden Dinge.

Die Regierung wollte allen Kindern eine unbeschwerte Kindheit ermöglichen, ohne die quälenden Gedanken, dass sie nach siebzehn Jahren sterben konnten. Doch er konnte sich nicht einig werden, ob er diese Taktik gutheißen sollte.

Eine Tür links von ihm hatte sich geöffnet, und er sah in den Gang, der durch eine Kurve nicht weit einzusehen war. War es normal, dass die Seelen so lange brauchten? Oder war etwas schief gelaufen? Bei dem Gedanken schlug sein Herz schneller. Irgendwie wäre es ihm ganz … nein. Dann würde er mit Zwanzig sterben, und das wollte er nicht. Vielmehr wollte er jetzt seine Seele, obgleich er die Sache mit dem Gen noch immer nicht guthieß.

Tapsige Schritte drangen in seine Gedanken, ehe ein dunkler Fleck an der Wand größer wurde. Die Form, die der Schatten beibehielt, konnte er nicht zuordnen. Wie auch. Er hatte bisher kein echtes Tier gesehen. Die Katze ausgenommen.

Als ein kleines, vierbeiniges Tier in den Saal gelaufen kam, konnte Fynn sich ein Grinsen nicht verkneifen. Und es fühlte sich an, als würden sie sich ein Leben lang kennen. Langsam ging er auf das Tier zu, das ihn mit kleinen, braunen Augen neugierig ansah. Über den Augen und den Backen, ebenso um die kleine, schwarze Nase befand sich weißes Fell. Die Ohren waren nicht groß, aber niedlich. Der restliche Körper war in einem Kupferrot gehalten, der Bauch und seine Pfoten waren schwarz.

Er kniete sich hin und streckte seine Hand aus, um über das Fell zu streicheln. Als er das Tier berührte, spürte er etwas, an das er sich erst gewöhnen musste. Etwas wie Glück und Geborgenheit und Sicherheit.

»Was für ein Tier ist das, und wie heißt er?«, fragte Fynn und sah zu den beiden.

»Tybor ist ein roter Panda.« Quiana sah ihn lächelnd an. »Es ist immer wieder schön zu sehen, wie sehr ihr euch freut, obwohl ihr zuvor alles für eine Lüge gehalten habt.«

»Ich freue mich wirklich.« Fynn hoffte, dass die beiden nachsichtig mit ihm waren.

»Das glauben wir dir«, äußerte Fjodor mit einem Lächeln.

»Ihr dürft gehen«, sagte Quiana, doch als sie Fynns unsicheren Blick sah, fügte sie an: »Tybor wird dir folgen. Ihr gehört zusammen, seid eins, auch wenn ihr in zwei Gestalten lebt. Bis ihr Vertrauen ineinander gefasst habt, können ein paar Tage vergehen. Doch gebt euch Zeit!«

So, wie Quiana sich ausdrückte, glaubte er, dass sie auch mit Tybor sprach.

»Wir werden zueinanderfinden, wie alle anderen auch.«

Fynn sah sich erschrocken um und musste feststellen, dass Tybor reden konnte.

Dieser sah vertrauensvoll zu ihm auf und fügte an: »Und ich bin zuversichtlich, dass es nicht lange dauern wird.«

Fynn sah seinen Seelenteil immer noch sprachlos an, als er Quianas Stimme vernahm: »Entschuldige, Fynn. Wie es scheint, haben wir vergessen zu erwähnen, dass Seelen reden können.« Das Lächeln auf ihrem Gesicht galt nicht seinem Schrecken, sondern der Tatsache, dass Fynn diese Gegebenheit noch mehr beeindruckte.

»Eines noch«, sagte Fjodor. »Du solltest es unterlassen, mit Tybor zu reden, wenn ihr nicht alleine seid oder mit Menschen zusammen, die ihre Seele schon haben. Es gab diesbezüglich in der letzten Zeit vermehrt Anrufe von verzweifelten Eltern, weil sie nicht wussten, wie sie ihren Kindern ausreden konnten, dass dessen Bruder oder Schwester verrückt war.«

»Ich werde mich daran erinnern. Vielen Dank!«, erwiderte Fynn mit einem Lächeln.

»Wir wünschen euch alles Gute«, sagte Quiana und wies zu einer Tür rechts von Fynn.

Während er noch durch den Saal ging, galten seine Gedanken dem, der als Nächstes den Saal betreten und ebenso in Verzweiflung gestürzt werden würde. Eine Verzweiflung, die durch ein Geschenk und eine Erfahrung wieder gut gemacht wird, die man nicht bezahlen konnte.

Marion Jaggi

BRB Nr. 11

Wenn ich erzähle, dass ich Kommissar bei der Kripo Solothurn bin, fällt die Reaktion meist so aus: Mein Gegenüber sieht mich an mit Fernsehaugen, welche die Realität des Polizistenalltags an der amerikanischen Unterhaltungsindustrie messen, und fragt mich dann mit beschämter Sensationslust, ob ich schon einmal etwas »Schlimmes« erlebt hätte. Ich weiß, woran sie denken, wenn sie mir diese Frage stellen: an Hannibal Lecter oder einen jener neueren Hollywood-Psychopaten, die ich nicht kenne. Ich lächle in solchen Situationen und nehme Zuflucht zu Allgemeinplätzen, die rasch langweilen und mein Gegenüber animieren, das Gespräch auf ein anderes Thema zu lenken, oder – noch besser – es zu beenden.

Etwas Schlimmes: Ich stand als junger Polizist, lange bevor ich Kommissar wurde, in einer Waldhütte in Seewen umgeben von Blutspuren und Patronenhülsen, fünf mit Kopfschüssen getötete Menschen zu meinen Füßen. Ich wandelte in Schönenwerd, als ich bereits gestandener Kommissar war, im diffusen Licht der Straßenlaternen über ein Schlachtfeld aus Leichenteilen und Autoschrott. Und ich habe folgende Geschichte erlebt, mein letzter Fall.

Genauso wenig, wie meine Fälle den Fällen von übertriebenen Filmen oder Büchern ähneln, genauso wenig ähnele ich jenen fiktiven Kommissaren. Ich bin weder abgebrüht noch abgeklärt oder sonst irgendein ab; weder schusselig noch brillant; kein Trinker, kein Heiliger, kein Rächer. Ich bin Hans Wiler. Ich bin Oltner. Mehr muss ich über mich nicht sagen. Oder bin ich etwa ein Todgeweihter, der sich ein letztes Denkmal setzen will?

Als ich zum Tatort in Dulliken gerufen wurde, formte der Dunst über dem AKW Gösgen ein Fragezeichen im Himmel. Es fiel mir auf, doch ich interpretierte nichts hinein. Man hatte mir gesagt, eine Studentin der Fachhochschule Nordwestschweiz, Susan Reich mit Namen, sei tot zu Hause von ihren Mitbewohnerinnen aufgefunden worden.

Als ich ankam, kümmerte sich eine Kollegin in Uniform bereits um die beiden Mitbewohnerinnen, sodass ich mich direkt ins Schlafzimmer begeben und die Leiche inspizieren konnte. Angezogen lag sie auf dem Bett mit dem Gesicht nach oben. Die einzigen Anzeichen von Gewalt, die ich auf Anhieb feststellen konnte, waren jene, die sie sich selbst zugefügt hatte: Die Tote war schmerzhaft dünn. Auch in angekleidetem Zustand zeichneten sich ihre Rippen unter dem T-Shirt ab, ihre knochigen Ärmchen erinnerten mich an die Opfer des Dritten Reiches, und ihre Augen waren dunkle Löcher, umgeben von kantigen Wangenknochen. Bereits im Leben hatte Susan Reich ausgesehen wie eine Tote.

Sehr wahrscheinlich wäre ich aufgrund dieser Tatsache davon ausgegangen, dass sie einen traurigen, aber natürlichen Tod gestorben war, hätte da nicht jenes Blatt auf ihrem Schreibtisch gelegen. Auf einem veilchenblauen Schreibpapier mit springendem Delphin vor Sonnenuntergang stand geschrieben:

Susan Reich, entledigt gemäß Art. 2 i. V. m. Art. 3 lit. a des BRB Nr. 11 vom 20. Februar 2013.

Ich hatte solches Schreibpapier nicht mehr gesehen, seit meine beiden Töchter im Primarschulalter ähnliches Papier benutzt hatten: hellblau mit Delphinen, moosgrün mit Pferdekopf, lila mit Hundewelpen. Allesamt gekauft im Cachet, damals, als der Laden noch am Friedhofplatz neben dem Reformhaus lag. Doch seltsamer als das Papier mutete mir der Text an.

Ein Gesetz mit der Abkürzung BRB war mir nicht bekannt. Zwar kann ich nicht für mich in Anspruch nehmen, alle Gesetze dieses Landes zu kennen, doch muss man nicht Recht studiert haben, um zu wissen, dass kein Gesetz der Schweiz es zulässt, sich eines Menschen zu entledigen. Auch wenn es nicht so geschrieben stand, handelte es sich beim veilchenblauen Dokument um nichts anderes als ein Todesurteil.

Da ich mit der Abkürzung BRB nicht weiterkam, sah ich mich nach einer Handschriftprobe Reichs um. Doch im digitalisierten Zeitalter, in dem selbst Vorlesungsnotizen in Laptops gehämmert werden, ist es nicht einfach, in einem Privathaushalt etwas Handschriftliches zu finden.

Nach einigem Suchen fand ich im Papierkorb einen Einkaufszettel: Kosmetika und Shampoo. Ein Medikament namens Motilium. Sicherheitsklammern. Keine Lebensmittel. Auf den ersten Blick schienen die Schrift auf dem Einkaufszettel und diejenige auf dem Todesurteil identisch. Dann erkannte ich haarfeine Unterschiede: Die Striche der *h* waren leicht länger, die *a* ein bisschen runder. Hatte der Täter etwa versucht, die Schrift des Opfers nachzuahmen?

Nachdem ich mich im restlichen Zimmer umgesehen hatte und nichts Verdächtiges oder Hilfreiches finden konnte, tütete ich das Todesurteil auf dem Delphin-Schreibpapier ein, sprach mich kurz mit meiner Kollegin ab und kehrte ins Büro zurück.

Als Erstes veranlasste ich die Weiterleitung des einzigen Beweisstücks ans kriminalistische Institut in Bern, dann suchte ich online nach der Abkürzung BRB. Wie erwartet, fand ich weder in der eidgenössischen noch in der kantonalen Gesetzessammlung ein Gesetz mit diesem Kürzel.

Eine Google-Suche ergab: Brienz Rothorn Bahn AG. Behindertenkonferenz Stadt und Region Bern. Banco de

Brasilia. Be right back und anderes mehr, das mich nicht weiterbrachte.

Widerwillig griff ich nach dem Hörer und wählte die Nummer der Staatsanwaltschaft. Ich vermeide es gewöhnlich, schlecht über Kollegen zu sprechen, aber ich gestehe, wenn ich mit der Staatsanwaltschaft des Kantons Solothurn verkehre, muss ich stets an Stiller Has denken, wie sie in Schweizer Mundart singen: »Steckst du vier davon in einen Sack und haust drauf, triffst du nie den Falschen.« Ich vermute, die Angestellten der Stawa denken ähnlich über mich, jedenfalls sind unsere Telefonate strikte Diensttelefonate; den Smalltalk sparen wir uns in stillem, gegenseitigem Einvernehmen.

Peter Frick meldete sich, und ich klärte ihn kurz und sachlich über den neusten Fall auf. Bereits seine Reaktion auf die Erwähnung des Todesurteils zeigte mir, dass er die Abkürzung BRB ebenfalls nicht kannte. Dennoch fragte ich explizit nach. Nein, auch die Stawa hatte noch nie von einer solchen Abkürzung gehört. Warum wunderte mich das nicht?

Für den restlichen Tag widmete ich mich meiner Büroarbeit.

Am nächsten Morgen lagen Unterlagen zum Fall Susan Reich auf meinem Tisch: die Zeugenaussagen ihrer Mitbewohnerinnen und Notizen über den Besuch bei ihren Eltern. Über einer Tasse Kaffee las ich mich durch die Wortprotokolle, als das Telefon klingelte.

Meine Hand ging zum Hörer, und meine Augen zum Display. Eine Berner Nummer. Ich meldete mich irritiert – für Neuigkeiten in Bezug auf die handschriftliche Analyse war es noch zu früh. Ein Reto Schneider überschüttete mich mit einem Schwall von Worten.

Er hatte bereits eine Einladung ausgesprochen, ich sollte noch heute in Bern erscheinen, als ich erst realisierte, dass er nach eigener Aussage im Namen der Bundesanwaltschaft anrief. Ich fragte nach, ob ich ihn richtig verstanden hätte. Er bejahte, gleichzeitig machte er aber deutlich, dass er am Telefon nicht mehr würde sagen können. Er wiederholte noch einmal Ort und Zeit, wann er mich in Bern erwartete, langsamer zwar, damit ich mitschreiben konnte, doch mit einem Befehlston, der den kleinen Rebellen in mir weckte. Gerade wollte ich protestieren, die Bundesanwaltschaft könne die Kripo Solothurn nicht einfach so nach Bern bestellen, als er sich verabschiedete und aufhängte.

Ratlos saß ich an meinem Schreibtisch. Da mir nichts Besseres einfiel, rief ich Peter Frick an und informierte ihn über den Anruf aus Bundesbern. Ich hörte deutlich, wie Frick leer schluckte, ein Geräusch, das in mir Unbehagen auslöste. Auch die Stawa Solothurn fand das Vorgehen der Bundesanwaltschaft äußerst ungewöhnlich. Darauf, warum sich Bundesbern für den Fall interessierte, konnte sie sich aber keinen Reim machen. Warum wunderte mich das nicht?

Bis zu meiner Abfahrt nach Bern hatte ich noch einige Stunden Arbeit vor mir, doch ich war unkonzentriert und kam nicht vorwärts. Manchmal hat man Tage, an denen man seinen Lohn nicht wert ist.

In Bern empfing mich Reto Schneider mit einem feuchten Händedruck und erschrockenem Gesichtsausdruck. Ich hatte Herrn Schneider noch nie zuvor gesehen, und trotzdem war ich mir vollkommen sicher, dass der nervöse, ja geradezu angsterfüllte Gemütszustand, den er an den Tag legte, nicht typisch für ihn war. Irgendetwas war passiert. Etwas so Großes, dass sich Herr Schneider auch Stunden, nachdem er davon erfahren hatte, nicht beruhigen konnte.

Ich beschloss, dass Fragen stellen zwecklos war, und

folgte meinem Gastgeber ergeben durch lange, stille Gänge.

Vor einer Tür blieb der Bundesanwalt stehen und drehte sich zu mir um: »In diesem Raum werden Sie Antworten auf Ihre Fragen finden«, verkündete er eher niedergeschlagen als feierlich.

»Auf BRB Nummer elf?«, fragte ich zurück.

»Ja, auf BRB Nummer elf.« Er trat zur Seite und überließ es mir, die Tür zu öffnen.

Als ich meine Hand auf die Klinke legte, als ich die Tür geräuschlos öffnete und in den mit grauem Teppich ausgelegten Raum schritt, als sich die Tür hinter mir mit einem Klicken schloss, veränderte ich mich: Ich wurde zu einem Hollywood-Kommissar in einem Hollywood-Fall. *Solche* Dinge passieren nicht im Leben eines Hans Wiler. *Solche* Dinge passieren nicht im Leben eines Oltners.

Im Raum stand ein Bürotisch, eines jener Modelle, die ein halbes Vermögen kosten und doch kalt und herzlos sind. Ein Stuhl stand davor, auf dem Tisch lag eine Dokumentenmappe. Bevor ich mich setzte, sah ich mich im Raum um. Überwachungskameras blickten auf mich herab, flankiert von Lampen, welche das Zimmer so grell ausleuchteten wie eine Sportplatzbeleuchtung.

Ich hatte keine Vorstellung, was mich erwarten würde, wenn ich die Dokumentenmappe öffnete. *Antworten* hatte Schneider gesagt. Doch Antworten auf welche Fragen?

Als ich die Mappe öffnete, lag zuoberst das Delphin-Schreibpapier, das ich selbst eingetütet und nach Bern geschickt hatte. Mit einer Büroklammer war eine Fotografie von Susan Reich an das Todesurteil geheftet worden. Darauf war sie erwartungsgemäß abgemagert und freudlos. Sorgfältig legte ich das Blatt zur Seite, doch meine Hand stockte in der Bewegung.

Unter dem Todesurteil für Susan Reich kam ein zweites zum Vorschein:

Beatrice Kümmli, entledigt gemäß Art. 2 i. V. m. Art. 3 lit. a des BRB Nr. 11 vom 20. Februar 2013.

Und ein drittes:

Hürrem Reza, entledigt gemäß Art. 2 i. V. m. Art. 3 lit. a des BRB Nr. 11 vom 20. Februar 2013.

Allesamt waren sie begleitet von Fotografien. Allesamt zeigten diese ausgemergelte, hohlwangige Frauen. Beinahe hypnotisch blätterte ich die Todesurteile um. Sie waren auf unterschiedlichem Papier mit unterschiedlichen Schriften verfasst worden, doch die Nachricht war – abgesehen von den variierenden Namen – immer dieselbe. Insgesamt legte ich neunzehn Todesurteile zur Seite. Darunter folgte der Bundesratsbeschluss Nummer elf vom 20. Februar 2013. Er lautete wie folgt:

Art. 1

Das Schweizervolk und seine Schatten bilden eine Einheit.

Art. 2

Wird eine Person selbstverschuldet zum Schatten ihrer selbst und entzieht dadurch ihrem Schatten Lebensgrundlage und Existenzberechtigung, darf der Schatten sich dieser Person entledigen.

Art. 3

Eine Person gilt als Schatten ihrer selbst, wenn sie einen Body-Maß-Index BMI von
a. bei Frauen unter 12; und
b. bei Männern unter 14 aufweist.

Art. 4

Erfährt eine Person von der Existenz des vorliegenden Beschlusses, hat ihr Schatten sich ihrer zu entledigen.

Ausgenommen sind

a. die im Anhang aufgeführten Personen; und
b. Personen, die über ihren eigenen Schatten springen können.

Art. 5
Der Vollzug dieses Beschlusses obliegt den Schatten, insbesondere erstellen sie eine Liste jener Personen, derer sie sich entledigt haben. Die Liste ist dem Bundesrat vorzulegen und periodisch zu revidieren.

Darunter folgte die Unterschrift von Bundespräsident Ueli Maurer.

Ich las den Text ein zweites Mal. Dann blickte ich auf zu den Überwachungskameras, nach einer heiteren Auflösung suchend: *Hurra, hurra, versteckte Kamera!* Doch nichts geschah. Stattdessen spürte ich den Blick von durch Technik verlängerten Augen. Herr Schneider, sind Sie da?

Die Sportplatzbeleuchtung kam mir in den Sinn. Ein Blick zu Boden bestätigte meine Befürchtung: Mein Schatten hatte sich – ähnlich wie jene der Fußballspieler auf dem Fußballplatz – vervielfacht. Heimlich hatten sie mich zu viert umstellt und warteten nun finster auf den Zugriff.

Ich zwang mich zur Ruhe, doch mein Herz klopfte, als ich den Anhang zum BRB Nummer elf durchging: die Namen der Bundesräte. Die Namen einiger Parlamentarier. Reto Schneider. Christoph Blocher.

Wenig überraschend fand ich meinen Namen nicht auf der Liste. Also zurück zum Beschlusstext:

Art. 4
Erfährt eine Person von der Existenz des vorliegenden Beschlusses, hat ihr Schatten sich ihrer zu entledigen.

Ausgenommen sind
a. die im Anhang aufgeführten Personen; und
b. Personen, die über ihren eigenen Schatten springen können.

Beinahe ohne den Kopf zu neigen, linste ich zu Boden und schätzte meine Chancen ab. Langsam stand ich auf, rückte den Stuhl sorgfältig zur Seite und lockerte meine Glieder. Man sagt, im Angesicht des Todes erinnern wir uns an Dinge aus unserer Kindheit.

Tatsächlich kam mir in diesem Moment meine Primarschullehrerin in den Sinn, wie sie uns aus dem Tell vorlas, jene Stelle, als Tell einen Satz vom Boot auf die Tellsplatte nimmt und entflieht. Fräulein Müller hatte die Szene mit Verve vorgetragen und dann mit einer Mischung aus Spott und Bewunderung im Schulzimmer die Distanz markiert, die Tell der Sage nach gesprungen sein soll.

Ein Tell-Sprung. Nichts anderes konnte mich jetzt noch retten. Ein Tell-Sprung über meinen eigenen Schatten hinweg zur Tür, zum Lichtschalter. Ein Knopfdruck, ein einziger Knopfdruck, und meine finsteren Bewacher verschwänden.

Ich richtete mich zur Tür aus, spannte meine Muskeln, und ich sprang, sprang über meinen eigenen Schatten.

Imke Wilkens

Nachtschatten

Wie an jedem Abend saßen Ennep und Fabije auf dem angerosteten Geländer und schaukelten über der Eingangstreppe.

Zwei Treppen führten von beiden Seiten zu der Tür hinauf. Die Sandsteinstufen waren abgebröckelt, die linke Seite mit Holzabfällen abgesperrt. Eine wilde Karde trug eine Krone abgeblühter Blütenstände, die sich nun in der kühlen Abendluft hin- und herwiegten.

Die Sultangs sahen den Menschen zu, die vom Parkplatz außerhalb des Klostergeländes zur samstäglichen Abendmesse gingen.

»Es ist wahrhaftig eine Schande!« Die Frau schüttelte den Kopf, ihr Schal blähte sich hinter ihr.

»Bestimmt wohnt niemand in dem alten Küsterhaus. Komm, Mutter, die Glocken hören gleich auf zu läuten.« Der junge Mann im schwarzen Anzug nahm sie am Arm und zog sie den Weg zur Klosterkirche hinauf.

»Die Torhäuser sind ja einigermaßen in Ordnung, da kann man nichts sagen«, murmelte sie. »Natürlich wohnt jemand in dem Haus. So ein Langhaariger. Zerr doch nicht so!« Sie nahm ihren Arm aus seinem. »Ein junger Mann. Seine Eltern, sehr anständige Leute, Lehrer, glaube ich, sie haben ihn studieren geschickt. Er hat alles abgebrochen.« Sie verzog den scharfgeschnittenen Mund nach unten. »Er ist zu seiner Oma gezogen, weil seine Eltern ihn rausgeworfen haben. Die hat alles hier in Ordnung gehalten. Einwandfrei. Leider ist sie letztes Jahr gestorben. Eine Schande, wirklich!«

»Mutter. Die Glocken. Außerdem weißt du doch gar nicht, was wirklich passiert ist. Vielleicht ist er krank oder so. Mutter. Bitte!«

Ihre Absätze klangen wie Gewehrschüsse auf dem Pflaster, als sie den Weg zur Kirche hinaufgingen.

»So. Wir sind also eine Schande.« Fabije streckte ihre schlanke Katzengestalt und schlang den langen Schweif um ihre Pfoten.

»Nun ja.« Ennep klammerte sich mit seinen dürren Fingern fester an das Geländer. »Ein bisschen vernachlässigt sieht es schon aus.«

Die beiden Sultangs drehten sich um und musterten das Haus hinter sich.

Ein kleines, grau verputztes Fachwerkhaus mit einer riesigen Scheune, deren Dach an einigen Stellen tief eingesunken war, mit blinden Fenstern und schief hängenden Türen. Es war das kleinste Haus im Kloster, schief in die Klostermauer gebaut, um eine Wand zu sparen, duckte es sich hinter die dicke Bruchsteinmauer wie ein Kind, das sich verbergen will. Vor den Riesen wahrscheinlich, die hinter der Scheune in dem Dickicht aus Schlehen, Brombeeren und Brennnesseln hausten.

»Wir sind also eine Schande«, wiederholte sie. »Du wirst sehen, eines Tages rollen hier die Bagger an und machen alles platt. Bauen Parkplätze auf mir drauf!« Sie öffnete ihr Maul, als wolle sie fauchen »Du wirst sehen, die beraten sich, reißen das alte Haus ab, und bevor du weißt, wie dir geschieht, entstehen hier ein paar nette kleine Wohneinheiten.«

»Das könnte sein.« Ennep drehte seinen Schnurrbart nachdenklich zu zwei Zöpfen, seine Augen funkelten in einem verhutzelten Apfelgesicht missmutig. »Ich habe gestern den Mann von drüben aus dem Kloster gesehen.«

»Der wie eine Amsel aussieht und geschäftig herumhüpft?«

»Genau der. Der hat vor mir gestanden und mich gierig angeglotzt. Er hat mit Männern geredet. Über viele Menschen, die hier wohnen könnten.«

»IIHH!« Fabije fauchte. »Die machen meinen Garten kaputt.«

Ennep warf der grünen Wand, aus der sich Dornen und spitze Äste dem Besucher entgegenstreckten, einen Blick zu.

»Zerschlagen die Brennnesseln, treten alle Pflanzen platt und reißen Zweige herunter«, klagte Fabije.

Ennep schüttelte den Kopf. »Sie haben keinen Respekt mehr.«

Fabije nickte. »Früher hätten sie niemals daran gedacht, ein gutes Haus abzureißen! Man hätte das Dach geflickt, die Wände neu verputzt oder wenigstens gestrichen ...«

»Niemand hätte den Garten so verwildern lassen. Die Äpfel im Gras verschimmeln, niemand sammelt die Nüsse ein.«

»Sie fehlen mir, die Menschen«, sagte Fabije leise. »Ich mochte die alte Frau. Sie war so froh im Garten. Sie hat immer gesungen. Ganz leise, damit kein Mensch sie hören kann. Nur ich. Das war schön.«

»Sie ist tot.« Ennep schlang die langen, dürren Finger mit den spitzen Krallen fester um das Geländer. »Nichts gegen Menschen. Ich mag Menschen – niemand kann behaupten, ich möge keine Menschen. Sie bauen, sie verändern ...«

»Aber sie sterben dauernd«, ergänzte Fabije.

»Eine Schande.« Ennep zerrte an seinen Schnurrbartspitzen.

Fabije verzog das dreieckige Gesichtchen zu einem schiefen Grinsen. »Sie wissen es nicht. Die Menschen. Sie können nicht sehen. Stell dir vor« - ihre Stimme wurde ganz sanft – »sie sehen nicht, wie die Energie mit dem Bach von der Quelle im Wald hierher fließt, sie bemerken die Senke im Tal nicht, in der sich die Energie sammelt, weil die Straße sie daran hindert, ins Dorf abzufließen.«

»Sie sehen ihre eigene Energie nicht, die sie einem Ort hinzufügen. Das alles zusammen bleibt. Alle Kraft, alle Energie, alles. Jedes Erlebnis, jede Handlung, jedes Wort bleibt und schließt sich an«, ergänzte Ennep.

»Natürlich waren wir schon immer da. Schon vor den Menschen.«

Ennep setzte sich aufrecht hin und zupfte an den langen Bartfäden. »Ich erinnere mich.«

Fabije schüttelte den Kopf. »Doch, natürlich.«

Er nickte. »Da war schon etwas an diesem Ort, bevor die Menschen kamen. Es kam aus dem Wald über die beiden Felder.« Er wies nach Osten auf die bewaldete Hügelkette zu, die zwei Felder hinter der Klosterkirche zu sehen war. »Bis zu den beiden Bächen, und die bringen sie bis hierher.«

»Du hast recht.« Fabije rieb sich mit der Pfote über die Nase. »Ich erinnere mich. Es war ...« - sie zögerte, sagte: »Da war ein Gefühl ... die Stimmen der Bäche, die Vögel, der Wind, der über die Hügel in das Tal herunterfiel ... ein Geräusch ... wie der Herzschlag eines Menschen.«

»Genau«, sagte Ennep. »Summen. Ströme, die sich in der Mulde gesammelt haben.«

»Die Menschen haben Mauern gebaut. Erst eine kleine Hürde aus Feldsteinen und später die breite Klostermauer. Sie haben die Mauer gebaut und eine Grenze geschaffen. Es ist nicht mehr ... abgeflossen. Dann war ich. Ein Haussultang.«

»Sie haben einen Garten angelegt, Wege, Beete, Bäume gepflanzt. Oh, und ich erinnere mich an die Hühner!«

Fabije kicherte. »Die kratzen so komisch, und das kitzelt. Da war ich.«

»Zuerst wusste ich nicht, dass du da warst. Der einzige Gartensultang. Selbst Orluu, der Sultang der Klosterkirche, hat noch nie von einem andern Gartensultang gehört.«

»Ich war zu klein.« Sie lachte. »Ich musste so lachen, als ich dich das erste Mal gesehen habe: wie so ein Stück verknorztes Holz.«

»Du sahst aus wie eine Mohrrübe.« Ennep klang ein bisschen gekränkt.

Sie schwiegen. Orgelspiel klang aus der Kirche.

»Meinst du, sie werden bauen?«, frage Fabije.

Ennep antwortete nicht.

»Ich frage ja nur.« Fabije wandte sich ab. »Ich verstehe schon. Es ist schließlich nicht dein Platz, auf dem sie Parkplätze anlegen wollen.«

»Ach? Wirklich? Meinst du, ich will, dass sie Wohnungen mit Glaswolle isolieren und eine Ölheizung einbauen? Der Gestank wird in die Mauern einziehen, alles wird nach totem Öl riechen. Der Gestank von Glaswolle und Öl: Er wird an mir kleben!« Ennep riss so heftig an seinem Bart, dass er ihn bestimmt abgerissen hätte, wenn er denn existiert hätte.

Fabije stellte ihren Schwanz auf und hob den Kopf. »Das wird nicht geduldet!«, sagte sie fest. »Ich werde das nicht hinnehmen!«

Eine Zeit später, der Hof war von Reif bedeckt, an den Fenstern glitzerten Eisblumen, hörte Ennep sie an den Balken kratzen.

»Fabije«, stöhnte er, »es ist Winter. Der Garten schläft. Du solltest auch schlafen. Alles schläft.«

Fabije sah sehr schwach aus, nur ein einzelner, dünner Rauchfaden. »Da, sieh sie dir an!« Aufgeregt wedelte das Fadenende auf die Einfahrt zu. »Sie sind schon wieder da. Sie haben Geräte mitgebracht.«

Ennep presste sein Gesicht gegen die Fensterscheibe, schob es durch die Eisblumen und sah auf den Weg hinüber.

Da standen Männer auf dem Weg, stießen Stangen in

den Boden und spähten durch die Rohre zur Klosterkirche hinüber.

»Was tun sie da? Warum machen sie das?« Fabijes Stimme klang feldmausschrill.

Ennep fuhr sich durch den Bart. »Ich glaube …«, sagte er langsam, »ich glaube, die vermessen das Kloster. Messen die Wege ab.«

Fabije wurde ganz ruhig, ihre Augen schmal wie eine Mondsichel in der ersten Nacht nach Neumond. »Du meinst, sie messen schon mal den Parkplatz aus. Sie werden also im Frühjahr bauen. Das willst du damit sagen, ja? Du willst also nichts tun, oder?« Ihre Stimme wurde mit jedem Satz tiefer. Maulwurfstief.

Ennep saß nun in der Fensterscheibe und sah hinunter. »Ich? Was soll ich schon tun?«

Fabije hing auf dem schmalen Holzstreifen der Fensterkreuze. »Ich weiß genau, dass du etwas tun kannst. Genau wie im letzten Jahr.«

»Ja, im letzten Jahr, das war anders …« Ennep rieb mit beiden Händen über sein Gesicht.

»Da habe ich dir auch gesagt, dass du etwas tun musst, oder?!« Fabije straffte sich, soweit das einem Rauchfaden möglich ist. »Ich habe dir gesagt, dass die alte Frau schwächer wird. Dass ihr Sohn da ist und uns ansieht wie eine Kuh, die zum Metzger gebracht werden soll. Gierig.«

»Der Sohn wollte uns gar nicht.« Ennep gab einen belustigten Laut von sich. »Das war leicht. Ich musste mich nur ganz flach machen und ein bisschen zittern, da gab es Risse im Putz, und sie wollten uns gar nicht mehr haben.«

»Jedenfalls …«, sagte sie, »jedenfalls hast du es dem Jungen, ihrem Enkel, in den Kopf gesetzt. Er hatte vorher nie daran gedacht hierzubleiben.«

»Er wollte bleiben. In Wirklichkeit wollte er immer

leiben«, brummte Ennep. »Er wusste es nur nicht. Ich musste ihm nur einen ganz kleinen Schubs geben. Eine winzige Berührung. Er hat es bestimmt nicht gespürt.«

»Du hast ihn angefasst«, beharrte Fabije. »Du hast ihn angefasst, und deswegen hat er seine Oma gefragt, ob er das alles kaufen kann. Er hat ihr ein Angebot gemacht, und er hat mit den anderen Menschen geredet. Gefragt, ob es ihnen recht ist, wenn er das Haus kauft. Sie haben gesagt, dass sie es nicht wollen. Hier im Hof haben sie es gesagt. Das war nicht zufällig und einfach so, oder?«

Ennep wiegte seinen Kopf hin und her. »Nun ja«, gab er zu, »das stimmt.«

»Außerdem« - Fabije hielt sich gertengerade – »hast du später den Mann im Anzug berührt – und zwar ganz schön heftig! Der hätte dem Jungen sonst niemals das Geld gegeben. Der wollte das nicht. Der wollte sein Geld behalten!«

»Ich habe ihm nur das Gefühl der Gewissheit gegeben, dass er sein Geld ganz bestimmt zurückbekommt. Das ist ein gutes Gefühl. Gute Gefühle geben ist ja wohl gut!« Eine Spur Unsicherheit zitterte in seiner Stimme.

Fabije schwieg.

»Der Junge wird es zurückgeben. Da bin ich mir sicher.« Schließlich brummelte Ennep: »Gut, ich habe ihn auf die Idee gebracht. Und ich habe den Geldmenschen geschubst. Aber was wäre auch sonst aus uns geworden? Bauschutt.«

»Genau!« Fabije schlug an die Scheibe. »Wir müssen uns etwas überlegen. Etwas tun. Pläne schmieden. Handeln!«

Ennep zog die Augenbrauen über sein Gesicht nach oben. »Ich wüsste nicht was.«

»Zu mir gehört der Garten. Es ist mein Platz. Das Haus ist deine. Es sind deine Menschen. Sie haben dich gebaut, umgebaut, verändert, in dir gelebt. Sie sind in dir geboren und gestorben. Krank gewesen und gesund geworden, haben sich gestritten und gehasst. Sie haben gefeiert und sich geliebt. Sie haben auch dich geliebt.«

Ennep dachte an den ersten Zimmermann, der das Fachwerk gesetzt hatte.

»Das hält, bis wir es richtig machen können!«, hatte er gesagt.

Ennep lächelte. Dazu war es natürlich nie gekommen. Es war immer wieder repariert worden, immer in der Erwartung, es eines Tages richtig machen zu können.

Er dachte an den Hof, die Nägel im Boden. Überall im Boden, bis zu der Eiche in der Hofeinfahrt, bis zum Pflaumenbaum im Garten. Der Hufschmied hat die Bäume gepflanzt, die Taschen voller Nägel. Selbstgemachte Nägel. Jeder im Hof in der Esse erhitzt, auf dem Amboss geschlagen, erhitzt, geschlagen. Immer wieder. Jeder Nagel hatte seine eigene Anzahl von Schlägen, seine eigene, winzige Geschichte, ein eigenes Gesicht.

Seit Ennep entdeckt hatte, dass er überall hingehen konnte, wo der alte Schmied seine Nägel verloren hatte, sah er selbst so aus wie der alte Mann.

»Der Garten ist genauso alt wie das Haus. Genauso geliebt. Wie die alte Frau dich geliebt hat.«

Fabije ringelte sich zusammen. »Das ist wahr.«

»Jeden Tag hat sie nach dir gesehen, ein bisschen gehackt, Steinchen aufgesammelt …«

»Sie fehlt mir.« Fabije wurde zu einer kleinen, rauchblauen Kugel und verschwand.

Ennep floss die Wand empor und setzte sich auf den Schornstein. Vorsichtig schob er einen einzelnen Ausläufer über das Dach, ließ ihn in die Wände gleiten, tastete die Balken, die Steine ab.

Die Deckenbalken, die Bodenbretter durchlöchert, ein Heim der Holzwürmer, ein Garten voller Hausschwamm. Zuletzt berührte er den rechten Eckbalken, der war so dick wie zwei Männer gewesen, als sie ihn eingesetzt hatten. Nun war das untere Drittel ganz und gar aufgefressen, zu Kot und Staub zerfallen. Ihm schien, als halte sich alles gerade noch mit letzter Kraft auf seinem Platz.

Mit meiner Kraft. Es ist wahr, dachte Ennep in dieser Nacht, und er fühlte seinen Gedanken wie Eiszapfen, wir sind tatsächlich in Gefahr. Dieses Mal werden sie uns nicht wieder aufbauen. Der Junge alleine kann es einfach nicht schaffen! Es ist zu schwer. Sie werden alles abreißen und Wohnungen einbauen. Und Parkplätze.

In dieser Nacht bekam Ennep zum ersten Mal Angst.

Im Winter sah er jeden Tag in den Raum mit dem schiefen Boden und den Eisblumenfenstern und beobachtete den Jungen, der ganz allein in dem Zimmer lebte.

Er holte sich das Essen aus der Küche und saß auf dem Boden, während er aß. Er trank unzählige Tassen Tee, er rauchte selbstgedrehte Zigaretten und zündete jeden Abend Kerzen und Räucherstäbchen an. Der Rauch stieg auf, drehte sich in Schnörkeln, wurde von dem Luftzug aus den Fenstern zerstreut.

Ennep sah ihm dabei zu.

Der Junge hatte hellbraunes Haar, holzfarben mit hellen und dunklen Strähnen darin, es sah aus wie eine lebhafte Maserung.

Es sieht aus wie Eschenholz, hell, dunkel, hell, rötlich.

Esche.

An der Nordseite, dort, wo die alte Klostermauer fast bis auf den Grund abgebaut worden ist, stehen alte Eschen. Im Sommer rauschen ihre Blätter wie die Flügel riesenhafter Vögel, im Herbst werfen sie mit Stöcken nach den Kindern und Mäusen. Sie lachen viel, weil sie so kitzelig sind. Sie lachen, wenn die Eichhörnchen über die Stämme huschen oder die Spechte unter der abgestorbenen Rinde nach Insekten suchen. Ihre Wurzeln sind so tief, dass man sie nicht ausgraben kann. Man könnte sie gar nicht finden, so weit reichen sie in die Erde.

Esche.

Esche, das ist ein guter Name, befand Ennep.

Ein seltsames und fremdes Gefühl ergriff den Sultang. Wie fliegen und zittern und sich festhalten wollen. Er fühlte sich wie tanzender Rauch und wie die Grundsteine, auf denen das Haus steht.

Esche.

Er hatte einem seiner Menschen einen Namen gegeben. Das hatte er noch nie getan, und er wusste von keinem Sultang, der das jemals getan hätte. Menschen hießen wie das, was sie waren: der Bauer, der Schmied, die Frau, die Mutter.

Die Kinder hatten keine Namen, sie waren wie Löwenzahn: alle hell und überall zu finden. Löwenzahnkinder. Untereinander mochten sie Laute haben, mit denen sie sich riefen, sinnlose, leere Laute, wirr aneinandergesetzt, unnötig zu wissen.

Nun hatte er einen Namen gegeben.

Esche.

Das Gefühl lockte ihn aus dem Ofen hervor, und er floss die Wände entlang. Kleine Funken sprühten um Ennep, der sich rasch und rascher um sich selbst drehte.

Esche.

Ennep kicherte und kicherte, er konnte nicht mehr aufhören, sich zu drehen und zu kichern.

Er hatte ihm einen Namen gegeben! In gewisser Weise änderte dieser Abend alles. Namen habe Bedeutung. Wer einem anderen einen Namen gibt, ruft ihn ins Leben, gibt ihm Bedeutung für sich selbst.

Ennep sah Esche zu, nicht mehr nur irgendeinem Bewohner. Bewohner sind etwas Flüchtiges, sie ziehen ein, ziehen aus, werden geboren, sterben. Esche war etwas Besonderes. Weil er einen Namen hatte.

Im März saß Fabije in den Zweigen des Apfelbaumes. Seine Zweige neigten sich dem Boden zu, und er wirkte wie ein dürres Weiblein, das sich über die ersten grünen Blättchen der Primeln beugt.

Warten.

Eine Zeit, in der die Schneeglöckchen verblühten und der Seidelbast seine Blüten öffnete. Die Blüten des Seidelbasts lockten wie in jedem Jahr Esche in den Garten. Er liebte ihren zarten, ersten Duft nach dem Winter.

Die beiden Sultangs beobachteten ihn. Er berührte die Rinde des alten Apfelbaumes, strich beinahe zärtlich an den Karden entlang, zupfte an den Zweigen der Birke, die weit über die verwachsenen Wege hingen. Seine Hände hinterließen eine schwach leuchtende Spur wie ein Spinnenfaden, der auf die Erde sank.

»Er liebt uns.«

»Ja.« Ennep stieß einen tiefen Seufzer aus. »Ich habe ihn Esche genannt«, sagte er und warf ihr einen vorsichtigen Blick zu, »nach den Bäumen.«

Fabije zog die Nase kraus und starrte die Bäume an. »Einem Menschen einen Namen gegeben? Was für eine sonderbare Idee! Warum?«

»Ich finde, es ist eine sehr gute Idee. Ein sehr guter Name.« Ennep presste entschlossen seine Lippen zusammen und sah entschlossen aus.

Fabije gab nach. »Ein netter Name«, meinte sie vorsichtig.

Ennep entspannte sich. »Ja«, sagte er.

Esche kniete an dem Seidelbast nieder, schnupperte vorsichtig an den winzigen Blüten, und die beiden sahen zu, wie er zu weinen begann.

»Nicht, dass ich viel von Menschen verstünde«, meinte Fabije, »aber dies erscheint mir doch ein wenig merkwürdig.«

Ennep nickte. »Er sitzt in seinem Zimmer. Er redet

mit sich und weint. Flucht. Er ist so zornig. Verzweifelt. Ich weiß wirklich nicht, was mit ihm ist.« Ennep wiegte den Kopf hin und her.

In diesem Moment taumelte ein zerzauster, weißlicher Schmetterling an ihnen vorbei, gerade aus dem Winterschlaf erwacht, strebte er auf den nächsten warmen Platz. Mit kleinen, steifen Beinchen klammerte er sich an ein Stück Baumstumpf, breitete seine fransigen Flügel aus und sonnte sich.

Fabije breitete einen Schutz über ihn. *Bestimmt hat er in der Scheune geschlafen. Wenn er sich aufgewärmt hat, wird er etwas zu fressen suchen. Dann wird er …*

»Ennep!«, schrie sie.

Der Schmetterling flatterte davon.

»Es ist mir eingefallen! Was wir tun können. Müssen!«

Ennep zog die Augenbrauen hoch. »Ja?«

»Ich glaube …«, holte Fabije aus, »ich glaube, mir ist eingefallen, was es sein könnte. Hätte uns sofort einfallen können. Vor allem dir, schließlich sind es deine Menschen!«, setzte sie streng hinzu.

Ennep schob die Unterlippe vor und schüttelte den Kopf.

»Das muss es sein!«, beharrte Fabije. »Esche hat genug zu essen. Er hat einen warmen Platz. Ihm fehlt nur ein anderer Mensch.«

»Er hat einen Freund. Der kommt ziemlich oft. Sie rollen kleine Vierecke über den Tisch.« Ennep zupfte an seinem Bart, er spürte selbst, dass er schwach klang.

Fabije schüttelte auch sofort mitleidig den Kopf. »Du bist eben doch ein alter Steinkopf. So funktioniert das nicht!«

Fabije sprach sehr langsam und deutlich: »Menschen möchten gern Vögel in ihrem Garten haben. Also hängen sie Nistkästen aus Holz in die Bäume. Dabei gibt es nur eine einzige Sache, die einen Vogel dazu bringt, ein Nest zu bauen: ein anderer Vogel.«

Fabije wartete. Nach der Schneeglöckchenzeit kamen die Primeln, die Akeleien. Manchmal kam eine Frau an die Haselhecke zum Garten, redete einige Worte mit Esche. Wenn Esche nicht da war, rieb sie ihre Wange an den rauen Haselblättern.

Wenn sie nur näher käme, dachte Fabije sehnsüchtig.

Die Akeleien waren schon beinahe verblüht, da stand sie wieder an der Hecke, schaukelte hin und her, reckte sich und versuchte, in den Garten zu sehen.

Esche kam gerade von der Arbeit, er grüßte sie.

»Dahinten«, die Frau deutete auf den Schuttplatz neben der Birke, »ist das Nachtschatten? Ich habe noch nie welchen gesehen. Nur auf Bildern.« Sie lehnte ihre kleine, rundliche Gestalt ganz nahe an die Hecke, streckte sich, ihre Finger griffen in die Haselsträucher, schlossen sich um die Zweige.

Fabije kam heran, sog ihren Geruch ein, erdig, nach Pflanzen und ein wenig nach dem nassen Fell der Schafe.

»Möchtest du sie gern von Nahem sehen?« Esche hatte lange gezögert, so lange, bis Fabije ihre Krallen in einem seiner Beine versenkt hatte.

Ennep kniff fest in das andere.

Die Frau atmete aus. »Oh ja. Bitte. Wenn es dir nichts ausmacht. Das wäre sehr, sehr freundlich.«

»Keine Sorge, ich höre ihnen zu.« Fabije folgte den Menschen wie ein weißer Morgennebel über dem Boden.

Sie gingen den kleinen Weg hinauf in den Garten, an der Klostermauer entlang zu dem Schutthaufen. Über der Klostermauer wölbten sich die alten Eschen, zwischen ihnen stand hochaufragend wie eine Königin in ihrem Hofstaat eine uralte Pappel und raschelte mit ihren Blättern wie mit Seidenkleidern.

»Sie sind wunderschön.« Die Frau kniete vor der Pflanze, als wollte sie die Blätter, die kleinen, violetten Blüten streicheln. »Es ist bittersüßer Nachtschatten. Giftig. Angeblich eine Hexenpflanze. Hier sind sie so selten.« Sie sah zu Esche hinauf.

Zwischen den Zweigen der Eschen flimmerten kleine Sonnenlichtflecken über den Boden, ihr Gesicht und ihre Hände.

Sie redeten, doch Fabije hörte ihnen nicht zu. Sie beobachtete die beiden Menschen, sah, wie Esche sich über die Frau beugte und sie ansah. Wie ihre weiße Haut am Hals schimmerte, sich ihre Augen belustigt zusammenzogen und sich die Nase kräuselte, wenn sie lachte. Wie sein Blick auf hellblaue Spitze fiel und seine Augen schmal wurden. Seine Hände ihre nicht berührten.

Wenn sie bleibt, dachte Fabije, werde ich sie Hasel nennen.

»Ich bin nicht sicher, ob das eine gute Idee war«, meinte Ennep und schaute der Frau nach, als sie über den Hof ging. »Sie hat ihm ein kleines Stück Papier gegeben«, sagte Fabije nachdenklich. »Ich wünschte, ich wüsste wozu.«

Die beiden saßen auf dem Geländer.

»Ich glaube sogar, das könnte man mit gutem Recht als Manipulation bezeichnen.« Ennep runzelte die Stirn.

»Was heißt hier *Manipulation*?«, fragte Fabije sehr empört. »Hier haben wir eine Frau, die sich einsam fühlt – und hier« - sie wedelte mit mehreren Ausläufern, sodass sie wie ein zorniger Tintenfisch aussah – »haben wir einen Menschen, ein Haus und einen Garten, die alle dringend noch einen Menschen brauchen. Ich habe eigentlich gar nichts getan. Ich habe sie nur … angestupst. Aufmerksam gemacht. Achtsam. Geweckt sozusagen.« Fabije grinste, ihr Grinsen wuchs auseinander, bis nur noch das Grinsen auf dem Geländer hin- und herschaukelte.

Am Abend sah Ennep zu, wie Esche sein Essen zusammentrug: Brot, Butter, ein Stück Käse. Eine Kanne Tee. Er aß, trank seinen Tee aus der weißen Teeschale.

»Ich werde gar nichts weiter unternehmen!«, sagte Esche fest zu dem Tee. »Ich werde nichts anfangen. Ich werde nicht anrufen. Nichts sagen. Gar nichts. Kein Wort.« Mit energischen Bewegungen räumte er den Tisch ab und trug alles in die Küche. »Aus. Schluss. Fertig«, sagte er noch einmal bekräftigend und zog die Tür mit dem Fuß hinter sich zu.

»Natürlich ist es völlig verrückt!«, sagte Esche später laut zu dem kalten Tee. »Ich glaube auch nicht, dass es klappt oder auch nur im geringsten Sinn macht.« Er stand auf und ging im Zimmer auf und ab.

Schließlich presste er seine Lippen fest zusammen und holte tief Luft. »Es wird schlimm. Sehr schlimm. Schlimmer, als ich es mir überhaupt vorstellen kann.« Er drehte sich herum, nahm das Telefon in die Hand und setzte sich auf das Schaffell auf dem Boden. »Ich mache es«, murmelte er, »und wenn es das Letzte ist, was ich tun werde. Ich mache es!«

Sehr langsam hob er den Hörer, tippte eine Nummer ein und wartete.

»Ja? Hallo. Ich bin's …« Er nannte seinen Menschennamen.

Alberner Name! Passt überhaupt nicht.

Die Stimme aus dem Hörer klang überrascht. Und froh. Geradezu glücklich.

»Ich wollte dich zum Essen einladen.«

Zustimmendes Gemurmel. Seine Antwort. Gemurmel.

»Ja. Prima. Bis Freitag dann. Gut. Ich freue mich«, setzte Esche noch rasch hinzu, bevor er den Hörer auflegte.

Einen Moment saß er völlig still da und sah zu, wie seine Hände aufhörten zu zittern.

»Am Freitag kommt sie. Esche hat sie angerufen und eingeladen.«

»Ich werde überhaupt nichts davon sehen können«, beschwerte sich Fabije. »Ich finde, sie sollten im Garten essen!«

Ennep schüttelte den Kopf. »Das ist doch sehr unpraktisch …«

»Nein, das ist sehr hübsch. Rauschen der Blätter, die Bäume, die ihre Zweige über den Tisch breiten …«

»… von denen Blätter auf die Teller rieseln.« Ennep rümpfte die Nase.

»… und die Blumen …«

»… struppiges Unkraut!«

»… völlig ungestört …«

»… außer von Käfern, Motten und stechenden Insekten, iih!«

»Das ist genau das Richtige!« Fabije grinste.

»Ich weiß nicht recht … das ist keine gute Idee, finde ich.« Ennep suchte nach einem guten Argument, leider fiel ihm keines ein.

»Schließlich kannst du ja in den Garten kommen, jedenfalls bis zum Pflaumenbaum, weil da überall Nägel im Boden liegen. Ich kann nur bis an die Fenster.« Sie schnüffelte.

Ennep gab nach. »Wie willst du ihn dazu bringen?«, fragte er nur der Form halber nach.

Sie grinste. »Wenn er rauskommt, muss er an mir vorbei.«

Am nächsten Morgen auf dem Weg zur Arbeit, genau auf der Treppe, hatte Esche eine hervorragende Idee: Er würde das Essen im Garten servieren, auf dem Grill die Fische zubereiten und am Feuer alles warm halten. Er müsste nur den Grill an einen schönen Platz stellen, einen Tisch, die Stühle, etwas mähen …

Fröhlich begann er mit den Vorbereitungen und der Planung: fuhr einkaufen, kontrollierte das Geschirr, fand es zu hässlich, besorgte anderes. Lief im Garten herum und suchte einen besonders schönen Platz. Fand ihn zu uneben. Fluchte. Fand einen besseren. Mähte. Schlug mit dem Rasenmäher an einen dicken Stein. Ärgerte sich. Verbrannte sich an den Brennnesseln. Putzte sein Zimmer. Fegte die Treppe vor dem Haus.

Am Donnerstagabend stand er im Hof vor seinem Häuschen und betrachtete es nachdenklich.

»Ich wette, er fragt sich, ob es gut genug für sie ist«, sagte Fabije.

»Kannst du ihn auf diese Entfernung hören?«, fragte Ennep beeindruckt.

»Nein. Aber genau das fragt sich jedes Männchen, wenn es sein Nest anguckt. Ich glaube, dass es ihr gefallen wird. Besonders der Garten«, sagte Fabije überzeugt.

Ennep sah sie an und blickte dann zu Esche hinüber. »Wenn er ihr nicht gefällt, nutzt uns das gar nichts.«

Den ganzen Freitag verbrachte Ennep auf dem Geländer. Er wollte auf keinen Fall die Ankunft der Frau verpassen. Außerdem verbreitete Esche eine Unruhe, die Ennep aus dem Haus trieb.

Genau zum Läuten der Klosterglocken um sieben Uhr kam die Frau über den Hof herein. Unsichtbare Augenpaare folgten ihr, als sie an der Tür klingelte und dabei nervös an ihren Haaren zog.

Die beiden Menschen begrüßten sich, redeten, während ihre Körper sich einander vorsichtig näherten. Ihre Haare blieben gesträubt, als wären sie zwei große Hunde, die sich zufällig begegneten, unsicher noch, was von dem anderen zu halten sei.

Die beiden Sultangs saßen in dem Pflaumenbaum und sahen auf den Tisch hinunter.

»Sie hat ihre Schuhe ausgezogen.« Fabije grinste. »Und sie gräbt ihre Zehen in das Gras.«

»Er redet, er schenkt Wein nach« - Enneps Stimme bebte vor Belustigung – »und er versucht, ihr in den Ausschnitt zu schielen!«

»Sie lächelt und lacht und versucht, dünner auszusehen … Als er die Fische vom Grill genommen hat, hat sie auf seine Hände und Unterarme gesehen. Dann hat er sich zu ihr umgedreht, und sie ist rot geworden.«

Esche erzählte ihr von seiner Großmutter, von ihrem Garten, den sie so geliebt hatte.

Fabije lag neben ihnen im Gras und fing jedes Wort auf, sammelte alle Worte so sorgsam und genau auf, wie die alte Frau die Nüsse im Herbst aufgelesen hatte, damit nichts verkam.

Nach dem Essen standen sie auf.

»Ich helfe dir, die Sachen ins Haus zu tragen.«

Auf dem Weg hinunter in den Hof drehte sie sich noch einmal um, sah in den Garten hinauf. »Du hast da wirklich einen sehr schönen Garten«, meinte sie. »Bezaubernd.«

Auf dem Weg gingen sie nebeneinander, dabei schienen sie beständig das Gleichgewicht zu verlieren, taumelten fast, berührten sich dabei, wichen auseinander, bewegten sich wieder aufeinander zu, stießen zusammen.

An ihrem Wagen, als sie sich verabschiedeten, berührten sich ihre Gesichter einen Moment.

Gemeinsam sahen die Sultangs zu, wie die Dämmerung von der Nacht eingeholt wurde. In der mondlosen Nacht leuchteten die Sterne hell über dem Kloster, und es wurde sehr still.

»Sieh dir das an!« Fabije stieß Ennep leicht in die Seite und wies auf die Hofeinfahrt.

Er zuckte heftig zusammen.

Dort unten im Hof stand Hasel in einem langen Hemd, durchsichtig schimmernd, und schritt mit bloßen Füßen durch die Einfahrt auf die Tür zu.

Ennep sog scharf die Luft ein, des Geräusches wegen, nicht aus Notwendigkeit, und schloss seine langen Finger fester um das Geländer. »Sie ist tot?«, fragte er bestürzt.

»Natürlich nicht! Manchmal frage ich mich wirklich, wo du deine Augen hast«, tadelte Fabije. »Sieh genau hin – sie ist quicklebendig. Sie träumt.«

»Du hast es leicht, *natürlich nicht* zu sagen!« Ennep konnte seinen Schrecken kaum verbergen, und das ärgerte ihn. »Du hast schließlich noch keinen Geist gesehen. Die alte Frau ist ja wohl nicht in den Garten gekommen!«, setzte er unwillig hinzu.

Fabije drehte sich mit deutlicher Geduld zu ihm herum. »Selbstverständlich war sie auch im Garten. Sie wollte Abschied nehmen. Da ist gar nichts dabei.«

Ennep sah Hasel an, die langsam die Treppen hinaufschritt, durch die Tür ging und lange an Esches Bett stehen blieb. Plötzlich drehte sie sich herum und war verschwunden.

»Das verstehe ich nicht«, sagte Ennep und runzelte die Stirn.

»Aufgewacht«, kommentierte Fabije. »Sie wird zurückkommen.«

»Für sie wird er das Haus in Ordnung bringen. Vielleicht.«

»Vielleicht«, stimmte sie zu.

Sie lächelten.

Dr. Karsten Beuchert

Die Legenden von Yindra

Für Kerstin

Es gibt zwei völlig verschiedene Versionen der Legende darüber, wie Yindra – dieses gleichermaßen mythische wie mystische Wesen – in unsere Welt kam. Die männliche Variante, die von den Vätern auf die Söhne tradiert wird, erzählt von einer Angehörigen einer raumfahrenden Spezies, die eines Tages die Erde erreichte:

Langsam und verträumt öffnete Yindra ihre großen, dunklen Augen. Dass sie dies tat, musste eine wichtige Ursache haben. Ihr Schiff hatte entschieden, sie aus möglicherweise äonenlangem Schlaf zu wecken. Und dies bedeutete wiederum, dass sie an ihrem Ziel angekommen war.

Sie erinnerte sich, wie sie sich vor einer langen Zeit – deren genaue Dauer sie noch bestimmen musste – entschieden hatte, ihre Heimat zu verlassen, um dort zu unterstützen, wo sie am meisten benötigt wurde. Mit gewisser Trauer, aber auch in großer Dankbarkeit für ihr Wirken als Heilerin, hatte ihr Volk eines der neuesten und schnellsten Sternenschiffe für die unwägbar lange Mission ausgerüstet und ihr zur Verfügung gestellt.

In einer kurzen Session mit dem Intuitionscomputer hatte sie das Schiff für diese risikoreiche Reise programmiert, die sie dorthin bringen sollte, wo ihre Fähigkeiten am meisten Heilung bringen konnten – und in dem Glücksgefühl, das mit dieser Entscheidung einhergegangen war, hatte sich Yindra in einen unendlich tiefen Schlaf versenkt, aus dem sie jetzt geweckt worden war.

Sie räkelte sich und blinzelte mit den Augen. Ein mentaler Befehl aktivierte die in ihrem Schlaftank integrierten Monitore. Ein weiterer Gedanke fokussierte die Außenkameras. Eine Weile versenkte sich Yindra in den Anblick, der sich ihr bot.

Im Zuge ihrer kosmologischen Ausbildung hatte sie in diversen Sternsystemen schon kargste Felswüsten gesehen und düsterste Kraterlandschaften, mahlende Sandstürme und hinabreißende Gaswirbel, unregelmäßig gezackte, winzige Felsbrocken und verschlingende Massemonster. Doch der Anblick, der sich ihr jetzt bot, war ein völlig anderer. Dies also sollte der Planet sein, auf dem ihr Wirken am meisten benötigt wurde? Sie mochte es kaum glauben. Allerdings hatte sich bisher nie ein Intuitionscomputer geirrt …

Schön war er aus dem weiten Raum anzusehen, dieser Wandelstern, auf den ihr Schiff entschlossen zusteuerte. Blau in der Grundfarbe, kontrastiert von weißen Wolkenbahnen, ein verschleierter Edelstein in der schwarzen Weite des Alls. Und doch, ohne dass sie es genau hätte bestimmen können, schien die sichtbare Harmonie irgendwie gebrochen.

Ein weiterer Gedanke sensibilisierte ihr Schiff für das, was dieser Planet abstrahlte. Eine gute Weile versenkte sich Yindra in die Informationen, die ihr Schiff empfing – und begann, eine Ahnung davon zu bekommen, warum ihr Intuitionscomputer genau diesen Planeten ausgewählt hatte.

Eine vorherrschende Spezies gab es hier, die es noch nicht geschafft hatte, den vor Generationen selbstgegebenen Auftrag, sich den Planeten untertan zu machen, loszulassen und zu transzendieren – sondern fortfuhr, diese Aufgabe in wörtlich – und mörderisch – missverstandener Weise rücksichtslos umzusetzen.

Tatsächlich hatten diese Wesen es trotz der immer deutlicheren Anzeichen anscheinend noch nicht einmal geschafft zu verstehen, welche Folgen mit diesem Verhalten verknüpft waren. Offensichtlich standen sie ganz akut an genau der Schwelle, an der Yindras eigenes Volk vor Äonen erneut fast gescheitert wäre, ein Zeitalter neuen Bewusstseins einzuläuten, um nicht in einer globalen Katastrophe in die Barbarei zurückzufallen wie die Male zuvor. Vielleicht war dieser gar nicht der Planet, der am meisten Hilfe benötigte – aber er benötigte sie genau jetzt.

Yindra schloss ihre großen, dunklen Augen. Mit aller Liebe, derer sie fähig war, begann sie, diesen Planeten und seine Signale zu erforschen und anzunehmen. All die Trauer nahm sie auf, das Leid und die Wut, den Neid und den Hass, die Destruktion und Zerstörung, all die Dinge, die in ihrer Kultur endlich verblasst waren und die dennoch in ihr einen weit entfernten, schmerzvollen Widerhall erzeugten, aus einer fernen Zeit, als auch ihr Volk noch dabei gewesen war, seiner unbewussten Jugend zu entwachsen.

Als ihr Schiff den Planeten erreicht und selbsttätig ein geeignetes Versteck gesucht hatte, war Yindra bereit. Erneut öffnete sie die Augen und klappte mit einer entschlossenen Bewegung die Kuppel ihres Schlaftanks zurück.

Ein letzter Seufzer, und sie unterzog sich dem Metamorpher, um ihre äußere Gestalt an die auf diesem Planeten vorherrschende Spezies anzupassen.

Eine Variante der Legende behauptet, dass sie sich für diesen Prozess etlicher Gliedmaßen entledigen musste, eine andere spricht gerade vom notwendigen Erschaffen von Armen und Beinen. Einig sind sich alle Versionen darin, dass Yindras große, dunkle Augen unverändert waren, als sie ihr Schiff verließ und den Boden ihrer neuen Heimat betrat.

Davon abweichend erzählt die weibliche Variante der Legende, die von den Müttern auf die Töchter tradiert wird, von einem mythischen Wesen auf seiner ewigen, spirituellen Entwicklungsreise durch die rauen Gestade des Multiversums:

Schon lange war Yindra unterwegs, und lange würde sie noch unterwegs sein, auf ihrer endlosen Reise durch ein immerwährendes Jetzt. Königreiche hatte sie kommen und Kaiserreiche gehen sehen, Evolutionen und Revolutionen gelingen und scheitern, jedes Mal aufs Neue in liebevoller Betrachtung durch ihre großen, dunklen Augen. Immer war sie bereit gewesen, dort zu sein und zu unterstützen, wo sie helfen konnte.

Trank aus zahllosen Kelchen hatte sie akzeptiert, und unzählige Kelche waren an ihr vorübergegangen. Endlose Wege war sie gereist, immer in Begleitung ihres treuen Cyborgs, eines Biomorphs, teils Wesen und teils Maschine, der die Aufgabe hatte, in jeder neuen Welt Gefährte und auch Gefährt für sie zu sein, und die Fähigkeit, überall die passende Form und Funktion anzunehmen – sei es ein intelligenter Sportwagen, wo es Straßen gab, ein Reitsaurier in unwegsamem Terrain oder ein schlanker, geschmeidiger Flugdrache, wo anderweitig kein Vorankommen möglich war.

Müde war sie geworden auf diesen Reisen und Wegen, immer in Bereitschaft, mit ihrer sanften Energie zu Hilfe zu sein. Unendlich müde. Und so zog sich Yindra wieder einmal zurück, aus der Welt und den Welten, hinauf und hinab und hinweg, und erreichte in den Tälern und den Höhen eine tiefe, dunkle Höhle, in der sie ermattet niedersank, während der Biomorph draußen aufmerksam wachte.

Eine unerwartete Präsenz ließ sie die Lider öffnen. Helle, leuchtende Augen blickten klar in die ihren aus einer dunklen Gestalt, die keine eigene Kontur hatte, sondern sich aus der Schwärze der Höhle zu formen schien. So blickten sie eine Weile einander an, die hellen Augen aus der Schwärze tief versunken in den dunklen Augen von Yindras Lichtgestalt.

»Dein Weg ist noch nicht zu Ende«, sagten die hellen Augen.

»Ja«, erwiderte Yindra.

»Du weißt es«, sagten die Augen.

»Ja«, erwiderte Yindra.

»Und du kennst den Weg«, sagten die Augen.

»Ich werde ihn kennen«, erwiderte Yindra.

»Gut«, sagten die Augen und schlossen sich und ließen Yindra in konturloser Schwärze zurück, in der sie in einen unendlich tiefen, erholsamen Schlaf fiel.

Und draußen, Zeit um Zeit, wachte treu der Biomorph.

Als Yindra aus ihren Träumen erwachte, lagen die nächsten Schritte klar und deutlich vor ihr. Auch der Cyborg begann, sich zu regen, räumte den Schutt meterhoher Erdrutsche aus dem verschütteten Höhleneingang und erwartete Yindra für ihren weiteren Weg.

Mit röhrendem Motor fegten sie über staubige Wüstenpisten, mit mächtigen Schritten überquerten sie gierig schmatzende Sümpfe, mit heulenden Turbinen trug er sie über abgrundtiefe Luftlöcher und mit heiserem Schrei aus feuriger Kehle durch dräuende Gewitterwolken – hier zu diesem Magier, dort zu jener Frau des Wissens, ein Indiz fügte sich zum anderen, bis sie zur Ruhe kamen und ihr Ziel vor Augen hatten: das Tor, hinter dem Yindras Beistand so sehr benötigt wurde wie nirgendwo sonst.

Ein Ouroboros, der sich in seinen eigenen Schwanz verbissen hatte und so verharrte, umrahmte einen Spiegel wabernder Energie aus interferierenden Potenzialen möglicher Vergangenheiten und Zukünfte, die sich zu einem unaufhörlich wandelnden Jetzt verbanden: der Welt, aus der sie kamen, und der Welt, in die hinüberzutreten Yindra sich anschickte.

Einen Moment verharrte sie und sandte Energiefäden aus, um durch den Spiegel zu fühlen – und sie sofort wieder irritiert zurückzuziehen. Dies sollte der Ort sein, an dem ihr Wirken am meisten benötigt wurde? Und doch, die Weissagung hatte so klar und so eindringlich geklungen …

Schön war er durch den Spiegel anzufühlen, dieser Lebensraum, in den das Tor führte. Blaues Wasser schwappte an weiße Strände und ließ in unentwegtem Regenzyklus grüne Vegetation mit bunten Blüten wachsen. Und diese Welt brauchte ihre Hilfe? Sie hatte anderes erwartet …

Sie schickte ihre Energiefäden weiter. Eine gute Weile versenkte sich Yindra in die Bilder, die sie auf diese Weise empfing – und begann, eine Ahnung davon zu bekommen, warum sie durch dieses Tor gehen sollte. Die vorherrschenden Wesen auf der anderen Seite standen kurz davor, ihre farbenfrohe Biosphäre in eine austrocknende Wüste und staubgraue Einöde zu verwandeln. Vielleicht war dies gar nicht die Welt, die am meisten Hilfe benötigte – aber sie benötigte sie genau jetzt.

Yindra schloss ihre großen, dunklen Augen. Mit aller Liebe, derer sie fähig war, begann sie, diesen fremden Kosmos und seinen Schmerz zu erforschen und anzunehmen. All die Trauer und Verspannung nahm sie auf, die Rat- und Hilflosigkeit, die Einsamkeit und Entwurzelung, all die Dinge und Prozesse, die sie nur allzu oft gesehen hatte, wenn eine sich entwickelnde Kultur an der Schwelle eines neuen Zeitalters um ein neues Bewusstsein rang.

Als sich das Wabern der Energie beruhigte und sich die Oberfläche des Spiegels glättete, war Yindra bereit. Sie öffnete die Augen und trat mit einer entschlossenen Bewegung auf den Ouroboros und das Tor zu. In ihrem

Rücken, die letzte treue Versicherung, schickte sich der Biomorph an, auf ihre Rückkehr zu warten.

Ein abschließender Seufzer, und Yindra trat durch das Tor, und ihre äußere Gestalt passte sich an die in dieser Welt vorherrschenden Wesen an.

Eine Variante der Legende behauptet, sie war das letzte Einhorn, das für diese Aufgabe sein Horn opferte, eine andere spricht von ihr als einem ätherischen Schmetterlingswesen, das in der Transformation seine Flügel in eine nur für Eingeweihte wahrnehmbare Aura umformte. Einig sind sich alle Versionen darin, dass Yindras große, dunkle Augen unverändert blieben, als sie das Tor durchquerte und den Boden ihrer neuen Heimat betrat.

Welche Version der Legende der Wahrheit entspricht oder ihr zumindest nahe kommt, wird sich vermutlich niemals klären lassen. Weder das versteckte Sternenschiff konnte bisher gefunden werden, noch ist das Tor seitdem für irgendjemand anderen erschienen.

Auch ist wenig an Sachinformation über Yindras Präsenz in unserer Welt in Erfahrung zu bringen. Einig sind sich die Chronisten lediglich darin, dass ihr Wirken von höchst sanfter und subtiler Energie ist, und es gilt als gesichert, dass sie ihre heilende Kraft vor allem in den Regionen unseres Planeten zu entfalten versucht, die historisch am meisten mit Schmerz und Leid belastet wurden.

Berufene Exegeten der Legenden von Yindra meinen darüber hinaus, herauslesen zu können, dass sie ihr Wirkungsfeld weder in völliger Abgeschiedenheit noch in der Unpersönlichkeit der großen Zentren und Metropolen sucht. Unbestätigt bleiben Berichte, nach denen es sogar hier in dieser abgelegenen Region unseres Alls noch weitere Wesen aus teilweise völlig anderen Bereichen des multiversalen Quantenschaums geben soll, mit denen sie sich in Freundschaft und Hilfsbereitschaft zur Unterstützung unserer Welt verbindet.

Aber wenn Sie einem Wesen begegnen, das aus sanften, großen, dunklen Augen in die Welt schaut und dabei in die Ewigkeit zu blicken scheint, dann sehen Sie genauer hin! Vielleicht, vielleicht ist sie es …

Sinje Blumenstein

Goldfischchen

»Mamtschi, ich geh malen!«, rief Clara schon mit einem Fuß zur Tür hinaus.

In der Küche klirrte es. Ganz sicher hatte ihre Mutter das Besteck zurück ins Spülbecken plumpsen lassen. »Moment, Moment! Wohin willst du so früh?«, wollte Claras Mutter wissen.

So schnell konnte Clara ihr doch nicht entwischen. Clara schwenkte ihren alten Grundschulturnbeutel hin und her. Ungeduldig schliff die Schachtel mit den Tubenfarben darin heftig über Malblock und Aufbewahrungsmappe. Die Plastiktüte voller Stifte klopfte aufgeregt raschelnd gegen die Wasserflasche.

»Auf'n Kuhberg. Die Wiese sieht bestimmt richtig toll aus«, erklärte das Mädchen und fügte hinzu: »Toby kommt mit. Sein Pa hat ihm endlich beigebracht, wie man eine Flöte schnitzt. Das will er mir unbedingt zeigen.«

Clara verdrehte die Augen, als sie sah, dass ihre Mutter ihre Sandalen ins Visier nahm. Da hatte die Mallust glatt für die falschen Schuhe gesorgt, aber an Mamtschi ließ sich so gut wie nichts vorbeischmuggeln.

»Zieh Gummistiefel an!«, wurde Clara ermahnt. »Und nehmt die Picknickdecke mit, damit ihr nicht zu nass werdet!«

Clara war ungeduldig. Wollte schnellstmöglich zwischen funkelnden Spinnweben und unzähligen diamantenen Löwenzahnkügelchen sitzen und malen. Sie gehorchte aber, indem sie brav in ihre quietschbunten Gummistiefel schlüpfte.

Eigentlich hatte ihre Mamtschi recht. Gerade hatte der September begonnen. Die Affenhitze war seit einer guten Woche vorbei. Auf der Kuhbergwiese glitzerten sicherlich Millionen von Tautropfen, während der Wind morgens dem Spaziergänger frech in alle Glieder fuhr.

Wenn Mitte der nächsten Woche die Schule wieder begann, wollte Clara ihren Freundinnen nicht verschnupft von ihren Sommerferien berichten. Zu sehr freute sie sich vor allem auf Mae, die den Sommer lang wie eine Biene ihrem imkernden Vater hinterher gesummt und nicht zu Gesicht zu bekommen gewesen war.

Ehe Clara die Treppe hinunterhüpfte, um ihren Freund Toby abzuholen, schnappte sie sich Malbeutel und eingerollte Decke und tupfte ihrer Mutter ein Küsschen auf die Nase.

»Bis da-ann!«, flötete sie.

»Seid um zwölf wieder da!«, erinnerte ihre Mutter sie noch, bevor sie die Tür schloss und sich weiter dem Sonntagmorgenabwasch widmete.

Toby maulte leise vor sich hin. Sein Taschenmesser ließ er auf- und zuschnappen, sodass Clara immer wieder erschrocken von ihrem Block hochsah, besorgt, er könne sich verletzen.

Dass die Rehe in Sichtweite ihr ausgedehntes Frühstück aufgrund des Geräuschs nicht unterbrachen, war für Clara ein reines Wunder.

»Ich bin doch fast fertig«, beschwichtigte sie ihn.

Der Wind war zu frisch, als dass er die Farbe schnell trocknen konnte. Wie Wäsche, die in feuchtem Nachtwind flattert, blieb das Papier klamm. Feuchtigkeit schimmerte auf Himmel und Wiese. Das Braun der Rehe verlief hier und da leicht. Den Feinarbeiten wollte Clara sich ohnehin erst zu Hause widmen. Die Nebelschwaden, die sie unten im Tal erkennen konnte, würden sich jetzt nur zu matschigem Brei mit der Wiese vermischen.

Mit verschränkten Beinen saßen die Kinder auf der wasserdichten Picknickdecke. Trocken. Der Wind störte sie nicht. Clara genoss ihre erhabene Position, fühlte sich groß, konnte alles überschauen.

Die Landschaft vor ihnen hatte unter den Sommerunwettern gelitten. Die Wege zur großen Wiese waren nach dem Starkregen wieder geräumt. Die unerbittliche Sonne der vergangenen vier Wochen hatte längst die letzte Nässe aufgeleckt. Ungeschütztes Erdreich aufgerissen, ihm ein Großmuttergesicht verliehen, voller Furchen, Lebenslinien eines Sommers. An den Wegrändern ragte Wilde Möhre zerbrechlich dürr zwischen Gräsern, den Überlebenskünstlern der Jahreszeiten. Feuchtigkeit spendete inzwischen nur noch der Tau, der den Spätsommer einläutete.

Doch unten in der Senke, wo sonst ein Bächlein sprudelte und Wildschweine ihre Suhle hatten, überwog Verwüstung. Die Morgensonne küsste zwar das Laub, das hier und da schon die Farbe wechselte. Der Nebel aber, der über abgebrochenes und umgestürztes Holz schwappte wie überkochende Suppe, hinterließ ein Flattern in Claras Magengrube. Fast abweisend lag das Tal vor den Kindern wie ein dampfender Kessel der Urwüchsigkeit. Vergessen von menschlichen Händen, als wolle der Wald sein Terrain neu gestalten.

»Ich will da noch runter!«, beharrte Toby.

Clara schüttelte den Kopf und beobachtete, wie die drei Rehe, die eben noch in sicherer Entfernung auf der Wiese geäst hatten, von Tobys lauter Stimme aufgeschreckt, nun doch in den Nebel sprangen. Bevor sie ganz von ihm verschluckt wurden, sah es aus, als schwömmen sie in fasriger Zuckerwatte.

Schade, dachte Clara, nun sind sie weg. Nur noch als braune Kleckse auf ihrem Bild gab es sie.

»Ne, da ist es bestimmt zu unwegsam.« Clara schämte sich ein bisschen für ihr Mädchengejammer, aber ihr taten in den Gummistiefeln die Füße noch vom Herweg weh. Außerdem wollte sie viel lieber schauen. Wenn sie Malerin werden wollte, müsse sie alle Bilder vor ihren Augen tief in sich einsaugen wie ein Schwamm, hatte ihre Lehrerin gesagt.

»Weiden gibt's aber nur da unten!«, wusste Toby mit scharfem Ton, gestand dann aber: »Ich will dir doch 'ne Flöte machen.«

Clara grinste, als sie ihn ansah und feststellte, dass seine Wangen die Farbe des Lieblingshibiskus ihrer Mamtschi annahmen. Großzügig gab sie sich geschlagen, ließ sich von Toby drängen. Schließlich schwenkte sie ihre Pinsel energisch durch die Wasserflasche, prüfte, ob ihr Bild endlich trocken war, legte es vorsichtig in die mitgebrachte Mappe und packte ihre restlichen Utensilien ein.

Bevor sie Toby die Wiese hinunter folgte, blieb Clara einen Moment lang ganz still stehen. Hypnotisiert blickte sie in die reglosen Nebelbänder, ließ sich von ihrem silbrigen Funkeln einlullen.

»Faszinierend«, murmelte sie in die morgendliche Ruhe.

Der Nebel war faszinierend, aber unheimlich. Clara stand mittendrin und fröstelte, während Toby auf dem Holz herumkletterte und nach einem geeigneten Zweig suchte.

So schwierig kann das doch nicht sein, ging es Clara durch den Kopf. So ein Aufhebens für eine kleine Flöte. Aber Toby war ja bekannt für seine geheimnisvolle Art.

Als sie den Jungen nicht mehr sehen konnte, rief sie ihm zu: »Du, Toby, wo ist denn der Bach hin?«

Sie war sich sicher, dass sie eigentlich mitten im Bach stand. Aber weder ein Plätschern noch ein Rauschen war zu hören. Nur Tobys Schritte. Nur ein kleines Knacken hier, ein Schmatzen da. Ganz schwach, da der Boden nicht komplett schlammig war.

»Tobias Ebert, wenn du nicht sofort hier wieder auftauchst …«, maulte sie jetzt, biss sich aber gleich auf die Unterlippe, weil sie an ihre Freundin Mae dachte.

Mae hatte nirgends in der Natur auch nur einen Hauch von Angst, obwohl sie als Sechsjährige bei einem Spaziergang ihre Eltern verloren und sich verirrt hatte.

»Hab dich nicht so!«, sagte sich Clara und straffte die Schultern, bis sie von rechts Tobys Stimme hörte.

»Ich tipp mal auf ausgetrocknet oder …«, antwortete er endlich, bevor ein Krachen weitere Worte verschluckte.

»Toby!«, schrie Clara auf.

Doch schon trat ihr Freund wieder aus dem Nebel. Vollkommen verdreckt, lachend und einen langen Zweig triumphierend in der Hand schwenkend. Clara brauchte nicht lange, um sich von ihrem Schreck zu erholen. So war Toby eben. Hartnäckig. Abenteuerlustig sowieso. Und er piesackte Clara ganz gerne einmal.

Es war klar, dass sie darauf reinfallen und sich von ihm ordentlich erschrecken lassen würde. Belustigt betrachtete sie ihn von seinem zerzausten Aschschopf bis zu den vom Morgentau durchnässten Turnschuhen, deren Farbe allerdings nicht mehr zu erkennen war. Fröhlich setzte er zum Sprung an, um die einzige Pfütze weit und breit zu überwinden.

»Halt!«, stoppte ihn Clara. »Wart mal! Da liegt was.« Sie löste sich aus ihrer Starre und tastete sich vorsichtig über die dünne, aber rutschige Matschschicht, die an anderer Stelle offenbar auch Toby schon zum Verhängnis geworden war, wie seine Hose vermuten ließ.

»Au Backe«, staunte Toby vor der Pfütze kauernd. »Das is'n Goldfisch. Wo kommt der denn her?«

Clara fuhr sich mit den Fingern durch ihre kurzen, braunen Locken. Der Goldfisch sah sie direkt an, da war sie sich ganz sicher. Das ihr zugewandte goldumrahmte

Auge blickte nicht ins Leere, sondern sah unmittelbar zu ihr auf. Sollten seine Augen nicht dunkler sein? Das Tierchen war rundum regelrecht blass, während sein Maul mechanisch langsam auf- und zuschnappte. Über seinen Rücken hatte sich ein Buchenblatt gelegt, als wolle es ihn zudecken, weil das Pfützenwasser, so flach wie es war, es nicht mehr konnte.

»Wahrscheinlich aus dem Süßen See«, mutmaßte Clara und dachte so angestrengt nach, dass sich ihre Stirn zwischen den Augenbrauen zu einem auf dem Kopf stehenden U faltete. »Ja, im Süßen See gibt es Goldfische. Als ich das letzte Mal mit Mamtschi und Paps dort war, hab ich mindestens zehn gezählt.«

Toby bedachte sie mit einem amüsierten Ausdruck. Seine linke Augenbraue schlug einen neckischen rechten Winkel.

Clara winkte ab. »Ja, ja, ich weiß. Wer nennt schon mit elf seine Mutter noch Mamtschi? Ist doch schnurzpiepe. Wichtiger ist: Was machen wir jetzt mit dem Goldfisch? Der ist doch noch so klein!« Sie streckte die Hand aus, hielt aber inne, weil sie sich erinnerte, dass Fische keine Streicheltiere sind.

»Na, wir bringen ihn zum Süßen See!«, entschied Toby in einem Ton, der verriet, dass es gar keine Alternative gab. Entschlossen griff er nach dem Fischchen, aber Clara legte abweisend ihre Hand auf seine.

Stumm öffnete sie ihren Malbeutel und kippte den Inhalt neben die Pfütze, bis sie fand, was sie benötigte. Sie konzentrierte sich so sehr, dass es einem kleinen Schmetterling gelang, sie zu erschrecken. Vor ihrer Nase flügelte etwas Violettes so schnell vorbei, dass ihr das Plastiktütchen samt Pinseln aus der Hand glitt und in die Pfütze platschte. Instinktiv sah sie dem Falter nach, doch er wurde so schnell vom Nebel verschluckt wie zuvor noch die Rehe. Clara schüttelte den Kopf.

Sie entleerte die Tüte und schob sie behutsam über den kleinen Fisch, darauf bedacht, auch genug von dem wenigen Wasser mit einzufangen. Dann reichte sie Toby die Tüte, damit sie ihre Utensilien wieder einpacken konnte. Das Fischchen konnte sie jedoch nicht aus den Augen lassen. Für einen Augenblick glaubte sie sogar, es lächeln zu sehen.

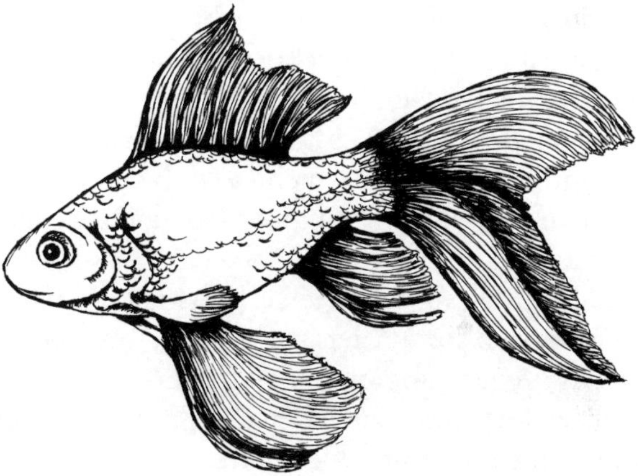

»Sieh dir das an! Der ganze Bachlauf ist furztrocken!«, stellte Toby atemlos fest, als sie gut die Hälfte des Weges zum Süßen See zurückgelegt hatten. »Ich meine, viel Wasser hat die Wiesel ja nie, aber vielleicht ist irgendwo ein Baum umgefallen und versperrt nun alles.« Toby stolperte beim Grübeln.

Clara aber war anderweitig abgelenkt.

Der Nebel war nun verschwunden. Nur ein paar Schmetterlinge tanzten vor den Kindern durch die Luft. Dazwischen ein strahlend violetter. So einen hatte Clara noch nie gesehen. Viel größer als die anderen war er. Ein Riese zwischen Zitronen- und Aurorafaltern. Und ein verdammt schneller noch dazu. Wann immer Clara einen näheren Blick zu erhaschen versuchte, düste er davon.

Clara hielt inne, und als auch Toby stehen blieb, nahm sie ihm den Goldfisch ab, um ihn im Sonnenlicht zu betrachten. Die Sonne stand jetzt höher. Strahlte den Fisch an, konnte seinem Orange aber nicht die Blässe nehmen. Sie mussten sich beeilen.

»Weißt du, wie lange es her ist, dass ich am Süßen See war?«, flüsterte sie mehr zu dem Fisch als zu Toby. »Im März war das«, erinnerte sie sich ein bisschen wehmütig, denn sie liebte den großen See, ihr Lieblingsmotiv.

Unzählige Bilder hatte sie schon von ihm gemalt, und manchmal verzauberte sie ihn sogar. Schenkte ihm Nixen und Wassergeister. Nur Mamtschi und Mae verzogen beim Betrachten die Lippen nicht zu einem ironischen Grinsen. Allein war sie allerdings bisher noch nie am Süßen See gewesen.

Die Kinder eilten weiter. Tobys Füße gaben Schmatzgeräusche von sich, und Clara schwitzte, obwohl Toby ihr bereits das Gepäck abgenommen hatte.

»Was ist, wenn im See auch kein Wasser ist?«, wandte sie sich an ihren Freund und hielt inne.

Für einen Moment schienen auch ihre Begleiter, die Schmetterlinge, erstarrt.

»Nein, das glaube ich nicht!« Toby gab ihr einen optimistischen Klaps auf den Rücken und schob sie sanft weiter. »Die mickrige Wiesel ist doch nicht sein einziger Zufluss, oder hast du die Trutta vergessen? Und überhaupt: Meinst du nicht auch, dass die Zeitung berichtet hätte, wenn der Süße See ausgetrocknet wäre? Der ist ja nun echt kein Geheimversteck!«

Das stimmte. Dennoch konnte Clara die Sorge nicht abschütteln. Sie hoffte inständig, dass die Goldfischfamilie genügend Wasser hatte. Und dass sie überhaupt noch dort war. Alles andere wurde unwichtig. Auch, dass sie zu spät nach Hause kommen würden.

Längst hatten sie die riesige Kuhbergwiese hinter sich

gelassen, waren über Stämme geklettert, und inzwischen war vom Wald nichts mehr zu sehen. Flurholzstreifen säumten den Weg neben dem Bachbett, dessen dunkles Braun wieder etwas Feuchtigkeit verriet. Toby hüpfte in die Büsche. Clara nutzte die Gelegenheit, um sich in deren Schatten ins saftgrüne Gras zu setzen.

Wie fleißig doch der Tau ist, kam es ihr in den Sinn, die Wiesen rettet er immer. Sie hob sich die Tüte mit dem Goldfisch vors Gesicht und lächelte. »Wir sind bald da«, murmelte sie ihm aufmunternd zu.

Vorsichtig öffnete sie das Tütchen, ließ Hitze entweichen und betrachtete das Fischmäulchen, das zu ihr zu sprechen schien. Magisch angezogen, hielt sie ein Ohr über die Tüte. Nichts zu hören. Nur Tobys Krach, als er mit zwei Händen voll Pflaumen unter den störrischen Zweigen der knorrigen Bäume hervorkroch.

»Guck nicht so! Ich hab gekostet«, nahm er Claras skeptischem Blick den Wind aus den Segeln und reichte ihr die magere, aber unerwartet süße Wegzehrung. Viel Zeit ließ er ihr jedoch nicht, denn kaum war der letzte Stein ins Gras gespuckt, half er ihr auch schon wieder auf die Beine. »Na komm, die zehn Minuten schaffen wir auch noch!« Vergessen waren der maulende Toby und sein schnappendes Taschenmesser. Nun war sein Grinsen wie immer aufmunternd und ließ die Füße schneller werden.

»Gott sei Dank!«, entfuhr es Clara, als sie das Seeufer erreichten.

Staubiger Dunst waberte über die trockenen Felder am anderen Ufer, die Luft am Wasser jedoch war frisch und einladend. Hinter einem schmalen Streifen Seegras tummelten sich aufgeregt Fischchen in allen Nuancen von Rot und Orange. Näher wagten sie sich jedoch nicht.

»Du bist zu Hause«, flüsterte sie ihrem Goldfisch zu, hockte sich hin und ließ ihn frei.

Doch er verharrte im seichten Uferwasser. Bewegte sich nicht. Lediglich sein fächerartiger Schwanz wogte kaum merklich mit den schwachen Wellen. Claras Gesichtsausdruck zerfiel in Scherben der Sorge.

Langsam kniete sich Toby neben Clara, nahm ihr die leere Tüte aus der Hand. »Lass ihm Zeit!« Toby konnte einfach nichts aus der Ruhe bringen. Er drückte leicht Claras Schultern und zog sich zurück, als wollte er dem Mädchen und dem Fisch einen intimen Moment des Abschiedes einräumen.

»Nun schwimm schon los, kleiner Mann!«, murmelte Clara.

Sanft zog sie die Finger durchs Wasser, wollte den Fisch mit kleinen Wellen anstupsen. Dann spürte sie sein kleines Mäulchen an ihrem Zeigefinger. Wie einen getupften Kuss, genauso, wie sie ihre Mamtschi immer auf die Nase küsste.

»Sie ist ein Mädchen«, säuselte das Schilf, und Clara sah sich verwundert um.

Als sie zurück auf ihre Finger blickte, war das blass orangefarbene Fischchen verschwunden. Weich umschloss eine fremde Hand ihr Handgelenk. Gläsern transparent, feuchtwarm wie der See lag sie auf Claras Haut.

Das Mädchen erschrak nicht, sondern verspürte ein liebevolles Kribbeln, während die Hand seinen Arm nach oben und über seine Schultern wanderte und schließlich flach auf ihrer Wange verweilte. Eine zweite Hand kam hinzu, um das Gesicht des Mädchens sanft zu umschließen, zwang es – ganz sacht nur –, nach vorn zu sehen.

Clara klappte der Unterkiefer herunter, als sie in ein Augenpaar blickte, das so blau war wie der schönste Maihimmel während der Kirschblüte. Augen, die sie aus einer Gestalt heraus anlächelten, die in der Spätsommersonne wie wässriges Glas schimmerte.

»Ich danke dir, dass du meine Tochter zurückgebracht

hast«, flüsterte die Frau, in der Stimme ein leichtes Plätschern.

Clara schloss und öffnete den Mund, doch ihr beabsichtigter Ruf nach Toby blieb aus. Stattdessen stammelte sie: »Ddd-der Fisch i-ist ddd-deine Tochter? Was … was bist du?« Fast wäre das Mädchen in seiner Überraschung ins Wasser gerutscht, doch die transparente Frau stützte sie fester, als ihr wasserfallgleiches Aussehen vermuten ließ.

Sie schüttelte kaum merklich den Kopf, dennoch spritzte Clara feiner Sprühregen auf die Nase. Der Finger der Frau lag auf Claras Mund. »Ihr habt so viele Namen für uns. Nymphen, Najaden, Wassergeister … höre ich euch manchmal sagen. Limnaden gefällt mir weniger. Das klingt wie eines eurer Getränke. Findest du nicht auch?« Sie lächelte. Zunächst fast ein bisschen verschwörerisch, dann aufmunternd. »Such dir einen Namen aus, kleine Malerin!«

Clara war erstaunt. »Du kennst mich?«

»Natürlich. Wir beobachten euch Menschen genau. Über den See zu wachen, ist unsere Aufgabe. Wir sind an ihn gebunden. Verschwindet er, werden auch wir verschwinden.« Die Frau hatte Claras Gesicht längst losgelassen und umspannte inzwischen ihre Hände. »Wir alle sind dir sehr dankbar, dass du unser jüngstes Glied zurückgebracht hast. Je mehr es von uns gibt, umso besser geht es dem See und euch.«

»Aber das war doch Tobys gute Idee«, berichtigte Clara eifrig. »Wie ist die Kleine überhaupt aus dem See herausgekommen?«

Ein kristallenes Lachen ließ die Frau vernehmen. Milde klang es. Fast wie Mamtschis, wenn sie Clara kleine Fauxpas nachsah. »Neugierig war sie. Genau wie du, kleine Malerin, als du uns einmal besuchen wolltest.«

Lächelnd nickte das Mädchen. In der Tat. Als Dreijährige war Clara neugierig auf die Fischchen gewesen und ins Wasser geplumpst. Sie konnte sich nicht erinnern, aber ihr Paps hatte ein Foto von der triefnassen Clara ins Album geklebt und die Geschichte mit vielen Smileys in seiner steil-krakeligen Handschrift daneben geschrieben.

»Ich verrate dir ein Geheimnis«, flüsterte die Frau weiter, und obwohl sie nahezu durchsichtig war, konnte Clara in ihrem Gesicht genau erkennen, dass sie sie inständig zur Wahrung dieses Geheimnisses ermahnte. »Wir können uns in alle Wassertiere und -pflanzen verwandeln, um euch zu beobachten. Und uns gleichzeitig zu verbergen. Wir bewachen und schützen unser Gewässer, aber wir bestrafen auch all jene, die ihm schaden. Ihr sollt uns nicht erkennen, zu wenig glaubt ihr noch an uns. So sehr wir auch zu eurer Welt gehören. Unsere Kleine jedenfalls muss noch üben. Sie schaffte es nicht, sich als Pflanze tief am Grund des Sees festzuklammern, als der Regen den See über die Ufer wusch. Wir anderen kamen nicht weit. Zu schwach werden wir, je weiter wir uns von unserem Gewässer entfernen. Als die Trockenheit kam, mussten wir selbst Schutz suchen.«

»Geht es ihr denn jetzt wieder gut? Sie war so blass!« Clara war aufrichtig besorgt.

Eine Antwort blieb die Frau ihr schuldig, denn zum Beweis tummelte sich ein gutes Dutzend kleiner und größerer Goldfische dort, wo die Beine der nackten Silhouette der Wasserfrau wieder eins mit dem See wurden. Auch das kleinste Fischchen sah nun gar nicht mehr blass aus und vollführte sogar einen kleinen Tanz.

Ein Knattern riss Clara aus ihrer Betrachtung. Ein Quad näherte sich.

»Sag dem Jungen, er soll der Weide zuhören, dann gibt sie ihm den Zweig, den er benötigt!«, wusste die Frau und zeigte mit ihrem schimmernden Finger zu einem Baum unweit des Ufers. Dann fiel ihre zierliche Gestalt zusammen, glitt lautlos in den See zurück, als habe er sie aufgesogen.

Mit einem Mal war nichts mehr zu sehen. Kein Fisch. Nicht einmal Wellen.

»Komm bald wieder, kleine Malerin!«, säuselte das Schilf, bevor das Motorengeräusch noch näher kam.

»Da bist du ja!«, rief Mae, sprang, kaum stand das kleine Gespann still, vom Hänger und eilte auf Clara zu.

Ihr Vater Andreas saß auf dem Quad und stieß sichtlich erleichtert Atem aus. Er strich sich durch sein Haar, das bereits von silbrig-grauen Fäden durchzogen war. Ein paar Bienen umschwirrten ihn. Ruhig griff er nach seinem Handy, um eine Nummer einzutippen.

»Mensch, deine Mutter macht sich richtig Sorgen!«, mahnte Mae ihre Freundin. »Ich bin ja so froh, dass mir … gesagt … ich meine, dass ich mir gleich denken konnte, wo ihr seid. Äh … wo ist denn eigentlich Toby?«, wunderte sich das quirlige Mädchen, das fast einen Kopf kleiner war als Clara.

Toby? Ihn hatte Clara völlig aus den Augen verloren. Ein Blinzeln lang nur hatte sie an ihn gedacht, weil sie den Dank der Limnade nicht für sich allein verbuchen wollte. Sie sah sich um, konnte aber seinen aschblonden Schopf nirgends entdecken. Wahrscheinlich kletterte er in den Weiden herum, denn andere Verstecke gab es rund um den Süßen See nicht.

»Er sucht bestimmt immer noch nach einen Weidenzweig«, mutmaßte sie laut, bevor sie mit aller Kraft nach ihrem Freund rief.

Keine Reaktion.

Stumm folgte Clara Mae zum Quad. Wie immer, wenn sie draußen war, hüpfte Mae mehr, als dass sie ging. In ihrem strubbeligen Kurzhaarschnitt – Clara kannte Mae gar nicht anders – wippte etwas, das wie ein violetter

Schmetterling aussah. Den hab ich doch schon mal gesehen, kam es Clara in den Sinn. Doch wie zuvor schon entzog sich der Schmetterling immer wieder ihrem genaueren Blick. Einmal meinte sie sogar, sie habe ein schmächtiges Ärmchen erhaschen können. Müde blinzelte Clara und sah dann doch nur Maes kräftig braunes Haar, mit dem eine leise Brise des Sees spielte.

Bei Andreas angekommen, senkte sie den Blick. »Wie spät ist es denn?«, fragte sie leise, obwohl sie nur auf ihre Uhr hätte schauen müssen. Schuldbewusst verschränkte sie ihre Hände hinter dem Rücken.

Ein belustigtes Funkeln blitzte in Andreas' Augen. »Schon fast vierzehn Uhr«, klärte der Imker Clara auf. »Da hat wohl jemand die Zeit vergessen. Hm, kleine Malerin?«

Das Mädchen sah überrascht wieder auf. *Kleine Malerin* nannte er sie. Genauso wie die Gestalt, die so überraschend aus dem Wasser emporgestiegen war.

Ohne Umschweife begann Clara, von ihrem Goldfischabenteuer zu erzählen. Die geheimnisvollen Bewohner des Süßen Sees sparte sie hingegen aus. Andreas' Blick, in dem sich frisches Lindengrün zu spiegeln schien, wurde anerkennend, ein mildes Lächeln furchte sanfte Fältchen um seine Augen.

»Toby hat recht«, bestätigte Maes Vater. »Einen halben Kilometer vor dem Kuhbergtal sind mehrere Bäume umgestürzt. Mae und ich kommen gerade von dort. Ich denke, die Jungs von der Agrargenossenschaft sind immer noch dabei, die Stämme zu beseitigen.«

Es sollte also nicht mehr lange dauern, bis die Wiesel wieder ungehindert in den Süßen See floss. Clara fiel ein Stein vom Herzen.

Bereitwillig folgte sie Andreas' Aufforderung: »Na, dann steigt schon mal auf, meine Damen!« Galant stieg er ab und half Clara, die im Gegensatz zur geübten Mae etwas Mühe hatte, auf den Quadanhänger zu klettern. »Ah, da kommt ja auch schon der vermisste … und mächtig dreckige … Retter!«, rief Andreas aus, als Toby endlich zwischen den Weiden am linken Seeufer auftauchte.

Schon von Weitem konnte man sehen, dass er vor Dreck stand. Sichtlich verwirrt schaute der Junge nach links und rechts, bevor er zum Sprint ansetzte, um zum Quad zu gelangen. Über die kurze Distanz rannte er so schnell, dass er beinahe Claras Malbeutel und die zusammengerollte Picknickdecke verlor. Zweimal glitt er fast aus und hatte Mühe, die Sachen seiner Freundin festzuhalten.

Während er die Decke, Mae zunickend, neben sie in den Hänger legte und Clara den Malbeutel reichte, rang er sichtlich nach Atem. Und um Fassung. Er beugte sich zu Clara, die es sich bereits mit angezogenen Beinen im Hänger bequem gemacht hatte.

»Was war das denn?«, flüsterte er ihr so leise ins Ohr, dass Mae neugierig die Augen aufriss und sich vorbeugte.

Clara musste grinsen, weil sie genau wusste, was Mae dachte. Spätestens in der Schule würde sie sie über Toby ausquetschen, das ahnte sie jetzt schon.

»Später!« Sie winkte ab. »Hast du nun endlich deinen Flötenzweig?«, fragte sie unverfänglich.

Noch konnte sie selbst nicht einordnen, was sie vor wenigen Minuten erlebt hatte. Hatte Toby sie und die Nymphe beobachtet, dann hatte ihn diese Beobachtung offenbar mächtig aus der Bahn geworfen. Doch Clara fühlte sich selbst noch wie in einem Traum. Allerdings in einem wunderschönen, faszinierenden und inspirierenden Traum.

Toby verzog enttäuscht die Lippen. »Na ja, ich dachte, schon. Aber der, den ich im Tal gefunden habe, ist doch nicht so toll. Ich hab's total vergeigt.«

Clara musste ihm einen freundschaftlichen Schubs geben, damit er ihrem Fingerzeig folgte. »Dann flitz rüber zu der Weide und schau und hör genau hin!«, empfahl sie selbstsicher, bevor sie sich an Maes Vater wandte: »So viel Zeit haben wir doch noch, Andreas, oder? Wir sind doch sowieso schon zu spät!«

Andreas nickte, saß aber bereits auf.

Toby brauchte nicht lange.

»Viel besser ist der als der erste!«, freute er sich und strahlte über beide Ohren.

Clara betrachtete den Zweig mit übertriebenem Interesse und lächelte zufrieden. Im Stillen bedankte sie sich bei der Nymphe. Sie würde wiederkommen und ihren Dank noch einmal persönlich überbringen.

Beim Aufsteigen brauchte Toby natürlich keine Hilfe. Behände schwang er sich auf den Hänger und quetschte sich neben Mae und Clara. Seine langen Beine waren ihm im Weg.

»Das Messer bleibt aber während der Fahrt in der Tasche, junger Mann!«, stoppte Andreas Tobys Überschwang, bevor er den Motor startete und losfuhr.

Bald fühlte Clara sich durchgeschüttelt von all dem Geschaukel auf den Wald- und Feldwegen, die Andreas befuhr, um die Kinder nach Hause zu bringen. Wie Toby dabei einnicken konnte, war ihr schleierhaft.

»Ich glaube, das gehört dir«, schrie Mae gegen Wind und Motorengeräusch und stupste ihre Freundin in die Seite.

Clara wollte ihren Augen nicht trauen. In den Händen hielt Mae das Bild, das sie noch vor Stunden auf der Kuhbergwiese begonnen hatte. Irritiert zog sie ihren Beutel auf und stellte überrascht fest, dass die Mappe, in der sie das Bild hatte aufbewahren wollen, verschwunden war. Unfassbar. Sie musste das Bild im Tal verloren haben, als Toby und sie das Goldfischmädchen fanden. Und doch war die Malerei nun wieder hier. Völlig sauber. In den

Händen ihrer Freundin. »Woher hast du das?«, fragte sie zu leise, als dass Mae sie hätte hören können.

Ihre Freundin grinste breit und reichte ihr das Kunstwerk.

Beinahe liebevoll strich Clara über die grüne Wiese und die Rehe, die ihr noch nicht so gut gelingen wollten. Sie freute sich unbändig darauf, ihr Bild zu Hause zu vervollkommnen.

Doch etwas Neues erregte ihre Aufmerksamkeit.

Über das satte Grün, das ihr Pinsel hinterlassen hatte, flatterte ein kleines Menschlein mit violettem Röckchen, die Flügelchen zauberhaft schimmernd. Sogar ein bisschen Blütenstaub hatte sich über dem Blatt Papier verteilt.

»Das hab ich nicht gemalt«, murmelte Clara und blickte überrascht zu Mae.

Und nun sah sie es ganz deutlich. Auf dem Kopf ihrer Freundin lag ein winziges Wesen, den Kopf auf die Ärmchen gestützt, auf den Lippen ein strahlendes Lächeln. Mae war so nah, und Clara spürte, wie Maes feste Schuhe an ihre eigenen drückten, nahm ihre Wärme wahr.

Das konnte kein Traum sein.

Erst ein Goldfischchen, das keines war, und nun eine … Elfe.

Und später würde ihr Toby noch eine Flöte schnitzen. Für sie ganz allein.

Clara wollte die Welt umarmen. Dieser letzte Feriensonntag war gewiss der schönste Tag ihres Lebens.

Das Wesen versteckte sich nicht mehr, flatterte auf und schwang sich herunter, um Mae einen Kuss auf die Wange zu hauchen.

Die Imkertochter tat nicht einmal überrascht. Die Gegenwart der Elfe schien für sie das Selbstverständlichste auf Erden zu sein. Ihre Lippen umspielte ein zutiefst zufriedenes Lächeln.

In nächster Zeit würden sie und Mae viel Gesprächsstoff haben, davon war Clara überzeugt.

Nur einen Wimpernschlag später winkte die Elfe den Mädchen zu. »Komm bald wieder, kleine Malerin!«, rief sie fröhlich.

Und dann war sie verschwunden.

Melanie Scharley

Wenn man nicht dran denkt …

Nur einen Moment hatte ich nicht aufgepasst. Eine klitzekleine Sekunde war ich abgelenkt gewesen und hatte meine Aufgabe vernachlässigt. Mist! Doch das Allerschlimmste war, dass nicht ich dafür bezahlen musste, sondern Jan. Dieser Wimpernschlag an vergangener Zeit hatte gereicht, um ihm eine Krankheit zu bescheren – eine, die sein Leben ernsthaft gefährden konnte. Und jetzt musste ich mich wirklich ins Zeug legen, schließlich war ich sein Schutzengel, nicht der Sensenmann.

Langsam öffnete der Siebzehnjährige die Augen und blinzelte an die weiße Krankenhausdecke, genau dorthin, wo ich saß. Natürlich konnte er mich nicht sehen, vielleicht spürte er auch nur meine Anwesenheit. Vielleicht glaubte er sogar an mich …

Der Arzt kam herein, gefolgt von Jans Eltern. »Diese Krankheit hat Ihrem Sohn stark zugesetzt, aber er wird wahrscheinlich durchkommen. Das Schlimmste ist überstanden, aber er kann jederzeit einen Rückfall erleiden«, erklärte der Mann im weißen Kittel. »In ein paar Tagen kann er nach Hause, aber er muss sich schonen und regelmäßig zur Kontrolle kommen.«

Erleichtert atmete ich auf. Mehr Glück als Verstand. So ein dummer Fehler durfte mir nicht noch mal passieren. Ich musste mich wirklich zusammenreißen. Denn auch Engel konnten suspendiert und gefeuert werden. Und arbeitslose Schutzengel hatten es wirklich schwer auf dem Arbeitsmarkt, das kann ich euch sagen.

Ein paar Tage später wurde Jan entlassen. Ich ging davon aus, dass alles wieder so war wie zuvor, doch da hatte ich mich gründlich getäuscht. Mein Schützling hatte sich verändert und zwar so stark, dass ein Blinder es bemerkt hätte. Er ging zum Friseur und ließ sich einen verstrubbelten Haarschnitt verpassen. Das Ganze sah eher so aus, als hätte eine Maus an seinem Filzkopf geknabbert, aber meine Meinung war wie immer irrelevant.

»Das schaut voll wild und cool und abenteuerlich aus«, freute er sich.

Er ließ sich auf Schlägereien ein. Früher wäre er vernünftigerweise davongelaufen. Aus den Schlägereien wurden bald Schießereien. Ich konnte nur hilflos zusehen.

»Was willst du? Schieß doch! Mir egal, ich bin fast tot. Mein Leben ist vorbei!«

Sein Gegner hielt ihm eine Waffe direkt ins Gesicht.

Jans Herz schlug bis zum Hals. »Na los doch!«

Nein, nein, nein! Was machst du denn, du Idiot?!, wollte ich schreien, doch es war zwecklos, denn er konnte mich ja nicht hören. *Warum provozierst du ihn denn noch? Ich reiß mir hier ein Bein aus, damit du weiter leben kannst, und du willst es einfach so wegschmeißen?!*

Mein Leben ist nichts mehr wert, hörte ich Jan denken, nachdem sein Angreifer plötzlich von ihm abgelassen hatte und einfach verschwunden war. Er atmete ein paar Mal durch, bis er sich beruhigt hatte, stand aus der Ecke am Boden auf und spazierte durch die dunkle Stadt. Mit voller Absicht nahm er den Weg durch das gefährlichste Viertel.

»Was tust du denn?«, schrie ich aus vollem Hals, obwohl es sinnlos war. Doch meine Wut war stärker als meine Vernunft.

»Mal sehen, was ich noch machen kann. Jetzt ist es ja auch schon egal. Mehr als sterben kann ich nicht. Ich bin zwar nicht unsterblich, aber ich will meine Grenzen ausprobieren. Wie weit ich wohl gehen kann? Was hab ich schon zu verlieren?«

Ich verdrehte nur die Augen. Na super, das konnte noch was werden mit dem!

Am nächsten Nachmittag nach der Schule, wohin er gegangen war, ohne auf den Straßenverkehr zu achten, kaufte er sich ein Skateboard. Mit waghalsigen Manövern fuhr er durch seine Straße und verscheuchte eine sich beschwerende Katze. Einige Male stürzte er, rappelte sich jedoch wieder auf und betrachtete zufrieden die frischen Schürfwunden.

Bei seinem nächsten Besuch im Krankenhaus – ich war selbstverständlich dabei – hatte der Arzt tolle Neuigkeiten. »Sie sind geheilt«, verkündete er Jan freudestrahlend. »Was haben Sie denn nach dem Abitur vor?«

»Ich werde meinen Kriegsdienst leisten«, antwortete Jan, einer plötzlichen Eingebung folgend.

Der Arzt stutzte, und ich verschluckte mich fast vor Überraschung. Hatte der noch alle Löffel in der Schublade? Da überlebte er diese schwere Krankheit, sein unvorsichtiges Verhalten und jetzt wollte er zur Bundeswehr?

»Vielleicht werde ich auch Berufssoldat«, setzte er noch einen drauf.

Nicht im Ernst! Konnte man eigentlich seine Schützlinge wechseln? Da musste ich mich echt mal schlau machen.

Der Arzt nickte anerkennend. Tja, Doktor, Sie sind nicht der Einzige, der das nicht erwartet hat.

Jan ging nachdenklich nach Hause. Die Idee mit der Bundeswehr gefiel ihm und hatte sich unwiderruflich in sein Gehirn gebrannt.

Mir kribbelten vor Unbehagen die Zehen. Nicht dass ich mich diesem Job nicht gewachsen fühlte, aber man musste sein Glück ja nicht herausfordern oder gar überstrapazieren, oder? Konnte ich nicht eine Möglichkeit finden, Jan zur Vernunft zu bringen? Das stellte sich als äußerst schwierig heraus, da er mich ja weder hören noch sehen konnte. Nur was tun? Ich zerbrach mir wochenlang den Kopf, doch mir wollte einfach nichts einfallen.

Und plötzlich war der Tag gekommen, an dem er seinen Wehrdienst begann. Zugegeben, ich hatte mir das Ganze schlimmer vorgestellt. So sehr musste ich gar nicht auf meinen Schützling achten. Ehrlich gesagt, war er hier besser aufgehoben als zu Hause, denn hier ging er verantwortungsvoller mit der Gefahr um.

So lebten wir beide also wieder recht friedlich miteinander, bis zu jenem Tag, an dem Jan eine Stelle als Berufssoldat antrat. Er freute sich darüber, denn das war genau nach seinem Geschmack. Hauptsache gefährlich.

Sein erster Kriegseinsatz wurde beinahe fürstlich bezahlt, doch ich konnte in seinen Gedanken lesen, dass ihm das herzlich egal war. Er wollte nicht für die Gefahr bezahlt werden. Er wollte sie spüren, wollte sich spüren und sicher sein, dass er noch lebte.

Gemeinsam mit ihm stand ich also im Kriegsgebiet. Überall lag bereits alles in Schutt und Asche. Soldaten liefen umher, oft fielen Schüsse. Jan und sein Kamerad sollten sich um Frauen und Kinder, die sich in ein Haus geflüchtet hatten, kümmern. Sie verschafften sich Zutritt und gingen zu den Menschen. Sie saßen zusammengekauert in der erbärmlichen Küche, die ihre besten Tage definitiv auch hinter sich hatte.

Plötzlich erstarrte Jan. Eine Frau mit blutüberströmter Kleidung, blutigen Haaren und verschmiertem Gesicht stand vor ihm. Entsetzt lief er ihr nach und folgte ihren zeigenden Bewegungen.

Er fand einen Mann im Blutbad liegen, das sich durch die ganze Wohnung erstreckte. Die Frau redete wie wild in einer ihm unbekannten Sprache auf ihn ein. Offensichtlich war ihr Mann von Rebellen erschossen worden.

Und dann wurde alles schwarz um ihn herum.

Als mein Schützling wieder erwachte, befand er sich im Krankenhaus zurück in Deutschland. Ich war überrascht, dass ihm das bisschen Krieg so zusetzte. Schließlich hatte er in letzter Zeit ganz andere Sachen gemacht und erlebt.

Lange Zeit hatte ich nichts von seinen Gedanken mitbekommen – war mir bei Mr. Unvernunft auch lieber so. Doch jetzt war ich unglaublich froh, dass ich zuhören konnte.

Meine Güte, das hätte ich sein können. Irgendeiner hätte auch auf mich schießen können, und dann wäre ich genauso elend gestorben. Da kann einem ja auch keiner mehr helfen, am Ende der Welt. Ich bin wohl doch nicht ganz unsterblich, wenn mich allein der Anblick eines Toten so aus der Bahn wirft, überlegte er, während er mit glasigem Blick aus dem Fenster starrte.

Und noch am selben Tag wurde ihm klar: Er wollte nicht beim Militär bleiben.

Ich machte einen Luftsprung vor Freude und jauchzte vergnügt. Endlich würde meine Arbeit ein wenig entspannter werden. Dieses bisschen mehr Ruhe hatte ich mir nach all dem Stress und Ärger redlich verdient. Aber Moment, was wollte er denn dann für einen Job machen? Da war ich aber mal gespannt.

»Ich werde Gärtner«, teilte er seiner Mutter stolz mit. »Hier im Krankenhaus habe ich diese wundervollen Geschöpfe, Blumen, erst richtig schätzen gelernt.«

Wenige Tage nach seiner Entlassung aus dem Krankenhaus und der Kündigung beim Bund hatte er ein Vorstellungsgespräch bei einer Gärtnerei in der Stadt. Es lief gut, und er bekam den Ausbildungsplatz sofort zugesichert.

Fröhlich trat er auf die Straße.

»Hey, Marie! Warte mal!«

Auf der gegenüberliegenden Seite lief eine alte Schulfreundin von ihm. Ihr wollte er diese tollen Neuigkeiten zuerst erzählen.

»Halt!«, schrie ich mit Leibeskräften – doch zu spät.
Jan trat auf die Fahrbahn und wurde von einem silbernen Mercedes erfasst.

Dieter Stiewi

Die schärfsten Masken dieser Nacht

…, versprach das Plakat über dem Eingang.

Er reichte dem jungen Mann in Lakaien-Uniform den Umschlag mit der Eintrittskarte. Er erkannte ihn sofort, egal, in welcher Maske. Wenn ihn nicht seine Figur verriet, dann die Aura billigen Parfums, die ihn permanent umgab. Wahrscheinlich hatten sie ihn deshalb als Portier vor die Türe gestellt. Niemand, der ihn nicht kannte, würde vermuten, dass hinter seinem Rücken die beste Halloween-Party der Stadt stattfand.

Mal sehen, ob der Portier ihn erkannte – natürlich nicht. Er hatte auch genug für sein Kostüm bezahlt. Auf Anhieb hatte ihm diese seltsame Mischung aus Frankensteins Monster und E.T. gefallen. Und sie verbarg wirklich jedes Stück seiner Haut.

Als die Eingangstüre geöffnet wurde, brandete ihm eine Woge heißer Rhythmen entgegen. Wie viele Tanzflächen sie dieses Jahr wohl aufgebaut hatten? Es war unvorstellbar, welche Arbeit sich diese Handvoll Studenten jedes Jahr mit dem mittlerweile traditionellen Halloween-Ball machte. Dafür waren die Eintrittskarten auch teuer genug.

Na ja … Wer etwas auf sich hielt, musste eben etwas tiefer in die Tasche greifen.

Langsam schlich er durch das Gebäude, um die Räumlichkeiten auszukundschaften. Heute lag irgendetwas in der Luft.

Im ersten Raum tanzten ein paar Indianer Samba. Welch ein Vorteil, dass man unter den Kostümen nicht immer erkennen konnte, ob man einen männlichen oder weiblichen Tanzpartner erwischt hatte. Aber die Rothäute schienen ziemlich genau zu wissen, wen sie vor sich hatten. Wahrscheinlich waren sie alle von derselben Fakultät …

An der Wand zog sich eine Bar von einem Raum zum nächsten. Hier gab es Dosenbier und Cola. Natürlich standen die Büffel in Dreierreihen davor. Er kannte sie fast alle. Wenn er in ein paar Stunden zurückkam, würden sie selbstverständlich immer noch hier stehen – genau an derselben Stelle …

Im nächsten Raum lief Disco-Musik. Verzweifelt suchte er nach dem Ausgang. Ein Glück, dass sich hier das meiste Volk aufhielt. Die anderen Räume blieben dann relativ leer.

Im Treppenhaus war es noch immer ziemlich leise. Kaum jemand wollte dorthin. Später würden sie hier die Schnapsleichen ablegen, damit sie auf den Tanzflächen nicht störten. Dieses Verfahren war zudem so effektiv, dass man den Portier bereits kurz vor Mitternacht von seinem Posten am Eingang abziehen konnte, ohne Gefahr zu laufen, dass die Fete überrannt würde. Niemand würde sich unter diesen Bedingungen hereinwagen …

Das Treppenhaus selber führte noch ein Stockwerk hinauf. Dort, das wusste er, war noch ein Saal. Er stieg die Stufen empor, ging um die Ecke – und schrak zurück. Ein Monster!

Zu seiner Erleichterung stellte er fest, dass es nur ein Spiegel war. Irgendein Witzbold hatte ihn dort aufgestellt. Aber er sah in diesem Kostüm auch wirklich fürchterlich aus. Es wunderte ihn nicht, dass auf seinem Weg hierher einige Passanten auf die andere Straßenseite ausgewichen waren.

Nach einem letzten, abschätzenden Blick in den Spiegel – das war wirklich ein tolles Kostüm – umrundete er diesen und gelangte in den Saal. Momentan war noch nichts los. Einige Hippies und Blumenkinder bauten gerade Mikrofone und Instrumente auf. Wer weiß, ob die wirklich verkleidet waren. Auf jeden Fall gab es hier oben Life-Musik. Das musste man sich merken.

Auf die Frage, wann es denn losginge, antwortete einer der Freaks: »Wenn wir mit dem Aufbauen fertig sind.«

»Das hätte ich mir denken können«, antwortete er missmutig.

»Und warum fragst du dann?«

Er überlegte noch kurz, ob er darauf antworten sollte, erhob dann jedoch nur Zeige- und Mittelfinger der rechten Hand, sprach »Peace«, kehrte um und stieg, nach einem kontrollierenden Blick in den Spiegel, wieder ins Erdgeschoss hinab.

Die Indianer tanzten noch immer Samba. Er schob sich an der Bar vorbei hinter die Tanzfläche und beobachtete den Raum. Heute lag irgendetwas in der Luft.

Und plötzlich war sie da. Sie stand in der Türe, und alle Augen richteten sich auf sie. Es hatte den Anschein, als ob sie für einen Moment im Eingang verharre und warte, bis jeder sie erblickt hatte. Dann betrat sie, sich ihrer Wirkung sehr wohl bewusst, den Raum. Die Indianer verharrten im Tanz, die Büffel verstummten.

Sie schien eine seltsame Mischung aus Marilyn Monroe und Jane Fonda zu sein, und einer Erscheinung gleich schwebte sie durch den Raum, umrundete die Tanzfläche und kam in seiner Nähe zum Stehen.

Sein Kopf wollte explodieren. Was für ein Glück, dass man unter seine Maske nicht sehen konnte, wie ihm das Blut hochschoss! Doch sie hatte keine Augen für ihn.

Die Musik klang wieder lauter, und die Indianer tanzten weiter. Auch die Büffel an der Bar drehten sich langsam um und widmeten sich wieder ihrem Bierglas. Sie wandte ihm den Rücken zu und blieb bewegungslos stehen, während er sie unverhohlen anstarrte.

Plötzlich drehte sie sich zu ihm um.

Verlegen schaute er weg. Hoffentlich hatte sie nichts gemerkt. Sie fixierte ihn und kam direkt auf ihn zu. Seine Knie wurden weich. Unmittelbar neben ihm blieb sie stehen. Er begann zu zittern. Sie brachte ihr Gesicht nahe zu der Stelle, an der sie sein Ohr vermutete. Kalter Schweiß lief über die Innenflächen seiner Hände.

Dann sprach sie: »Du hättest dich besser maskieren sollen!«

Er drehte sich ruckartig um. »Ha ha ha. Und was ist mit dir? Du willst doch nicht sagen, dass das eine Verkleidung ist.«

»Aber natürlich«, erwiderte sie. »In Wirklichkeit sehe ich viel besser aus.«

Er schaute ihr ins Gesicht. »Eingebildet bist du aber gar nicht, oder?«

Sie schien fast zu lächeln. »Wenn ich es dir doch sage … Willst du vielleicht mitkommen? Dann kann ich es dir zeigen.«

Ein eiskalter Schauder lief seinen Rücken hinunter. Die hatte es wirklich eilig. Heute musste sein Glückstag sein.

»Sollen wir sofort gehen?«, fragte er fordernd.

»Sobald du willst«, entgegnete sie unbestimmt. »Sobald du willst.«

Die Büffel sahen ihnen lange nach, als die Schöne und das Biest den Raum verließen. Er konnte in ihren Blicken lesen, wie gerne sie mit ihm getauscht hätten.

Am Eingang bekamen sie noch einen Stempel auf die Hand gedrückt. Dann tauchten sie durch die Parfum-Aura des Portiers und waren auf der Straße.

»Gehen wir zu mir oder zu dir?«, fragte sie ihn, als sie sich weit genug entfernt hatten.

Er zuckte mit den Schultern. »Meinetwegen können wir zu dir gehen. Ist mir gleich.«

Sie nickte. »Gut. Mein Wagen steht dort drüben.«

Sie wies auf einen roten Ferrari. Er war begeistert. Die Frau sah nicht nur super aus, sie hatte auch Geschmack und Geld. Sie öffnete ihm die Beifahrertüre, umrundete das Fahrzeug und stieg ein.

Dann sagte sie: »Hier sind wir alleine. Ich glaube, ich kann meine Maske abnehmen.«

Für einen Moment wusste er nicht, was er sagen sollte.

Als sie begann, an ihrem Kleid herumzunesteln, meinte er schnell: »Doch nicht hier im Wagen, mitten in der Stadt. Das wird Ärger geben. Ich denke, wir wollten in deine Wohnung.«

»Du hast recht. Wir sollten warten, obwohl: Mir ist ziemlich heiß.«

Er stieß einen überraschten Pfiff aus. »Meinetwegen. Aber dann fahr den Wagen zumindest von der Straße.«

Sie nickte, startete den Motor und steuerte das Auto zum Park. Die nächtlichen Straßen waren nahezu menschenleer. Die meisten Bälle und Veranstaltungen hatten schon begonnen, und wer jetzt noch unterwegs war, musste einen ganz besonderen Grund haben – so wie sie.

Sie waren nicht die ersten auf der kleinen Straße durch den Park. Vereinzelte Fahrzeuge standen am Wegesrand, doch von den Insassen war nichts zu sehen. Sie fuhren noch ein Stück in die Anlage hinein, dann stellte sie den Wagen an den Rand und schaltete den Motor ab.

Ihm wurde plötzlich klar, dass er noch immer seine Maske trug. Während sie begann, sich ihres Kostüms zu entledigen, suchte er hastig nach dem Verschluss. Es war schwierig, im Sitzen den seitlichen Reißverschluss an seinem Kostüm zu öffnen. Er musste, so schwer es ihm auch fiel, seine Aufmerksamkeit von seiner Begleiterin abwenden.

Als er es endlich geschafft hatte, drehte er sich erwartungsvoll um – und fuhr zurück. Das, was er erblickte, verschlug ihm den Atem. Sein Blut schien in seinen Adern zu gerinnen, seine Hände verfielen in konvulsive Zuckungen, und ein weißer Schleier rann über seine Augen. Dann erlöste ihn die Ohnmacht.

»Ich weiß auch nicht«, erklärte die Schöne dem Mann im weißen Kittel. »Er ist plötzlich in Ohnmacht gefallen. Da habe ich Sie sofort gerufen.«

Der Mann sah sie ungläubig an. Seine Gedanken waren so verborgen wie die Titellettern einer Boulevard-Zeitschrift. Er verfügte über die außergewöhnliche Gabe, sich Notizen zu machen, ohne den Blick von ihr zu wenden. Man konnte sehen, dass er nur allzu gerne mit dem Bewusstlosen getauscht hätte. Dann meinte er: »Kleidung hatte er keine dabei?«

Sie schüttelte den Kopf.

»Ist auch nicht wichtig«, fuhr der Mann im weißen Kittel fort. »Der wird schon wieder. Wir nehmen ihn vorsichtshalber mit und checken ihn gründlich durch. Morgen früh können Sie ihn wieder haben.« Dann können Sie ja weitermachen, konnte sie in seinem Blick lesen. Er schloss die Türen des Krankenwagens, und das Fahrzeug entfernte sich.

Im Hospital kam langsam wieder Leben in den Bewusstlosen. Unsicher schlug er die Augen auf. »Wo – wo bin ich?«

Der Pfleger sah ihn verwundert an. »Oh Mann. Kannst du dich denn an nichts mehr erinnern?«

Der Mann auf der Bahre dachte nach. Langsam kamen seine Erinnerungen zurück: die Maske, die Fete, die Frau, der Park, der Reißverschluss …

»Sie ist eine Außerirdische!«, stieß er plötzlich hervor. »Sie kommt von einem anderen Stern! Ihr müsst sie festhalten.«

Der Krankenpfleger schüttelte mitleidig den Kopf. »Dich hat's aber schwer erwischt. Festhalten würde ich die nur allzu gerne, und eine außerirdische Erscheinung kann sie schon sein …« Er stieß einen kurzen Pfiff aus. »Mann, die sieht wirklich aus wie von einem anderen Stern.«

Sie schaute dem Krankenwagen noch einige Zeit nach. Dann stieg sie in den Wagen und fuhr nach Hause. Dort angekommen, lenkte sie ihre Schritte direkt ins Schlafzimmer, um sich endlich ihres Kostüms entledigen zu können.

Dabei sprach sie wie in Gedanken zu sich selber: »War das vielleicht eine Pleite. Dabei sah der Typ wirklich nicht schlecht aus. Hätte auch keiner ahnen können, dass der sofort schlapp macht. Oder hat ihn vielleicht etwas an meiner Figur schockiert?«

Sie betrachtete ihren unbekleideten Körper prüfend im Spiegel. Schlecht sah sie wirklich nicht aus – irgendwie erinnerte sie an eine Mischung aus Frankensteins Monster und E.T. …

Achim Schwarz

Kreuzberger Nächte sind lang

Manchmal währen sie jedoch eine Ewigkeit. Zum Beispiel diese spezielle Nacht im Leben jenes Versicherungsvertreters dort drüben. Wir wollen ihn der Einfachheit halber Frank nennen. Können Sie Frank im Dämmerlicht erkennen? Da, in der Telefonzelle. Er telefoniert gerade mit seiner Ehefrau, obwohl sie sich beide in Berlin und nur ein paar Blocks voneinander entfernt aufhalten. Er will ein Abenteuer erleben, freilich ohne seine Frau. Frank will diese Nacht bei seiner Flamme verbringen. Was der untreue Familienvater von zwei Kindern nicht weiß, ist, dass er ein Abenteuer ganz anderer Art erleben wird.

Frank weiß es nicht, aber er befindet sich bereits auf der Schwelle der Pforte zur Zwielichtzone, dem Unerklärlichen, das von uns übrigen Sterblichen oft nur eine hauchdünne Schicht entfernt, unscheinbar und unerkannt ein gänzlich andersartiges und fremdes Dasein fristet. Frank wird dem letzten Abenteuer des Menschen begegnen, dem Tod. Aber gehen wir doch weiter. Was? Sie wollen mehr erfahren? Na schön. Hören wir doch einmal, ob wir was von dem Gespräch belauschen können:

»… jede Menge Palmen, sogar hier vor der Zelle … ja, jeden Tag über 30 Grad … strahlend blau von morgens bis abends … was für ein Sonnenuntergang! Schade, dass du nicht hier bist … was soll ich machen? Wenn der Chef seine Konferenzen auf Teneriffa abhalten will … hab ich dir doch geschrieben … wie, nicht angekommen? … Ach so … Wie Frauen? Was für Frauen? … Nein, es ist nicht so, wie du denkst … du weißt, ich brauche diese Beförderung … ist halt 'ne Geschäftsreise … Ich muss Schluss machen, es steht jemand vor der Zelle … Ich dich auch … Tschüss.« Er öffnete die Tür.

Ein bettelnder Obdachloser, der zögernd die verschmutzte Hand mit der Innenseite nach oben bittend in seine Richtung schob, trat ihm ihn den Weg.

Bloß – diese Augen …

Frank fühlte sich von den stechenden, fordernd blickenden Augen des Obdachlosen unangenehm berührt. Er konnte diesen Augen nicht standhalten und senkte den Blick. Er ärgerte sich über sich selbst und über die freche Anmaßung dieser Kreatur.

»Was willst du?«, fragte er schroff und überflüssigerweise, dabei diesen kalten, bohrenden Augen ausweichend. Genervt steckte er das Portemonnaie weg, das er noch vom Telefonieren in der Hand trug. Die Wut begann, ihm die Kehle eng zu schnüren. »Hau ab, du Penner, ich hab nix für dich! Geh arbeiten!« Er schubste ihn zur Seite, was ein lautes, erschrecktes Quieken des Obdachlosen hervorrief, das Franks Gehör misstönend malträtierte.

Jenes grelle Quieken bewirkte, dass in Franks Gebaren der letzte Schleier zivilisierten Verhaltens zerriss. Seine aufgestaute Wut entlud sich in einem plötzlich aufwallenden Anfall von Jähzorn, und er trat brutal nach dem Alten. Ein roter Nebel legte sich auf seinen Verstand.

Er hörte erst auf, als diese stechenden Augen erloschen. Atemlos beugte er sich, sich auf seine Knie stützend, über die Leiche und begriff plötzlich, was er getan hatte. Das sollte doch verdammt noch mal ein romantischer Abend werden! Was war nur in ihn gefahren? Was hatte er getan? Ach, scheißegal! Er grinste – was für ein schäbiger Penner. Jetzt aber weg hier …

Da gellte ein scharfer Pfiff durch die unheilschwangere Nacht.

»Besser, ich mach mich jetzt dünne«, murmelte er erschreckt und wandte sich in die andere Richtung, in der alles ruhig schien.

Aber auch von dort ertönte ein hoher Pfeifton. Die schrillen Pfiffe schienen jetzt aus allen Ecken zu kommen. Er stolperte ängstlich zurück, bis er wieder an der Telefonzelle stand.

Doch wo war die Leiche geblieben? Nichts deutete mehr auf die Untat hin. Der Penner war wie vom Erdboden verschluckt. Frank erstarrte vor Schreck zur Salzsäule.

Eine tiefe sonore Stimme, dass sich ihm die Nackenhaare aufstellten, ertönte belehrend in seinem Rücken: »Zuweilen sind die Dinge nicht, wie sie zu sein scheinen … Wie absonderlich … Da befinde ich mich hier und parliere mit meiner Abendmahlzeit. Mmh? Genug des Geplänkels!«

Frank spürte, dass jemand oder etwas brutal seinen Kopf zur Seite riss, dass seine Halswirbel knackten. Etwas bohrte sich in seinen Nacken, und eine warme Flüssigkeit lief seinen Hals herunter. Von Grauen geschüttelt, strampelte er um sich wie ein Kaninchen in der Falle.

Bald ließen seine fruchtlosen Versuche, sich aus dem stahlharten Griff des Vampirs zu befreien, nach. Das Letzte, was er sah, war, dass sich um ihn ein Kreis dunkler Gestalten gebildet hatte, die zähnefletschend und gierig knurrend, langsam, denn sie hatten alle Zeit der Welt, immer näherkamen.

… schließlich verlor unser lüsterner, aber jähzorniger Vertreter das Bewusstsein und im Verlaufe dieses nächtlichen Mahles auch sein Leben.

Sie sind überrascht? Nun, sollten sie aber nicht sein. In der heutigen Zeit drohen selbst Vampiren sozialer Abstieg und Obdachlosigkeit.

Nun muss ich aber weiter. Gute Nacht und angenehme Träume …

Britta Voß

Zeitlos

Er erkannte sie an ihrem Gang. Der hatte ihn schon immer heiß gemacht, auch wenn er es nie zugegeben hatte. Sie machte kleine Schritte, ihre Hüften kreisten, als würde sie einen Hula-Hoop-Reifen balancieren, und doch wirkte nichts davon aufgesetzt. Ganz natürlich wackelte dieser bezaubernde Hintern vor ihm den hell erleuchteten Ku'damm hinunter.

Melissa, dachte er, und sein Mund wurde trocken, Traum seiner ersten Uni-Semester. Er beschleunigte seine Schritte ein wenig und überbrückte die wenigen Meter. »Lissa«, krächzte er und war froh, dass dieser klägliche Sprechversuch im Lärm Berlins unterging.

Er wollte sich räuspern, verschluckte sich jedoch, als Melissa sich zu ihm umdrehte. Sie trug eine tiefschwarze Sonnenbrille, doch auch so hätte er sie unter Tausenden erkannt. Sie lachte und schlug ihm kräftig auf den Rücken.

»Tino«, sagte sie schlicht. »Tino Sander aus Hessen kommt nach Berlin, um sich zu verschlucken!«

Obwohl ihn noch ein letzter Hustenreiz quälte, musste er lachen. »Du hast dich nicht verändert«, brachte er zwischen zwei Räusperern heraus.

Melissa zog einen Mundwinkel nach oben. »Du schon. Früher hattest du weniger Kilos auf den Rippen, dafür mehr Haare auf dem Kopf, und die Narbe unter deinem rechten Auge ist auch neu.«

»Immerhin hast du mich trotzdem erkannt.« Kurz fragte er sich, wie sie in der Kürze der Zeit und trotz der Sonnenbrille seine Narbe hatte entdecken können, verwarf den Gedanken jedoch sofort wieder, denn gerade schob Melissa besagte Brille ins Haar und sah ihn an.

Hatte sie schon immer so dunkle, fast violette Augen gehabt? Er hätte schwören können, ihre Augen seien blau gewesen.

Außerdem hatte sie sich im Gegensatz zu ihm wirklich kein bisschen verändert. Sie hatte immer noch die durchtrainierte Figur, und in ihrem Gesicht war nicht eine Falte zu sehen. Nach zehn Jahren!

Melissa warf den Kopf in den Nacken und lachte aus voller Lunge. Wie hatte er dieses Lachen auf den Studentenpartys geliebt!

Sie schüttelte amüsiert den Kopf. »Nein«, sagte sie, »Botox finde ich auch bescheuert. Macht Monster aus den Menschen.«

Einen Moment durchzuckte es ihn wie ein Stromschlag. Hatte sie gerade auf seinen Gedanken geantwortet? Nein, wahrscheinlicher war, dass sie oft auf ihre makellose Haut angesprochen wurde und diese Frage schon tausend Mal hatte beantworten müssen.

»Hast du Zeit?«, fragte er stattdessen. »Wollen wir was trinken gehen?«

»Okay! Wohin möchtest du?«

»Keine Ahnung. Ich bin nicht so oft in Berlin.«

»Ich kenne eine Kneipe, die wird dir gefallen.«

Melissa lotste ihn durch ein paar Seitenstraßen zu einer schummrigen Bar, die von außen kleiner aussah, als sie wirklich war. Zielstrebig ging sie auf einen Tisch in einer Nische zu, stellte ihre Einkaufstüten auf einen der Stühle und setzte sich auf die Bank. Er glitt neben sie, wobei sein Blick auf die Tüten fiel.

»Wow«, entfuhr es ihm, als er die teuren Label erkannte. »Früher hast du in Secondhand-Läden gekauft.«

»Erstaunlich, oder?«, erwiderte sie. »Früher waren die Sachen gebraucht, und heute zahlt man ein kleines Vermögen, damit man genauso aussieht.«

Er warf einen Blick auf ihre kunstvoll zerrissene Jeans

und das Seidentop, das eigentlich für Oktober ein wenig zu dünn war. Offenbar fror sie jedoch nicht.

»Wenn du damit fertig bist, mich zu mustern, würdest du bitte Drinks besorgen? Hier geht man selbst zur Theke.«

Tino wurde knallrot, stand jedoch hastig auf. »Was möchtest du? Bier?«

Melissa lachte. »Nein. Single Malt. Aus Oban. Einen doppelten.«

So was hatte sie früher nicht getrunken! Wenig später stellte Tino den Whisky vor Melissa und setzte sich mit seinem Bier in der Hand wieder neben sie.

»Warum bist du in der Hauptstadt?«, fragte Melissa, nachdem sie das Glas an die Lippen geführt und mit dem Whisky kaum mehr als ihre Lippen benetzt hatte. Und was für Lippen!

»Hauptstadt, ja«, stammelte er, »ich bin auf einer Konferenz. Mein Arbeitgeber schickt mich.«

»Was arbeitest du?«

»Ich kaufe Möbel ein. Für ein großes Möbelhaus!«

Melissa lachte wieder ihr tiefes, volles Lachen. »Wie langweilig! Ich dachte, du wolltest Innenarchitekt werden?«

»Tja«, er zuckte mit den Achseln und nahm noch einen Schluck Bier. »Und du? Haben sich denn wenigstens deine Träume verwirklicht?«

Diesmal lächelte sie hintergründig. »Ja und nein!«

Er blickte sie fragend an.

»Nein, im Sinne von, ich bin keine berühmte Schriftstellerin geworden, und ja, im Sinne von, ich bin etwas viel Besseres!«

»Aha. Und was bist du?«

Sie sah ihn lange Zeit nur an. Dann leuchteten ihre violetten Augen kurz auf, und sie sagte: »Ich bin ein Vampir.«

Tino verschluckte sich beinahe erneut, diesmal an seinem Bier. Er kämpfte den Schluck jedoch hinunter, und nun war es an ihm zu lachen. »Zumindest bist noch genauso verrückt wie früher. Glaubst an Geister und was weiß ich noch alles. Und du erzählst Geschichten. Sicher, dass du nicht doch Schriftstellerin bist?«

»Und du glaubst offenbar noch immer an nichts. Dabei ist der Glaube an das Übernatürliche doch zeitlos. Genau wie ich nun.«

Er wurde schlagartig wieder ernst und sah sie an. Damit hatte sie zweifelsfrei recht. Sie war zeitlos. Zeitlos schön zumindest.

Er beschloss, auf ihr Spiel einzugehen. »Wie bist du zum Vampir geworden?«

»So wie ich es mir immer erträumt habe. Nur nicht in Paris oder New Orleans, sondern in Edinburgh.«

»Bist du nicht eher zum Highlander geworden, dort oben in Schottland?«, witzelte er.

»Wenn es dich nicht interessiert, brauch ich es dir ja nicht zu erzählen.«

»Doch, es interessiert … mich …«

Melissa rückte näher. Ihre eine Hand wanderte seinen Rücken hinauf, die andere lag bereits auf seinem Oberschenkel.

»Melissa ich … ich …«

»Was bist du? Verheiratet? Das stört mich nicht.«

Gerade wollte er noch etwas erwidern, da fühlte er bereits Melissas samtweiche, kühle, fast kalte Lippen auf seinen. Er versuchte, einen klaren Kopf zu bewahren, doch Melissa nahm mehr und mehr von seinen Gedanken ein.

Als ihr Mund seinen wieder verließ und er ihre Küsse an seinem Hals genoss, war ihm bereits alles egal. Er würde diese Nacht mit Melissa verbringen, wie er es sich immer schon gewünscht hatte. Wie er damit klar kommen und was er seiner Frau erzählen würde, könnte er morgen noch überlegen. Jetzt zählte nur noch der Augenblick und Melissas Körper an seinem.

Sein letzter klarer Gedanke war, dass er niemals wieder zu seiner braven Ehefrau zurückwollte, sondern ewig bei der verrückten, schönen, leidenschaftlichen Melissa bleiben würde. Melissa, Melissa, Melissa!

»Hey!« Jemand rüttelte unsanft an Tinos Schulter. Er bemühte sich, die Augen aufzumachen. »Hey! Wach auf, sonst hol ich die Polizei und lass dich abtransportieren!«

Mühsam blinzelte er. Schummriges Licht, registrierte er, blendet immerhin nicht. So langsam begann sein Gehirn, die Umgebung einzuordnen.

»Verdammt!«, murmelte er.

Dann kam die Erinnerung zurück. Melissa!

»Wo ist die Frau hin, die mit mir hier war?«, fuhr er den Barkeeper an. »Vor zwei Stunden gegangen, als du eingepennt bist. Und nun mach, dass du rauskommst. Hab dich lange genug deinen Rausch ausschlafen lassen.«

Benommen torkelte Tino auf die Straße. Immerhin waren noch überall Lichter und Menschen. Er orientierte sich mühsam. Dort hinten war der Ku'damm. Das war gut. Dort war auch sein Hotel. Eine Dusche würde ihm bestimmt helfen.

Als wenig später das Wasser über seinen Körper ran, begann langsam Wut in ihm aufzusteigen. Das war der Grund gewesen, weswegen er früher nie etwas mit Melissa angefangen hatte. Sie war schön, das ja. Und wild. Und dabei unendlich anziehend. Aber sie nahm Drogen, verflucht. Er hatte sie zwar nie dabei gesehen, aber woher sollten sonst die verrückten Gedanken, die sie immer schon hatte, kommen?

Er schlug mit der flachen Hand gegen die Fliesen. Verdammt! Er hatte wirklich Glück gehabt, dass die

Drogen ihn rechtzeitig betäubt hatten, bevor er seine Lara mit einer Verrückten betrogen hätte.

Er drehte das Wasser wieder ab, stieg aus der Dusche und griff sich ein Handtuch. Während er sich abtrocknete, verzog sich langsam der Dampf, und der große Spiegel wurde wieder klar.

Als er sich gerade umdrehen und nach der Klinke der Badezimmertür greifen wollte, nahm er etwas aus dem Augenwinkel wahr. Hektisch griff er nach seinem Handtuch und rieb über den Spiegel, bis eine Stelle ganz klar war. Er drehte seinen Kopf nach rechts und wurde blass.

Auf seinem Hals, ganz deutlich von der Umgebung abgegrenzt, leuchteten zwei dunkelrote Male.

Krachend rutschte das Zahnputzglas ins Waschbecken, als Tino, vergeblich nach Halt suchend, um sich schlug.

Autorenbiografien

Lea Badura, *1993, Dinkelscherben, Studentin Veterinärmedizin, eine Veröffent. in Mittelalteridylle, net-Verlag https://www.facebook.com/SayasGeschichten

Julia Bardag, *1974, lebt mit ihrer Familie in Erlangen, hat bereits in Anthologien veröffentlicht, z. B. in: »Wenn das die Grimms wüssten«, art&words-Verlag.

Lily Beier, *1989, Gevelsberg, Studentin und Krankenschwester im Nachtdienst, veröffentlicht seit dem letzten Jahr Kurzgeschichten in verschiedenen Verlagen.

Dr. Karsten Beuchert, *1965, München, Diplom-Physiker/Software-Entwickler, hat bereits in diversen Anthologien zu unterschiedlichen Genres veröffentlicht.

Sinje Blumenstein, *1976, Südharz, Übersetzerin und Lektorin, Hrsg. der Anthologie »Mittendrin: Der Laubkönig erzählt«, http://sinje-blumenstein.blogspot.de/

Saskia V. Burmeister, *1986, Berlin, Studentin, veröffentlichte 17 Romane, 3 davon im net-Verlag! Ist in 26 Anthologien vertreten: www.saskia-v-burmeister.de

Andrea Büschgens, *1966, Düsseldorf, Historikerin, hauptberuflich bei einer Versicherung tätig. Sie hat bisher mehrere Kurzgeschichten in Anthologien veröffentlicht.

Clara Centauri, *1958, war von klein auf eine Leseratte. Nach langjähriger Krimi-Sucht ist sie heute von Fantasy-Romanen abhängig. Sie lebt in Frankfurt/Main.

Christina Emmerling, *1992 in Würzburg, arbeitet als Rechtsanwaltsfachangestellte. Sie schreibt Kurzgeschichten sowie Fantasyromane.

Susanna Czogalla, *1992 in Hannover, studiert Internationales Management, lebt ihre kreative Ader seit mehreren Jahren beim Schreiben von Kurzgeschichten aus.

Katharina Hofmann, *1991, wohnt in München.
www.facebook.com/Katharina.Hofmann.Wordsgiveuswin
gs

Marion Jaggi, *1979, Olten in der Schweiz, Juristin, Der Große RM in der Anthologie Exotische Welten von O'Connell Press.

Marie-K. Jagst, *17.12.1985, lebt und arbeitet auf der Halbinsel Fischland-Darß-Zingst. 2013 erschien ihre erste Kurzgeschichte im Verlagshaus el Gato.

Nikolaj Kohler, geboren in Hamburg, hat Psychologie und Medizin studiert. Er lebt, schreibt und arbeitet heute in Baden-Württemberg. mail-kohlerautor@gmx.de

Sabine Kohlert, *1970, wohnt und schreibt in Erlangen. Regelmäßige Veröffentlichungen von Lyrik und Prosa. Mitglied im Autorenverband Franken e.V.

Iris Köhler-Terz, *1961, verheiratet, 2 Kinder, lebt in Oranienburg und arbeitet als Erzieherin in Berlin. Veröffentl. in verschied. Anthologien, www.iriskt.beepworld.de

Michael Johannes B. Lange, *1968 in Duisburg, wohnt im Ennepe-Ruhr-Kreis und arbeitet als Lehrer, hat in verschiedenen Anthologien veröffentlicht.

Volker Liebelt, *1966, Öhringen, Bankkaufmann, hat über 20 Geschichten in Anthologien veröffentlicht, viele davon im net-Verlag.

Melissa May, *1967, Finanzkauffrau, schrieb als Kind schon Gedichte, später veröffentlichte sie Kurzgeschichten und zwei Romane.

Denise Mildes, *1981, Eichwalde, rekrutiert hauptberuflich Personal für Berliner Unternehmen. Bisherige Veröffentlichungen in Zeitschriften und Anthologien.

Marion Mink, *1975, lebt in Darmstadt. Sie arbeitet als freie Journalistin und ist Autorin des Frauenromans »Drachentod«.

Angie Pfeiffer, *1955, Veröffentlichungen: 4 Romane, 14 eBooks, Zahlreiche Kurzgeschichten in Anthologien, Literaturzeitschriften u. der Tagespresse. angie-pfeiffer.com

Marieke Pochstein, *1990 in Berlin und studiert dort heute Chemie. Sie hat bereits in der Weltentor-Anthologie vom Noel-Verlag 2013 veröffentlicht.

Thomas Reeh, *1986 in Remagen/Rheinland, studierte Geschichte und Philosophie, seit 2007 schreibt er, Veröffentlicht unter Fanfiktion.de, Profil: ThomasMorus1478

Melanie Scharley, *1990, Fremdsprachenkorrespondentin, Veröffentlichungen in Anthologien und Literaturzeitschriften sowie im Internet, autorin.scharley@web.de

Gernot Schatzdorfer, *1960, Lehrer in Graz (Österr.), Autorentätigkeit seit 2008. Er hat seither schon mehrere Texte veröffentlicht, vorwiegend Science-Fiction.

Tanja Schierding, *1974, Hannover, Geodätin, schreibt vorwiegend Kurzgeschichten/Novellen in den Genres Phantastik/Krimi/Horror.

Silvana E. Schneider, *1953, Germering, Autorin, Lyrikerin, Romane: »Tod der Puppenkönigin«, »Lauf, Jakob!« und »Café Einhorn«. www.silvanaschneider.de.tl/

Achim Schwarz, *1958, lebt mit Frau, zwei Kindern und zwei Katzen in der Nähe von Köln. Verwirklicht im Vorruhestand den Traum vom Schreiben.

Wolfgang Schwarz, *1987, Wien, Schauspieler und Autor, Veröffentlichung: »Das Kribbeln in meinem Kopf« (In: Die unvollendete Geschichte, Sphera Verlag).

Julia Stephan, *1987, Düsseldorf, Gesundheits- und Krankenpflegerin, Germanistikstudentin, hat bereits in der Anthologie »Mordsgedichte« veröffentlicht.

Dieter Stiewi, *1964, Offenbach a.M., Dipl.-Ing., zahlreiche Kurzgeschichten in Anthologien, die »Saliha-Durmaz«-Krimireihe, »Königserbe«. www.Stiewi.eu.

Britta Voß, *1979, Göttingen, Magistra Artium, Veröffentlichungen von Kurzgeschichten und Märchen für Kinder und Erwachsene in diversen Anthologien.

Marcus Watolla, *1972, wohnt im schönen Gladbeck (NRW), Angestellter im öffentlichen Dienst, verschiedene Veröffentlichungen in diversen Verlagen u. Anthologien.

Anna-Maria Weigelt, *1991, Bitterfeld, studiert Geschichte und Psychologie, neben zahlreichen Kurzgeschichten veröffentlichte sie drei Romane.

Imke Wilkens, *1964 in der Nähe des Teufelsmoores bei Worpswede. Veröffentlichungen bei Amazon Kindle »Klostergeschichten«.

Illustratorenbiografien

Soraya Bardag, *1998, wohnt in Erlangen und besucht die zehnte Klasse des Gymnasiums. Seit frühester Kindheit malt und zeichnet sie gern.

Sinje Blumenstein, siehe Autorenbiografie

Sandra Braun, *1988, Chemnitz, Studentin an der Martin-Luther-Univ. Halle-Witt. Zeichnen ist seit frühester Kindheit ihr Hobby, http://deyvarah.deviantart.com

Andrea Büschgens, siehe Autorenbiografie

Simone Fröhlich, *1986, lebt in Wien. Studium der Theater-, Film- und Medienwissenschaft. Schauspielerin und Künstlerin. www.simone-froehlich.at

Alex Gries, *1996, wohnhaft in Frauenprießnitz. Er ist angehender Abiturient und hat außer in einer schulinternen Anthologie noch nichts veröffentlicht.

Antje Jagst, *9.6.1981, lebt auf der Halbinsel Fischland-Darß-Zingst. Bei ihren Zeichnungen, lässt sie sich maßgeblich von dieser Landschaft inspirieren.

Carolin Schwarz, *1996, besucht in der Nähe von Köln die gymnasiale Oberstufe. Lebt ihre Kreativität im künstlerischen Bereich aus.

Iris Wassill, *1969 in München, aktive Volljuristin. Will mit kritischen Ölbildern und Karikaturen zu politischen Themen aufrütteln. Illustriert zudem gerne.

Buchempfehlungen:

Eine Kunstblume hört alles
Erzählungen von Silke Kroon
ISBN 978-3-95720-010-5
11,95 €

Von der Kindheit bis zum Mauerfall
Roman von Melissa May
Hardcover
ISBN 978-944284-82-8
12,95 €

Dunkle Gestalten der Nacht
Anthologie
Mystische Geschichten
ISBN 978-3-944284-34-7
14,95 €